Programmieren für iPhone und iPad

Markus Stäuble ist freier Berater für mobile Projekte. Davor war er in diversen Beratungsfunktionen tätig, u.a. als CTO bei einem IT- und Webdienstleister. Sein Schwerpunkt liegt auf der technischen Architektur von Webanwendungen und der Bewertung von neuen Technologien. Im Zuge dieser Bewertung hat er seine Leidenschaft für mobile Plattformen entdeckt. Diese Leidenschaft lebt er inzwischen als Chefredakteur der mobile-developer bei der Neuen Mediengesellschaft Ulm mbH aus. Sein Wissen gibt er gerne auf Konferenzen weiter.

Markus Stäuble

Programmieren für iPhone und iPad

Einstieg in die App-Entwicklung für das iOS 5

4., aktualisierte und erweiterte Auflage

dpunkt.verlag

Lektorat: René Schönfeldt, Gabriel Neumann
Copy Editing: Ursula Zimpfer, Herrenberg
Herstellung: Nadine Thiele
Umschlaggestaltung: Helmut Kraus, www.exclam.de
Druck und Bindung: M.P. Media-Print Informationstechnologie GmbH, 33100 Paderborn

Bibliografische Information der Deutschen Nationalbibliothek
Die Deutsche Nationalbibliothek verzeichnet diese Publikation in der Deutschen Nationalbibliografie; detaillierte bibliografische Daten sind im Internet über http://dnb.d-nb.de abrufbar.

ISBN 978-3-89864-810-3

4., aktualisierte und erweiterte Auflage 2012

Ringstraße 19B
69115 Heidelberg

5 4 3 2 1 0

»Bis zur ersten App ist das iPhone auch nur ein Telefon.«

Markus Stäuble

Inhaltsverzeichnis

1 Einleitung

Seit der Ankündigung eines eigenen Apple-Mobiltelefons im Jahr 2007 hat sich einiges bewegt im Markt der mobilen Endgeräte. Vor allem bei Apple sind viele Neuerungen erschienen.

iPad

Auch das Jahr 2012 hat den Apple-Fans in der Welt wieder neue Geräte gebracht. Im März 2012 erschien das iPad in der dritten Generation. Zwar ist es bei den 9,7 Zoll geblieben, die Auflösung hat sich aber gegenüber dem iPad 2 (1024 × 768 Pixel) verdoppelt und beträgt nun 2048 × 1536 Pixel.

iBooks

Mit dem iPad und seinem Bildschirm, der deutlich größer ist als der des iPhone, ist Apple auch in das Geschäft der digitalen Publikationen eingestiegen. iBooks nennt sich der Marktplatz für digitale Bücher für das iPad und inzwischen auch für das iPhone[1] und den iPod touch.

iAd

Finanzieren kann man solche Publikationen mit Abonnements, aber auch mit Werbung. Und so hat Apple mit iAd ein eigenes Werbenetzwerk für das iOS gestartet – das übrigens nicht nur für digitale Bücher oder Zeitschriften interessant ist, sondern auch für die Querfinanzierung von App-Entwicklungen.

iPhone 4S

Zusätzlich zum iPad kam auch eine neue Version des iPhone und iPod touch. Das iPhone ist inzwischen in der Version 4S angelangt – erschienen im Jahr 2011 – und verfügt nun über eine Anzeige mit dem Namen Retina-Display und einer Auflösung von 960 × 640 Pixel. Und auch der neue iPod touch besitzt inzwischen ein solches Retina-Display. Der Unterschied zwischen iPhone 4 und 4S liegt in dem serverbasierten Sprachassistenten Siri – damit können Sie Ihr iPhone per Sprache steuern. Damit läutet Apple erneut einen Wechsel in der Bedienung von Oberflächen ein, nach Berührung (Touch) folgt nun die Sprache.

Mit der Veröffentlichung des iPhone 4 und der Version 4 des Betriebssystems wurden außerdem das iPhone OS und das iPhone SDK in iOS und iOS SDK umbenannt. Die Begründung dafür ist, dass

1. Seit iOS 4 steht iBooks auch für das iPhone und den iPod touch zur Verfügung.

inzwischen schon drei Geräteausprägungen dieses Betriebssystem verwenden und der Name einfach nicht mehr passend war. Ein iPhone OS für das iPad würde wohl etwas irritierend klingen.

iOS 5

Das Jahr 2011 hat zwar ein neues Major-Release des Betriebssystems iOS (Version 5) hervorgebracht, aber nur einen zusätzlichen Buchstaben in der Version des iPhone, das iPhone 4S.

Entwickler

Für Entwickler sind die neuen Geräte und Möglichkeiten ein Segen. So tummelten sich im Jahr 2008[2] im App Store noch 500 Anwendungsprogramme, im Juni 2010 waren es bereits mehr als 225.000 Apps mit einer Downloadzahl von insgesamt mehr als 5 Milliarden. Viele Entwickler überlegen sich deshalb, ob sie nicht auch eine App entwickeln und anbieten sollten. Und das kann sich durchaus lohnen, denn durch die neuen Geräte und Möglichkeiten (z.B. Game Center) gibt es immer noch einen Bedarf an neuen Apps. Zudem sind Smartphones mittlerweile auch bei Unternehmen angekommen und müssen mit entsprechenden Anwendungen bestückt werden. Die Jobaussichten für App-Entwickler sind derzeit also gut.

Es lohnt sich daher immer noch, in die App-Entwicklung einzusteigen. Für das iPhone und besonders für das iPad gibt es noch zig Anwendungsfälle, die nach einer App rufen. Schreiben Sie doch auch eine! Das vorliegende Buch wird Ihnen dabei helfen.

Dieses Buch

Es stellt Ihnen dazu das iOS SDK und dessen Werkzeuge vor und vermittelt Ihnen anhand von praxisnahen Beispielen, wie Sie eigene iPhone-Applikationen entwickeln.

Objective-C

Als Programmiersprache kommt dabei Objective-C zum Einsatz. Die Kenntnis dieser Sprache ist notwendig, um die Quelltextbeispiele im Detail nachzuvollziehen und eigene Programme zu schreiben. Sollten Sie – wie vermutlich die meisten Leser – nicht mit Objective-C vertraut sein, dann bietet Ihnen der Anhang dieses Buches eine kompakte Einführung.

iOS Developer Program

Zusätzlich zu diesen grundlegenden Informationen werfen wir einen Blick auf das iOS Developer Program, damit Sie eigene Anwendungen auch über den Apple App Store veröffentlichen können.

1.1 Begriffe

Mit dem in diesem Buch beschriebenen Entwicklungswerkzeug iOS SDK haben Sie die Möglichkeit, Anwendungen für das iOS zu entwickeln.

2. Quelle: http://de.wikipedia.org/wiki/App_Store.

Das iOS ist das Betriebssystem, das auf dem iPad, dem iPhone und dem iPod touch zum Einsatz kommt. *iOS*

Wenn Sie eine Anwendung mit dem iOS SDK entwickeln, ist sie auf allen drei Endgeräten lauffähig, da sie alle das gleiche[3] Betriebssystem einsetzen. Der Unterschied zwischen den drei Geräten ist lediglich die Ausstattung. Der iPod touch hat z.B. keine UMTS-Anbindung. *iOS SDK*

Mit Version 4 wurde das iPhone OS und iPhone SDK in iOS und iOS SDK umbenannt. Dieses Buch wird an Stellen, bei denen eine alte Version erwähnt wird, auch die alten Begriffe verwenden.

> Wenn in diesem Buch an einzelnen Stellen nur der Begriff iPhone verwendet wird, sind immer auch iPad und iPod touch gemeint. Sollte es Ausnahmen für das iPad geben, werden diese explizit genannt.

1.2 Was behandelt dieses Buch?

Damit Sie wissen, was Sie in diesem Buch erwartet, möchte ich hier die einzelnen Kapitel kurz beschreiben. Dies soll Ihnen auch bei der Suche nach einem bestimmten Themenaspekt etwas Orientierung geben.

Kapitel 1 – Einleitung

Das Kapitel 1 ist die Einleitung, die Sie gerade lesen. Hier erfahren Sie wichtige Dinge über den Inhalt und Aufbau des Buches. Auch auf den Lesepfad, d.h., in welcher Reihenfolge Sie dieses Buch lesen sollten, wird eingegangen. Das eigentliche Buch – damit meine ich Themen, die das iOS SDK und die Anwendungsentwicklung betreffen – beginnt mit dem Kapitel 2.

Kapitel 2 – Installation und erstes Beispiel

Das Kapitel 2 können Sie als das Einstiegskapitel dieses Buches verstehen. Zunächst wird das iOS Dev Center vorgestellt, und es wird detailliert darauf eingegangen, wie Sie das iOS SDK installieren. *Das SDK installieren*

Für Neugierige bietet dieses Kapitel außerdem ein Schritt-für-Schritt-Beispiel. Dabei wird ein einfacher Taschenrechner mit dem Namen *fast.calc* programmiert. Er vermittelt Ihnen ein Grundgefühl dafür, wie eine Anwendung für das iOS entwickelt wird. Das Beispiel wird nicht im Detail erklärt, ist aber so aufgebaut, dass Sie es auf Ihrem Rechner nachprogrammieren und ablaufen lassen können. *Ein erstes Schritt-für-Schritt-Beispiel*

3. Bis zur Version 4.1 des iOS sind die Betriebssysteme des iPad und iPhone (iPod touch) noch unterschiedlich. Trotzdem sind die meisten Bibliotheken für alle drei Geräte verfügbar.

Kapitel 3 – Grundlagen einer iOS-Anwendung

Hintergrundwissen zum iOS

Im Mittelpunkt des dritten Kapitels steht das *iOS*, das Betriebssystem für iPad, iPhone und iPod touch.

Das iOS ist in mehrere Schichten aufgeteilt und jede Schicht bietet unterschiedliche Programmierschnittstellen (Frameworks) an. Die Schichten und ihre Schnittstellen werden in diesem Kapitel einzeln vorgestellt. Es folgt das wichtige Thema der Objektkommunikation sowie ein Blick auf die Oberfläche des iOS.

Auch zum Nachschlagen geeignet

Insgesamt ist dieses Kapitel stark von Theorie geprägt. Es hilft Ihnen unter anderem, die einzelnen Lebenszyklen einer iPhone-Anwendung im Detail nachzuvollziehen. Zusätzlich erhalten Sie einen Überblick über die wichtigsten vom iOS angebotenen Programmierschnittstellen (APIs), damit Sie bei der Anwendungsentwicklung auch schneller die richtige API finden. Bei der weiteren Lektüre können Sie dieses Kapitel auch verwenden, um Fachbegriffe zum iOS, die Ihnen beim Lesen auffallen, nachzuschlagen. Betrachten Sie dieses Kapitel als kleinen Verständnishelfer.

Kapitel 4 – Das SDK im Detail

Nach der theoretischen Darstellung des iOS im vorigen Kapitel nähert sich Kapitel 4 der praktischen Anwendungsentwicklung. Denn im Mittelpunkt steht nun das *iOS SDK* mit seinen zahlreichen Werkzeugen:

Anwendungen entwickeln

- Zentraler Bestandteil des iOS SDK ist die mitgelieferte Entwicklungsumgebung *Xcode*, die Ihnen verschiedene Werkzeuge zur Anwendungsentwicklung bietet. Diese Entwicklungsumgebung wird Ihnen detailliert vorgestellt.

Oberflächen gestalten

- Ein wichtiges Argument für iPad, iPhone bzw. iPod touch ist dessen Benutzeroberfläche. Auch bei den meisten Ihrer Anwendungen wird diese Oberfläche ein zentraler Punkt sein, darum wird auch auf ihre Gestaltung mit dem *Interface Builder* eingegangen. Schritt für Schritt werden Sie eine erste eigene Oberfläche entwickeln.

Applikationen testen

- Eine Variante, um eine programmierte Anwendung zu testen, ist der vom iOS SDK mitgelieferte *iOS Simulator*[4], den Sie hier kennenlernen. Mit ihm sind Sie in der Lage, eigene Anwendungen ausgiebig zu testen.

Performance messen

- Nach einem ersten Test Ihrer Anwendung auf dem iOS Simulator werde ich Ihnen die Verwendung von *Instruments* erklären. Mit diesem Werkzeug können Sie die Performance Ihrer Anwendung messen.

4. Bis zur Version 4.1 des iOS SDK trug der Simulator noch den Namen iPhone Simulator.

- Um die Fehlersuche zu erleichtern, stellt Ihnen Xcode einen vollwertigen *Debugger* zur Verfügung, den Sie in diesem Kapitel ebenfalls kennenlernen. *Fehler suchen*
- Danach folgt eine kurze Betrachtung des Werkzeugs *Organizer*. Dies wird für Sie vor allem relevant, wenn Sie Ihre Anwendung auf einem Endgerät testen wollen, denn damit können Sie Ihre Endgeräte verwalten. *Endgeräte verwalten*
- Zum Ende des Kapitels stelle ich Ihnen den kleinen Bruder von Xcode vor, das Werkzeug *Dashcode*. Dieses Werkzeug ist für Anwendungen, die auf HTML basieren, gedacht. *Dashcode*

Da dieses Buch nicht jede aufkommende Frage rund um die Anwendungsentwicklung mit dem iOS SDK beantworten kann, wird Ihnen außerdem aufgezeigt, wo Sie zusätzliche Hilfe und Informationen erhalten.

Kapitel 5 – Entwickeln für das iPad

Das Kapitel 5 hat als Thema die Entwicklung für das iPad. Hier werden Sie lesen, welche besonderen Schritte für die Entwicklung einer App für das iPad notwendig sind.

Die in den vorherigen Kapiteln gelernten Dinge können Sie dabei auch auf das iPad übertragen. Der Fokus in diesem Kapitel liegt daher auf den Unterschieden. Es wird auf die Änderungen in der Konfiguration und die Neuerungen in der Oberflächengestaltung eingegangen. Auch die Portierung einer bestehenden iPhone-App wird gezeigt.

Kapitel 6 – Einstiegsbeispiele

Nachdem Sie in Kapitel 4 die hauptsächlichen Bestandteile und Konzepte des iOS SDK im Detail kennengelernt haben, werden Sie dieses Wissen nun umsetzen. Das Kapitel 6 widmet sich nämlich ganz und gar der Praxis, d.h. der Anwendungsentwicklung für das iOS. Dieses erste Praxiskapitel zeigt Ihnen anhand kleiner Beispiele unterschiedliche Themen der Anwendungsentwicklung für das iOS.

Beispiele 1 und 2: Das interne Adressbuch

Die ersten beiden Beispiele in diesem Kapitel beschäftigen sich mit dem Adressbuch. Hier lernen Sie, wie Sie auf das interne Adressbuch des iOS zugreifen und neue Adressen aus einer externen Quelle (zum Beispiel einem Internetportal) hinzufügen.

Beispiel 3: Einkaufsliste mit der SQLite-Datenbank

Im dritten Beispiel werden wir uns mit der persistenten Datenhaltung beschäftigen. Hier wird eine Anwendung für eine Einkaufsliste implementiert, deren einzelne Produkte in der iPhone-internen Datenbank SQLite gespeichert werden.

Beispiel 4: Einkaufsliste mit dem Core Data Framework

Im Anschluss wird das gleiche Anwendungsbeispiel noch einmal mit dem Core Data Framework implementiert, das seit der iPhone-OS-Version 3.0 zur Verfügung steht. Sie werden die Unterschiede zur SQLite-Implementierung sehen und verstehen, warum Core Data Ihre bevorzugte Bibliothek für persistente Datenhaltung sein sollte.

Beispiel 5: Location Based Services

Als letztes Beispiel in Kapitel 6 wird das Beispiel *MapKitSample* entwickelt. Hier werden Sie die Frameworks MapKit und Core Location einsetzen, um die grundlegenden Kenntnisse für eigene Location Based Services zu erwerben.

Kapitel 7 – Eine App für das Lesen von RSS entwickeln

In Kapitel 7 werden wir Schritt für Schritt eine erste größere App für das iOS entwickeln: eine Anwendung zum Lesen und Darstellen von RSS-Nachrichten.

Einlesen von XML

Das RSS-Format beschreibt die Inhalte einer Webseite (im XML-Format). Dabei werden nicht die kompletten Nachrichten aufgeführt, sondern z.B. nur die Überschrift und ein Link auf die jeweilige Nachricht. Hier wird insbesondere auf die Arbeit mit XML-Daten eingegangen. Außerdem erfahren Sie, wie Sie den eingebauten Browser in eigene Anwendungen integrieren können (in der Beispielanwendung wird er etwa zur Darstellung einer einzelnen Nachricht verwendet).

Kapitel 8 – Eine Aufgabenliste entwickeln

Das Kapitel 8 zeigt Ihnen ein weiteres großes Beispiel für eine iOS-Anwendung. Dabei wird Schritt für Schritt eine Aufgabenliste entwickelt, deren Aufgaben in der internen SQLite-Datenbank gespeichert werden.

Eine neue Aufgabe erzeugt der Benutzer über eine Oberfläche, die Sie in diesem Kapitel mit dem Interface Builder erstellen. Für eine Übersicht werden die Aufgaben in einer Liste dargestellt. Die einzelnen Zellen der Liste werden Sie ebenfalls mit dem Interface Builder gestalten und über den Quellcode mit den richtigen Daten erzeugen.

Core Data für die Speicherung

Für das Speichern der Aufgaben wird das Framework Core Data verwendet.

Kapitel 9 – Testen auf dem Endgerät

In Kapitel 4 hatten Sie bereits den iOS Simulator kennengelernt. Da aber eine Anwendung in der Regel nicht nur für den Simulator entwickelt wird, möchten Sie Ihre Applikation sicherlich auch auf einem iPad, iPhone oder iPod touch testen.

Das iOS Developer Program

Dafür benötigen Sie eine Mitgliedschaft im iOS Developer Program. Kapitel 9 erläutert Ihnen das Developer Program mitsamt seinen Funktionen.

Installation und Vertrieb einer Anwendung

Danach wird Ihnen Schritt für Schritt gezeigt, wie die in Kapitel 7 entwickelte RSS-Anwendung auf einem iPod touch installiert wird (die Installation auf dem iPad und iPhone verläuft analog). Auch auf den Vertrieb Ihrer eigenen Anwendung über den Apple App Store werde ich in diesem Kapitel eingehen.

Anhang

Einführung in Objective-C

Die Programmiersprache, die bei der Entwicklung einer Anwendung für das iOS zum Einsatz kommt, ist Objective-C in der Version 2.0. Der erste Teil des Anhangs (Anhang A) enthält eine Beschreibung der wichtigsten Konzepte und Elemente dieser Programmiersprache. Es ist keine vollständige Beschreibung von Objective-C und kann auch verfügbare Referenzliteratur nicht ersetzen. Aber mit der Kenntnis einer anderen objektorientierten Programmiersprache (wie z.B. C++, C# oder Java) und diesem Anhang werden Sie in die Lage versetzt, die Beispiele in diesem Buch auch auf Quellcodeebene detailliert nachzuvollziehen. Dieses Wissen hilft Ihnen auch bei der Entwicklung Ihrer ersten Anwendungen für das iOS. Sollten Sie noch nicht mit der Programmiersprache Objective-C gearbeitet haben, möchte ich Ihnen das Lesen dieses Anhangs daher sehr ans Herz legen.

Quelltexte

Der zweite Teil des Anhangs (Anhang B) enthält die kompletten Quelltexte der sechs Beispielanwendungen, die in Kapitel 5 vorgestellt wurden. Während dort nur die wichtigsten Elemente der Quelltexte abgedruckt wurden, erhalten Sie in diesem Anhang ein komplettes Bild der Anwendungen und können sie mit den zur Verfügung gestellten Quelltexten nachimplementieren.

Glossar

Im Glossar (Anhang C) finden Sie eine Übersicht der wichtigsten Begriffe rund um die Anwendungsentwicklung für das iOS.

Literaturverzeichnis und Links

Den Abschluss des Buches bildet Anhang D mit einer Zusammenstellung wichtiger Literatur und vor allem von Weblinks zum iOS und dessen Entwicklung. Nutzen Sie diese Quellen.

Quelltext online verfügbar

Dieses Buch besitzt auch eine Webseite mit der Adresse
http://www.dpunkt.de/iphone

Die Quelltexte zu diesem Buch können Sie von dort oder direkt über
http://www.dpunkt.de/leseproben/3778/Quelltexte (4. Auflage).zip
herunterladen.

1.3 Wie sollten Sie dieses Buch lesen?

Zielgruppen

Die Zielgruppen dieses Buches sind Programmierer, Softwarearchitekten und Projektleiter technischer Projekte. Aber auch Fans von iPad, iPhone oder iPod touch, die ein Gefühl dafür bekommen möchten, wie Anwendungen für diese Geräte entwickelt werden, gibt dieses Buch einen guten Überblick. Das Buch ist als Einstieg in die Entwicklung mit dem iOS SDK gedacht, und deshalb wird auch besonderer Wert auf eine detaillierte Beschreibung der Grundlagen gelegt.

Sie können das Buch unterschiedlich lesen, je nachdem, was Sie am iOS SDK besonders interessiert. Für die verschiedenen Interessenlagen finden Sie im Folgenden jeweils eine Empfehlung für die Reihenfolge der Kapitel beim Lesen dieses Buches (siehe Abb. 1–1).

Abb. 1–1 *Lesepfade für die unterschiedlichen Zielgruppen*

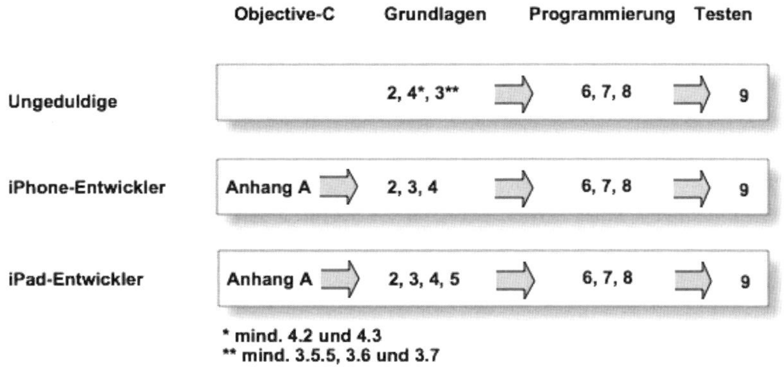

Für Ungeduldige

Wenn Sie sofort etwas selbst entwickeln möchten, ist das Einstiegskapitel 2 genau das Richtige für Sie. Nach der Installation des iOS SDK wird sofort Schritt für Schritt eine kleine Anwendung entwickelt. Nachdem Sie die Schritte selbst auf Ihrem Rechner ausgeführt haben, können Sie an der vorhandenen Anwendung eigene Experimente durchführen. Bei Fragen zur Entwicklungsumgebung Xcode sollten Sie zum Kapitel 4 blättern und zumindest die Abschnitte 4.2 und 4.3 lesen; hier werden Ihnen die wichtigsten Xcode-Bestandteile erläutert. Für ein tieferes Verständnis des iOS greifen Sie auf Kapitel 3 zurück. Hier sollten Ungeduldige auf jeden Fall die Abschnitte 3.5.5, 3.6 und 3.7 lesen. Überspringen Sie dann die iPad-Besonderheiten und fahren Sie mit den Praxiskapiteln 6, 7 und 8 sowie Kapitel 9 fort.

Für iPhone -Entwickler

Für die professionelle Entwicklung eigener Anwendungen mit dem iOS SDK benötigen Sie einiges an Rüstzeug.

Anwendungen für das iOS werden in der Programmiersprache Objective-C entwickelt. Sollten Sie noch nicht mit dieser Sprache vertraut sein, möchte ich Ihnen zuerst den Anhang A empfehlen, der Sie in die wichtigsten Konzepte von Objective-C einführt. Nach diesem Anhang sollten Sie das Buch beginnend bei Kapitel 2 der gegebenen Reihenfolge nach lesen. Kapitel 5 (iPad) überspringen Sie.

Für iPad-Entwickler

Das iPad und das iPhone (und der iPod touch) haben grundsätzlich das gleiche Betriebssystem. Trotzdem gibt es Unterschiede, die Sie beachten sollten. Sie lernen sie in Kapitel 5 kennen. Darüber hinaus gleicht der Lesepfad dem für iPhone-Entwickler.

1.4 Was können Sie, wenn Sie dieses Buch durchgearbeitet haben?

Nach der Lektüre dieses Buches sollten Sie in der Lage sein, erste eigene Anwendungen für das iOS zu entwickeln. Der Einsatz der im SDK mitgelieferten Werkzeuge sollte nach Kapitel 4 für Sie keine Hürde mehr darstellen. Bei aufkommenden Fragen werden Sie durch die Erläuterungen in Kapitel 4 auch wissen, wo Sie mit einer Suche nach Informationen zum iOS SDK anfangen sollten. Welche besonderen Schritte für eine App auf dem iPad notwendig sind, wissen Sie nach Durcharbeitung von Kapitel 5. Eine Einschätzung, ob und wie Sie das iOS Developer Program verwenden wollen, können Sie auch mithilfe von Kapitel 9 treffen.

Was leistet das Buch nicht?

Der Programmierung von Anwendungen sind durch das iOS SDK keine Grenzen gesetzt. Dieses Buch hilft Ihnen zwar beim Einstieg in die Anwendungsentwicklung. Wenn Sie jedoch komplexere Anwendungen entwickeln wollen, sollten Sie auf die von Apple zur Verfügung gestellte (englischsprachige) Dokumentation zurückgreifen.

Während der Überarbeitung für diese Neuauflage befand sich das iOS 5.1 im Betazustand. Die Version 5.1 ist noch vor Drucklegung erschienen. Deswegen kann gesagt werden, dass die Version 5.1 des iOS SDK aus Entwicklersicht im Vergleich zu iOS 5.0 nur minimale Änderungen enthält. Somit sind alle Aussagen in diesem Buch auch für die Version 5.1 gültig.

1.5 Danksagung

Dass dieses Buch heute existiert, ist eher dem Zufall als einer langen Planung zu verdanken. Die Idee dazu entstand in einem kurzen Telefonat zwischen meinem Lektor René Schönfeldt und mir. Nach diesem Gespräch war die Entstehung dieses Buches bereits vorgezeichnet, plötzlich ging alles sehr schnell, und ich begann damit, das erste Kapitel zu schreiben.

An dieser Stelle möchte ich mich beim dpunkt.verlag für die professionelle Betreuung bedanken. Besonders hervorzuheben sind hier René Schönfeldt und Nina Hanna Lötsch. Beide haben durch ihre vielen Anmerkungen geholfen, dass dieses Buch nachhaltig an Qualität gewonnen hat. Danke dafür!

An dieser Stelle möchte ich mich auch bei den Lesern der bisherigen drei Auflagen bedanken, dadurch wurde ich ermutigt, weitere Auflagen zu schreiben.

Zum Schluss möchte ich mich bei meiner Frau Maria Elena für den Rückhalt und ihr Verständnis bedanken. Ohne das wäre dieses Buch nicht Realität. Ich danke Dir dafür, dass Du meine Leidenschaft fürs Schreiben so sehr unterstützt!

Grundlagen

2 Installation und ein erstes Beispiel

In diesem Einstiegskapitel lernen Sie zunächst das iOS Dev Center als zentrale Quelle für Informationen rund um die Entwicklung von Anwendungen für das iPhone kennen. Danach folgt eine Erläuterung der Installation sowie der Deinstallation des iOS SDK. Zum Abschluss dieses Kapitels wollen wir uns noch ein Beispiel ansehen, das Ihnen ein erstes Gefühl für die iPhone-Anwendungsentwicklung vermitteln soll.

Grundvoraussetzung für die Entwicklung mit dem iOS SDK

Bevor dieses Kapitel direkt mit der Installation und einem Beispiel loslegt, sollen hier kurz die Grundvoraussetzungen für die Programmierung mit dem iOS SDK aufgezeigt werden.

Für die Entwicklung mit dem iOS SDK benötigen Sie einen Apple Mac mit installiertem Mac OS X. Da Sie in diesem Kapitel auch schon Quellcode zu sehen bekommen, sei noch darauf hingewiesen, dass die verwendete Programmiersprache Objective-C ist. Eine Einführung dazu finden Sie im Anhang dieses Buches.

2.1 Das iOS Dev Center

Das iOS Dev Center ist ein Unterbereich innerhalb der Apple Developer Connection.

Alles, was Sie für den Start in die iPhone-Anwendungsentwicklung benötigen, u.a. das iOS SDK, finden Sie im *iOS Dev Center*, einem umfangreichen Portal rund um die Entwicklung von iOS-Anwendungen (http://developer.apple.com/devcenter/ios). Das iOS Dev Center ist ein spezieller Bereich innerhalb der *Apple Developer Connection* (http://developer.apple.com).

Für den Zugriff auf die im iOS Dev Center abgelegten Informationen benötigen Sie zunächst einen Zugang bei der *Apple Developer Connection*: Ohne eine Anmeldung erhalten Sie zwar einen Überblick darüber, welche Informationen im iOS Dev Center vorhanden sind, Sie können aber nicht darauf zugreifen.

Das iOS Developer Program

Es ist wichtig zu erwähnen, dass diese Anmeldung zur Apple Developer Connection nicht mit einer Anmeldung zum *iOS Developer Program*[1] (http://developer.apple.com/programs/ios) zu verwechseln ist.

Apple Developer Connection vs. iOS Developer Program

Wie erwähnt, ist die Anmeldung zur *Apple Developer Connection* obligatorisch, um das iOS SDK und auch weiterführende Dokumentation und Beispiele herunterladen zu können. Diese Anmeldung ist kostenlos. Apple möchte wohl einfach etwas Kontrolle über die Informationen haben.

Das *iOS Developer Program* ist dagegen ein kostenpflichtiges Angebot. Eine Mitgliedschaft ist erforderlich, wenn Sie Ihre Anwendung vertreiben wollen, wobei es nicht darauf ankommt, ob dies kostenpflichtig oder umsonst geschehen soll. Eine Installation Ihrer entwickelten Anwendung auf einem iPhone kann nur über den Umweg des iPhone Developer Program erfolgen. Eine ausführliche Beschreibung des iOS Developer Program finden Sie in Kapitel 8 dieses Buches.

Das iOS Dev Center können Sie als zentrale Stelle für Informationen rund um die Entwicklung mit dem iOS SDK verstehen. Die Einstiegsseite enthält vier wesentliche Bereiche:

- Suche (Abb. 2–1)
- Auswahl des SDK (Abb. 2–2)
- Beispiele und mehr (Abb. 2–3)
- Download (Abb. 2–4)

Bereich 1: Suche

Die Kopfzeile hält Menüpunkte zur übergreifenden Navigation bereit, zum Beispiel kann darüber ins Member Center gesprungen werden. Diese Kopfzeile ist in allen Entwicklerportalen gleich. An der rechten Seite ist ein Suchfeld für die Volltextsuche dargestellt.

Abb. 2–1
Volltextsuche im Portal

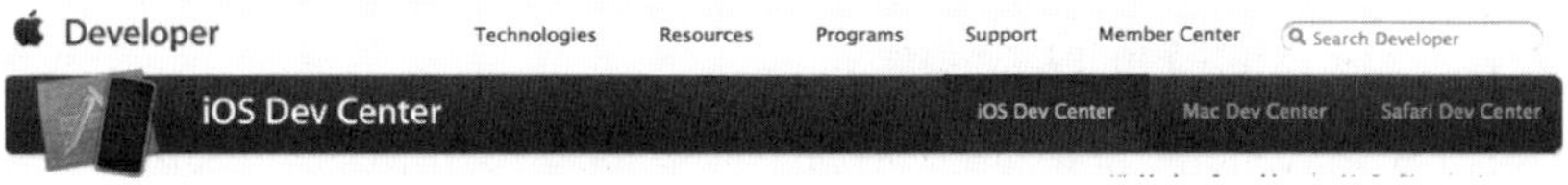

Bereich 2: Auswahl des SDK

Im nächsten Bereich des Fensters können Sie das entsprechende SDK auswählen.

Abb. 2–2
Volltextsuche innerhalb der zur Verfügung stehenden Dokumente

1. Umbenannt von iPhone Developer Program.

Wie Sie in Abbildung 2–2 sehen, können Sie über die Schaltfläche *iOS 5 SDK* auf diese Version zugreifen. Sollten mehrere Versionen zur Verfügung stehen, befindet sich die neueste höchstwahrscheinlich im Betastatus. Im obigen Screenshot verweist iOS 5.1 SDK beta auf das zum Redaktionsschluss noch nicht freigegebene iOS 5.1. Auf solch eine Betaversion erhalten Sie nur Zugriff, wenn Sie beim iOS Developer Program angemeldet sind.

Bereich 3: Beispiele und mehr

Unterhalb der Suche finden Sie unter der Beschriftung *Resources for iOS 5* Verweise zu wichtigen Hilfen für die Applikationsentwicklung mit dem iOS SDK – diese Überschrift passt sich mit der jeweiligen Versionsnummer an. Der erste Link mit der Bezeichnung *Downloads* springt lediglich auf der gleichen Seite nach unten in den eigentlichen Downloadbereich. Über den Link *Getting Started Videos* gelangen Sie zu einer Übersicht mit hilfreichen Videotutorials für den Einstieg in die iOS-Entwicklung. Für das Betrachten der Videos (inklusive der Übersicht) wird eine installierte iTunes-Version benötigt. Über die Links *Getting Started Documents* und *iOS Developer Library* kommen Sie zu Dokumenten, die die Anwendungsentwicklung für das iOS beschreiben. Hinter *iAd JS Reference Library* steht der Bereich rund um die Entwicklung zu iAd, dem mobilen Werbedienst von Apple.

Quellcodebeispiele für den schnellen Einstieg

Der Verweis *Coding How-To's* bietet Antworten auf viele Fragen der täglichen Entwicklung, wie z.B. *How to create a table view?* Ein sehr wichtiger Bereich steht hinter dem Verweis *Sample Code*. Hier erhalten Sie Zugriff auf die zur Verfügung gestellten Beispiele. Diese helfen Ihnen beim Einstieg in die Programmierung. Jedem Einsteiger in die Entwicklung von iOS Apps sei dieser Bereich wärmstens empfohlen.

Unter der Beschriftung *Featured Content* finden Sie speziell hervorgehobene Verweise, wie z.B. den Link auf *Start Developing iPad Apps*.

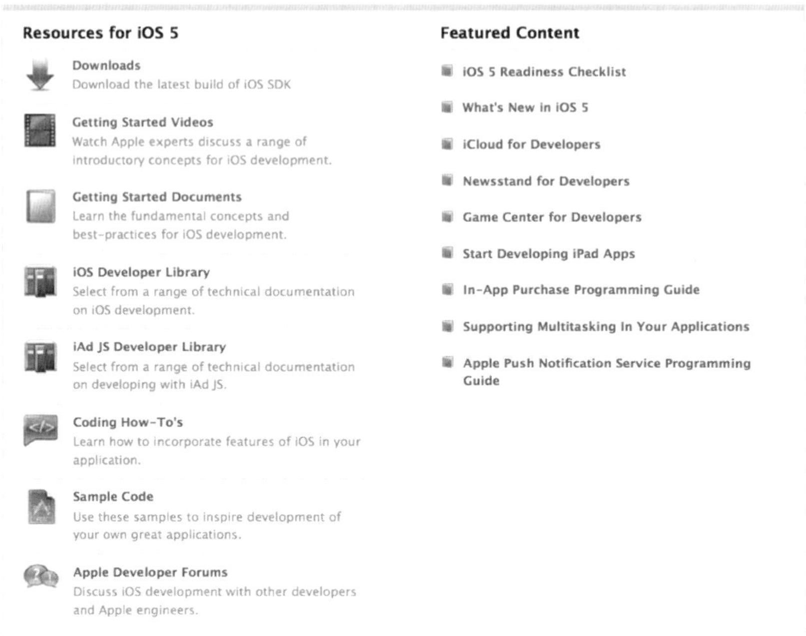

Abb. 2–3
Nachschlagebereich innerhalb des iOS Dev Center

Bereich 4: Download

Im Bereich *Downloads* (Abb. 2–4) kann die aktuelle Version des iOS SDK zusammen mit der aktuellen und passenden Version von Xcode heruntergeladen werden. Bisher wurde das Paket direkt im Disk-Image-Format[2] (`.dmg`) zur Verfügung gestellt, für Betaversionen gilt das weiterhin. Die aktuellen Releaseversionen[3] und Mac OS X Lion (10.7) werden über den Mac App Store zur Verfügung gestellt, für Snow Leopard existiert weiterhin ein DMG-Archiv. Bei Betätigung des Links *Download Xcode 4* wird die Übersichtsseite für den Download geöffnet.

Auf dieser Übersichtsseite stehen Ihnen eine Installationsanleitung und eine Migrationsanleitung für den Umstieg zur Verfügung. Vor dem Einsatz des iOS SDK empfiehlt sich ein Blick in die Nutzungsbestimmungen. Zusätzlich kann es vorkommen, dass weitere wichtige Dokumente im Bereich *Downloads* des iOS Dev Center angeboten werden.

Neben dem iOS SDK können Sie in dem Downloadbereich auch das Entwicklerkit für iAd herunterladen.

---

2. Ein Archivformat
3. Stand iOS 5.0.1, Januar 2011.

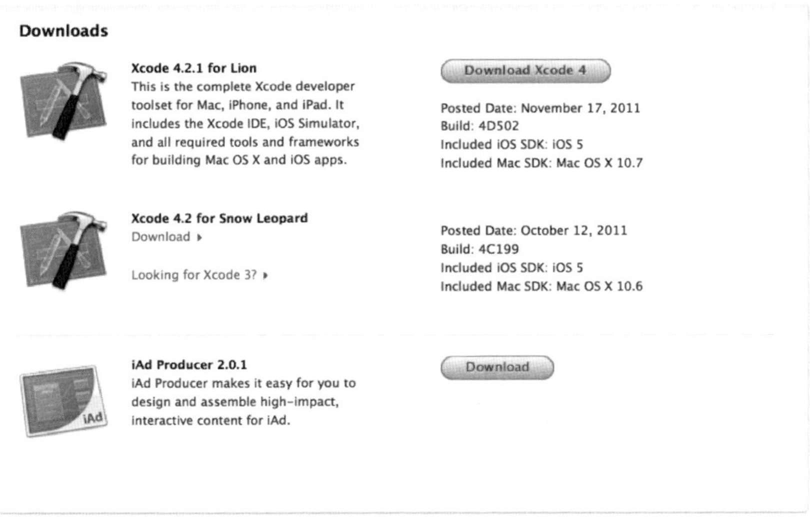

Abb. 2–4
Downloadbereich für das iOS SDK und iAd JS

2.2 Das iOS SDK installieren

Um das iOS SDK zu installieren, müssen Sie zunächst die aktuelle Version aus dem Downloadbereich herunterladen. Die Installationen für Mac OS X Lion und für Snow Leopard unterscheiden sich. Für Lion läuft es über den Mac App Store, bei Snow Leopard ist eine Installation und ein Download außerhalb des App Stores erforderlich. In diesem Abschnitt wird die Installation für Mac OS X Lion beschrieben. Diese Version enthält bereits eine vorinstallierte Version von Xcode 4. Bei der Installation einer neuen Version von Xcode, und somit des iOS SDK, wird keine Neuinstallation erforderlich sein, sondern ein Update. Dies kann direkt über den App Store gestartet werden. Beim Update werden die Auswahlmöglichkeit der Neuinstallation (wie Selektion gewisser Pakete) nicht mehr angezeigt – es geht hier lediglich um eine Aktualisierung der aktuellen Installation mit den bereits bei der Erstinstallation gewählten Optionen.

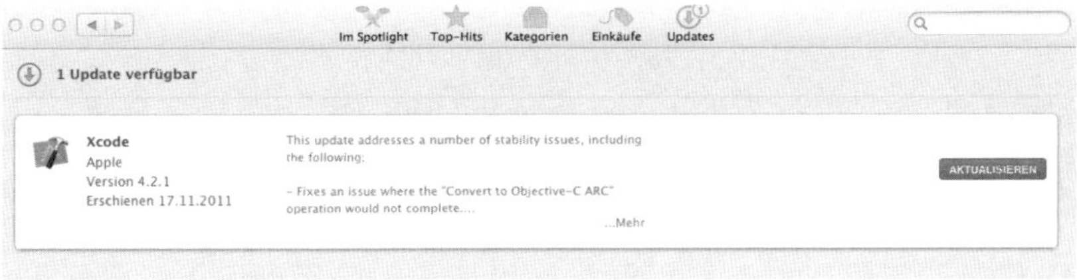

Abb. 2–5
Start der Installation über die Schaltfläche Aktualisieren

Nach dem Download kann das heruntergeladene Paket mittels Doppelklick im sogenannten Launchpad geöffnet werden. Im Launchpad, unter Mac OS X, sind alle Anwendungen enthalten, die über den Mac App Store installiert wurden.

Abb. 2-6
Installer wird über das Launchpad gestartet.

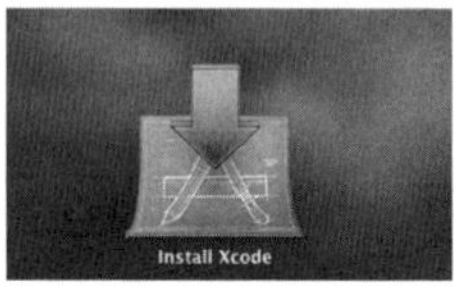

Nach Betätigung von Install Xcode startet die endgültige Installation. Installiert wird das iOS SDK, einige Kommandozeilenwerkzeuge und natürlich die Entwicklungsumgebung Xcode in der heruntergeladenen Version 4.2.1.

Vorsicht bei einer alten Version von Xcode

Standardmäßig wird seit Mac OS X 10.5 die Entwicklungsumgebung Xcode im Verzeichnis `/Developer` installiert. Die Anwendung befindet sich dann unter dem Namen Xcode.app im Unterverzeichnis *Applications*. Sollte auf Ihrem Rechner bereits eine alte Xcode-Version installiert sein, wird sie durch die Installation von Xcode in der Version 4.2.1 aktualisiert. Besteht der Wunsch zum Parallelbetrieb, müssen Sie für die neue Version ein anderes Verzeichnis (Variante `Custom Install`) angeben; falls Sie die neue Version aber im Verzeichnis `/Developer` installieren möchten, müssen Sie die alte vor der Installation in ein anderes Verzeichnis verschieben.

Nach etwas Wartezeit öffnet sich der Installationsdialog. Im Falle einer Aktualisierung steht hier die Schaltfläche *Update* zur Verfügung. Darüber wird die Installation bestätigt und kann gestartet werden.

Abb. 2-7
Starten der Installation

Nun fehlt noch die Bestätigung der Lizenzvereinbarung, hierfür wird ein separater Dialog angezeigt.

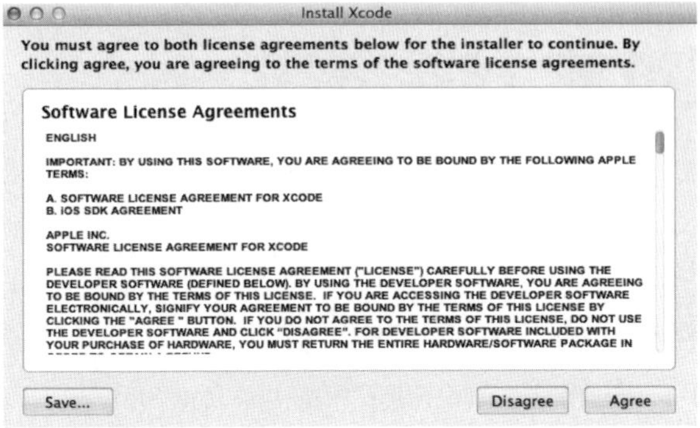

Abb. 2–8
Lizenzvereinbarung akzeptieren

Für die Installation des iOS SDK benötigen Sie Administratorrechte, deshalb fordert der Installer Sie zur Eingabe des entsprechenden Kennwortes auf. Das Ende der Installation wird mit der Meldung *Installation erfolgreich* bestätigt.

Nach der erfolgreichen Installation des iOS SDK sollten, wie in Abbildung 2–9 dargestellt, die 3 Verzeichnisse unterhalb `/Developer/Platforms` stehen.

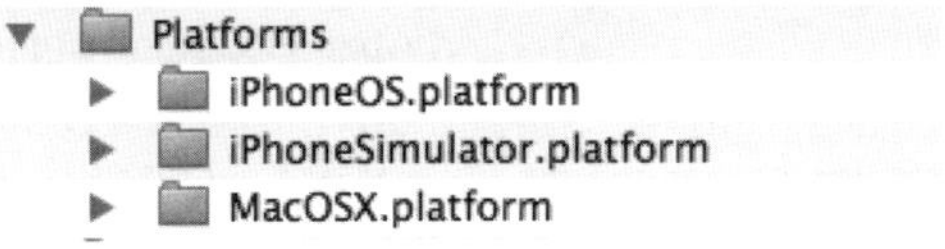

Abb. 2–9
Die Verzeichnisse nach der Installation

Wie am Namen schon zu erkennen, befinden sich im Verzeichnis `iPhoneOS.platform` Dateien rund um das sogenannte iOS, das Betriebssystem des iPhone. Im Verzeichnis `iPhoneSimulator.platform` sind die Dateien zum iPhone Simulator enthalten.

Zusätzlich zum iOS SDK werden, wie schon erwähnt, die Entwicklungsumgebung Xcode und zusätzliche Tools installiert. Diese befinden sich unterhalb des Verzeichnisses `/Developer/Applications`.

Kenner von Xcode 3 werden in Abbildung 2–10 sofort eine Änderung bemerken: Es fehlt das Programm Interface Builder. Dies liegt daran, dass der Interface Builder in die Entwicklungsumgebung Xcode integriert wurde und kein eigenständiges Programm mehr ist.

Abb. 2–10 *Werkzeuge des iOS SDK*

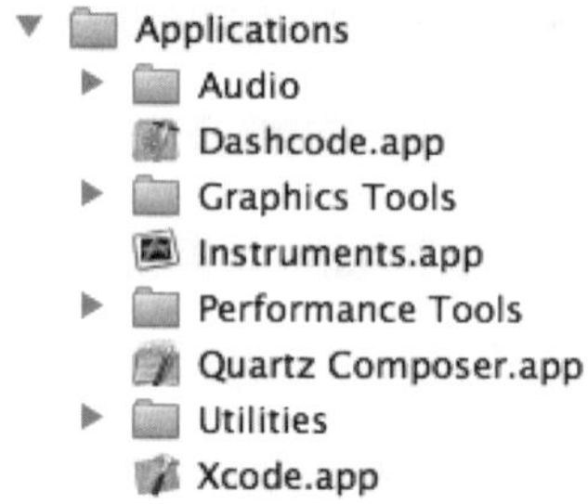

2.3 Das iOS SDK deinstallieren

In der kurzen Startdokumentation[4] für das iOS SDK wird angegeben, dass bei der Installation einer neuen Version des iOS SDK die letzte Version überschrieben wird. Falls Sie auf Nummer sicher gehen möchten, besteht auch die Möglichkeit, ein bereits installiertes iOS SDK vorher zu entfernen. Für eine Deinstallation stehen vier unterschiedliche Varianten zur Verfügung, die inklusive einer kurzen Erläuterung in der nachfolgenden Tabelle 2–1 beschrieben werden. Die Erläuterungen gehen davon aus, dass das iOS SDK im vorgegebenen Standardverzeichnis `/Developer` installiert wurde. Falls das Verzeichnis geändert wurde, müssen Sie den Basispfad `/Developer` in den Befehlen anpassen.

Tab. 2–1 *Varianten zur Deinstallation des iOS SDK*

Beschreibung	Abzusetzender Befehl[a]
Komplette Deinstallation[b] des iOS SDK und der dazugehörigen Komponenten, d.h. inklusive der Entwicklungsumgebung Xcode.	`sudo /Developer/Library/uninstall-devtools --mode`[c]`=all`
Deinstallation des reinen iOS SDK. Mit dieser Variante wird die Entwicklungsumgebung Xcode beibehalten.	`sudo /Developer/Library/uninstall-devtools --mode=systemsupport`
Deinstallation des Unix Development Support. Die anderen Bestandteile, wie z.B. Xcode, werden beibehalten.	`sudo /Developer/Library/uninstall-devtools --mode=unixdev`
Deinstallation von Xcode. Neben dem angegebenen Befehl kann für eine Deinstallation auch einfach der Xcode-Ordner auf den Papierkorb gezogen werden.	`sudo /Developer/Library/uninstall-devtools --mode=xcodedir`

a. Die angegebenen Befehle sind über das Terminal auszuführen.
b. Eine Deinstallation ist selbstverständlich nur mit Administratorrechten möglich.
c. Ohne Angabe des Parameters `mode` wird immer `--mode=all` herangezogen.

4. Das iOS SDK Readme ist online verfügbar unter der URL https://devimages.apple.com.edgekey.net/downloads /xcode/ xcode_42_for_lion_readme.pdf.

Die Deinstallation des kompletten Paketes kann einige Minuten in Anspruch nehmen. Das Terminalfenster sollten Sie während dieser Deinstallation nicht schließen, um den Prozess auch sauber beenden zu können.

2.4 Ein erstes Beispiel

Als Einstiegsbeispiel habe ich nicht die übliche Hello-World-Anwendung gewählt, sondern einen sehr einfachen Taschenrechner für die Zahlen 0 bis 9. Das Beispiel konzentriert sich nicht auf die Rechenlogik, sondern auf die iOS-Programmierung, deswegen ist diese Logik auf das Minimalste beschränkt. Unter anderem kann der Taschenrechner nur einstellige Zahlen verarbeiten. Eine Erweiterung sollte aber nach dem Durcharbeiten dieses Kapitels mit geringem Aufwand möglich sein.

Der Name des kleinen Helferleins soll *fast.calc* sein. Als Basis verwenden wir dafür eine eigens für diese Buch geschriebene Anwendung namens *my-calculator*, die Sie von der Buchwebseite herunterladen und im Folgenden erweitern können. Das Projekt setzt für die Speicherverwaltung den mit Xcode 4.2 eingeführten Mechanismus Automatic Reference Counting ein.

Dieses Beispiel soll Ihnen einen ersten Einblick geben, wie die Entwicklung mit dem iOS SDK aussieht. Es geht nicht näher auf die Details der iPhone-Anwendungsentwicklung ein, sondern zeigt lediglich die erforderlichen Schritte, um eine einfache, lauffähige Version der Anwendung zu erhalten. Damit bekommen Sie ein Gefühl, wie die Entwicklung einer eigenen App vonstattengeht. Die Erläuterung der Hintergründe folgt in den späteren Kapiteln.

Die Anwendung *my-calculator* besitzt im Grundzustand nur die Grundrechenart Addition. In diesem ersten Beispiel werden wir gemeinsam die Anwendung um die Grundrechenart Subtraktion (siehe Abb. 2–11) erweitern.

Abb. 2–11
Oberfläche von fast.calc

Schritt 1:
Der Download

Wie bereits erwähnt, wird *fast.calc* auf Basis einer einfacheren Beispielanwendung entwickelt. Laden Sie daher das Beispiel von der Buchwebseite herunter (http://www.dpunkt.de/iphone, Link »MyCalculator«) oder über http://www.dpunkt.de/leseproben/3778/my-calculator.zip.

Dann extrahieren Sie dieses Archiv in ein beliebiges Verzeichnis. Nach dem Entpacken präsentiert sich das Beispiel wie in der Abbildung 2–12.

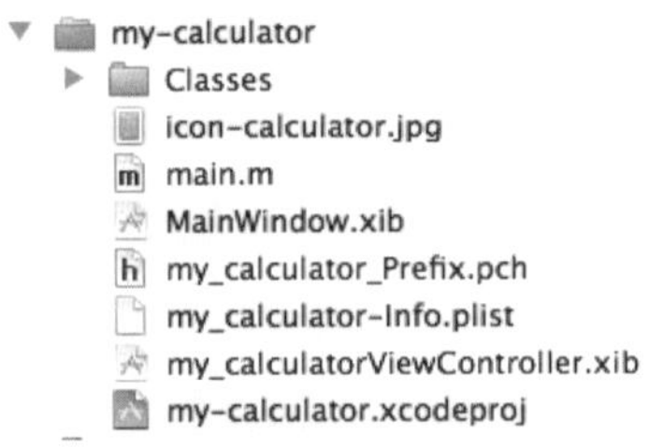

Abb. 2–12
Das entpackte Beispiel my-calculator

Für die Bearbeitung der Anwendung öffnen Sie sie über einen Doppelklick auf die Datei `my-calculator.xcodeproj`. Daraufhin öffnet sich nach kurzer Zeit die Entwicklungsumgebung Xcode mit dem Projekt *my-calculator* (siehe Abb. 2–13).

Schritt 2: Entwicklungsumgebung öffnen

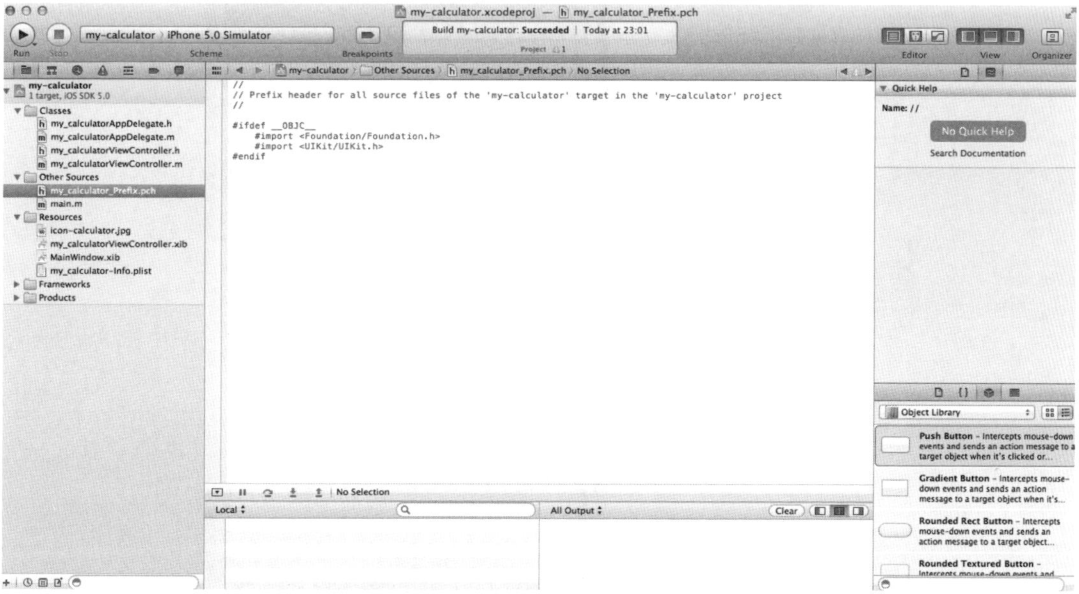

Abb. 2–13 *Xcode mit dem geöffneten Projekt my-calculator*

Um die Anwendung ein erstes Mal zu starten, müssen Sie das Beispiel übersetzen. Dies erfolgt mittels Klick auf die Schaltfläche *Run* (siehe Abb. 2–14). Alternativ kann die Beispielanwendung auch über den Xcode-Menüpunkt *Product/Run* gestartet werden (Tastaturkürzel: *cmd+R*).

Schritt 3: Das Beispiel mit den Änderungen starten

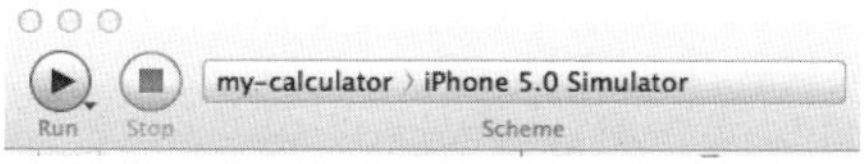

Abb. 2–14 *Das Beispiel übersetzen und starten*

Nach kurzer Zeit ist der Quellcode übersetzt und die Anwendung wird im mitgelieferten iOS Simulator gestartet. Danach präsentiert sich sofort die Anwendung *my-calculator* (siehe Abb. 2–15).

Den iPhone Simulator können Sie per Maus bedienen: Eingaben nehmen Sie per Klick auf die Schaltflächen vor, und über die Schaltfläche »C« setzen Sie den Taschenrechner zurück. Das Gleichheitszeichen wurde aus Gründen der Einfachheit weggelassen: Nach Betätigung der Schaltfläche »+« gefolgt von einer Zahl wird sofort das Additionsergebnis ausgegeben.

Abb. 2–15
my-calculator gestartet

Bei der Betätigung des schwarzen iPhone-Knopfes (genannt Home) in der Mitte des unteren Randes kommt der Nutzer auf das Hauptmenü zurück. Hier ist die Beispielanwendung *my-calculator* mit einem eigenen Icon vertreten (siehe Abb. 2–16).

Abb. 2–16
my-calculator im Hauptmenü

Schritt 4:
Das Beispiel beenden

Für das Schließen der Anwendung muss der iOS Simulator über den Menüpunkt *iOS-Simulator/iOS-Simulator beenden* geschlossen werden, alternativ funktioniert auch das Tastaturkürzel *cmd+Q*. Nach dem Beenden können Sie nun Änderungen an der Anwendung vornehmen.

Schritt 5: Name der Anwendung anpassen

Wie in Abbildung 2–16 zu erkennen, erscheint unter dem Anwendungsicon der Projektname *my-calculator*. Unsere erste Änderung besteht darin, diesen Namen anzupassen. Diese Änderung nehmen Sie in der Einstellungsdatei `my_calculator-Info.plist` vor. Nach einfachem Klick auf die Datei öffnet sich der Inhalt im rechten Bereich von Xcode. Nun ändern Sie in der Zeile *Bundle display name* den Wert auf *fast.calc* (siehe Abb. 2–17). Per Doppelklick auf eine Zelle können Sie deren Wert ändern. Speichern Sie die Änderung nun mittels Tastaturkürzel *cmd+S*.

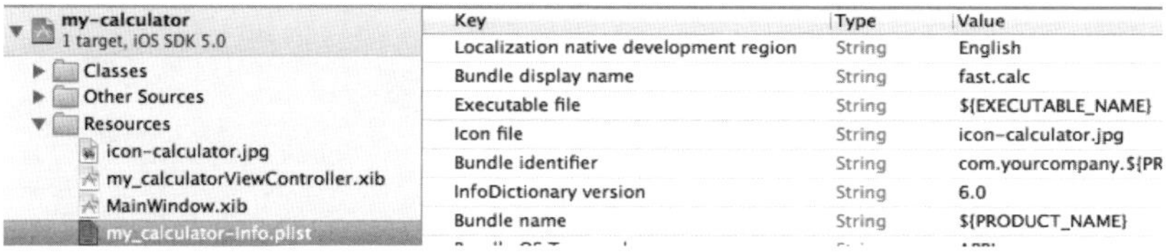

Abb. 2–17
Einstellungsdatei my_calculator-Info.plist im geöffneten Editor

Nach einem Neustart der Anwendung mittels *Run* öffnet sie sich im iOS Simulator. Nach Betätigen der Home-Schaltfläche sehen Sie die Änderungen unter dem Icon. Sollten die Änderungen nicht sichtbar sein, beenden Sie den iOS Simulator, rufen Sie über das Menü von Xcode den Befehl *Product/Cleans* auf und starten Sie erneut den Simulator. Nun sollte die Änderung auf jeden Fall sichtbar sein.

Schritt 6: Oberfläche anpassen

Bisher unterstützt der Taschenrechner nur die Addition, in unserem Beispiel wollen wir ihn um die Subtraktion erweitern. Hierfür müssen Sie zunächst eine Schaltfläche mit einem Minuszeichen hinzufügen.

Die Oberfläche der Anwendung ist in der Oberflächendefinitionsdatei `my_calculatorViewController.xib` definiert, die Datei finden Sie in der Gruppe *Resources*. Für die Bearbeitung solcher Dateien steht das Werkzeug Interface Builder zur Verfügung. Mittels Klick[5] auf die Datei in Xcode wird diese direkt im Interface Builder geöffnet. Vor Xcode 4 war der Interface Builder noch ein eigenständiges Werkzeug, inzwischen ist dieser in Xcode integriert. Neben dem Projektfenster (mittleres Fenster in Abb. 2–18) sollten Sie auch die Oberfläche mit den bereits enthaltenen Schaltflächen sehen.

5. Bei Doppelklick öffnet sich die Datei in einem eigenen Fenster, unabhängig vom Xcode-Projektfenster.

Abb. 2–18
Oberfläche im Interface Builder geöffnet

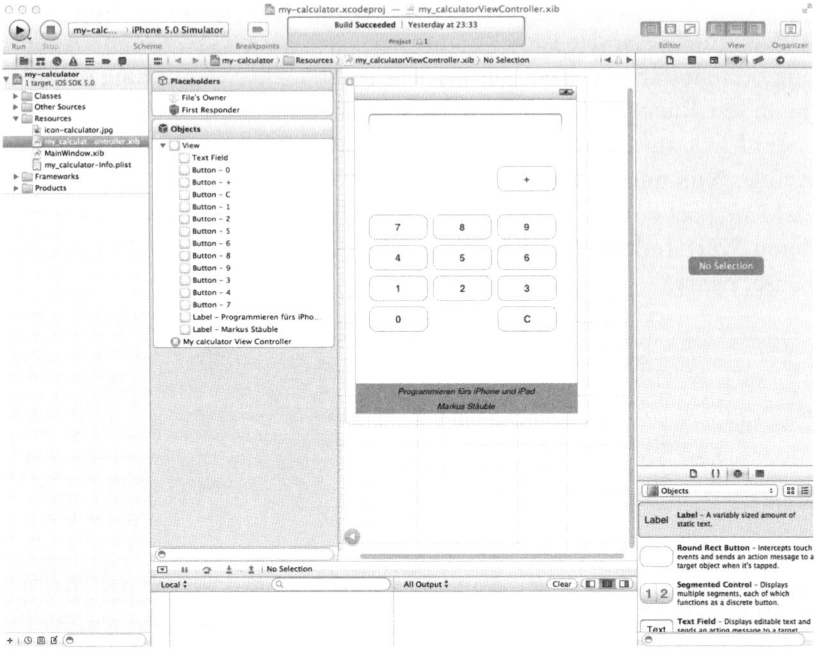

Am einfachsten fügen wir die Schaltfläche mit dem Minuszeichen hinzu, indem die bereits vorhandene Schaltfäche mit dem Pluszeichen kopiert wird. Hierfür markieren Sie die Schaltfläche und kopieren sie über den Menüpunkt *Edit/Copy* (Tastaturkürzel: *cmd*+C). Sie lässt sich dann über den Menüpunkt *Edit/Paste* (Tastaturkürzel: *cmd*+*V*) einfügen und mit der Maus an die richtige Stelle verschieben. Es bietet sich der Platz links neben dem Pluszeichen an (siehe Abb. 2–19). Für die Anordnung der Schaltfläche zeigt der Interface Builder während des Verschiebens blaue Führungslinien.

Abb. 2–19
Führungslinien helfen bei der Positionierung im Interface Builder.

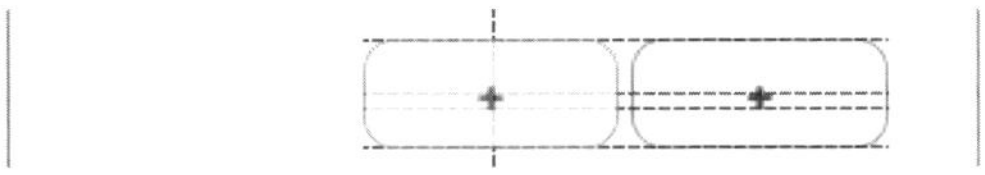

Um den Text bzw. das Symbol der Schaltfläche zu ändern, genügt ein Doppelklick auf die Schaltfläche. Nun können Sie das Zeichen »-« einfügen. Über *File/Save* speichern Sie die Änderung.

Schritt 7: Schaltfläche mit Quellcode verbinden

Die Oberfläche ist nun angepasst. Jetzt fehlt noch die Erweiterung im Quellcode. Hierfür muss eine Verbindung[6] zwischen der neuen Schaltfläche und dem Quellcode hergestellt werden. Im Detail sieht

6. Als Outlet bezeichnet. Mehr zu Outlets im Kapitel 3.

das so aus: Da beim Klick auf eine Schaltfläche ein Event ausgelöst wird, muss dieses Event nun mit einer Methode verbunden werden. Zuerst soll die Methode erstellt werden. Hierfür klicken Sie im Projektfenster des Interface Builder auf *File's Owner* (siehe Abb. 2–20).

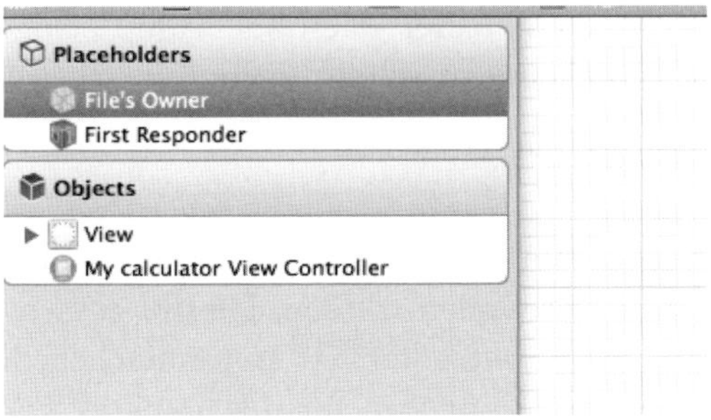

Abb. 2–20
Auswahl des Menüpunktes File's Owner

Im rechten Fenster des Interface Builder ist nun die Ansicht des Identity Inspector auszuwählen – drittes Icon von links (siehe Abb. 2–21). Alternativ kann diese Ansicht auch über den Xcode-Menüpunkt *View/Utilities/Show Identity Inspector* (Tastaturkürzel: *alt+cmd+4*) angezeigt werden.

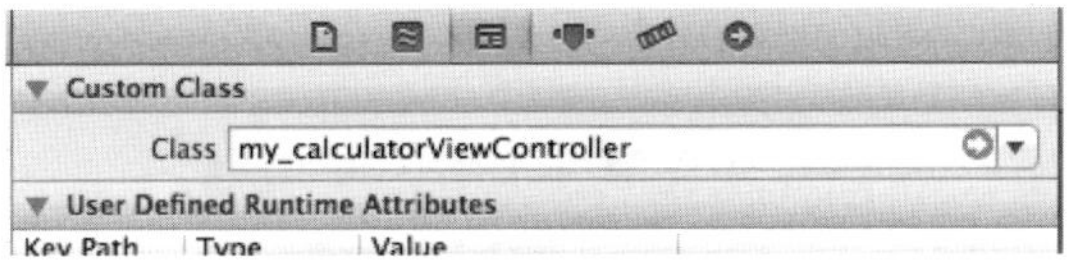

Abb. 2–21
Anzeige der Klasse, die mit dem View verbunden ist

Im Feld Class wird nun der Name der entsprechenden Klasse, `my_calculatorViewController`, angezeigt. Nach Betätigung des Pfeils in der Zeile wird die Klassendatei (`my_calculatorViewController.h`) geöffnet. Diese Interfacedatei ist um eine Methode *pressMinus:* zu erweitern. Nachfolgend der entsprechende Quellcodeausschnitt:

```
@interface my_calculatorViewController : UIViewController {
 IBOutlet UITextField *displayField;
 BOOL plusPressed;
 int value;
}

- (void) input:(int)theInput;

- (IBAction)pressPlus:(id)sender;
- (IBAction)pressMinus:(id)sender;
```

Listing 2–1
Ausschnitt aus my_calculatorView-Controller.h

Bei der Methodendefinition ist die Markierung `IBAction` sehr wichtig. Darüber wird signalisiert, dass diese Methode über den Interface Builder verbunden wird.

Neben dem Klasseninterface muss nun noch die Implementierungsdatei `my_calculatorViewController.m` angepasst werden. Im ersten Schritt soll lediglich ein leerer Methodenrumpf eingefügt werden. Nachfolgend der Quellcodeausschnitt dazu:

Listing 2–2
Erweiterung um Methode pressMinus:

```
- (IBAction)pressMinus:(id)sender {
}
```

Nach der Methodendefinition kann diese nun mit dem entsprechenden Oberflächenelement verbunden werden. Hierfür öffnen Sie wieder die Datei `my_calculatorViewController.xib` mit einfachem Klick im Interface Builder. Über das Kontextmenü des Punktes *File's Owner* im Menü des Interface Builder werden alle möglichen Outlets angezeigt. Im geöffneten Kontextmenü finden Sie die definierte Methode `pressMinus:`. Nun klicken Sie auf das Pluszeichen und ziehen die blaue Linie mit gedrückter linker Maustaste auf die zuvor hinzugefügte Schaltfläche. Beim Loslassen der Maustaste werden die zur Verfügung stehenden Events der Schaltfläche angezeigt. Hier wählen Sie das Event *Touch Down* aus und speichern die Änderungen über *File/Save* ab.

Abb. 2–22
Herstellen der Verbindungen zwischen Methode und Schaltfläche

Die Änderungen befinden sich nun in der Oberflächendefinitionsdatei.

Subtraktion implementieren

Beim folgenden Start der Anwendung über *Run* in Xcode werden Sie den Taschenrechner mit der neuen Oberfläche sehen. Bei Betätigung von Minus wird sich aber noch keine Änderung ergeben. Das liegt daran, dass im Quellcode die Methode `pressMinus:` bisher ohne Funktionalität ist. Lediglich der Methodenrumpf ist in der Datei `my_calculatorViewController.m` (siehe Listing 2–3) enthalten. Diesen Methodenrumpf hatten Sie zuvor über die Erweiterung der Implementierungsdatei aus dem Interface Builder erzeugt.

```
- (IBAction)pressMinus:(id)sender {
}
```

Listing 2–3
Leere Methode pressMinus:

Der Taschenrechner ist relativ einfach konstruiert. Über eine boolesche Variable wird festgehalten, ob die Plus-Schaltfläche zuletzt gedrückt wurde oder nicht. Diese Variable trägt den Namen `plusPressed` (siehe Listing 2–4) und ist innerhalb der Datei `my_calculatorViewController.h` definiert.

```
@interface my_calculatorViewController : UIViewController {
  IBOutlet UITextField *displayField;
  BOOL plusPressed;
  int value;
}
```

Listing 2–4
Definition der Variablen plusPressed

Da eine boolesche Variable nur zwei Zustände speichern kann, führen wir für die Subtraktion eine weitere Variable des Datentyps `BOOL` mit dem Namen `minusPressed` ein (siehe Listing 2–5). Diese Variable (❶) fügen wir der Header-Datei `my_calculatorViewController.h` hinzu.

```
@interface my_calculatorViewController : UIViewController {
  IBOutlet UITextField *displayField;
  BOOL plusPressed;
  BOOL minusPressed; ❶
  int value;
}
```

Listing 2–5
Definition der Variablen minusPressed

Der nächste Schritt ist die Implementierung der Methode `pressMinus:` (siehe Listing 2–6). In dieser Methode wird lediglich die Variable `minusPressed` auf den Wert `YES` (❶) und `plusPressed` auf `NO` (❷) gesetzt. Analog ist die Methode `pressPlus` anzupassen.

```
- (IBAction)pressPlus:(id)sender {
  plusPressed = YES;
  minusPressed = NO;
}

- (IBAction)pressMinus:(id)sender {
  minusPressed = YES; ❶
  plusPressed = NO; ❷
}
```

Listing 2–6
Implementierung der Methoden pressPlus und pressMinus

Nun fehlt noch die Erweiterung der Rechenlogik. Die Implementierung erfolgt in der Methode `input:` (siehe Listing 2–8). Diese Methode in Listing 2–7 wird aufgerufen (❶), sobald eine Schaltfläche mit einer Zahl angeklickt wurde, und erhält die eingegebene Zahl als Argument.

```
- (IBAction)press2:(id)sender {
  [self input:2]; ❶
}
```

Listing 2–7
Eingabe der Ziffer 2

In der Ausgangsvariante des Taschenrechners ist nur die Addition enthalten. Dieser Zweig in Listing 2–8 ist in (❶) umgesetzt. Für die Subtraktion wird ein weiterer Zweig (❷) hinzugefügt. Wenn weder ein Plus noch ein Minus vom Anwender gedrückt wird, soll einfach die eingegebene Zahl an die bisherige Eingabe angehängt werden. Durch das Hinzufügen von Subtraktion kann nun auch eine negative Zahl dargestellt werden. Darum ist der Algorithmus in (❸) anzupassen. Die Ausgabe des Textes ist in allen drei Varianten gleich, siehe (❹). Für die Ausgabe der Zahl 0 ist eine eigene Implementierungszeile (❺) vorgesehen.

Listing 2–8
Umsetzung der Rechenlogik

```
- (void) input:(int)theInput {
  if (plusPressed) { ❶
   value = value + theInput;
   [displayField setText:[[NSNumber numberWithInt:value]
stringValue]]; ❹
   plusPressed = NO;
   minusPressed = NO;
  } else if (minusPressed) {  ❷
   value = value - theInput;
   [displayField setText:[[NSNumber numberWithInt:value]
stringValue]];  ❹
   plusPressed = NO;
   minusPressed = NO;
  } else {  ❸
   if (theInput != 0 || value != 0) {
    if (value >= 0) {
     value = value*10 + theInput;
    }else {
     value = value*10 - theInput;
    }
    [displayField setText:[[NSNumber numberWithInt:value]
stringValue]];  ❹
   } else {
    [displayField setText:@"0"];  ❺
   }
  }
}
```

Der letzte Schritt besteht darin, die Anwendung richtig zu initialisieren. Dabei wird der aktuelle Wert des Taschenrechners auf den Wert *0* und die Variablen `plusPressed` und `minusPressed` auf `NO` gesetzt. Die richtige Stelle ist bei Erscheinen der Eingabeoberfläche. Die passende Methode hierfür ist `viewDidLoad` (siehe Listing 2–9).

Listing 2–9
Initialisierung bei Anzeige der Oberfläche

```
- (void)viewDidLoad {
  [super viewDidLoad];
  plusPressed = NO;
  minusPressed = NO;
  value = 0;
```

```
    [displayField setText:@"0"];
}
```

2.5 Beispiele aus dem iOS Dev Center nutzen

Für einen schnellen Einblick in die Programmierung fürs iOS bieten sich – neben unserer kleinen Einführung aus dem vorigen Abschnitt – die »offiziellen« Beispiele aus dem iOS Dev Center an. Diese erreichen Sie über den Link http://developer.apple.com/library/ios/navigation/#section=Resource%20Types&topic=Sample%20Code. Auf der Übersichtsseite sehen Sie alle Beispiele mit ihrer jeweiligen thematischen Einordnung. Über die Spaltenköpfe (siehe Abb. 2–23) der Ansicht können Sie die Liste entsprechend sortieren. Für eine Suche steht am oberen Rand der Liste eine Volltextsuche zur Verfügung.

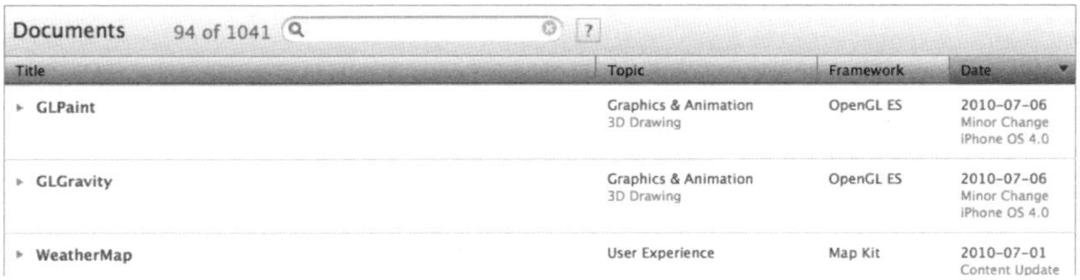

Abb. 2–23
Liste der Beispiele im iOS Dev Center

Bei der Auswahl eines Beispiels (z.B. »GLPaint«) erscheint das selektierte Beispiel.

Beschreibungsseite eines Beispiels

Die Einzelseiten der Beispiele sind alle nach dem gleichen Muster aufgebaut (siehe Abb. 2–24). Die linke Seite (*Table of Contents*) enthält einen Link auf die einzelnen Dateien des Beispiels. Zusätzlich besitzt jedes Beispiel eine About-Seite mit einer Beschreibung des Beispiels.

Direkter Zugriff auf die Quelldateien

Beim Klick auf eine einzelne Datei wird sie im aktuellen Browserfenster dargestellt. Damit können Sie die Quelldateien ansehen, ohne dass Sie sie herunterladen müssen. Standardmäßig wird die About-Seite des Projektes dargestellt.

About-Seite des Projektes

Nach der Überschrift mit dem Namen des Beispiels enthält die nächste Zeile die aktuelle Versionsnummer und das Datum der letzten Änderung. In der Zeile *Build Requirements* folgt eine Aufzählung der Anforderungen an das Entwicklungssystem, um das zur Verfügung gestellte Beispiel selbst zu erzeugen.

Die letzte Informationszeile (*Runtime Requirements*) enthält die notwendigen Anforderungen an das System, auf dem die Beispielanwendung ablaufen soll.

Download des Beispiels

Für den Download der Quelldateien im Zip-Format steht eine Schaltfläche über der Überschrift zur Verfügung. Die Schaltfläche trägt den Titel *Download Sample Code*. Um die Änderungen an einem Beispiel nachzuverfolgen, bietet sich die Versionshistorie an, die über den Link *Revision History* im linken Bereich angeboten wird.

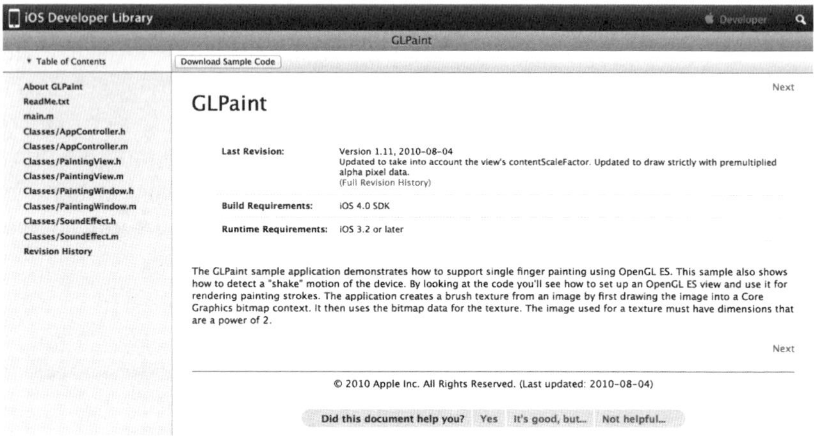

Abb. 2-24
Seite des Beispiels GLPaint im iOS Dev Center

Öffnen in Xcode

Alle Beispiele können Sie nach dem Extrahieren direkt über die enthaltene `.xcodeproj`-Datei in Xcode starten und übersetzen.

2.6 Zusammenfassung

In diesem Kapitel habe ich Ihnen zunächst das iOS Dev Center als das zentrale Informationszentrum rund um die iOS-Entwicklung vorgestellt. Danach haben wir einen kurzen Blick auf die Installation sowie die Deinstallation des iOS SDK geworfen.

Anschließend haben wir auf Basis des auf der Buchwebseite zur Verfügung gestellten Beispiels *my-calculator* eine erste eigene Anwendung entwickelt. Hier haben wir den Taschenrechner um die Grundrechenart Subtraktion erweitert. In die Tiefen des iOS SDK ist dieses erste Beispiel noch nicht vorgedrungen, aber trotzdem sollten Sie schon ein erstes Gefühl für die Anwendungsprogrammierung mit dem iOS SDK entwickelt haben.

Außerdem wissen Sie nun, wo Sie innerhalb des iOS Dev Center den Quellcode von weiteren Anwendungen finden und wie Sie ihn schnell testen können. Diese Möglichkeit sollten Sie nutzen, um sich die neuen Wissensbereiche rund um die iOS-Entwicklung auf praktischem Wege zu erschließen.

3 Grundlagen einer iOS-Anwendung

Das vorliegende Kapitel wird Ihnen die grundlegenden Bestandteile einer Anwendung für das iPhone vorstellen. Zu Beginn geht es um das zentrale Thema iOS und dessen einzelne Schichten. Anschließend folgt ein Blick auf die Laufzeitumgebung des iOS und eine Betrachtung der einzelnen Zyklen, die eine Anwendung auf dem iOS durchläuft. Dann wird der wichtige Bereich der Objektkommunikation vorgestellt sowie der Unterschied zwischen Window und View.

Die folgenden Abschnitte sind von theoretischer Natur, d.h., Sie werden hier noch nicht programmieren. Auch wenn Ihnen die Hintergründe der iOS-Programmierung nicht spannend erscheinen, sollten Sie nicht darauf verzichten, denn nur mit ihnen werden Sie später stabile und effiziente Anwendungen entwickeln können. Wenn Sie aber schnell zu praktischen Ergebnissen kommen wollen, dann lesen Sie zumindest die Abschnitte 3.5.5, 3.6 und 3.7 und gehen weiter zu Kapitel 4. Die restlichen Abschnitte können Sie sich später anschauen.

Um die hier vorgestellten Konzepte nachzuvollziehen, werden Sie auch Quellcode lesen und verstehen müssen. Falls Sie bis jetzt nicht mit Objective-C vertraut sind, hilft Ihnen die Einführung in Anhang A dabei.

3.1 iOS: Basis für die Anwendungsentwicklung

Wenn man an das iPhone oder das iPad denkt, kommen einem sicherlich zunächst einmal die Oberfläche und die intuitive Bedienbarkeit in den Sinn. In Ihren eigenen Anwendungen möchten Sie den Anwendern sicherlich etwas Vergleichbares bieten. Um das umzusetzen, müssen Sie natürlich auch die Funktionen der zugrunde liegenden Hardware ausnutzen. Damit die Anwendung sich nicht zu sehr an die Hardware koppelt, gibt es eine Zwischenschicht, das sogenannte iOS.

Das iOS (Operating System) hat bereits einige Überarbeitungen hinter sich und ist somit schon weitestgehend aus den Kinderschuhen heraus. Aktuell befindet sich das iOS in der Version 5.x. Vor Version 4 hieß das Betriebssystem übrigens iPhone OS.

Bei iOS handelt es sich um das Betriebssystem für das iPhone, es ist aber auch das Betriebssystem für den iPod touch und das iPad. Dazu kommt noch Apple TV, es ist inzwischen also längst mehr als »nur« ein Smartphone-Betriebssystem. Und genau für dieses Betriebssystem programmieren Sie die Anwendung (App).

Das iPhone in Schichten

Wenn Sie mit Ihrer Anwendung auf einzelne Teile des iPhone wie z.B. die Kamera zugreifen, nutzen Sie nicht direkt die Hardware (in diesem Beispiel die Kamera), sondern bedienen sich der vom iOS exportierten Programmierschnittstellen (Application Programming Interfaces, APIs). Auch für den Zugriff auf die mitgelieferten Systemanwendungen (z.B. das Adressbuch) gibt es eine entsprechende Schnittstelle. Wenn Sie direkt auf die Hardware zugreifen müssten, würde die Entwicklung auch eher in Treiberprogrammierung ausarten und nicht der gängigen Anwendungsentwicklung entsprechen.

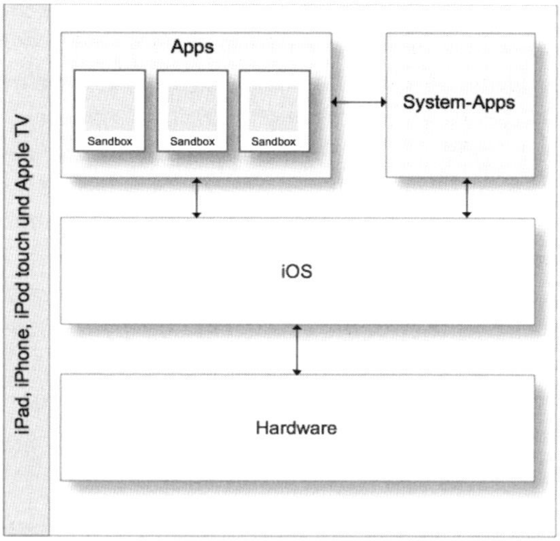

Abb. 3–1
Anwendungen auf dem iPhone greifen nicht direkt auf die Hardware zu, sondern immer über die Zwischenschicht iOS.

Für Ihre Anwendung ist somit das iOS die natürliche Grenze und die Abstraktion der Hardware. Mehr Informationen rund um das iOS erhalten Sie auch im iOS Dev Center.

Zielplattform im Quellcode unterscheiden

Wie eben erwähnt können Sie im Quellcode die Hardware nicht direkt ansprechen. Bei der Implementierung Ihrer Anwendung können Sie aber über die Konstanten `TARGET_OS_IPHONE` und `TARGET_IPHONE_SIMULATOR` unterscheiden, ob Ihre Anwendung auf dem Simulator läuft oder auf dem Endgerät. Dadurch können Sie die vorhandenen Unterschiede zwischen Simulator und Endgerät behandeln.

```
#if TARGET_IPHONE_SIMULATOR
   NSString *hello = @"Hallo Simulator";
#else
   NSString *hello = @"Hallo Geraet";
#endif
```

Listing 3–1
Unterscheidung zwischen Simulator und Endgerät

Alle für die Entwicklung einer Anwendung notwendigen Schnittstellen werden vom iOS angeboten, d.h., Sie werden gar nicht in die Verlegenheit kommen, dass Ihnen hier etwas fehlen könnte.

Die Schichten des iOS

Die Schnittstellen sind in unterschiedlicher Abstraktionstiefe vorhanden. Je näher eine Schnittstelle an der darunterliegenden Hardware ist, umso geringer ist die Abstraktion. Dieser Abstraktionsgrad spiegelt sich auch darin wider, dass das iOS in Schichten aufgebaut ist. In der Dokumentation werden die Schichten als *Layer* bezeichnet. Die einzelnen Schichten werden dort auch entsprechend benannt, z.B. *Core OS Layer.*

Die Schichten des iOS können grundsätzlich in zwei Kategorien eingeteilt werden:

- Private Schichten, auf die ein Entwickler nicht zugreifen kann. Diese privaten Schichten finden Sie auch nicht in der API.
- Öffentliche Schichten, auf die Sie als Entwickler zugreifen können.

Im privaten Bereich des iOS befinden sich der Mach Kernel und die Hardwaretreiber. Die Treiberschicht implementiert die notwendigen Funktionen für die höher liegenden Schichten, über die der Entwickler auf die Hardware zugreifen kann.

Was ist ein Mach Kernel?

Der Ursprung von Mach liegt in einem Projekt der Carnegie-Universität in Pittsburgh (US-Bundesstaat Pennsylvania) aus den Jahren 1985–1994. Der Mach Kernel gehört zur Klasse der Mikrokernel. Im Gegensatz zu einem monolithischen Kernel verfügt er nur über grundlegende Funktionen (z.B. Speicher- und Prozessverwaltung). Einen interessanten Artikel zu diesem Kernel, vor allem auch zu dessen Schwächen, hat Daniel Eran veröffentlicht (http://www.roughlydrafted.com/ 0506.mk2.html).

Vier öffentliche Schichten

Die vier öffentlichen Schichten (siehe Abb. 3–2), auf die Sie als Entwickler zugreifen können, sind:

- Core OS
- Core Services
- Media
- Cocoa Touch

Eine Regel bei der Verwendung der Schichten ist, dass Sie immer eine Funktion aus einer höheren Schicht verwenden sollten anstatt aus einer niedrigeren. Indem die höheren Schichten eine objektorientierte Abstraktion für Low-Level-Konstrukte geben, vereinfachen sie nämlich die Anwendungsentwicklung erheblich. Für den Fall, dass eine Funktion in den oberen Schichten nicht verfügbar ist, können auch Funktionen der niedrigeren Schichten verwendet werden. Aber unter die Core-OS-Schicht gelangen Sie dabei nicht.

Für die Implementierung einer Anwendung ist das Grundverständnis des Betriebssystems, in diesem Fall des iOS, unabdingbar. Darum sollen nun die einzelnen Schichten erläutert werden. Die Beschreibung fängt bei der niedrigsten Schicht (Core OS, Abschnitt 3.2) an und steigert sich zur höchsten Schicht (Cocoa Touch, Abschnitt 3.5).

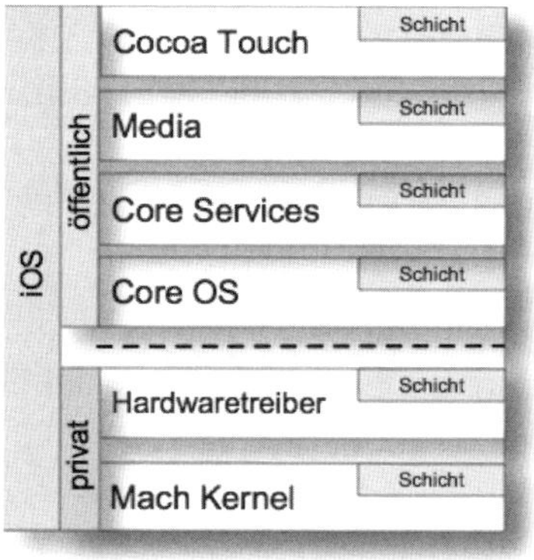

Abb. 3–2
Die einzelnen Schichten des iOS in der Übersicht

3.2 Core OS

Core OS ist die unterste Schicht des Betriebssystems und kann als Betriebssystemkern (Kernel) verstanden werden. Diese Schicht ist in nachfolgende sechs Bereiche zu unterteilen:

- Accelerate Framework
- Accessory Support (External Accessory Framework)
- Core Bluetooth
- Generic Security Services
- Security
- System

3.2.1 Accelerate Framework: Mathematik für Audio und Video

In Version 4 von iOS ist das *Accelerate Framework* hinzugekommen. Dessen Bibliotheken bieten Funktionen für mathematische Berechnungen im Umfeld von Audio, Video und auch DSP (Digital Signal Processing, digitale Signalverarbeitung). Beispiele für solche Berechnungen sind Fourier-Transformation und Vektorfunktionen.

3.2.2 Accessory Support: Anbindung von externen Geräten

Bereits seit Version 3.0 des iPhone OS ist das *External Accessory Framework* dabei. Hiermit wird die Kommunikation mit externen Geräten ermöglicht. Die Grundvoraussetzung dafür ist, dass diese Geräte entweder über ihren 30-Pin-Anschluss oder über Bluetooth mit dem iOS-Gerät verbunden sind. Mit diesem Framework haben Sie als Entwickler die Möglichkeit, an Informationen über verfügbare Geräte zu gelangen und mit ihnen eine Kommunikation aufzubauen. Nach dem Kommunikationsaufbau können Sie alle vom Gerät unterstützten Befehle absetzen. Einen guten Einstieg in diese spezielle Thematik bietet der Bereich *External Accessory Programming Topcis*[1] innerhalb der iOS Reference Library.

3.2.3 Core Bluetooth

Das *Core Bluetooth Framework* ermöglicht es, mit Zubehör, das sich über Bluetooth Low Energy (LE) verbindet, zu kommunizieren. Über ein Objective-C-Interface kann nach Bluetooth-LE-Geräten gesucht und auch eine Verbindung hergestellt werden. Danach ist eine Kommunikation mit dem verbundenen Gerät möglich.

3.2.4 Generic Security Services

Über das *Generic Security Services (GSS) Framework* stehen Basisfunktionalitäten für die Sicherheit zur Verfügung. Die Basisfunktionen sind definiert in IETF RFC 2743 und RFC 4401. Neben den Standardfunktionalitäten stellt iOS im GSS zusätzlich noch Funktionen für die Arbeit mit Berechtigungen (sogenannte Credentials) zur Verfügung.

1. http://developer.apple.com/iphone/library/featuredarticles/ExternalAccessoryPT/Introduction/Introduction.html.

3.2.5 Security: Basisdienste für Applikationssicherheit

Mithilfe des *Security Framework* haben Sie die Möglichkeit, die Sicherheit für die Daten Ihrer Anwendung zu gewährleisten. Die Funktionalitäten gehen über das Angebot von GSS hinaus. Dieses Framework stellt u.a. Schnittstellen für die Handhabung von Zertifikaten und Public/Private Keys zur Verfügung. Die Schnittstelle CommonCrypto bietet Funktionalitäten wie symmetrische Verschlüsselung an. Weitere Informationen können Sie der Security Framework Reference[2] entnehmen.

Schlüsselbund in iOS

Seit dem iPhone OS 3.0 gibt es auch den Schlüsselbund (in englischer Dokumentation als *Keychain* bezeichnet), den Sie wahrscheinlich bereits von Mac OS X kennen. Dieser Schlüsselbund findet z.B. im mitgelieferten Browser Safari seinen Einsatz, um Inhalte von Formularfeldern (z.B. Passwörter) zu speichern. Seit Version 3.0 des iPhone OS ist es möglich, sogenannte Keychain-Elemente zwischen mehreren Anwendungen auszutauschen. Hierfür müssen die Anwendungen aber die gleiche Bundle Seed ID (siehe Kapitel 8) besitzen, um die Zusammengehörigkeit auszudrücken. Ein Einsatzgebiet könnte z.B. der Austausch von Passwörtern sein: Damit muss der Anwender nur einmal sein Passwort eingeben, wenn er Anwendungen nutzt, die die gleichen Benutzerdaten verwenden.

3.2.6 System: Zugriff auf Low-Level-Funktionalitäten

Das iOS stellt eine Reihe von Schnittstellen zur Verfügung, um auf Low-Level-Funktionalitäten zugreifen zu können. Der Zugriff erfolgt dabei über die sogenannte LibSystem-Bibliothek. Die Schnittstellen basieren auf der Programmiersprache C und unterstützen folgende Funktionen:

- Threading (POSIX Threads)
- Netzwerk (BSD Sockets)
- Zugriff auf das Dateisystem
- Standardein-/-ausgabe
- Bonjour und DNS. Bonjour ist die Implementierung des Zeroconf-Systems von Apple. Hierüber werden Netzwerkdienste automatisch erkannt und in IP-Netzen bereitgestellt.
- Zugriff auf Informationen zur Sprache. Diese Informationen werden in der Dokumentation als *Locale Information* bezeichnet.
- Funktionen zur Allokierung von Speicher
- Mathematische Berechnungen

---

2. http://developer.apple.com/iphone/library/documentation/Security/Reference/SecurityFrameworkReference.

Wie Sie schon an den Schnittstellen sehen können, die direkt in der Programmiersprache C zur Verfügung stehen, ist die Core-OS-Schicht noch sehr nahe an der Hardware. Auf Elemente dieser Schicht sollten Sie deshalb nur dann zugreifen, wenn darüberliegende Schichten die benötigten Funktionalitäten nicht anbieten. Detailinformationen zu diesen Funktionen finden sich in den iOS Manual Pages[3] wieder.

Prüfen Sie erst darüberliegende Schichten.

3.3 Core Services

Die *Core-Services*-Schicht stellt grundlegende[4] Dienste zur Verfügung, die von allen Anwendungen eingesetzt werden. Auch wenn Ihre Anwendung nicht direkt einen Dienst dieser Schicht verwendet, die Dienste der anderen Schichten bauen darauf auf. Diese Dienste können in grundlegende Frameworks und Konzepte aufgeteilt werden. Nachfolgende Frameworks werden von dieser Schicht angeboten:

Core Services Frameworks

- Accounts Framework (Abschnitt 3.3.1)
- Address Book (Abschnitt 3.3.2)
- CFNetwork (Abschnitt 3.3.3)
- Core Data (Abschnitt 3.3.4)
- Core Foundation (Abschnitt 3.3.5)
- Core Location (Abschnitt 3.3.6)
- Core Media (Abschnitt 3.3.7)
- Core Telephony (Abschnitt 3.3.8)
- Event Kit (Abschnitt 3.3.9)
- Foundation Framework (Abschnitt 3.3.10)
- Newsstand Kit (Abschnitt 3.3.11)
- Mobile Core Services (Abschnitt 3.3.12)
- Quick Look Framework (Abschnitt 3.3.13)
- Store Kit Framework (Abschnitt 3.3.14)
- System Configuration Framework (Abschnitt 3.3.15)

Neben den aufgeführten Frameworks sind folgende Kernkonzepte/ Dienste hervorzuheben:

Core-Services-Konzepte

- Automatic Reference Counting (Abschnitt 3.3.16)
- Block Objects (Abschnitt 3.3.17)
- Grand Central Dispatch (Abschnitt 3.3.18)
- In App Purchase (Abschnitt 3.3.19)

3. https://developer.apple.com/iphone/library/documentation/System/Conceptual/ManPages_iPhoneOS/index.html.
4. Daher auch der Name Core Services. Diese Schicht kann auch sehr gut als Basisdienst-Schicht übersetzt werden.

- iCloud Storage (Abschnitt 3.3.20)
- SQLite (Abschnitt 3.3.21)
- Unterstützung für die Arbeit mit XML (Abschnitt 3.3.22)

In der Dokumentation wird zusätzlich das Konzept Location Services aufgeführt, das bereits in Abschnitt 3.3.6 beschrieben wird.

3.3.1 Accounts Framework

Mit dem *Accounts*-Framework steht die Funktionalität zur Abfrage von systemweiten Benutzerkonten zur Verfügung. Damit muss ein Benutzerkonto nur einmalig in den Systemeinstellungen hinterlegt werden und kann aus jeder App abgefragt werden. Das Framework wurde zusammen mit dem *Twitter*-Framework eingeführt und stellt deswegen spezifische Funktionen für Twitter-Konten zur Verfügung. So kann z.B. direkt aus einer App ein Twitter-Konto angelegt werden, die entsprechende Konstante (`ACAccountTypeIdentifierTwitter`) steht in `ACAccountType` zur Verfügung. Das Framework unterstützt dabei die Programmierung, indem es sich automatisch um die Richtigkeit der eingegebenen Benutzerdaten kümmert. Der Zugriff auf ein Benutzerkonto erfolgt durch die Klasse `ACAccountStore`.

3.3.2 Address Book: Die Kontaktdatenbank

Eine zentrale Anwendung auf dem iOS ist das Adressbuch. Da diese Kontaktdaten nur an einer Stelle gehalten werden sollen, müssen andere Anwendungen auch auf diese Daten zugreifen können.

Abb. 3–3
Das Adressbuch ist eine der zentralen Anwendungen auf dem iPhone und dient allen anderen Anwendungen als Nachschlagewerk für Kontakte.

Hier setzt das *Address Book Framework* an. Über diese API wird anderen Anwendungen eine einheitliche Schnittstelle zum Zugriff auf die bereits erfassten Kontakte gegeben. Hierbei ist zu erwähnen, dass nicht nur lesender Zugriff, sondern auch schreibender Zugriff möglich ist. Für die Programmierung mit dieser API steht auch eine Dokumentation[5] zur Verfügung.

3.3.3 CFNetwork: Basisdienste für die Netzwerkkommunikation

Das *CFNetwork Framework* bietet eine auf C basierende Schnittstelle für die Arbeit mit Netzwerkprotokollen. Diese Abstraktionsschicht stellt u.a. folgende Funktionen zur Verfügung:

- Verwendung von BSD[6] Sockets
- Erzeugung/Verwendung verschlüsselter Verbindungen mittels SSL oder TLS
- Verwendung von DNS
- Verwendung von HTTP (u.a. auch Authentifizierung mit HTTP, HTTPS)
- Verwendung von FTP
- Arbeit mit Bonjour-Diensten (Veröffentlichen, Auflösen und Durchsuchen)

Für einen Einstieg kann der CFNetwork Programming Guide[7] herangezogen werden.

3.3.4 Core Data: Management Ihrer Anwendungsdaten

Das *Core Data Framework* ist eine Bibliothek für das Management Ihrer Anwendungsdaten, wie z.B. das Speichern eines Datensatzes. Der Anwendungszweck zielt dabei auf strukturierte Daten (als Entitäten bezeichnet) ab. Anstatt die Datenklasse direkt im Quellcode zu erzeugen, steht hierfür ein grafischer Editor innerhalb von Xcode zur Verfügung (Näheres dazu in Kapitel 4). Das Management der Daten, z.B. deren Erzeugung, findet zur Laufzeit durch Core Data statt. Das Framework stellt u.a. folgende Funktionen zur Verfügung:

- Speicherung der Daten in der internen Datenbank SQLite
- Unterstützung von Undo/Redo
- Unterstützung von Validierung
- Sicherstellung, dass die Objektbeziehungen untereinander aktuell bleiben
- Unterstützung für die Gruppierung und Filterung von Daten im Speicher

---

5. Der Address Book Programming Guide for iOS steht unter http://developer.apple.com/iphone/library/documentation/ContactData/Conceptual/AddressBookProgrammingGuideforiPhone zur Verfügung.
6. Der Mach Kernel hat Teile des FreeBSD-Kernel als Basis übernommen.
7. https://developer.apple.com/iphone/library/documentation/Networking/Conceptual/CFNetwork.

Bei der Verwendung von Core Data werden Sie mit neuen Begrifflichkeiten umgehen müssen. Diese sollen daher kurz erläutert werden.

Managed Objects

Die Objekte, die unter der Kontrolle von Core Data stehen, werden als *Managed Objects* bezeichnet.

Managed Object Context

Während der Arbeit mit diesen Instanzen befinden sie sich im sogenannten *Managed Object Context*. Hier wird der Objektgraph im Speicher aufgebaut. Dieser Objektgraph basiert auf einem Schema, das grafisch in Xcode erstellt wird.

Managed Object Model

Das Schema wird als *Managed Object Model* bezeichnet. Änderungen werden zunächst auf dem Managed Object Context ausgeführt, der dann zu jeder Zeit persistent gemacht werden kann.

Fetch Request

Um Daten aus einem Managed Object Context zu erhalten, müssen Sie einen *Fetch Request* erzeugen und ausführen. Den Request können Sie mit Suchparametern anreichern.

Persistent Store Controller

Für die Speicherung der Daten verwendet das Core Data Framework einen sogenannten *Persistent Store Controller*. Der Persistent Store Controller führt die Änderungen auf einem Persistent Store (z.B. eine Datei) durch. Für das iOS stehen die drei Varianten *Atomic*, *SQLite* und *In-Memory* zur Verfügung. Wenn Sie keine Konfiguration durchführen wollen, sollten Sie sich die Klasse `NSPersistentDocument` ansehen. Sie ist bereits fertig konfiguriert für den Einsatz in sogenannten dokumentenbasierten Anwendungen.

Für eine Einführung sollten Sie das NSPersistentDocument Core Data Tutorial[8] zurate ziehen. Für weiter gehende Informationen verwenden Sie am besten die Core Data Framework Reference[9].

3.3.5 Core Foundation: Basisdienste für die Programmierung

Wie der Name *Core Foundation Framework* schon sagt, handelt es sich hier um ein Framework, das Basisdienste anbietet. Hierunter fallen:

- Handhabung von Datentypen für Listen (`Collection data types`)
- Arbeit mit Bundles[10]
- Handhabung von Zeichen bzw. Zeichenketten (`String management`)
- Arbeit mit Datum/Zeit (`Date and time management`)
- Arbeit mit Daten (`Raw data block management`)
- Arbeit mit Einstellungen (`Preferences management`)

---

8. http://developer.apple.com/mac/library/documentation/Cocoa/Conceptual/NSPersistentDocumentTutorial.
9. http://developer.apple.com/iphone/library/documentation/Cocoa/Reference/CoreData_ObjC/index.html.
10. Als Bundle wird eine Hierarchie von Ressourcen (z.B. sprachbasierte Dateien) bezeichnet.

- Handhabung von URLs und Datenströmen (`URL and stream manipulation`)
- Handhabung von Nebenläufigkeit (`Threads and run loops`)
- Arbeit mit Netzwerkkommunikation (`Port and socket communication`)

Foundation Framework

Das Core Foundation Framework ist eng verwandt mit dem ebenfalls in der Core-Service-Schicht befindlichen *Foundation Framework* (Abschnitt 3.3.10). Dies sehen Sie auch daran, dass die angebotenen Dienste sehr ähnlich sind. Der Unterschied zwischen den beiden Frameworks besteht darin, dass das Foundation Framework die Funktionen als Objective-C-Schnittstelle zur Verfügung stellt. Das Core Foundation Framework bietet hingegen die Funktionalitäten als reine C-Schnittstelle an. Trotz dieser unterschiedlichen Schnittstellen können die meisten Datentypen zwischen diesen Frameworks ausgetauscht werden. Diese Möglichkeit wird als *Toll-free bridging*[11] bezeichnet. Weitere Informationen zum Core Foundation Framework können Sie der Core Foundation Framework Reference[12] entnehmen.

3.3.6 Core Location: Basisdienste für Location Based Services (LBS)

Mit dem *Core Location Framework* ist es möglich, den aktuellen Längen- und Breitengrad des Gerätes zu ermitteln und zu verwenden. Der Längengrad wird im Quellcode als `longitude` und der Breitengrad als `latitude` bezeichnet.

Das Framework benutzt dabei die vorhandene Hardware, um aus GPS, Mobilfunkzelle oder Drahtlosnetzwerk die Position zu bestimmen. Dieses Framework wird z.B. von der Maps-Anwendung verwendet. Vertiefende Informationen werden von der Core Location Framework Reference[13] zur Verfügung gestellt.

Verwendung als digitaler Kompass

Seit der Version 3 des iPhone OS haben Sie die Möglichkeit, auf das eingebaute Magnetometer (nicht in allen Gerätevarianten vorhanden) zuzugreifen und daraus Kompassinformationen zu extrahieren.

Für die Programmierung von Location Based Services bietet sich der Location Awareness Programming Guide[14] an.

---

11. Übersetzen kann man das als zollfreie Überquerung einer Brücke. In diesem Fall ist die Überwindung der Framework-Grenzen ohne zusätzlichen Implementierungsaufwand gemeint.
12. https://developer.apple.com/iphone/library/documentation/CoreFoundation/Reference/CoreFoundation_Collection/index.html.
13. https://developer.apple.com/iphone/library/documentation/CoreLocation/Reference/CoreLocation_Framework.
14. https://developer.apple.com/iphone/library/documentation/UserExperience/Conceptual/LocationAwarenessPG/Introduction/Introduction.html.

3.3.7 Core Media

Das Framework *Core Media* stellt die Datentypen für das Framework AV Foundation zur Verfügung. Die meisten Anwendungen werden niemals direkt mit dieser Bibliothek interagieren. Mehr Informationen entnehmen Sie der Core Media Framework Reference[15].

3.3.8 Core Telephony

Über *Core Telephony* stehen Schnittstellen für die Interaktion mit dem Mobilfunkanbieter zur Verfügung. Damit können Sie eigene Anwendungen auf den jeweiligen Anbieter abstimmen. Vorstellbar sind spezielle Apps für einzelne Mobilfunkanbieter. Diese Bibliothek liefert nur Ergebnisse, wenn das Gerät auch für Mobilfunk ausgestattet ist. Mehr zu diesem Framework finden Sie in der Core Telephony Framework Reference[16].

3.3.9 Event Kit

Mit iOS 4 wurde eine Schnittstelle hinzugefügt, um auf den internen Kalender[17] zuzugreifen. Der Name des Frameworks ist *Event Kit*. Das Framework besteht aus *Event Kit* und *Event Kit UI*. Wie beim Adressbuch auch wurde eine Zweiteilung zwischen Zugriff auf die Daten (Event Kit) und auf die Oberfläche (Event Kit UI) vorgenommen. Der Zugriff auf die Kalenderdaten ist lesend und schreibend. Sie können eigene Termine inklusive Alarm eintragen. Mehr zu Event Kit finden Sie in der Event Kit Framework Reference[18]. Zu Event Kit UI können Sie die Event Kit UI Framework Reference[19] zurate ziehen. Das Event Kit UI Framework ist Teil der Cocoa-Touch-Schicht.

---

15. https://developer.apple.com/library/ios/#documentation/CoreMedia/Reference/CoreMediaFramework/_index.html.
16. https://developer.apple.com/library/ios/#documentation/NetworkingInternet/Reference/CoreTelephonyFrameworkReference/_index.html.
17. Die Daten des Kalenders werden intern in einer SQLite-Datenbank abgelegt.
18. https://developer.apple.com/library/ios/#documentation/EventKit/Reference/EventKitFrameworkRef/_index.html.
19. https://developer.apple.com/library/ios/#documentation/Event-KitUI/Reference/EventKitUIFrameworkRef/_index.html.

3.3.10 Foundation Framework

Das *Foundation Framework* liefert eine Objective-C-Schnittstelle für Dienste, die bereits vom Core Foundation Framework (Abschnitt 3.3.5) zur Verfügung gestellt werden. Im Einzelnen werden folgende Funktionen angeboten:

- Handhabung von Datentypen für Listen (`Collection data types`)
- Arbeit mit Bundles
- Handhabung von Zeichen bzw. Zeichenketten (`String management`)
- Arbeit mit Datum/Zeit (`Date and time management`)
- Arbeit mit Daten (`Raw data block management`)
- Arbeit mit Einstellungen (`Preferences management`)
- Handhabung von URLs und Datenströmen (`URL and stream manipulation`)
- Handhabung von Nebenläufigkeit (`Threads and run loops`)
- Unterstützung für Bonjour
- Management für Kommunikationsschnittstellen
- Unterstützung für Mehrsprachigkeit
- Unterstützung von regulären Ausdrücken
- Cache-Unterstützung

Mehr Informationen können Sie der Foundation Framework Reference[20] entnehmen.

3.3.11 Newsstand Kit

Newsstand wurde mit iOS 5 eingeführt und ist ein zentraler Platz, um für Anwender digitale Magazine und Zeitungen anzubieten, der digitale Zeitschriftenkiosk – das Pendant zu iBooks. Mit dem *Newsstand Kit Framework* können Apps erstellt werden, die Inhalte durch den Newsstand ausliefern. Das Framework stellt Basisdienst wie den Hintergrund-Download von Magazinen zur Verfügung. Das Framework besteht aus den drei Klassen:

- NKLibrary
- NKIssue
- NKAssetDownload

Die Klassen `NKLibrary` und `NKIssue` unterstützen bei der Verwaltung der Ausgaben. Über die Klasse `NKAssetDownload` kann der Download einer Ausgabe gesteuert werden.

---

20. https://developer.apple.com/iphone/library/documentation/Cocoa/Reference/Foundation/ObjC_classic/index.html.

3.3.12 Mobile Core Services

Uniform Type Identifiers

Das *Mobile Core Services Framework* ist eine Sammlung von Standardtypen und Konstanten, die in anderen Frameworks des iOS verwendet werden. Diese Konstanten werden als *Uniform Type Identifiers* bezeichnet. Die Konstanten sind dabei auf die zwei Header-Dateien `UTCoreTypes.h` und `UTType.h` verteilt. Zusätzlich zu den Konstanten werden durch `UTType.h` einige Funktionen zur Arbeit mit den Uniform Type Identifiers zur Verfügung gestellt. Ein Beispiel hierfür ist die Methode `UTTypeEqual`. Mit ihr können Uniform Type Identifiers auf Gleichheit überprüft werden.

3.3.13 Quick Look Framework

Das *Quick Look Framework*, eingeführt mit iOS 4, bietet Funktionen zur Darstellung von Inhalten (Dateien), die von der eigenen Anwendung nicht dargestellt werden.

Anzeige nicht unterstützter Dateien

Relevant ist das für Anwendungen, die von externen Quellen wie z.B. dem Internet andere Anwendungen beziehen. Ein klassischer Fall ist ein Mailprogramm.

Die zentrale Klasse dieser Bibliothek ist `QLPreviewController`, ein ViewController, der in der eigenen Anwendung eingesetzt werden kann. Diese Klasse kann folgende Dateien anzeigen:

- iWorks
- Microsoft Office ab Version 97
- RTF (Rich Text Format)
- PDF
- Bilder
- Textdateien
- CSV (Comma separated values)

3.3.14 Store Kit Framework

Das *Store Kit Framework* wurde mit iPhone OS 3 eingeführt und bietet Bibliotheken zur Verwendung des sogenannten *In App Purchase* (siehe Abschnitt 3.3.19). Damit kann ein Kunde Zusatzfunktionalitäten Ihrer Anwendung gegen Bezahlung erwerben bzw. freischalten lassen. Die Abwicklung erfolgt über iTunes.

3.3.15 System Configuration Framework

Über das *System Configuration Framework* hat der Entwickler die Möglichkeit, die Netzwerkkonfiguration des Gerätes zu ermitteln.

Prüfung der Netzwerkverbindung

Damit kann z.B. die Verfügbarkeit einer Wi-Fi-Verbindung oder die Erreichbarkeit eines bestimmten Systems geprüft werden.

3.3.16 Automatic Reference Counting

Automatic Reference Counting (ARC) wurde mit Xcode 4.2 eingeführt. Es handelt sich hierbei um eine Eigenschaft des von Xcode 4.2 eingesetzten LLVM-3-Compilers. Damit wird dem Entwickler das Einfügen der retain-/release-Aufrufe erspart. Dies wird nun vom Compiler übernommen. Es handelt sich hierbei dann nicht um einen Garbage Collector, sondern lediglich um eine generative Automatisierung des Referenzzählermechanismus. Bei der Anlage eines neuen Projektes kann der Entwickler festlegen, ob ARC verwendet werden soll nicht. Aus Sprachsicht sind hierfür neue Attribute für Variablen und Properties hinzugekommen. Das komplette Konzept ist im Anhang zu Objective-C beschrieben.

3.3.17 Block Objects

Block Objects sind eine Spracherweiterung von C, C++ und Objective-C. Dieses Konzept wurde aus Mac OS X übernommen und in iOS 4 eingeführt. Damit kann der Entwickler autarke Aufgabenblöcke beschreiben, die mittels *Grand Central Dispatch* (siehe Abschnitt 3.3.18) parallelisiert werden.

Die Syntax ist mit Funktionszeigern vergleichbar.

Bezogen auf die Programmiersprache C können *Block Objects* am ehesten mit den Funktionszeigern verglichen werden. Zur Vollständigkeit ist die Definition eines solchen Funktionszeigers in Listing 3–2 dargestellt.

Listing 3–2
Definition Funktionszeiger

```
//Definition eines Funktionszeigers mit Rueckgabewert int
int (*dieFunktion)(int aValue, float bValue);
```

Die *Block Objects* bieten weitaus mehr Funktionalität als Funktionszeiger. Beispielhaft sei die Definition von anonymen Funktionen genannt. In anderen Sprachen treten *Block Objects* unter den Namen Closure oder auch Lambda(-Ausdruck) auf.

Die Deklaration eines *Block Object* orientiert sich, wie erwähnt, an den Funktionszeigern aus der Programmiersprache C. Der syntaktische Unterschied ist, dass zur Einleitung der Deklaration das Zeichen ^ anstelle von * verwendet wird (siehe Listing 3–3).

Listing 3–3
Deklaration eines Block Object

```
Rückgabewert (^Name_des_Block_object)(Parameter1, Parameter2);
```

Solch einem deklarierten Block Object (siehe Listing 3–3) kann eine Blockdefinition (siehe Listing 3–4) (❶) zugewiesen werden. Das in Listing 3–4 definierte Block Object `der_block` wird über den Aufruf `der_block()` (❷) wie eine normale Funktion ausgeführt.

Listing 3–4
Ausführung eines Block Object

```
//Deklaration der Variablen fuer das Block object
void (^der_block)(void);
//Definition der auszufuehrenden Funktion
der_block = ^(void){ printf("Programmieren fuers iPhone\n"); }; ❶
//Ausfuehrung
der_block(); ❷
```

Innerhalb einer Definition eines Block Object kann auf Variablen, die außerhalb des Block Object definiert wurden, zugegriffen werden. Dieser Zugriff erfolgt aber nur lesend. Sobald der Entwickler versucht, der Variablen einen neuen Wert zuzuweisen, zeigt der Compiler einen entsprechenden Fehler an. Für die Änderung einer Variablen, muss diese mit `__block` (❶) (siehe Listing 3–5) markiert werden.

Listing 3–5
Schreibender Zugriff auf externe Variablen

```
//Variable aValue fuer Aenderung markieren
__block int aValue = 3; (❶)

void (^der_block)(void);
der_block = ^(void){
 printf("Programmieren fuers iPhone\n");
 aValue = 4;
};

//Block Object ausfuehren
der_block();
//Ausgabe der geaenderten Variablen
NSLog(@"variable %d",aValue);
```

Die in Listing 3–4 gezeigte Deklaration eines Block Object ist nicht zwingend notwendig. Der Entwickler hat auch die Möglichkeit, inline ein Block Object zu definieren und direkt auszuführen. In Listing 3–6 ist solch eine Inline-Definition dargestellt.

Listing 3–6
Inline-Definition eines Block Object

```
^{
 printf("Programmieren fuers iPhone\n");
}();
```

Für die nebenläufige Ausführung von Block Objects werden Dispatch Queues (siehe Abschnitt 3.3.18) verwendet. Block Objects werden aber nicht nur für Nebenläufigkeit eingesetzt, sondern an vielen Stellen innerhalb von Cocoa Touch.

Beispiel für Einsatz

Ein Beispiel hierfür sind Collections. Diese werden mittels *NSComparator* (ein Block Object) sortiert.

3.3.18 Grand Central Dispatch

Grand Central Dispatch (GCD) besteht aus einem Satz von Bibliotheken und Spracherweiterungen für die Programmiersprache C und für das Laufzeitsystem.

Verteilung von unabhängigen Aufgabenblöcken

Die Hauptthematik, die mit GCD adressiert wird, ist die effiziente Verteilung von unabhängigen Aufgabenblöcken auf die vorhandenen Prozessorkerne. Durch GCD wird die Verantwortung für die Verwaltung von Threads aus den Anwendungen herausgenommen und in das Laufzeitsystem verschoben. Ergebnis für den Entwickler ist, dass er sehr viel weniger Code für die Parallelisierung von Aufgaben schreiben muss. Durch den Einsatz von GCD muss der Entwickler nicht mehr direkt mit Threads programmieren. Einzelne Aufgaben, sogenannte Tasks, werden in Blöcken verwaltet und auf die entsprechenden Prozessorkerne verteilt. Diese Verteilung übernimmt GCD. Eines der grundlegenden Konzepte ist dabei das Thread-Pool-Pattern (siehe Abb. 3–4).

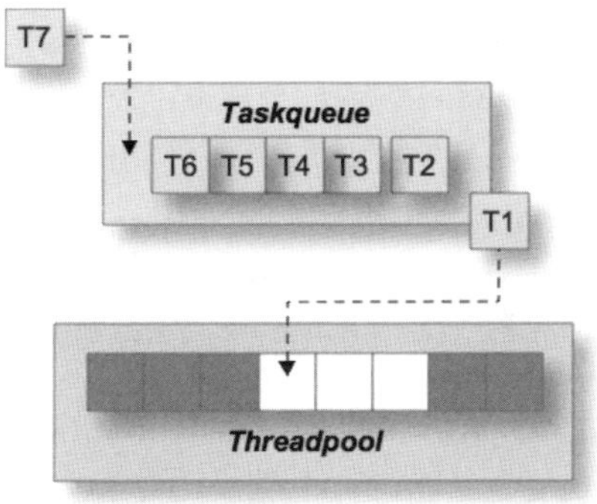

Abb. 3–4
Thread-Pool-Pattern

Historie von Grand Central Dispatch

Grand Central Dispatch hat das Licht der breiten Öffentlichkeit zusammen mit Mac OS X am 28. August 2009 erblickt. Der Name der Bibliothek lehnt sich an den New Yorker Bahnhof Grand Central Terminal an. Am 10. September 2009 wurde Grand Central Dispatch unter der Apache License, Version 2.0, als Open Source unter dem Namen libdispatch freigegeben. Der Quellcode ist damit frei verfügbar und kann über die Projektseite von libdispatch (http://libdispatch.macosforge.org) heruntergeladen werden. Die Bibliothek wurde auch auf das FreeBSD-Betriebssystem portiert. Mit der Einführung von iOS 4 steht GCD auch für das mobile Betriebssystem von Apple zur Verfügung.

Dispatch Queues

Block Objects parallel ausführen

In Abschnitt 3.3.17 haben Sie gelernt, wie Sie ein Block Object definieren und direkt ausführen.

Für die nebenläufige Ausführung von Block Objects werden *Dispatch Queues* eingesetzt. Über eine Dispatch Queue kann ein Block Object sowohl sequenziell als auch parallel ausgeführt werden.

Im sequenziellen Fall wird zu einem Zeitpunkt immer nur ein Task ausgeführt. Erst wenn der ausführende Task beendet ist, wird ein neuer Task gestartet. In der parallelen Variante werden so viele Tasks wie möglich gestartet. Auf die Beendigung eines Tasks wird hierbei nicht gewartet. Als Task wird eine Funktion oder ein Block Object verstanden.

FIFO-Prinzip

Bei beiden Varianten gilt das FIFO-Prinzip (First In, First Out). Dies bedeutet, dass der zuerst eingestellte Task auch zuerst ausgeführt wird.

Eine Dispatch Queue ist vom Datentyp `dispatch_queue_t`. Insgesamt existieren folgende drei Arten von Dispatch Queues:

- Serielle Dispatch Queue
- Parallele Dispatch Queue
- Main Dispatch Queue

Serielle Dispatch Queue

Serielle Dispatch Queues werden auch als *Private Dispatch Queues* bezeichnet. Wie der Name schon impliziert, wird in einer seriellen Dispatch Queue zu einem Zeitpunkt immer genau ein Block Object ausgeführt. Es besteht die Möglichkeit, mehrere serielle Dispatch Queues zu erzeugen. Jede dieser Dispatch Queues arbeitet dabei autark.

Bei der Erzeugung von drei seriellen Dispatch Queues können insgesamt drei Tasks parallel ausgeführt werden. Eine serielle Dispatch Queue wird über die Methode `dispatch_queue_create` (siehe Listing 3–7) erzeugt. Der erste Parameter (❶) ist dabei der Name der Queue. Der zweite Parameter (❷) ist derzeit noch ohne Funktion und sollte deshalb mit *NULL* belegt werden.

Listing 3–7
Erzeugung einer seriellen Dispatch Queue

```
//Deklaration der Dispatch Queue
dispatch_queue_t queue;
//Dispatch Queue erzeugen
queue = dispatch_queue_create("meine_queue" ❶, NULL ❷);
```

Parallele Dispatch Queue

Der zweite Typus von Dispatch Queues sind parallele Dispatch Queues, häufig auch als *Global Dispatch Queue* bezeichnet. In solch einer Queue werden mehrere Tasks parallel abgearbeitet. Der Entwickler kann im Gegensatz zu der seriellen Dispatch Queue keine eigene parallele Dispatch Queue erzeugen. Vielmehr stehen dem Entwickler insgesamt drei dieser Dispatch Queues zur Verfügung. Über die Methode dispatch_get_global_queue erfolgt die Ermittlung einer Dispatch Queue.

Die genannten drei Varianten werden anhand der Priorität unterschieden. Diese Priorität wird als erster Parameter für dispatch_get_global_queue verwendet. Der zweite Parameter für diese Methode wird derzeit nicht verwendet. In der Dokumentation wird empfohlen, den Wert 0 zu übergeben. Für die Priorität stehen folgende drei Konstanten zur Verfügung:

- Gering: DISPATCH_QUEUE_PRIORITY_LOW
- Standard: DISPATCH_QUEUE_PRIORITY_DEFAULT
- Hoch: DISPATCH_QUEUE_PRIORITY_HIGH

Main Dispatch Queue

Der dritte Typus von Dispatch Queue ist die *Main Dispatch Queue*. Dabei handelt es sich um eine serielle Dispatch Queue, die global in der Applikation verfügbar ist. Diese Dispatch Queue führt Tasks im Hauptthread (Main-Thread) der Applikation aus. Jede Applikation hat eine Main Dispatch Queue. Über die Funktion dispatch_get_main_queue(void) kann die Queue ermittelt werden. Die Ausführung von Tasks in dieser Queue hängt von der Umgebung ab. Beim iOS erfolgt dies über die Funktion UIApplicationMain.

Ausführung von Tasks

Ausführung von Tasks in der Dispatch Queue

Die zwei Hauptelemente zur nebenläufigen Ausführung sind Ihnen nun bekannt: Block Objects und Dispatch Queue. Nun fehlen noch die Methoden zur Ausführung. Hierfür stehen einige Varianten zur Verfügung. Exemplarisch[21] wird in Listing 3–8 die Funktion dispatch_sync zur synchronen Ausführung eines Tasks aufgezeigt.

Listing 3–8
Ausführung eines Block Object in serieller Dispatch Queue

```
dispatch_queue_t queue;
//Serielle Dispatch Queue erzeugen
queue = dispatch_queue_create("beispiel_queue", NULL);
//Synchrone Ausfuehrung
dispatch_sync(queue, ^{
  printf("synchrone Ausfuehrung ");}
);
```

Vier Varianten der Synchronisierung

Offen ist nun noch, wie einzelne Aufgaben aufeinander abgestimmt werden können. GCD stellt für die Synchronisierung vier Möglichkeiten zur Verfügung.

21. Eine detaillierte Aufführung aller Methoden können Sie der Grand Central Dispatch Reference entnehmen: https://developer.apple.com/iphone/library/documentation/Performance/Reference/GCD_libdispatch_Ref/Reference/reference.html.

1. Synchrone Ausführung

Listing 3–8 enthält bereits die erste Variante: die synchrone Ausführung. Diese Variante hat aber noch nichts mit Nebenläufigkeit zu tun, und deshalb sollte für größere Aufgaben eine der drei anderen Varianten gewählt werden. Diese drei Varianten sind Callbacks, Groups und Semaphore.

2. Callback

Die einfachste Art der Synchronisierung von zwei Dispatch Queues ist ein Callback. Das Prinzip besteht darin, dass nach Abarbeitung des Tasks über ein `dispatch_async` ein sogenannter *Completion Block* ausgeführt wird (siehe Listing 3–9).

Dieser wird häufig über einen Methodenparameter übergeben. Im Beispiel in Listing 3–9 dient das Block Object `completion_block` (❶) als Completion Block.

Listing 3–9
Synchronisierung über Completion Block

```
dispatch_queue_t queue1 = dispatch_queue_create("queue 1", NULL);
dispatch_queue_t queue2 = dispatch_queue_create("queue 2", NULL);
//Definition Completion Block, Name ist beliebig
void (^completion_block)(void) = ^(void){ ❶
 printf(" completion block ");
};

//Referenzzaehler vor Verwendung im inneren Block erhoehen
dispatch_retain(queue1);
//Block Object ausfuehren.
dispatch_async(queue2, ^{
  //Ausfuehrung Aktion in aktueller Queue
  printf(" Arbeit in queue 2 ");
  //Callback in Queue 1
  dispatch_async(queue1,  completion_block);
  //Referenzzaehler verringern
  dispatch_release(queue1);
 }
);
```

3. Dispatch Group

Eine weitere Möglichkeit zur Synchronisierung von *Block Objects* ist die Bildung einer Dispatch Group. In solch einer Gruppe werden mehrere Dispatch Queues zusammengefasst.

Eine Dispatch Group ist vom Datentyp `dispatch_group_t` und wird mittels der Methode `dispatch_group_create` (❶) (siehe Listing 3–10) erzeugt. Über `dispatch_group_notify` (❷) kann ein Block Object eingehängt werden, das genau dann ausgeführt wird, nachdem alle Tasks der Gruppe ausgeführt wurden. Über die Methode `dispatch_group_wait` kann auf die Abarbeitung aller Tasks in der Gruppe gewartet werden. Bei der Verwendung ist zu beachten, dass der aktuelle Thread bis zur Beendigung der Tasks der Gruppe pausiert, vergleichbar mit `dispatch_sync`.

```
dispatch_queue_t queue0 = dispatch_queue_create("queue 0", NULL);
dispatch_queue_t queue1 = dispatch_queue_create("queue 1", NULL);
dispatch_queue_t queue2 = dispatch_queue_create("queue 2", NULL);
//Erzeugen der Dispatch Group
dispatch_group_t dispatch_group = dispatch_group_create(); ❶
dispatch_group_async(dispatch_group, queue1, ^{ printf(" Arbeit in
queue1 "); });
dispatch_group_async(dispatch_group, queue2, ^{ printf(" Arbeit in
queue2 "); });
//Task wird ausgefuehrt, nachdem alle Tasks der Gruppe ausgefuehrt
wurden
dispatch_group_notify(dispatch_group, queue0, ^{ printf(" alles
erledigt "); }); ❷
//Gruppe aufraeumen
dispatch_release(dispatch_group);
```

Listing 3–10
Synchronisierung mittels Dispatch Group

4. Semaphore

Die letzte Variante zur Synchronisierung sind sogenannte Semaphore. Über die Methode `dispatch_semaphore_create` (❶)(siehe Listing 3–11) wird ein Semaphor erzeugt. Als Parameter wird die Anzahl der verfügbaren Ressourcen angegeben. Bei der Synchronisierung zweier Dispatch Queues ist `0` als Parameter zu übergeben. Für das Warten auf die Semaphore steht die Methode `dispatch_semaphore_wait` (❸) zur Verfügung. Die Freigabe der Semaphore wird mittels `dispatch_semaphore_signal` (❷) angestoßen.

```
dispatch_queue_t queue1 = dispatch_queue_create("queue 1", NULL);
//Semaphore erzeugen; Parameter gibt Anzahl verfuegbarer Ressourcen
an
dispatch_semaphore_t sema = dispatch_semaphore_create(0); ❶
dispatch_async(queue1, ^{
 printf(" arbeit in queue 1 ");
 //Ende der Abarbeitung signalisieren
 dispatch_semaphore_signal(sema); } ❷
);
// Ausfuehren weiterer Funktionen
printf(" weitere Methoden ");
//Warten auf Semaphore
dispatch_semaphore_wait(sema, DISPATCH_TIME_FOREVER); ❸
//Semaphore aufraeumen
dispatch_release(sema);
printf(" Fortfuehrung nach Synchronisierung ");
```

Listing 3–11
Synchronisierung mittels Semaphore

Events

Aktivierung mittels Events

Bisher wurde aufgezeigt, wie Methoden selbstständig Block Objects starten. Daneben besteht noch die Möglichkeit, die Abarbeitung über Events anzustoßen.

Es stehen mehrere Arten von Events[22] (*Dispatch Source*) zur Verfügung. Eine Dispatch Source ist vom Datentyp `dispatch_source_t` und wird über die Methode dispatch_source_create (siehe Listing 3–12) erzeugt. Die Art des Events wird über eine Konstante festgelegt. Über die Methode dispatch_source_set_event_handler wird einem Event ein Event-Handler zugeordnet. Dieser führt bei Aktivierung das definierte *Block Object* aus.

Timer als Dispatch Source

Solch ein Event ist ein Timer. Mit diesem können Aufgaben periodisch ausgeführt werden. Über die Konstante DISPATCH_SOURCE_TYPE_TIMER wird das Event initialisiert. In Listing 3–12 ist die Konfiguration und Ausführung eines Timers dargestellt.

Listing 3–12
Aktivierung über Timer

```
//Globale Dispatch Queue mit Standardprioritaet ermitteln
dispatch_queue_t q_default =
dispatch_get_global_queue(DISPATCH_QUEUE_PRIORITY_DEFAULT, 0);
//Parameter 2 und 3 sind aktuell fuer Timer nicht belegt
dispatch_source_t timer =
dispatch_source_create(DISPATCH_SOURCE_TYPE_TIMER, 0, 0,
q_default);
dispatch_time_t now = dispatch_walltime(DISPATCH_TIME_NOW, 0);
//Timer mit einem Intervall von einer Sekunde konfigurieren
//ull = unsigned long long
dispatch_source_set_timer(timer, now, 1ull*NSEC_PER_SEC, 5000ull);
dispatch_source_set_event_handler(timer, ^{
  printf("hier -- \n");

});
//Timer starten
dispatch_resume(timer);
//Laengere Aktion fuer Test
for (int k = 0; k < 100000; ++k) {
for (int i = 0; i < 100000; ++i) {}
}
```

Event-Quellen

Folgende Event-Quellen stehen dem Entwickler ebenfalls zur Verfügung:

- Unix-Signale
- Datei- und socketbasierte Operationen, z.B. Verfügbarkeit von Daten
- Prozessbasierte Events, z.B. Ende eines Prozesses
- Mach-Port-basierte Events (Unter Mach-Port ist eine Kernel-Queue zu verstehen.)
- Selbst definierte Events der Applikation

Event-Quelle über dispatch_resume starten

Bei der Konfiguration einer Event-Quelle ist es wichtig, diese mittels dispatch_resume zu starten. Solche Event-Quellen sind so lange aktiv, bis das Programm endet oder aktiv abgebrochen wird. Das Abbrechen

22. In der Dokumentation als *Dispatch Source* bezeichnet.

wird über die Methode `dispatch_source_cancel` ermöglicht. Um in diesem Fall notwendige Aufräumarbeiten ausführen zu können, besteht die Möglichkeit, eine spezielle Methode zu hinterlegen.

Details zum Einsatz von Grand Central Dispatch, die über das Gezeigte hinausgehen, finden Sie im Concurrency Programming Guide[23].

3.3.19 In App Purchase: Erweiterung gegen Bezahlung anbieten

Für den Verkauf Ihrer Anwendung steht Ihnen zunächst einmal der App Store (siehe Kapitel 8) zur Verfügung. Früher basierte das Vertriebsmodell auf einem festen Preis, den Sie für Ihre Anwendung definieren konnten. Durch das im iPhone OS 3 eingeführte *Store Kit Framework* wurde dieses Modell um zwei sogenannte Application Store Models erweitert:

- Self-Contained Model
- Downloadable Content Model

Self-Contained Model

Hinter dem *Self-Contained Model* steckt das Prinzip, dass die Anwendung bereits mit allen Funktionalitäten an den Anwender ausgeliefert wird, aber bestimmte Fähigkeiten in der ausgelieferten Variante noch nicht freigeschaltet sind. Erst durch einen Bezahlvorgang werden diese Funktionalitäten nutzbar. Am besten können Sie die Freischaltung durch Property Lists realisieren. Ein Eintrag in solch einer Liste stellt die entsprechende Funktionalität bereit.

Downloadable Content Model

Über das *Downloadable Content Model* haben Sie die Möglichkeit, zusätzliche Daten für Ihre Anwendungen als bezahlbaren Download anzubieten. Dies könnten z.B. Kartendaten für eine Navigationsanwendung sein oder auch Level-Daten für ein Spiel.

Funktionsumfang des Store Kit Framework

Das Store Kit Framework ist nur verantwortlich für die finanziellen Aspekte einer Transaktion, wie z.B. die Durchführung des Bezahlvorgangs über den iTunes-Account des Anwenders. Die visuelle Darstellung des Vorgangs (z.B. eine Schaltfläche für den Kauf) wird vom Store Kit Framework nicht angeboten. Darum müssen Sie sich in Ihrer Anwendung selbst kümmern.

Keine Änderung am Programmcode

Beiden Modellen ist gemein, dass sich nach der Bezahlung in keinem Fall der Programmcode ändert. Um Änderungen im Programmcode für den Anwender anzubieten, müssen Sie eine komplett neue Version in den App Store stellen. Auch eine Änderung an einer Pro-

23. https://developer.apple.com/iphone/library/documentation/General/Conceptual/ConcurrencyProgrammingGuide/Introduction/Introduction.html.

perty List, wie zuvor erläutert, stellt keine Änderung am Programmcode dar.

Mehr Informationen zum Store Kit Framework können Sie dem Store Kit Programming Guide[24] im iPhone Dev Center entnehmen.

3.3.20 iCloud Storage

Mit dem Konzept der iCloud hält das Schlagwort »Cloud Computing« auch Einzug in die Welt von iOS. Mit der iCloud steht ein zentraler Platz für die Speicherung von Daten zur Verfügung. Bis zu einem Speicherplatz von 5 GB ist iCloud komplett kostenfrei. Für iCloud existiert neben iOS auch eine Integration in Mac OS X und eine Weboberfläche. Diese ist über www.icloud.com erreichbar.

Insgesamt stehen drei Wege für die Nutzung zur Verfügung. Der erste Weg ist der Key-Value-Store über die Klasse `NSUbiquitousKeyValueStore`. Damit können Schlüssel-/Wertpaare (meist Konfigurationswerte) gespeichert und synchronisiert werden. Über die Klasse `UIDocument` können beliebige Dokumente in der iCloud verwaltet werden. Für datenbankbasierte Zugriffe steht die Klasse `UIManagedDocument` zur Verfügung.

3.3.21 SQLite: Die eingebaute Datenbank

Mit SQLite[25] enthält das iOS ein relationales Datenbanksystem, das Sie auch in Ihren selbst entwickelten Anwendungen verwenden können. Damit können Sie für Ihre Anwendung eine eigene Datenbank erzeugen und einsetzen. Ziehen Sie eine persistente Datenhaltung in Ihrer Anwendung in Erwägung, dann sollten Sie ab iPhone OS 3 zunächst über eine Verwendung des Core Data Framework nachdenken, denn dieses setzt bereits auf SQLite auf und nimmt Ihnen einiges an Programmierarbeit ab.

3.3.22 Unterstützung für die Arbeit mit XML

Für die grundlegende Arbeit mit XML stellt das Foundation Framework die Klasse `NSXMLParser` zur Verfügung. Erweiterte Unterstützung wird durch die Bibliothek libXML2[26] geboten.

---

24. http://developer.apple.com/iphone/library/documentation/NetworkingInternet/Conceptual/StoreKitGuide.
25. Der generelle Einstieg in die als Open Source verfügbare Datenbank ist http://www.sqlite.org/. Auch unabhängig vom iOS lohnt es sich, diese leichtgewichtige Datenbank näher anzuschauen.

3.4 Media

Die über Core Services liegende Schicht wird als *Media* bzw. in der Dokumentation als Media Layer bezeichnet.

Die Schicht stellt Dienste für Grafik, Audio, Video und AirPlay zur Verfügung, die im Folgenden näher erläutert werden.

3.4.1 Grafik

Grundsätzlich sollten Sie beim Thema Grafik zunächst das Framework *UIKit* (siehe Abschnitt 3.5.4, Seite 73) verwenden, denn diese abstrahiert viele Funktionalitäten für Sie.

Sollten Sie aber in UIKit nicht die notwendigen Funktionen für Ihre Anwendung finden, bietet Ihnen der Media Layer folgende Schnittstellen:

- Core Graphics (auch als Quartz bezeichnet)
- Core Animation
- Core Image
- GLKit
- OpenGL ES
- Core Text
- Image I/O
- Assets Library

Quartz: 2D-Grafik-API

Das *Core Graphics Framework* (auch als `CoreGraphics.framework` bezeichnet) enthält eine Schnittstelle für die Quartz-2D-API. Quartz ist bereits aus Mac OS X bekannt und bietet Unterstützung für vektorbasierte Grafiken. Obwohl die API auf C basiert, werden objektorientierte Abstraktionen für Grafikobjekte angeboten. Für den Einstieg in Quartz steht der Quartz 2D Programming Guide[27] zur Verfügung. Den Einstieg in das Core Graphics Framework bietet die Core Graphics Framework Reference[28].

Core Animation: API für Animationen

Das *Quartz Core Framework* (auch als `QuartzCore.framework` bezeichnet) enthält die Schnittstellen für Core Animation. Core Animation ist eine API für die Erzeugung von komplexen Animationspfaden und visuellen Effekten. Es wird eine Objective-C-API zur Erstellung von Animationen und Effekten zur Verfügung gestellt. Die

26. Näheres zu dieser Open-Source-Bibliothek finden Sie u.a. unter http://xmlsoft.org/index.html.
27. https://developer.apple.com/iphone/library/documentation/GraphicsImaging/Conceptual/drawingwithquartz2d/Introduction/chapter_1_section_ 1.html.
28. https://developer.apple.com/iphone/library/documentation/CoreGraphics/Reference/CoreGraphics_Framework/index.html.

Berechnung erfolgt dabei durch die Hardware (aufgrund der besseren Geschwindigkeit). Core Animation ist in vielen Bereichen des iOS (z.B. auch im UIKit) integriert. Einen guten Einstieg in dieses Thema bietet der Core Animation Programming Guide[29].

Core Image für die Änderung von Bildern und Video

Mit *Core Image* gibt es jetzt ein Framework zur Manipulation von Video und Bildern. Hierfür stellt das Framework einen Satz von Filtern bereit. Der Vorteil der Filter ist, dass diese nicht direkt auf den Rohdaten agieren. Zusätzlich nutzt Core Image die Leistungsfähigkeit der CPU und GPU, um eine optimale Geschwindkeit zu erreichen

OpenGL ES: 2D und 3D mittels OpenGL

Das *OpenGL*[30] *ES*[31] *Framework* (auch als `OpenGLES.framework` bezeichnet) basiert auf der OpenGL-ES-v1.1-Spezifikation und bietet Schnittstellen für 2D- und 3D-Grafiken. Seit der Version 3 des iPhone OS wird auch OpenGL-ES-v2.0 unterstützt. Die Implementierung dieser Spezifikation durch Apple wird mit der Abkürzung *EAGL*[32] bezeichnet. Als Dokumentation dient die OpenGL ES Framework Reference[33].

GLKit hilft bei OpenGL ES-Apps

Mit *GLKit* steht ein weiteres Framework für OpenGL-ES zur Verfügung, damit werden dem Entwickler einige Aufgaben im Umfeld von OpenGL ES abgenommen. Zum Beispiel stellen die Klassen `GLKView` und `GLKViewController` eine Implementierung einer OpenGL ES-View bereit.

Core Text zur Textausrichtung

Core Text ist eine Bibliothek für die Anordnung von Texten und bietet Unterstützung für Schriftarten an. Diese Bibliothek ist für Anwendungen geeignet, die mit unterschiedlichen Arten von Texten und Schriftarten umgehen müssen. Ein Textverarbeitungsprogramm ist ein Beispiel hierfür. Diese Bibliothek wurde mit dem iPhone OS 3.2 eingeführt. Als Dokumentation steht der Core Text Programming Guide[34] zur Verfügung.

Image I/O zum Im- und Export von Grafikdaten

In iOS 4 wurde das *Image I/O Framework* eingeführt. Damit können Grafikdateien und deren Metadaten importiert und exportiert werden. Für die Dokumentation können Sie die Image I/O Reference Collection[35] heranziehen.

---

29. https://developer.apple.com/iphone/library/documentation/Cocoa/Conceptual/CoreAnimation_guide/Introduction/Introduction.html.
30. OpenGL ist die Abkürzung für Open Graphics Library. Eine gute Einstiegsseite zu diesem Thema finden Sie unter http://www.opengl.org/.
31. ES steht für Embedded Systems. Bei OpenGL ES fallen hierunter auch Smartphones etc. Eine gute Einstiegsseite hierzu ist http://khronos.org/opengles/1_X/.
32. EAGL ist die Abkürzung für Embedded AGL (Apple Graphics Library).
33. https://developer.apple.com/iphone/library/documentation/OpenGLES/Reference/OpenGLES_Framework/index.html.
34. https://developer.apple.com/iphone/library/documentation/StringsTextFonts/Conceptual/CoreText_Programming/Introduction/Introduction.html.

Mit dem *Assets Library Framework* können Sie in Ihrer Anwendung auf die Fotos und Videos des Benutzers zugreifen. Diese Bibliothek wurde mit dem iOS 4 eingeführt. Eine Detaildokumentation befindet sich in der Assets Library Framework Reference[36].

Assets Library Framework zum Zugriff auf Benutzerfotos

3.4.2 Audio

Das iOS stellt Ihnen zahlreiche Techniken zur Verfügung, um Ihre Anwendungen mit Audiofähigkeiten auszustatten. Die angebotenen Schnittstellen ermöglichen u.a. die Aufnahme und das Abspielen von Ton oder das Auslösen einer Vibration am Gerät. Folgende Audioformate werden vom iOS unterstützt:

- AAC
- Apple Lossless (ALAC)
- A-law
- IMA/ADPCM (IMA4)
- Linear PCM
- µ-law
- DVI/Intel IMA ADPCM
- Microsoft GMS 6.10
- AES3-2003

AV Foundation

Das AV Foundation Framework enthält Objective-C-Klassen für das Abspielen von Audio, sowohl aus einer Datei als auch direkt aus dem Speicher. Seit dem iPhone OS 3.0 ist es außerdem möglich, Audio aufzuzeichnen. Zusätzlich wurde eine Klasse hinzugefügt, um Informationen aus einer Audiosession zu ermitteln (z.B. Abtastgeschwindigkeit). In iOS 4 wurde AV Foundation erheblich ausgebaut. Hinzugekommen sind Dienste für die Verwaltung von Mediendateien (Media assets), die Verarbeitung von Mediendateien, die Aufnahme und Wiedergabe von Video, die Titelverwaltung, das Management von Metadaten, die Regelung des Stereoklangbildes (Panoramaregler[37]) und die Synchronisierung zwischen Klängen sowie eine Objective-C-Schnittstelle für den Zugriff auf Details von Klangdateien. Eine detaillierte Beschreibung können Sie der AV Foundation Framework Reference[38] entnehmen.

35. https://developer.apple.com/iphone/library/documentation/GraphicsImaging/Reference/ImageIORefCollection/index.html.
36. Verfügbar unter https://developer.apple.com/iphone/library/documentation/AssetsLibrary/Reference/AssetsLibraryFramework/index.html.
37. In der Dokumenation als Stereophonic panning bezeichnet.
38. https://developer.apple.com/iphone/library/documentation/AVFoundation/Reference/AVFoundationFramework/index.html.

Core Audio

Core Audio ist eine der Schnittstellen aus dem Bereich Audio, die auf C basiert. Diese Schnittstelle bietet Unterstützung von Stereo-Audio. Mit Core Audio können Sie in Ihren Anwendungen Audio erzeugen, aufnehmen, mischen und wiedergeben. Das Framework `CoreAudio.framework` dient als Basis anderer Frameworks und definiert die Datentypen für Core Audio. Das `AudioToolbox.framework` dient der Wiedergabe und Aufnahme von Audiodateien und Audiostreams. Das `AudioUnit.framework` bietet Dienste für die Arbeit mit Modulen für die Verarbeitung von Audio, sogenannten *Audio Units*, an.

Media Player Framework

Das *Media Player Framework* stellt einen standardisierten Zugriff auf die in der iTunes-Datenbank gespeicherten Benutzerdateien zur Verfügung. Zusätzlich werden Wiedergabelisten unterstützt. Das Abspielen von Titeln ist ebenfalls möglich.

OpenAL

Ein Einsatzgebiet von Core Audio ist OpenAL (*Open Audio Library*)[39]. Hierbei handelt es sich um eine weitere Schnittstelle, die Dienste für die Tonverarbeitung anbietet. OpenAL ist als plattformunabhängige Bibliothek zur Erzeugung von dreidimensionalen Soundeffekten und Raumklang konzipiert. Das iOS bietet Unterstützung für OpenAL in der Version 1.1. Ein Einsatzgebiet für OpenAL sind z.B. Soundeffekte in Spielen.

Erwähnenswert ist an dieser Stelle noch, dass es seit dem iPhone OS 3.0 auch möglich ist, auf die Musikbibliothek des Benutzers zuzugreifen. Somit können Sie u.a. Audiodateien daraus abspielen oder in dieser Musikbibliothek suchen.

3.4.3 Video

Das iOS unterstützt durch das *Media Player Framework* (auch als `MediaPlayer.framework` bezeichnet) die Wiedergabe von Vollbildvideo. Hierbei können Dateien mit der Endung .mov, .mp4, .mpv und .3gp wiedergegeben werden. Folgende Kompressionsstandards werden unterstützt:

- H.264 Baseline Profile 3.0 video mit bis zu 640 × 480 Pixel bei 30 fps (frames per second)
- MPEG-4 Part 2 video (Simple Profile)

Seit iPhone OS 3.2 nicht mehr nur Vollbild

Seit iPhone OS 3.2 können Videos nicht nur im Vollbild, sondern auch in anderer Größe betrachtet werden.

Mehr Informationen können Sie der Media Player Framework Reference[40] entnehmen.

39. Die Webseite für OpenAL finden Sie unter http://www.openal.org.

3.4.4 AirPlay

AirPlay ist eine Technologie, um Audio an Apple TV per Streaming zu übertragen. Auch andere Empfänger, die das AirPlay-Protokoll unterstützen, können angesteuert werden. Ab iOS 5 kann mit AirPlay jeder Inhalt von einem iPad 2 übertragen werden.

3.5 Cocoa Touch

Die oberste Schicht des Betriebssystems, der sogenannte *Cocoa Touch Layer*, ist aus Sicht der Anwendungsentwicklung für das Betriebssystem iOS die wichtigste Schicht. Mit ihr werden Sie am häufigsten in Berührung kommen. Der Name Cocoa Touch ist keine komplette Neuerfindung, sondern in Anlehnung an das bereits unter Mac OS X verwendete *Cocoa Framework entstanden.*

Mobile Variante von Cocoa

Cocoa Touch kann als mobile Variante von Cocoa verstanden werden. Das Namensanhängsel Touch kommt dabei von der Art und Weise, wie das iPhone bedient wird, nämlich durch Berühren des Bildschirms. Auch bei einem der iPod-Modelle wurde diese Art der Bedienung schon im Namen verankert – *iPod touch*.

Die beiden Frameworks sind nicht komplett gleich, aber vieles von Cocoa findet sich in Cocoa Touch wieder. Besonders die Grundlagen sind in beiden Ausprägungen dieselben. Auch die Dokumentation im iOS Dev Center verweist für diese Grundlagen auf den Cocoa Fundamentals Guide[41]. Da diese Konzepte elementar für die Anwendungsentwicklung sind, sollen die wichtigsten davon in den folgenden Abschnitten erläutert werden.

3.5.1 Was ist Cocoa?

Ursprünglich wurde der Name Cocoa von Apple für eine in SK8[42] geschriebene Multimedia-Entwicklungsumgebung für Kinder verwendet. Das heute in Mac OS X eingesetzte Cocoa entstand als Weiterentwicklung aus dem in den späten 80er-Jahren entwickelten NeXTStep und OpenStep der Firma NeXT.[43]

40. https://developer.apple.com/library/ios/#documentation/MediaPlayer/Reference/MediaPlayer_Framework/_index.html.
41. https://developer.apple.com/library/ios/#documentation/Cocoa/Conceptual/CocoaFundamentals.
42. SK8 (ausgesprochen: Skate) bezeichnet ein objektorientiertes Entwicklungswerkzeug für Multimedia-Anwendungen. Basis ist Macintosh Common Lisp. Das Werkzeug kann Java-Klassen generieren. Heute findet man diese Technologie in Stagecast (http://www.stagecast.com) wieder.

Zunächst einmal ist Cocoa eine Menge von objektorientierten (auf Objective-C basierenden) Frameworks, die als Basis für Anwendungen mit einer grafischen Oberfläche für Mac OS X bzw. für das iOS eingesetzt werden. Die zur Verfügung stehenden Klassen sind dabei hauptsächlich in zwei Frameworks aufgeteilt. An dieser Stelle ist auch schon der erste Unterschied zwischen Cocoa und Cocoa Touch festzustellen. Das Basisframework Foundation (z.B. für Datentypen) haben Cocoa und Cocoa Touch gemeinsam. Dagegen ist bei der grafischen Oberfläche ein Unterschied festzustellen: In Cocoa existiert das Framework Application Kit für die grafische Oberfläche, während in Cocoa Touch dafür das Framework UIKit verwendet wird.

3.5.2 Grundlagen der Cocoa-Programmierung

Bei allen Vorteilen, die die Verwendung von Frameworks mit sich bringt, darf die Einarbeitungszeit in ein Framework nicht unterschätzt werden. Wie jedes Framework besitzt auch das Cocoa Framework einige Eigenarten. Die wichtigsten, deren Kenntnis auch schon bei den ersten Schritten notwendig ist, sind nachfolgend kurz erläutert.

Alle Programme, die Cocoa einsetzen, haben eine gemeinsame Objektgrundlage. Die Klassen der Anwendungen leiten sich alle[44] von der Basisklasse `NSObject` ab. Meistens ist schon am Klassennamen zu erkennen, aus welchem Framework diese Klasse stammt.

Tab. 3–1
Das Präfix einer Klasse verrät oft schon die Zugehörigkeit zu einem speziellen Framework.

Präfix der Klasse	Framework
CF	Core Foundation
NS[a]	Foundation
UI	UIKit

a. Abkürzung für NextStep

Innerhalb des Cocoa Framework existieren folgende grundlegende Arten von Klassen:

- Off the shelf
- Behind the scenes
- Generically
- Through delegation and notification

43. Im Jahre 1986 von Steve Jobs zusammen mit fünf Kollegen gegründet und 1996 an Apple verkauft.
44. Nur das Foundation Framework (Cocoa Touch Layer) stellt eine andere (selten verwendete) Basisklasse zur Verfügung: NSProxy. Zusätzlich können Sie auch eine eigene Basisklasse implementieren.

Off the shelf

Klassen vom Typ »Off the shelf« sind Klassen, die ohne zusätzliche Vorkehrungen einfach instanziiert werden können. Diese Klassen werden häufig direkt aus dem Interface Builder verwendet, wobei ihr Einsatz natürlich nicht darauf beschränkt ist. Darunter fallen Klassen aus dem UIKit wie `UIControl`, `UITextField` und `UIButton`.

Behind the scenes

Klassen der Art »Behind the scenes« fungieren, wie schon der Name vermuten lässt, als Hintergrundklassen. Typischerweise werden diese Klassen von Cocoa direkt instanziiert, z.B. um sie als interne Datenstrukturen in anderen Klassen zu verwenden. Oft handelt es sich bei diesen Klassen auch um private Klassen, die vom Entwickler nicht direkt verwendet werden können.

Generically

Ein Grund für die Verwendung eines Frameworks ist der Wunsch nach der Generalisierung von bestimmten Funktionen. Diesem versucht auch Cocoa zu entsprechen. Das heißt, auch in Cocoa werden generische Klassen angeboten. Von ihnen existieren jeweils auch konkrete Unterklassen, aber für eigene Erweiterungen (z.B. eine eigene View) werden Sie selbst Ableitungen davon erzeugen müssen. Als Beispiel aus dem UIKit sind hier `UIView` und `UIScrollView` aufzuführen.

Through delegation and notification

Klassen aus dem Cocoa Framework informieren andere Objekte über eine Statusänderung. Dies folgt dem bekannten Observer-Pattern (siehe auch Abschnitt 3.5.3). Neben dieser Technik wird auch häufig das Delegate-Pattern (ebenfalls Abschnitt 3.5.3) eingesetzt, um Verantwortlichkeiten in andere Klassen auslagern zu können.

Die Konventionen von Cocoa

Bei der Verwendung der beschriebenen API von Cocoa sind einige Konventionen zu beachten[45]. Diese sollten Ihnen geläufig sein, damit Sie Cocoa auch effizient einsetzen können.

Rückgabewert nil

So signalisieren z.B. Methoden, die den Wert `nil` zurückgeben, typischerweise einen Fehlerfall. Es wird kein Statuscode, wie er vor allem auch aus der Programmiersprache C bekannt ist, zurückgeliefert. Anstelle des Statuscodes wird von Cocoa häufig eine Exception geworfen. Falls die Methodensignatur es erfordert, wird zusätzlich noch `nil` zurückgegeben.

NSError

Eine weitere Möglichkeit, einen Fehler anzuzeigen, ist neben der Rückgabe des Wertes `nil` ein zusätzlicher Parameter vom Typ `NSError`. Dieser Parameter enthält im Fehlerfalle die Ursache und kann ausgewertet werden. Ein Beispiel hierfür ist die Klasse `NSURLConnection`. Hier

45. Interessant in Zusammenhang mit Cocoa sind auch die Coding Guidelines for Cocoa. Diese sind verfügbar unter https://developer.apple.com/iphone/library/documentation/Cocoa/Conceptual/CodingGuidelines/CodingGuidelines.html.

wird in der Methode `sendSynchronousRequest` ein Parameter `error` für die Analyse im Fehlerfall ausgegeben:

```
+(NSData *)sendSynchronousRequest:(NSURLRequest *)request
returningResponse:(NSURLResponse **)response error:(NSError
**)error
```

Boolean für die Fehleranzeige

Methoden, die Systemoperationen durchführen (z.B. Dateisystemzugriff), haben als Rückgabewert einen booleschen Wert. Im Erfolgsfall wird `true` zurückgeliefert und im Fehlerfalle `false`. Diese Methoden können auch einen Parameter vom Typ `NSError` besitzen, um eine Fehleranalyse durchzuführen. Beispielhaft ist hier die Methode `writeToURL` der Klasse `NSData` aufgeführt, in der über den Rückgabewert signalisiert wird, ob die Aktion erfolgreich durchgeführt wurde oder nicht:

```
-(BOOL)writeToURL:(NSURL *)aURL options:(NSUInteger)mask
error:(NSError **)errorPtr
```

Leere Container anstatt nil

Methoden, die Listen von Objekten bzw. Container (z.B. `NSString`, `NSArray` oder `NSDictionary`) akzeptieren, haben die Konvention, dass bei Übergabe eines leeren Konstrukts der Wert als nicht gesetzt angenommen wird.[46]

Konstanten vorausgesetzt

Die Frameworks von Cocoa erwarten, dass Stringkonstanten den Stringliteralen vorgezogen werden, z.B. für den Namen von Exceptions. Es ist immer ratsam, Stringkonstanten zu verwenden, denn dadurch hat der Compiler die Möglichkeit, selbstständig Optimierungen vorzunehmen.

3.5.3 Cocoa Design Patterns

Die Basis der Frameworks von Cocoa sind Entwurfsmuster, auch als Design Patterns bekannt.[47] Dieser Abschnitt ist keine generelle Einführung in die Welt der Patterns, sondern erläutert kurz, wie Cocoa die jeweiligen Patterns für seine Zwecke angepasst hat. Dieses Wissen hilft Ihnen beim Verständnis und beim Einsatz von Cocoa.

Abstrakte Fabrik (Abstract Factory)

Häufig kommt es in der Anwendungsentwicklung vor, dass nicht nach einer konkreten Klasse gesucht wird, sondern nur nach einem Typus von Klasse, die ein Problem löst. Als Beispiel kann hier eine Klasse dienen, die mehrere Elemente in einer Liste speichern kann. Für die Erzeugung solcher Klassen dient das Pattern *Abstrakte Fabrik*. Dies

46. Alternativ kann ein leerer Datentyp auch bedeuten, dass der Standardwert genommen wird. Dies hängt aber von der einzelnen Methode ab.
47. Es kommen hauptsächlich die von der »Gang of Four« entworfenen Patterns zum Einsatz (siehe: »Entwurfsmuster« von Erich Gamma, Richard Helm, Ralph Johnson, John Vlissides; Addison-Wesley, München).

ist eine Schnittstelle zur Erzeugung einer Familie von Objekten. Die konkreten Klassen sind dabei nicht zu spezifizieren, d.h., der verwendete Quellcode ist frei von konkreten Klassen.

Die Umsetzung in Cocoa wird als *Class Cluster* bezeichnet. Darunter wird eine Reihe von privaten Unterklassen verstanden, die alle als Basis eine öffentliche abstrakte Oberklasse besitzen. Diese Oberklasse enthält Methoden, um Instanzen der Unterklassen zu erzeugen. Abhängig von der jeweiligen Methode wird eine bestimmte Unterklasse zurückgeliefert. Das Foundation Framework enthält Class Cluster z.B. für `NSString`, `NSData` und `NSSet`. Durch einen Class Cluster wird es zwar einfacher, eine Instanz zu erzeugen, aber die Erzeugung einer konkreten Unterklasse wird dadurch schwieriger.

Adapter

Über das *Adapter*-Pattern wird es möglich, die Schnittstelle einer Klasse in die Schnittstelle einer anderen Klasse umzuwandeln.

Protocol

Neben dem Adapter-Pattern, als Möglichkeit zur Kommunikation zwischen unterschiedlichen Schnittstellen, bringt Objective-C noch *Protocol* als Spracheigenschaft mit. Falls ein Objekt mit einem anderen Objekt kommunizieren soll und diese nicht die gleiche Schnittstelle besitzen, können Sie ein sogenanntes `Protocol`[48] definieren. Die Ausimplementierung der notwendigen Methoden bleibt Ihnen aber noch überlassen. Es wird zwischen offiziellen (*formal*) und inoffiziellen (*informal*) Schnittstellen unterschieden. Bei den offiziellen müssen im Gegensatz zu den inoffiziellen alle Methoden ausimplementiert werden.

Zuständigkeitskette (Chain of Responsibility)

Mit dem Pattern *Chain of Responsibility* wird die enge Kopplung vom Sender einer Nachricht zum Empfänger vermieden. Dies geschieht dadurch, dass mehrere Teilnehmer die Möglichkeit erhalten, die Nachricht zu verarbeiten. Diese Verarbeitung ist aber nicht zwingend.

UIKit enthält ein Prinzip namens *responder chain*. Objekte dieser Kette sind alle vom Typ `UIResponder`. Solch eine Zuständigkeitskette wird für die Verarbeitung von Events eingesetzt.

Kommando (Command)

Das *Command-Pattern* trennt die Verantwortlichkeit zwischen dem Objekt, das eine Aktion ausführen möchte, und dem Objekt, das die Aktion ausführt.

Bei Cocoa sind zwei Elemente am Command-Pattern beteiligt. Zunächst einmal eine Instanz von `NSInvocation`. Diese Klasse stellt eine Objective-C-Nachricht dar. Diese Instanz hat ein Ziel (*Target*) bzw. eine Zielmethode (*Target-Action*). Für die Erzeugung einer Instanz von `NSInvocation` wird eine Instanz von `NSMethodSignature` benötigt. Hierüber wird die sogenannte Zielmethode beschrieben.

48. Aus der Sicht von Java ist ein Protocol mit einem Interface gleichzusetzen.

Komposition (Composite)

Unter einem *Composite*-Pattern wird verstanden, dass ein einzelnes Objekt und eine komplexe Baumstruktur von Objekten nach außen gleich aussehen und somit auch über eine Methode bearbeitet werden können.

Die Oberflächenelemente (*View* vom Typ `UIView`) in einem Fenster sind intern in einer Hierarchie (der sogenannten *View-Hierarchie*) strukturiert. Die Basis dieser Hierarchie ist eine Instanz von `UIWindow`. Bis auf die Wurzel hat jedes Element somit ein Elternelement.

Für ein besseres Verständnis ist in Abbildung 3–5 eine beispielhafte Oberfläche abgebildet. Das Element `A` hat dabei direkt das `UIWindow` als Elternelement, während das Element `C` zunächst `B` als Elternelement besitzt und dieses wiederum das `UIWindow`.

Abb. 3–5 *Beispielhafte View-Hierarchie*

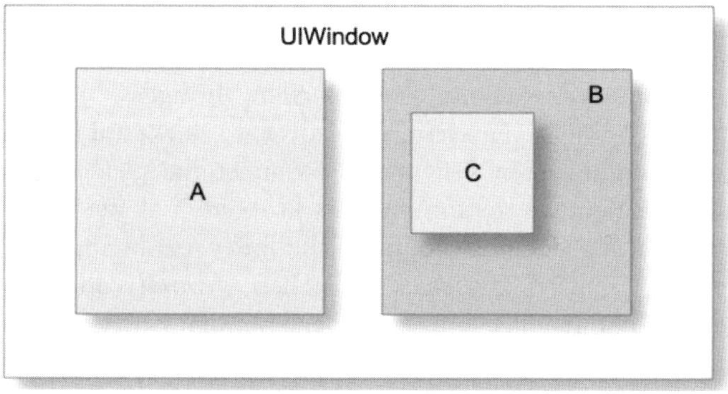

Sobald ein Oberflächenelement zu einem anderen Element hinzugefügt wird, entsteht automatisch eine View-Hierarchie.

Dekorierer (Decorator)

Über ein weiteres Pattern, das *Decorator-Pattern,* wird Funktionalität zu einem vorhandenen Objekt hinzugefügt, ohne dass dessen Code verändert wird. Die Umsetzung erfolgt dabei häufig dadurch, dass das zu dekorierende Objekt von einem anderen Objekt umhüllt wird. Diese Vorgehensweise wird auch als »Zwiebelschalenprinzip« bezeichnet.

Zwei Elemente für die Dekoration sind *Delegation* und *Categories*. Unter Delegation versteht man, dass ein Objekt eine Referenz auf ein anderes Objekt besitzt und in bestimmten Situationen Methoden dieses Objektes aufruft. Das heißt, das sogenannte Host-Objekt delegiert eine Aufgabe an das eingeschlossene Objekt (den Delegate). Viele Klassen innerhalb von Cocoa verwenden Delegates, z.B. `UIApplication` und `UITableView`.

Eine *Category* ist eine Spracheigenschaft von Objective-C, um einer Klasse eine zusätzliche Methode hinzuzufügen, ohne von der betreffenden Klasse eine Unterklasse zu bilden.

Über eine *Fassade* wird für einen Satz von Funktionen eine einheitliche Schnittstelle zur Verfügung gestellt. Hierbei ist es möglich, dass sich die angebotenen Methoden selbst auch über mehrere Klassen erstrecken. Von außen erkennt der Entwickler keinen Unterschied, ob die Methoden über mehrere Klassen verteilt sind oder nicht, denn eine Fassade stellt sich für den Entwickler auch nur als eine einzige Klasse dar. Oft wird das *Façade*-Pattern verwendet, um dem Entwickler Funktionalitäten in einer einfacheren Form anzubieten. Ein Beispiel hierfür ist der Zugriff auf Datenbanken. Durch die Verwendung einer Fassade werden Details versteckt, die für die Anwendungsentwicklung unnötig sind. Ein konkretes Beispiel hierfür ist die Klasse `NSImage`. Über diese Klasse können sowohl Bitmap-Grafiken (wie JPEG oder PNG) als auch vektorbasierte Grafiken (z.B. EPS) geladen und verwendet werden.

Fassade (Façade)

Über das *Iterator-Pattern* ist es möglich, auf Elemente in einer zusammengesetzten Struktur (wie z.B. Liste) sequenziell zuzugreifen. Die Klasse `NSEnumerator` implementiert das Iterator-Pattern. Es kann eingesetzt werden, um Listentypen (`Collections`) zu durchlaufen. Das Pattern ist auch unter dem Namen *Cursor* bekannt.

Iterator

Im *Mediator-Pattern* wird definiert, wie mehrere komplexe Objekte miteinander kommunizieren. Hierdurch wird sehr gut eine lose Kopplung zwischen verschiedenen Objekten erreicht. Eine Anwendung für das iOS kann z.B. eine Navigationsleiste und eine Toolbar besitzen, zwischen denen das Hauptfenster der Anwendung liegt. Der Benutzer kann nun ein Element betätigen, das sich an einer beliebigen Stelle innerhalb der View-Hierarchie befindet. Um dies zu realisieren, werden sogenannte View Controller in UIKit eingesetzt. Da diese ein zentrales Element darstellen, folgt im weiteren Verlauf dieses Kapitels eine genauere Beschreibung zu diesem Thema (siehe auch Seite 69).

Vermittler (Mediator)

Das *Memento-Pattern* wird für die Erfassung und Externalisierung eines internen Zustandes eingesetzt, um ihn zu einem späteren Zeitpunkt wiederherstellen zu können. Mittels *Archiving* werden in diesem Zusammenhang die Objekte einer Anwendung in ein Archiv umgewandelt, das im Dateisystem abgelegt oder über das Netzwerk transportiert werden kann. Die *Property List Serialization* beschreibt das Umwandeln eines Objektgraphen in eine einfache Listenform. Klassen, die dies verwenden, sind z.B. `NSArray`, `NSString` und `NSData`.

Memento

Das sehr weit verbreitete *Observer-Pattern* beschreibt eine 1-zu-m-Beziehung von Objekten. Verwendung findet dieses Pattern an Stellen, an denen mehrere Objekte an der Statusänderung eines einzelnen Objektes interessiert sind (z.B. mehrere Views). Sobald das beobachtete Objekt seinen internen Status ändert, werden alle Interessenten über die Statusänderung informiert.[49] Über *Notifications* wird von Cocoa ein Observer-Mechanismus implementiert. Eine Instanz fügt sich in

Beobachter (Observer)

eine Observer-Liste (über die Klasse `NSNotificationCenter`) ein. Das Objekt, das benachrichtigen möchte, erzeugt eine Instanz von `NSNotification` und verteilt diese über das `NSNotificationCenter`. *Key-Value Observing* hingegen ist ein Mechanismus für Benachrichtigungen, wenn bestimmte Eigenschaften eines Objektes geändert werden. Im Gegensatz zu Notifications ist hier keine zentrale Stelle im Spiel, sondern die Ereignisse werden direkt an die Beobachter übermittelt.

Stellvertreter (Proxy)

Das *Proxy-Pattern* implementiert die Schnittstelle zu einem Objekt und agiert somit als Stellvertreter für das implementierte Objekt. Der Einsatz von Proxys kann aus vielerlei Gründen notwendig werden, z.B., wenn das Objekt nur remote erreichbar ist oder nicht immer erzeugt werden soll. Das Proxy-Pattern erinnert sehr an den Delegate. Der Unterschied hierzu ist, dass keine Funktionalität zu einem Objekt hinzugefügt wird, sondern die gleiche Funktionalität angeboten wird. Die Klasse `NSProxy`, die das Proxy-Pattern implementiert (das `NSObject Protocol` wird dabei implementiert), ist nur eine abstrakte Klasse. Eine Klasse, die den `NSProxy` implementiert, ist z.B. `NSProtocolChecker`.

Singleton

Das *Singleton-Pattern* beschreibt, dass von einer Klasse nur eine Instanz vorhanden ist und auf diese von einem global erreichbaren Punkt zugegriffen werden kann. Einige Cocoa-Klassen implementieren das Singleton-Pattern, z.B. die Klasse `UIApplication` aus UIKit.

Schablonenmethode (Template Method)

Das Prinzip des *Template-Method-Patterns* ist, dass in einer abstrakten Klasse der Rahmen eines Algorithmus vorgegeben wird. Die Implementierung der einzelnen Bestandteile des Algorithmus wird an konkrete Unterklassen delegiert. Hierdurch erhalten Sie die Möglichkeit, bestimmte Schritte des Algorithmus zu überschreiben bzw. zu verändern. Die grundlegende Struktur des Algorithmus müssen Sie dabei aber nicht modifizieren.

Model-View-Controller

Zuletzt soll noch eines der wichtigsten Patterns im Umfeld von grafischen Benutzeroberflächen erläutert werden, nämlich das *Model-View-Controller-Pattern (MVC)*. Es handelt sich zwar um ein sehr geläufiges Pattern, es wird aber oft unterschiedlich implementiert.

Auch Cocoa hat hier seine Besonderheiten und darum soll dieses Pattern hier nochmals beschrieben werden, insbesondere auch, weil es im Framework Cocoa intensiv zum Einsatz kommt. Wie der Name schon sagt, werden beim MVC-Pattern drei Arten von Objekten eingesetzt:

- Model-Objekte
- View-Objekte
- Controller-Objekte

49. Klassisches Publish-Subscribe-Modell, ähnlich einem Newsletter.

Die sogenannten *Model-Objekte* realisieren die Daten der zugrunde liegenden Fachdomäne. Neben den reinen Daten enthalten Model-Objekte typischerweise noch die Basisfunktionalitäten, um die Daten zu manipulieren. Eine Verbindung zur Oberfläche haben diese Objekte im Idealfall nicht, d.h., wie beispielsweise eine Instanz einer beispielhaften Klasse `Person` dargestellt wird, ist nicht in der Klasse `Person` implementiert.

Ein *View-Objekt* ist verantwortlich für die Darstellung eines Model-Objektes. Es ist typischerweise aber nicht für die Speicherung der Daten zuständig.

Die Verbindung zwischen Model-Objekt und View-Objekt stellt der Controller dar. Das heißt, er agiert als sogenannter Vermittler (Mediator). In einer typischen Cocoa-MVC-Anwendung werden Änderungen im View über den Controller an das entsprechende Model-Objekt weitergegeben.

Kombination mehrerer Rollen

Es besteht auch die Möglichkeit, dass ein Objekt mehrere Rollen aus dem MVC-Pattern in sich vereint. Zum Beispiel kann ein Controller zusätzlich die Rolle der View übernehmen, in diesem Fall spricht man von *View Controller.* Auch die Rolle des Models kann vom Controller übernommen werden. In diesem Falle spricht man von einem *Model Controller.* In Abbildung 3–6 wird der typische Aufbau des MVC-Patterns im Cocoa Framework dargestellt. Zusätzlich ist durch die Pfeile der Ablauf einer Benutzeraktion visualisiert. In der Abbildung kommt der View aus der nib-Datei. Dies ist nicht zwingend erforderlich, aber in den meisten Fällen wird dies so sein, denn Sie werden wahrscheinlich die Benutzeroberflächen nur in seltenen Fällen nicht mit dem Interface Builder erzeugen.

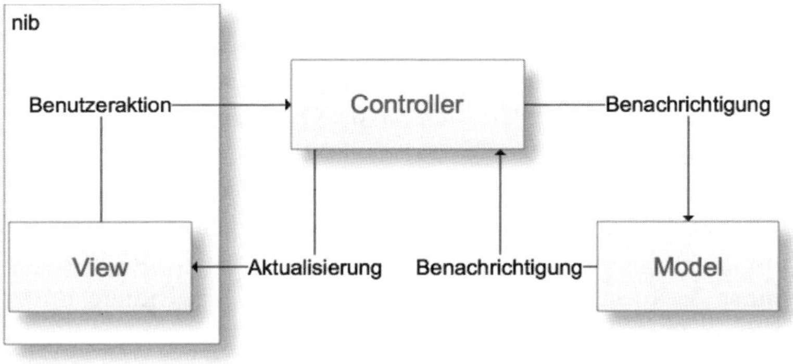

Abb. 3–6
Model-View-Controller im Cocoa Framework

Die einzelnen Elemente des MVC-Patterns im Cocoa Framework realisieren mehrere Patterns. Diese sind in der nachfolgenden Tabelle 3–2 dargestellt.

Tab. 3–2
Die Patterns, die bei den einzelnen Bestandteilen von MVC bei Cocoa zum Einsatz kommen

MVC-Bestandteil	Umgesetzte Patterns
Model	Observer
View	Command und Composite
Controller	Mediator und Strategy

3.5.4 Frameworks des Cocoa Touch Layer

Nachdem Sie nun einiges von den Konzepten von Cocoa Touch kennengelernt haben, möchte ich Ihnen nun die insgesamt sieben Frameworks dieser Schicht vorstellen. Zuerst eine Übersicht:

- Address Book[50] UI Framework
- Event Kit UI Framework
- Game Kit Framework
- iAd Framework
- MapKit Framework
- Message UI Framework
- Twitter Framework
- UIKit Framework

AddressBook UI Framework

Das *Address Book UI Framework* ermöglicht es, über eine Objective-C-Schnittstelle die vom System benutzten Dialoge rund um die Kontakte zu verwenden. Dies umfasst das Anlegen, Ändern und Auswählen von Kontakten. Nähere Informationen dafür sind im Address Book Programming Guide for iOS[51] enthalten.

Event Kit UI Framework

Das *Event Kit UI Framework* wurde bereits im Bereich der Core Services im Zusammenhang mit Event Kit (siehe Abschnitt 3.3.8) erwähnt. Hierbei handelt es sich um die Oberflächen für die Arbeit mit dem Systemkalender.

Game Kit Framework

Mit dem *Game Kit Framework* werden Funktionen angeboten, um verschiedene iPhones miteinander zu verbinden. Auch wenn diese Funktionen für die Zielgruppe der Spieleentwickler integriert wurde, können Sie diese Möglichkeiten in beliebigen Anwendungen nutzen. Folgende Funktionen werden angeboten:

50. Auch bei Mac OS X gibt es ein Framework zur Arbeit mit dem Systemadressbuch, dieses ist aber nicht Bestandteil von Cocoa.
51. http://developer.apple.com/iphone/library/documentation/ContactData/Conceptual/AddressBookProgrammingGuideforiPhone/100-Introduction/Introduction.html.

- Peer-to-Peer-Unterstützung
- In-game Voice

Peer-to-Peer-Unterstützung

Über die *Peer-to-Peer-Unterstützung* ist es möglich, mittels Bluetooth eine Ad-hoc-Verbindung zu anderen Geräten aufzubauen und darüber Daten zwischen den Geräten auszutauschen. Damit sind Anwendungsfälle wie z.B. der Austausch von Kontaktdaten möglich. In der Dokumentation wird dies als *Peer to Peer Services* bezeichnet.

In-game Voice

Über die Funktionalität *In-game Voice* wird der Chat zwischen zwei iPhones ermöglicht. Die zuständige Klasse hierfür ist `GKVoiceChatService`.

Für tiefer gehende Informationen zum Game Kit Framework können Sie auf Abschnitt 3.10 und den Game Kit Programming Guide[52] zurückgreifen.

iAd Framework

Mit dem iOS 4 hat Apple die Möglichkeit geschaffen, Werbung in eigenen Anwendungen zu integrieren. Hierfür stehen der Dienst und das gleichnamige Framework *iAd* zur Verfügung. Werbungen werden über die Klasse `ADBannerView` dargestellt. Das Thema iAd ist ein sehr großer neuer Bereich. Für den Einstieg empfehle ich Ihnen die iAd Design Guidelines[53].

MapKit Framework

Über das *MapKit Framework* haben Sie die Möglichkeit, eine Landkarte (engl. map) in Ihre Anwendung zu integrieren. Mittels der Klasse `MKMapView` steht Ihnen eine scrollbare Map zur Verfügung, die Sie mit Informationen bzw. Markern (z.B. zur Hervorhebung einer bestimmten Region) versehen können. Das Framework basiert wie schon die von Apple mitgelieferte Kartenanwendung auf Google Maps. Beim Einsatz sollten Sie die Nutzungsbedingungen unter http://code.google.com/apis/maps/iphone/terms.html beachten, denn im kommerziellen Umfeld kann es sonst zu unerwarteten Lizenzsituationen kommen. Für nähere Informationen zur Verwendung können Sie auf die MapKit Framework Reference[54] zurückgreifen.

Message UI Framework

Über das *Message UI Framework* können Sie E-Mails aus Ihrer Anwendung heraus verfassen und sie im Ausgangspostfach des Benutzers platzieren. Die Unterstützung besteht dabei aus einer Oberfläche (Abb. 3–7) mit den Datenfeldern für die E-Mail sowie einer Funktion, um die korrekt ausgefüllten E-Mails ins Ausgangspostfach zu legen. Die Klasse für die Oberfläche ist `MFMailComposeViewController`. Eine

52. http://developer.apple.com/iphone/library/documentation/NetworkingInternet/Conceptual/GameKit_Guide.
53. https://developer.apple.com/iphone/iad/library/documentation/UserExperience/Conceptual/iAd_Design_Guide/Introduction/Introduction.html.
54. http://developer.apple.com/iphone/library/documentation/MapKit/Reference/MapKit_Framework_Reference/index.html.

detaillierte Beschreibung können Sie der Message UI Framework Reference[55] entnehmen.

Abb. 3–7
Ausgefüllte Eingabemaske für eine E-Mail

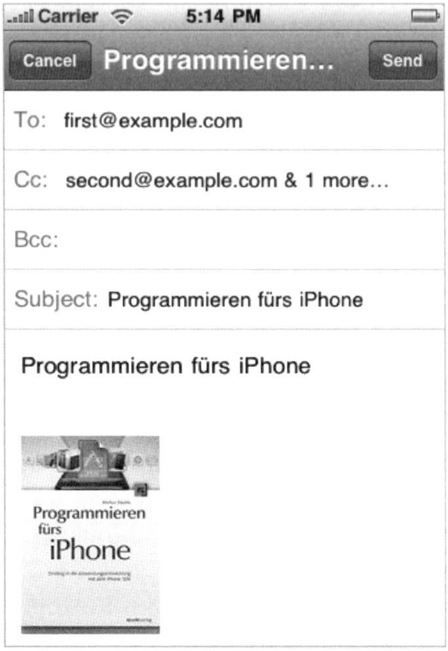

Twitter Framework

Mit Version 5 von iOS wurde der Mikroblogging-Dienst Twitter direkt in das Betriebssystem integriert. Für die Programmierung steht ein neues Framework, das *Twitter Framework*, zur Verfügung. Für die Verwendung von Twitter wird ein Account benötigt. Dieser kann direkt über iOS erzeugt werden, aber auch ein vorhandener Account kann verwendet werden. Sowohl das Anlegen als auch die Anmeldung erfolgt über die Systemeinstellungen, es existiert extra die Kategorie *Twitter* (siehe Abb. 3–8). Die Anmeldung selbst geschieht dabei über das schon beschriebene Accounts Framework. Für die Interaktion mit Twitter muss die Header-Datei `Twitter/Twitter.h` eingebunden werden, diese wird über das Twitter Framework zur Verfügung gestellt. Das Framework stellt insgesamt zwei Klassen bereit: `TWRequest` und `TWTweetComposeViewController`. Der erste Schritt bei der Verwendung des Frameworks ist die Überprüfung, ob auch ein Tweet versendet werden kann (siehe Listing 3–13).

55. http://developer.apple.com/iphone/library/documentation/MessageUI/Reference/MessageUI_Framework_Reference/index.html.

Listing 3–13
Prüfung ob, Twitter verwendet werden kann oder nicht

```
- (void)checkTwitter
{
 if ([TWTweetComposeViewController canSendTweet])
  {
   //Twitter kann verwendet werden
 }
 else
 {
  //Twitter kann nicht verwendet werden
 }
}
```

Abb. 3–8
Anmeldung bei Twitter über zentrale Einstellung

UIKit Framework

Das *UIKit Framework* ist die Basis für die Entwicklung von grafischen Oberflächen für das iOS. Jede Anwendung nutzt dieses umfangreiche Framework für folgende Dienste:

- Ausschneiden, Kopieren und Einfügen (*Cut, Copy & Paste*)
- Erzeugung von PDF
- Grafiken und Oberflächenfenster (einschließlich Unterstützung von mehreren Bildschirmen)
- Integration mit anderen Anwendungen basierend auf bestimmten URLs
- Management von Anwendungen
- Management der Benutzeroberfläche (einschließlich Storyboards)
- Objektrepräsentation für die Oberflächenelemente
- Textinhalte und Webinhalte
- Touch-Events

Neben diesen Basisdiensten bietet das UIKit Framework weitere Dienste an:[56]

- Zugriff auf die Daten des Bewegungssensors[57]
- Zugriff auf die eingebaute Kamera
- Zugriff auf die Bilder des Benutzers
- Informationen zum Gerät (Name und Modellinformationen)
- Informationen zum Ladestand der Batterie
- Informationen zum Näherungssensor
- Informationen über verbundene Headsets

Zwischenablage als zentrales Element

Mit dem iPhone OS 3.0 wurde eine Zwischenablage (repräsentiert durch die Klasse `UIPasteboard`) hinzugefügt. Darin werden die Elemente, die ausgeschnitten bzw. kopiert werden, abgelegt. Standardmäßig können grundlegende Datentypen wie Strings und Bilder in der Zwischenablage gespeichert werden. Als Anwendungsentwickler müssen Sie keine besonderen Vorkehrungen treffen, um die Zwischenablage auch in Ihre Anwendungen einzubinden. Klassen wie `UITextField`, `UITextView` und `UIWebView` unterstützen dies bereits. Durch Schütteln des Gerätes wird die letzte Eingabe rückgängig gemacht.

3.5.5 Wichtige Konzepte des Cocoa Touch Layer

Neben den in Abschnitt 3.5.4 aufgeführten Frameworks bietet die Cocoa-Touch-Schicht folgende Konzepte/Dienste an:

- Apple Push Notification Service
- Data Protection
- Document Support
- External Display Support
- File-Sharing Support
- Gesture Recognizers
- Local Notifications
- Multitasking
- Peer to Peer Services
- Printing
- Standard System View Controllers
- Storyboards

---

56. Ob der jeweilige Dienst verfügbar ist, hängt von der zugrunde liegenden Hardware ab (iPhone, iPad oder iPod touch).
57. Dies hat schon zu Anwendungen geführt, die das Leeren eines Bierglases simulieren, abhängig vom Neigungswinkel des Gerätes.

Apple Push Notifcation Service

Bis zum iPhone OS 3 konnten noch keine Hintergrundprozesse ausgeführt werden. Die einzige Möglichkeit hierfür war der *Apple Push Notification Service* (abgekürzt als APN), mit dem man auch inaktive Anwendungen über Änderungen informieren kann. Ein Beispiel hierfür wäre ein inaktiver Chatclient, der in seinem Anwendungsicon durch Zahlen anzeigt, ob und wie viele neue Nachrichten er empfangen hat.

Um diese Funktion zu verwenden, muss sich eine Anwendung beim APN registrieren und die eintreffenden Benachrichtigungen müssen daraufhin im *Application Delegate* verarbeitet werden. Hierfür wurde das *UIApplicationDelegate*-Protokoll um Methoden wie `didReceiveRemoteNotification` erweitert.

Der Weg einer Nachricht (in der Dokumentation als *Notification* bezeichnet) ist in Abbildung 3–9 dargestellt. Die ankommende Nachricht wird vom iOS anhand einer Anwendungskennung an die entsprechende Anwendung gesendet.

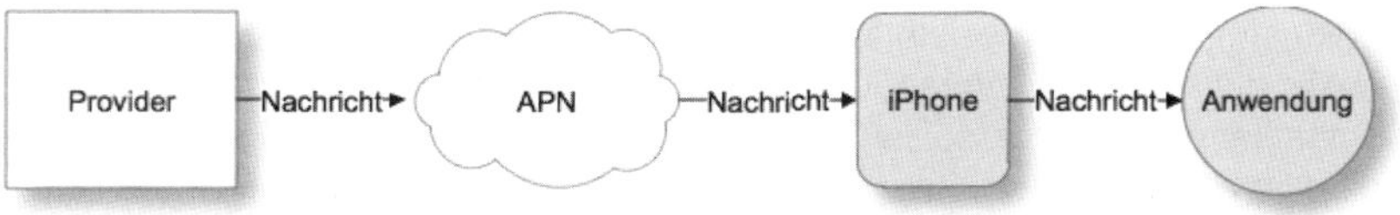

Abb. 3–9
Benachrichtigung einer Anwendung mittels APN

Die Größe einer einzelnen Benachrichtigung ist auf 256 Bytes beschränkt. Jede Benachrichtigung, die die genannte Größe übersteigt, wird direkt vom APN abgewiesen. Eine Benachrichtigung muss dabei als JSON[58]-Dictionary-Objekt angegeben sein (gemäß RFC 4627). Dieses Objekt muss ein weiteres Dictionary mit dem Schlüssel `aps` enthalten, der folgende Dinge beschreibt:

- Benachrichtigungsmeldung für den Benutzer (Schlüssel: `alert`; der Schlüssel `alert` kann wieder selbst ein Dictionary sein, um z.B. eine lokalisierte Meldung ausgeben zu können)
- Eine Zahl, um das Icon der Anwendung zu kennzeichnen (Schlüssel: `badge`)
- Eine Melodie zum Abspielen (Schlüssel: `sound`)

Für einen ersten Eindruck ist in Listing 3–14 eine beispielhafte Benachrichtigung abgebildet:

Listing 3–14
Eine beispielhafte Benachrichtigung im JSON-Format

```
{
    "aps" : {
        "alert" : "Sie haben neue E-Mails.",
        "badge" : 10,
```

58. JavaScript Object Notation

```
        "sound" : "new-mail.aiff"
    },
    "schluessel1" : "test",
    "test" : 14
}
```

Voraussetzung und Kosten des Apple Push Notification Service

Beim Erstellen des Provisioning Profile im iPhone Provisioning Portal muss der Entwickler die Anwendung für APN freischalten. Danach ist die Anwendung grundsätzlich vorbereitet, um Nachrichten vom APN zu empfangen.

Die Auslieferung der Nachricht erfolgt durch den APN-Dienst. Für das Senden einer Nachricht wird ein eigener Server benötigt. Es besteht die Anforderung von Apple, dass eine dauerhafte Verbindung zwischen dem Server und APN aufgebaut ist. Ein häufiges Beenden und Wiederaufbauen wird als Denial-of-Service-Attacke gewertet. Neben der genannten Serverinfrastruktur wird ein SSL-Zertifikat für das Senden benötigt. Hier kann ein Zertifikat für die Entwicklung und Produktion erstellt werden. Dies erfolgt im iOS Provisioning Portal. Um einen eigenen Server zu betreiben, muss auf diesem zwingend ein CA-Root-Zertifikat von Entrust[a] installiert sein. Der eingesetzte Server muss das APN-Protokoll erfüllen – hier bietet es sich an, auf vorhandene Lösungen zu setzen. Eine Open-Source-Variante ist Easy APNS[b].

Der APN steht in den Varianten *Entwicklung* und *Produktion* zur Verfügung. Das Entwicklungssystem ist unter Port 2195 auf dem System gateway.sandbox.push.apple.com verfügbar. Das Produktionssystem ist unter Port 2195 auf dem System gateway.push.apple.com erreichbar.

Bei der Nutzung des APN entstehen keine direkten Kosten. Indirekte Kosten entstehen aber durch die Aufrechterhaltung der Serverinfrastruktur.

a. http://www.entrust.net
b. http://www.easyapns.net

Für tiefer gehende Informationen sollten Sie auf den Apple Push Notification Service Programming Guide[59] zurückgreifen.

Data Protection

Anwendungen, die mit sensiblen Daten arbeiten, können die eingebauten Verschlüsselungsmechanismen verwenden. Mehr Informationen zu diesem Thema finden Sie im iOS Application Programming Guide[60].

Document Support

Über die Klasse `UIDocument` können Benutzerdokumente verwaltet werden. Besonders in Zusammenhang mit iCloud nimmt diese Klasse eine zentrale Rolle ein. Neben der Container-Funktionalität für alle dokumentenbezogenen Daten steht auch eine Unterstützung für asyn-

59. http://developer.apple.com/iphone/library/documentation/NetworkingInternet/Conceptual/RemoteNotificationsPG/Introduction/Introduction.html.
60. https://developer.apple.com/iphone/library/documentation/iPhone/Conceptual/iPhoneOSProgrammingGuide/Introduction/Introduction.html.

chrone Lese- und Schreibzugriffe zur Verfügung. Für Apps, die auf Core Data als Persistenzmechanismus setzen, eignet sich die Klasse `UIManagedDocument`.

External Display Support

Mit dem iPhone OS 3.2 wurde die Möglichkeit hinzugefügt, einen externen Bildschirm über den 30-Pin-Anschluss anzubinden. Dies muss aber explizit von der Anwendung unterstützt werden. Diese Funktionalität wird in der Dokumentation als *External Display Support* bezeichnet.

File-Sharing Support

Der Entwickler kann über die Einstellung `UIFileSharingEnabled` in der Datei `Info.plist` den Zugriff auf das Anwendungsverzeichnis `/Documents` erlauben. Sobald das Gerät an iTunes angeschlossen ist, kann der Benutzer auf dieses Verzeichnis zugreifen. Ein Austausch zwischen Anwendungen ist damit aber nicht möglich. Diese Funktionalität wird in der Dokumentation als *File-Sharing Support* bezeichnet.

Gesture Recognizers

Mit iPhone OS 3.2 wurde das Konzept der *Gesture Recognizers* hinzugefügt. Damit können Sie in beliebigen Views die Eingabe von Gesten (siehe Abschnitt 4.4.2) erkennen. UIKit definiert hierfür die abstrakte Klasse `UIGestureRecognizer`. Von ihr kann der Entwickler ableiten oder eine der vorhandenen Klassen verwenden.

Für die wichtigsten Gesten stehen Klassen zur Verfügung. Ein Beispiel ist die Klasse `UITapGestureRecognizer`: Sie erkennt den Tap (einfacher Klick).

Vor iPhone OS 3.2 musste die Event-Eingabe mit Algorithmen analysiert werden, um eine Klassifizierung der Eingabe vornehmen zu können. Mit den Gesture Recognizers ist dies nun nicht mehr notwendig.

Local Notifications

Der Nachteil des Apple Push Notification Service ist, dass man immer über einen externen Server von Apple gehen muss. Um dies zu vereinfachen, wurden die *Local Notifications* eingeführt. Mit ihnen kann ein Programm im Hintergrund eine Benachrichtigung an den Benutzer senden, z.B. durch Anzeige einer Hinweismeldung. Die Auslieferung der Nachricht erfolgt dabei nicht von der Anwendung, sondern vom System. Der Benutzer merkt keinen Unterschied, ob die Nachricht über den Apple Push Notification Service oder per Local Notification ausgeliefert wurde.

Multitasking

Mit dem iOS 4 wurde das Konzept des *Multitasking* eingeführt. Apple wehrte sich lange gegen Multitasking im iOS und begründete es mit dem erhöhten Stromverbrauch und der dadurch kürzeren Laufzeit einer Akkuladung. Der Kompromiss besteht nun darin, dass es zwar Multitasking gibt, aber kein vollständiges. Vielmehr hat Apple das Verhalten der Benutzer analysiert und einige Funktionen zur Verfügung gestellt, die dem Benutzer ein eingeschränktes Multitasking bieten.

Zu einem Zeitpunkt läuft immer nur eine Anwendung im Vordergrund. Aber eine einmal gestartete Anwendung wird bei Betätigung des Home-Buttons standardmäßig nicht mehr beendet, sondern in den Hintergrund geschickt. Die Anwendung läuft dort aber nicht weiter, sondern der aktuelle Stand der Anwendung wird im Speicher abgelegt. Dadurch wird vermieden, dass die Anwendung erneut gestartet werden muss.

Dieses Verhalten kann der Entwickler durch Setzen der Eigenschaft `UIApplicationExistsOnSuspend` in der Einstellungsdatei `Info.plist` abstellen. In diesem Fall wird die Anwendung beendet und bei Klick auf das Icon erneut gestartet. Insgesamt sind sechs solcher Multitasking-Funktionen hinzugekommen:

- Eine Anwendung im Hintergrund kann *Musik* abspielen lassen.
- *Voice over IP* kann ebenfalls im nicht aktiven Zustand genutzt werden.
- Die *Positionsermittlung* kann nun auch im Hintergrund erfolgen.
- Über *Task Completion* kann eine Anwendung, die beendet werden soll, noch Zeit für die Beendigung einer Aufgabe anfordern.
- Über *Fast App Switching* können die Anwendungen im Hintergrund schnell wieder aktiviert werden. Damit ist ein schneller Wechsel zwischen den Anwendungen im Hintergrund möglich. Zum Wechseln einer Anwendung müssen Sie zweimal den Home-Button betätigen.
- Zusätzlich kommen noch die *Local Notifications* hinzu.

Printing

Aus iOS (beginnend mit Version 4.2) können Daten über einen im WLAN erreichbaren Drucker ausgedruckt werden. Diese Funktionalität steht nur auf Geräten zur Verfügung, die auch Multitasking unterstützen. Über die Methode `isPrintingAvailable` der Klasse `UIPrintInteractionController` kann geprüft werden, ob die Druckfunktionalität zur Verfügung steht oder nicht.

Storyboards

Vor iOS 5 wurden Oberflächen in nib-Dateien beschrieben. Ab Version 5 stehen sogenannte Storyboards zur Verfügung. Storyboards sind ein Instrument, um alle Views an einer Stelle zu beschreiben. Zusätzlich kann mit Storyboards auch die Interaktion zwischen den Views beschrieben werden.

Nicht beschrieben wurden in diesem Abschnitt die *Peer to Peer Services*, die bereits in Abschnitt 3.5.4 behandelt wurden. Auch die *Standard System View Controllers* wurden nicht erläutert. Diese sind bei den einzelnen Frameworks aufgeführt. Ein Beispiel hierfür ist die Oberfläche zur Eingabe von Adressen. Diese Oberfläche wird vom *Address Book UI Framework* zur Verfügung gestellt.

3.6 Laufzeitumgebung einer iOS-Anwendung

In den bisherigen Abschnitten dieses Kapitels haben Sie die unterschiedlichen Schichten des iOS und deren Bibliotheken kennengelernt. In diesem Abschnitt erläutere ich Ihnen nun die Laufzeitumgebung einer iOS-Anwendung und ihre wichtigsten Eigenschaften. Diese Grundlagen sollten Sie kennen, um effiziente Anwendungen zu implementieren.

3.6.1 Grundfunktionen

Virtuelles Speichersystem

Das iOS besitzt ein virtuelles Speichersystem. Jedes Programm hat dabei seinen eigenen virtuellen Adressbereich. Dieser Bereich ist begrenzt durch den physikalischen Arbeitsspeicher. Dies liegt daran, dass das iOS keine Auslagerung von Daten in den Festspeicher vornimmt. Bei Speicherbedarf versucht das System stattdessen, nicht mehr notwendige Teile freizugeben.

Aufforderung zum Aufräumen

Außerdem sendet das System eine Benachrichtung (Notification) an alle Anwendungen, nicht mehr benötigten Speicher freizugeben. Alle Anwendungen sollten diese Methoden implementieren, um Möglichkeiten zur Speicherfreigabe anzubieten. Beispielhaft sei die Methode `applicationDidReceiveMemoryWarning:` genannt.

Automatischer Ruhezustand

Um Akkulaufzeit zu sparen, besitzt das iOS einen automatischen Ruhezustand, der in der Dokumentation *Automatic Sleep Timer* genannt wird. Sobald das System eine längere Ruhephase erkennt (keine Eingabe), schaltet es in den Ruhezustand. Dabei verringert sich die Helligkeit des Bildschirms.

Abschalten ist möglich.

Standardmäßig ist diese Einstellung bei allen Anwendungen aktiviert und ist auch sinnvoll. Für Anwendungen, die keine Touch-Eingabe (z.B. Spiele) benutzen, ist dies aber hinderlich. Über die Property `idleTimerDisabled` in der Klasse `UIApplication` kann diese Eigenschaft abgeschaltet werden.

Eine weitere Eigenschaft des Laufzeitsystems ist Multitasking. Dies wurde bereits in Abschnitt 3.5.5 beschrieben.

3.6.2 Dateisystem

Geräte mit dem iOS sind mit einem Festspeicher[61] ausgestattet, der auf Flash-Memory basiert. Die Anwendung und auch deren Dateien werden in einem Dateisystem in diesem Speicher abgelegt. Die Struktur

61. Inzwischen existiert auch ein von Apple lizenzierter USB-Stick. Damit können erstmalig Daten auf einem externem Medium abgespeichert werden. Mehr Infos unter: www.i-flashdrive.com.

einer Anwendung ist dabei immer gleich. In der nachfolgenden Tabelle werden die wichtigsten Verzeichnisse aufgeführt und erläutert. Alle Dateien liegen unterhalb des Hauptverzeichnisses der Anwendung.

Tab. 3–3 Verzeichnisse einer iOS-Anwendung

Verzeichnis	Beschreibung
/AppName.app	Hierbei handelt es sich um die Anwendung, die als Bundle gespeichert wird. Ein Bundle ist ein standardisiertes Verzeichnis, das Programm und dazugehörige Daten (z.B. Einstellungsdateien) zusammenfasst. Für die Installation wird solch ein Bundle signiert. Deswegen können zur Laufzeit keine Änderungen an diesem Verzeichnis vorgenommen werden.
/Documents	Verzeichnis für Benutzer- und Anwendungsdaten. Dieses Verzeichnis kann für den Zugriff über iTunes freigeschaltet werden.
/Library/Caches	Dieses Verzeichnis ist für Dateien, die auch nach Beendigung verfügbar sein sollen. Diese Daten sind nicht benutzerspezifisch. Wie der Name schon ausdrückt, handelt es sich hier um einen Zwischenspeicher für die Anwendung. Beispielsweise können hier große Dateien, die aus dem Internet heruntergeladen wurden, abgelegt werden.
/Library/ Preferences	In diesem Verzeichnis werden Einstellungen der Anwendung gespeichert.
/tmp	In diesem Verzeichnis werden Dateien gespeichert, die nach Beendigung der Anwendung nicht mehr benötigt werden.

Für den Zugriff auf ein Verzeichnis dient die Klasse `NSSearchPathForDirectoriesInDomains`. Über eine Konstante (❶) kann auf das jeweilige Verzeichnis – in Listing 3–15 auf das Verzeichnis `Documents` – zugegriffen werden.

Listing 3–15 Zugriff auf Verzeichnis Documents

```
NSArray *paths =
NSSearchPathForDirectoriesInDomains(NSDocumentDirectory ❶,
NSUserDomainMask, YES);
NSString *documentsDirectory = [paths objectAtIndex:0];
```

3.6.3 Sicherheit

Eine wichtiges Ziel des iOS ist Sicherheit und Schutz der Plattform. Im Laufzeitsystem sind deswegen einige entsprechende Konzepte integriert, von denen die wichtigsten in diesem Abschnitt erläutert werden.

Stabilität der Gesamtplattform im Vordergrund

Grundprinzip ist, dass eine einzelne Anwendung niemals die Stabilität der Gesamtplattform gefährden darf. Dies gilt nicht nur für die Gesamtplattform, sondern auch für jede einzelne Anwendung. Dies bedeutet, dass eine einzelne Anwendung eine andere Anwendung bei der korrekten Arbeitsweise nicht behindern darf. Weiterhin ist die Integrität der Benutzerdaten zu gewährleisten. Diese Ziele werden über folgende drei Mechanismen umgesetzt:

- Sandbox pro Anwendung
- Verschlüsselung von Dateien
- Schlüsselbund

Sandbox pro Anwendung

Aufgrund der Sicherheitsanforderungen besitzt jede Anwendung innerhalb des iOS eine eigene abgeschlossene Umgebung. Diese wird auch als Sandbox bezeichnet. In solch einer Sandbox liegen die Anwendung und deren Daten (die u.a. die Einstellungen der Anwendung umfassen). Diese Sandbox ist eine abgesicherte Umgebung, die von keiner anderen Anwendung erreichbar ist.

Basisverzeichnis der Anwendung

Eine Anwendung besitzt ein Basisverzeichnis, unter dem sich alles abspielt. Dieses Basisverzeichnis hat folgende Struktur: `/ApplicationRoot/ApplicationID/`.

Verschlüsselung von Dateien

Seit dem iOS 4 ist es möglich, Dateien in eigenen Anwendungen zu verschlüsseln. Sobald das Gerät gesperrt ist, sind diese Dateien unzugänglich. Die Dateiverschlüsselung nutzt dabei die Hardwareverschlüsselung, falls diese vom Gerät[62] unterstützt wird. Die Verschlüsselung muss dabei auf Dateibasis aktiviert werden. Über die Klassen `NSData` und `NSFileManager` kann die Verschlüsselung für eine Datei aktiviert werden. Erwähnenswert ist, dass eine einmal aktivierte Verschlüsselung nicht mehr rückgängig gemacht werden kann.

Schlüsselbund

Wie unter Mac OS X existiert auch für iOS ein Schlüsselbund. Dies ist ein verschlüsselter Ablageort für Passwörter und andere Geheimnisse. Die Daten des Schlüsselbundes werden außerhalb der Sandbox der Anwendung gespeichert. Sobald eine Anwendung deinstalliert wird, werden auch deren Daten aus dem Schlüsselbund entfernt. Für eine Anwendung unter iOS ist es nur möglich, auf die eigenen Elemente im Schlüsselbund zuzugreifen.

3.6.4 Sicherheitskopie der Daten

Seit dem iPhone OS 2.2 werden Anwendungsdaten von iTunes bei Verbindung eines Gerätes automatisch auf dem Rechner des Benutzers gespeichert.

Inkrementelle Datensicherung

Es erfolgt dabei keine volle Datensicherung, sondern eine inkrementelle Sicherung. Folgende Verzeichnisse innerhalb des Applikationsverzeichnisses werden nicht gespeichert: `AppName.app`, `/Lib-`

62. Das iPhone 3GS und aufwärts besitzt eine Hardwareverschlüsselung.

rary/Caches und /tmp. Die Applikation (AppName.app) wird nicht jedes Mal gespeichert. Dies erfolgt nur, wenn die Applikation sich ändert. Um die Zeiten für eine Sicherheitskopie zu verringen, sollten Sie bewusst Daten außerhalb dieses Verzeichnisses speichern.

Was passiert beim Update?

Bei der Aktualisierung einer Anwendung wird diese in einem neuen Verzeichnis installiert. Nach der Installation werden die Daten der alten Installation in das neue Verzeichnis verschoben. Danach wird die alte Anwendung gelöscht. Als Entwickler kann man darauf vertrauen, dass die Verzeichnisse /Documents und /Library/Preferences erhalten bleiben. Die anderen Verzeichnisse werden zwar auch mitgenommen, hier besteht aber keine Garantie, dass sie weiterverwendet werden können.

3.6.5 Erkennung der Laufzeitumgebung

Inzwischen gibt es mehrere Geräte (und Geräteversionen), auf denen das iOS läuft. Nicht alle Geräte bieten dabei alle Funktionen an. Somit ist es notwendig, vor dem Einsatz einer bestimmten Funktion (z.B. Kamera) zu prüfen, ob sie überhaupt zur Verfügung steht.

Prüfung über UIDevice

Eine zentrale Klasse dafür ist die Klasse UIDevice. Sollte eine Anwendung ohne gewisse Funktionen nicht sinnvoll verwendbar sein, können solche Funktionen als Voraussetzung für die Installation definiert werden. Ein Gerät, das diese Eigenschaften nicht besitzt, wird sich der Installation verweigern. Diese Definition erfolgt über den Schlüssel UIRequiredDeviceCapabilities in der Einstellungsdatei Info.plist.

Angabe als Array oder Dictionary

Die Angabe der Werte kann dabei in Form eines Arrays oder Dictionarys erfolgen. Bei einem Array bedeutet das Vorhandensein eines bestimmten Wertes, dass diese Funktionalität zwingend benötigt wird. Bei einem Dictionary wird die Funktionalität als Schlüssel sowie ein true oder false als Wert gesetzt. false oder Nichtvorhandensein bedeutet, dass die Funktionalität nicht benötigt wird.

3.7 Lebenszyklus einer iOS-Anwendung

Das UIKit steuert den Lebenszyklus.

Sobald eine Anwendung vom Benutzer durch Betätigen des entsprechenden Icons gestartet wird, übernimmt das Framework *UIKit* aus dem Cocoa Touch Layer die Kontrolle und stellt der Anwendung die notwendigen Dienste zur Verfügung. Das heißt, das UIKit steuert den Lebenszyklus[63] der Anwendung. Dieser Lebenszyklus kann in folgende drei Abschnitte aufgeteilt werden:

- Aktivierung der Anwendung (Initialisierung)
- Abarbeitung von Ereignissen (Events)
- Anwendung in den Hintergrund schicken

3.7.1 Aktivierung der Anwendung (Initialisierung)

Eine Anwendung wird gestartet, indem der Benutzer auf das Anwendungsicon klickt. Danach erfolgt die Aktivierung der Anwendung über den Aufruf der Methode `main`, die sich in der Datei `main.m` befindet. Diese Methode gilt als zentraler und definierter Einstiegspunkt für jede iOS-Anwendung und besitzt bei den meisten Anwendungen den gleichen Aufbau. Aus diesem Grund wird diese Methode auch von der Entwicklungsumgebung Xcode erzeugt und muss in den seltensten Fällen angepasst werden.

Listing 3–16
Die von Xcode erzeugte Methode main() *aus dem Beispiel sample-ui*

```
#import <UIKit/UIKit.h>
int main(int argc, char *argv[]) {
  NSAutoreleasePool * pool = [[NSAutoreleasePool alloc] init];
  int retVal = UIApplicationMain(argc, argv, nil, nil);
  [pool release];
  return retVal;
}
```

Das wichtigste Element ist der Aufruf der Methode `UIApplicationMain`, die vom UIKit Framework angeboten wird.

Listing 3–17
Aufruf von UIApplicationMain *mit vier Parametern*

```
UIApplicationMain(argc, argv, nil, nil);
```

Die ersten beiden Parameter der Methode, `argc` und `argv`, sind Kommandozeilenargumente. Die anderen beiden Argumente werden von Xcode automatisch mit `nil` vorbelegt. Der dritte Parameter ist der Name der `UIApplication`-Klasse; falls dieser nicht gesetzt ist, wird `UIApplication` selbst genommen. Der letzte Parameter ist der Name der Delegate-Klasse; falls er nicht gesetzt ist, wird der Name aus der nib-Datei[65] verwendet.

---

63. In der Dokumentation auch *Application Life Cycle* genannt.
64. Das Beispiel `sample-ui` wird im nächsten Kapitel entwickelt und vorgestellt.
65. Sollten Sie mit dem Interface Builder arbeiten oder sich von Xcode die Datei erzeugen lassen, müssen Sie sich darum keine Gedanken machen. Der Delegate hat den Namensaufbau: `ProjektnameAppDelegate`, also z.B. `test_uiAppDelegate` für das Beispielprojekt `test_ui`.

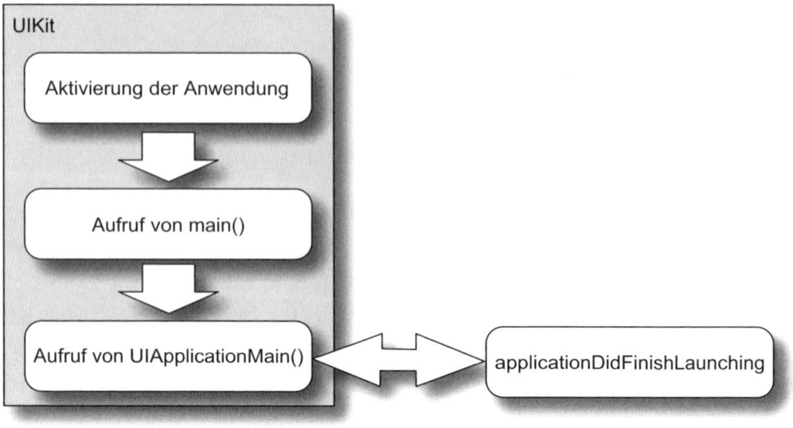

Abb. 3–10
Die Aktivierung der Anwendung führt zum Aufruf der Methode main().

Schon bei der UIApplicationMain-Methode werden die in Abschnitt 3.5.3 beschriebenen Patterns angewendet. Um nicht von der Klasse UIApplication ableiten zu müssen[66], kommt hier das Delegate-Pattern zum Einsatz. Das heißt, Sie müssen nur die wichtigsten Methoden implementieren und sind nicht daran gebunden, von der Framework-Klasse UIApplication abzuleiten. Im Zuge der Methode UIApplicationMain wird die dazugehörige Anwendung grundlegend initialisiert.

Der Application Delegate

Die Klasse, die hier zum Einsatz kommt, wird auch als *Application Delegate* bezeichnet. Die eingesetzte Klasse muss nur das *UIApplication Delegate Protocol* implementieren, die zugehörigen Methoden können Sie der API-Referenz entnehmen. Es ist nicht notwendig, dass Sie alle[67] Methoden des UIApplicationDelegate Protocol implementieren.

Wie Sie in Abbildung 3–10 sehen, wird nach der Aktivierung der Anwendung die Methode applicationDidFinishLaunching aufgerufen. Diese Methode wird bereits provisorisch von Xcode erzeugt.

Listing 3–18
Methode applicationDidFinishLaunching

```
- (void)applicationDidFinishLaunching:(UIApplication *)application
{
    // Override point for customization after application launch
    [window makeKeyAndVisible];
}
```

66. Dieses Prinzip kommt an mehreren Stellen in UIKit zum Einsatz, vor allem auch vor dem Hintergrund, dass die komplexen UIKit-Klassen nicht abgeleitet werden müssen.
67. Die Klasse UIApplication hat bereits alle Methoden implementiert, und ihr Delegate wird nur aufgerufen, wenn die Methode auch implementiert ist.

Die generierte Methode macht lediglich die Oberfläche sichtbar. Der erzeugte Kommentar weist Sie aber bereits darauf hin, dass hier Platz für Ihre Änderungen ist.

Auch das NIB wird geladen.

Bei der Initialisierung der Anwendung wird die nib-Datei der Anwendung geladen, falls in der zentralen Konfigurationsdatei `Info.plist` der Wert `NSMainNibFile` gesetzt ist. Vom Interface Builder wird der Wert von `NSMainNibFile` automatisch auf die geöffnete xib[68]-Datei gesetzt:

```
<key>NSMainNibFile</key>
<string>MainWindow</string>
```

3.7.2 Abarbeitung von Ereignissen (Events)

Im Gegensatz zu Cocoa basiert die Event-Verarbeitung beim iOS und somit bei Cocoa Touch nicht auf einer Maus- und Tastatureingabe. Dies ist nur logisch, denn die Eingabe auf iPad, iPhone und iPod touch erfolgt ja fast ausschließlich mit einem oder mehreren Fingern. Die Basis für die Event-Verarbeitung bildet ein sogenanntes *Multi-Touch*-Modell. Das iOS registriert dabei einen oder mehrere Finger als Teil einer sogenannten *Multi-Touch-Sequenz*. Die Sequenz beginnt, sobald der erste Finger den Bildschirm berührt, und endet, sobald der letzte Finger wieder vom Bildschirm genommen wird. Beim Berühren des Bildschirms werden vom iOS etliche Daten aufgezeichnet. Darunter fallen die Anzahl der Finger, die Position und auch der Zeitpunkt der Berührung. Daraus werden die sogenannten Gesten geformt. Das heißt, sobald ein Finger den Bildschirm berührt, werden Ereignisse (Events) gesendet.

Event Loop

Nach der Initialisierung der Anwendung geht UIKit über in die Verarbeitung der Events, d.h., es läuft dauerhaft die sogenannte *Event Loop (Ereignisschleife)*. Diese Event Loop wird von der Klasse `UIApplication` gestartet.

Bei der Event-Verarbeitung ist es wichtig, zu erwähnen, dass die Funktion `UIApplicationMain` aus dem Framework UIKit für das Empfangen der Ereignisse (Events) verantwortlich ist, aber die Verarbeitung (d.h. das Antworten) muss von jeder Anwendung selbst erledigt werden. An dieser Stelle müssen Sie also die gewünschte Reaktion implementieren.

---

68. Aus der xib-Datei wird während des Übersetzungsvorgangs automatisch die nib-Datei erzeugt.

Schritte bei der Event-Verarbeitung

Innerhalb der Event Loop wird auf die Eingabe von Benutzeraktionen gewartet. Sobald eine Eingabe erfolgt ist, wird das Event vom iOS aufgenommen und in die *Event Queue* (Liste der zu verarbeitenden Ereignisse) geschrieben. Die Klasse `UIApplication` nimmt jedes Event (von oben nach unten) aus der Liste und schickt es an das passende Objekt der Anwendung. Ein Event ist dabei als Instanz der Klasse `UIEvent` modelliert.

Wie in Abbildung 3–11 erkennbar, ist die Reaktion auf das Ereignis der jeweiligen Anwendung überlassen. Eine Reaktion kann z.B. sein, dass ein Anzeigefeld in der Anwendung aktualisiert wird.

Abb. 3–11
Ablauf der Event-Verarbeitung innerhalb des iOS

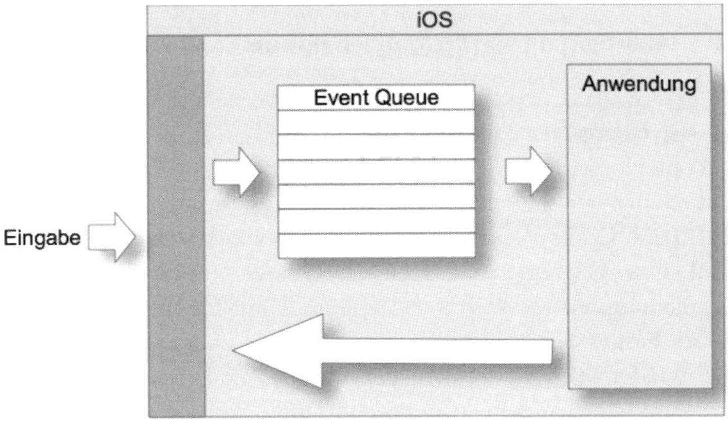

3.7.3 Anwendung in den Hintergrund schicken

Anwendungen werden nicht mehr beendet.

Der letzte Abschnitt ist das Beenden der Anwendung. Seit iOS 4 wird eine Anwendung nicht mehr beendet, sondern in den Hintergrund geschickt.

Sobald eine Anwendung aufgefordert wird, sich zu beenden, wird dieser Zyklus von `UIApplication` gestartet (siehe Abb. 3–12). Gemäß dem `UIApplicationDelegate Protocol` wird dabei die Methode `applicationWillResignActive` des Delegate aufgerufen. Diese Methode signalisiert, dass die Anwendung den Vordergrund verlassen wird. Diese Methode sollte genutzt werden, um aktive Tasks zu beenden.

Danach wird die Methode `applicationDidEnterBackground` aufgerufen. Diese Methode ist vergleichbar mit `applicationWillTerminate`. Hier haben Sie die Möglichkeit, noch Aufräumarbeiten oder Ähnliches durchzuführen.

Im Anschluss kehrt die Anwendung aus der Event Loop zurück.

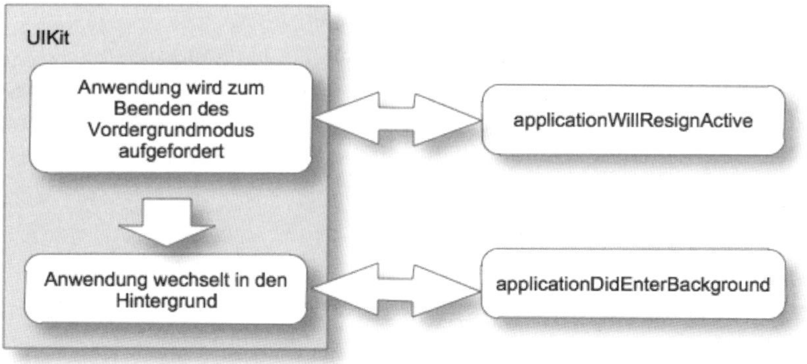

Abb. 3–12
Beenden der Anwendung im Vordergrund

Neben dem Aufräumen ist es besonders wichtig, dass Sie in der Methode `applicationDidEnterBackground` noch daran denken, ungesicherte Daten abzuspeichern. Somit ist es sehr ratsam, die Methode `applicationDidEnterBackground` in Ihrem Application Delegate zu implementieren. Dies ist besonders wichtig für Anwendungen, die nicht unter iOS 4 laufen. Denn vor iOS 4 wird ja noch kein Multitasking unterstützt.

Deaktvierung des Hintergrundmodus

Für Anwendungen, die kein Multitasking unterstützen, existiert die Eigenschaft `UIApplicationExitsOnSuspend`. Wenn der Entwickler diese Eigenschaft in der Einstellungsdatei `Info.plist` setzt, wird die Anwendung beim Klick auf den Home-Button beendet. Am Ende wird die Methode `applicationWillTerminate` aufgerufen.

3.7.4 Zustände einer Anwendung unter iOS

Der vorige Abschnitt hat den Lebenszyklus einer Anwendung unter iOS aufgezeigt. In diesem Lebenszyklus kann eine Anwendung mehrere Zustände annehmen. Diese Zustände sind in der nachfolgenden Tabelle aufgeführt.

Tab. 3–4
Zustände einer iOS-Anwendung

Zustand	Beschreibung
Not running	Die Anwendung ist nicht gestartet.
Inactive	Die Anwendung läuft im Vordergrund, erhält aber keine Events.
Active	Die Anwendung läuft im Vordergrund und erhält Events.
Background	Die Anwendung ist im Hintergrund und führt eine Aktion aus.
Suspended	Die Anwendung ist im Hintergrund und führt keine Aktion aus.

> **Der Application Delegate kann noch mehr**
>
> Es gibt aber auch Methoden für den Fall, dass eine Anwendung unterbrochen wird, z.B. durch einen ankommenden Anruf. Stellvertretend ist hier die Methode `applicationDidBecomeActive` aufzuführen: Wenn der Benutzer den Anruf ignorieren möchte, wird sie aufgerufen und die durch den Anruf unterbrochene App wird wieder aktiviert. Werfen Sie hier ruhig einen Blick in die verfügbare API.

3.8 Objektkommunikation

Ein wichtiges Element in der objektorientierten Programmierung, wie sie in der iOS-Anwendungsentwicklung praktiziert wird, ist die Kommunikation zwischen den Objekten. Für diese Kommunikation muss ein Objekt einem anderen Objekt Nachrichten *senden* können. (In der Objektorientierung wird selbst der Aufruf einer Methode als Senden einer Nachricht verstanden.) Dafür braucht das sendende Objekt eine Referenz auf den Empfänger. Falls keine Referenz vorhanden ist, wird ein anderer Mechanismus benötigt. Cocoa bietet mehrere solcher Mechanismen an. Auf die wichtigsten soll in diesem Abschnitt eingegangen werden:

- Outlets
- Delegates
- Notifications
- Target-Actions

3.8.1 Outlets

Wie schon erwähnt, ist eine Möglichkeit zur Kommunikation das Halten einer Referenz auf die gewünschte Empfängerinstanz. Diese Referenzen werden dann häufig als Instanzvariablen des Senders realisiert. Sie müssen während der Programmlaufzeit initialisiert werden, damit die Kommunikation zwischen den Instanzen auch erfolgreich stattfinden kann.

Outlets werden vom Interface Builder gesetzt.

Ein *Outlet* ist solch eine Instanzvariable. Das Besondere an einem Outlet ist, dass es vom Interface Builder konfiguriert wird. Ein Outlet ist vom Typ `IBOutlet`.

Listing 3–19
Outlets im Application Delegate sample_uiApp Delegate

```
@interface sample_uiAppDelegate : NSObject <UIApplicationDelegate>
{
    IBOutlet UIWindow *window;
    IBOutlet UITextField *textField;
    IBOutlet UILabel *label;
}
```

Die Verbindung zwischen einem Objekt und seinen Outlets ist in der entsprechenden nib-Datei gespeichert. Beim Laden dieser Datei werden die Verbindungen aufgebaut und sind somit vorhanden, falls sie gebraucht werden sollten.

Wie die Verbindung zwischen Outlet und Objekt im Einzelnen hergestellt wird, sehen Sie im nächsten Kapitel bei der Beschreibung des Interface Builder. Trotzdem sei schon hier der Hinweis erlaubt, dass Sie – bevor Sie mit einem Outlet im Interface Builder arbeiten können – zunächst die Variable mit der Markierung `IBOutlet` versehen müssen.[69] Dieser Schritt ist im Interface Builder nicht möglich, sondern muss in der Entwicklungsumgebung Xcode durchgeführt werden. Danach können Sie das Outlet auch über den besagten Interface Builder ansprechen.

3.8.2 Delegates

Das Prinzip des *Delegate* wurde bereits beim Application Delegate angesprochen (siehe Seite 84). Das Delegate-Pattern ist aber auch eine Möglichkeit zur Kommunikation zwischen Objekten.

Das Delegate-Prinzip

Die delegierende Klasse enthält für den Delegate eine Property oder ein Outlet. Zusätzlich wird ein Protokoll (formell oder informell) definiert. Das Prinzip besteht nun darin, dass beim Aufruf einer Methode des definierten Protokolls der Delegate aufgerufen wird, falls dieser die Methode implementiert.

Namensgebung bei einem Delegate

Die Methoden eines Delegate folgen einer bestimmten Namenskonvention. Für ein Verständnis der Methodennamen soll diese Konvention kurz erläutert werden.

Der Name der Methode beginnt mit dem Namen[70] des Objektes, das die Delegation (z.B. `application` oder `window`) durchführt. Danach folgt ein Verb, das den temporären Status des Events symbolisiert. Für ein Event, das noch nicht passiert ist, wird `Should` oder `Will` verwendet. Für ein Event, das bereits durchgeführt wurde, sind die Wörter `Did` oder `Has` im Namen enthalten. Methoden, die noch nicht durchgeführt wurden, haben einen Rückgabewert. Über diesen signalisiert der Delegate, ob das Event durchgeführt werden darf oder abgebrochen werden soll. Bei Events, die bereits durchgeführt wurden, gibt es keinen

69. Verstehen Sie `IBOutlet` nicht direkt als Datentyp, sondern als Markierung einer Variablen. In der Dokumentation wird von *tag* oder *qualifier* gesprochen.
70. Das Präfix des Objektes (z.B. `UI`) wird weggelassen.

Rückgabewert. Nachfolgend eine beispielhafte Methode des UIApplicationDelegate mit einem Rückgabewert. Das heißt, hier können Sie noch eingreifen, bevor die Durchführung erfolgt ist:

```
- (BOOL)application:(UIApplication *)application
handleOpenURL:(NSURL *)url;
```

Das folgende Beispiel einer Delegate-Methode aus UIApplicationDelegate besitzt keinen Rückgabewert, d.h., der Delegate kann hier nicht mehr blockierend eingreifen, sondern nur noch darauf reagieren:

```
- (void)application:(UIApplication *)application
willChangeStatusBarFrame:(CGRect)newStatusBarFrame;
```

Schritte zum eigenen Delegate

Um einen Delegate für eine eigene Klasse zu implementieren, sind insgesamt vier Schritte notwendig, die im Folgenden kurz beschrieben werden sollen.

Schritt 1: Zugriffsmethoden im Header

Der erste Schritt besteht darin, Zugriffsmethoden für den Delegate in der Header-Datei der gewünschten Klasse zu ergänzen:

```
- (id)delegate;
- (void)setDelegate:(id)newDelegate;
```

Schritt 2: Implementierung der Zugriffsmethoden

Im zweiten Schritt erfolgt die Implementierung der Zugriffsmethoden. Die Vorgehensweise hierzu mag nicht überraschen. Beispielhafte Zugriffsmethoden könnten sein:

```
- (id)delegate {
    return delegate;
}

 - (void)setDelegate:(id)newDelegate {
    delegate = newDelegate;
}
```

Schritt 3: Definition eines Protokolls

Der dritte Schritt besteht darin, dass Sie ein Protokoll für den Delegate definieren. Dies kann ein informelles oder ein formelles Protokoll sein. Bei einem formellen Protokoll sollten Sie darauf achten, die optionalen Angaben auch mit @optional zu markieren.

Schritt 4: Verwendung des Delegate

Bei der Verwendung des Delegate sollten Sie daran denken, die Methode respondsToSelector zu verwenden. Hiermit können Sie prüfen, ob der Delegate auch die entsprechende Methode implementiert. Dies ist vor allem beim Einsatz eines informellen Protokolls zu beachten, denn hierbei muss der Delegate nicht jede Methode implementiert haben. Sie sollten daher vor dem Aufruf der Methode unbedingt prüfen, ob die Methode auch implementiert wird.

```
- (void)someMethod {
    if ( [delegate
respondsToSelector:@selector(operationShouldProceed)] ) {
        if ( [delegate operationShouldProceed] ) {
            // Reaktion auf die Ausfuehrung
        }
    }
}
```

Data Source: Auch ein Delegate

Eine sogenannte Data Source ist im weitesten Sinne auch ein Delegate. Hier steht allerdings nicht die Kommunikation zwischen Elementen der Benutzeroberfläche im Vordergrund, sondern die Daten. Eine Data Source ist ein Outlet bei einem `UIView`. Sobald hier Daten z.B. für eine Tabelle (TableView) benötigt werden, wird die Anforderung an die Data Source weitergegeben. Durch diesen Mechanismus werden die Oberflächenelemente von Dingen wie Persistenz völlig freigehalten. Dies ist auch einer der Gründe für den Einsatz eines Delegate.

3.8.3 Notifications

Notifications sind die Umsetzung des bereits beschriebenen Observer-Patterns innerhalb von Cocoa. Das heißt, im weitesten Sinne werden auch hier wieder Nachrichten gesendet. Beim regulären Senden von Nachrichten muss, wie auch bei der bereits beschriebenen Delegation, der Empfänger der Nachricht bekannt sein.

Unterschied zur Delegation

Bei Notifications hingegen muss der Sender nichts vom Empfänger wissen, d.h., zwischen diesen beiden Objekten besteht keine enge Kopplung (wie etwa bei der Delegation). Bei Notifications handelt es sich um ein sogenanntes *Broadcast-Modell*. Im Gegensatz zum Delegate-Prinzip kann bei Notifications mehr als ein Objekt von einer Änderung Nachricht erhalten. Die Nachricht selbst wird dabei nicht an einen bestimmten Empfänger gesendet, sondern an ein sogenanntes *Notification Center*. Das Notification Center ist dabei eine Instanz der Klasse `NSNotificationCenter` (gehört zum Foundation Framework). Die sogenannten Notification-Methoden haben eine vorgeschriebene Signatur, diese ist nachfolgend aufgeführt:

```
- (void)notificationHandlerName:(NSNotification *);
```

Die Benachrichtigungen, die an das Notification Center gesendet werden, sind eine Instanz der Klasse `NSNotification`. Erwähnenswert ist sicherlich, dass mehrere Nachrichten vom Notification Center in einer FIFO[71]-Liste gehalten werden. Die FIFO-Liste ist dabei als Instanz der Klasse `NSNotificationQueue` realisiert.

3.8.4 Target-Actions

Einer der häufigsten Anwendungsfälle bei einer Oberfläche ist das Betätigen einer Schaltfläche durch einen Anwender, woraufhin eine bestimmte Aktion (z.B. Öffnen einer bestimmten Webseite) ausgeführt werden soll. Das heißt, auch hier muss eine Kommunikation zwischen Objekten stattfinden. Die bisher gezeigten Möglichkeiten sind dafür nicht unbedingt geeignet. Der empfohlene Weg in Cocoa ist der sogenannte *Target-Action-Mechanismus*.

Das *Ziel (Target)* ist in diesem Zusammenhang der Empfänger der Nachricht (die *Action*). Dieses Ziel ist als Outlet im Oberflächenelement gespeichert. Die Nachricht wird vom Element zum Target gesendet. Actions können dabei unterschiedliche Signaturen haben. Auch hier werden Sie häufig mit dem Interface Builder arbeiten, und somit gibt es auch hierfür eine Markierung, nämlich `IBAction`. Der Rückgabewert wird programmatisch ermittelt. Nachfolgend ist die beispielhafte Definition einer Action aus dem Beispielprojekt `sample-ui` angegeben:

```
- (IBAction)click:(id)sender;
```

Der Vollständigkeit halber soll auch die ausimplementierte Action gezeigt werden:

```
- (IBAction)click:(id)sender
{
      [label setText:[textField text]];
}
```

Wie Sie am obigen Beispiel sehen, erfolgt der Zugriff auf die einzelnen Oberflächenelemente über die in der Header-Datei definierten Outlets.

3.9 Grundelemente einer Benutzeroberfläche

Die Interaktion mit einer App geschieht über deren Benutzeroberfläche. Auf dieser Benutzeroberfläche werden Informationen in unterschiedlichen Ansichten (Views genannt) dargestellt, Apps mit wenigen Informationen kommen auch mit einer Ansicht aus. Abhängig vom Status der App müssen gewisse Informationen sichtbar werden und andere sollen für den Benutzer unsichtbar sein. Die Basismechanismen für die Darstellung der unterschiedlichen Informationen in unterschiedlichen Ansichten werden von View Controllern zur Verfügung gestellt. Für das weitere Verständnis sollen drei wichtige Klassen, im Zusammenhang mit Benutzeroberflächen für das iOS, kurz erläutert werden:

---

71. First In, First Out – d.h., die erste Nachricht, die an das Notification Center gesendet wird, wird auch zuerst abgearbeitet.

- UIScreen
- UIWindow
- UIView

Die Klasse `UIScreen` repräsentiert den physikalischen Bildschirm des Gerätes, auf dem die App läuft. Die Klasse `UIWindow` stellt Basisfunktionen für die Darstellung auf dem Bildschirm bereit. Die eigentliche Darstellung übernimmt die Klasse `UIView`.

3.9.1 Window oder View

Bei der Erstellung einer Oberfläche für das iOS werden Sie sehr schnell mit den schon erwähnten Begriffen *Window* und *View* in Berührung kommen. Diese Begriffe sind nicht nur dem iOS zu eigen, sondern finden sich in allen Frameworks zur Oberflächenerstellung wieder, wo sie allerdings häufig mit unterschiedlichen Bedeutungen behaftet sind.

Sowohl Windows als auch Views sind die visuellen Komponenten zur Gestaltung der Oberfläche. Eine erste Trennlinie zwischen Window und View kann man dadurch ziehen, dass ein Window eher für die Bereitstellung der grafischen Plattform verantwortlich ist und eine View für das Zeichnen der Elemente. Ein Window könnte man somit im weitesten Sinne als das Backend unter den Oberflächenelementen bezeichnen.

3.9.2 Window

Eine Anwendung für das iOS hat typischerweise nur ein Window vom Typ `UIWindow`.

Zum Startzeitpunkt wird diese Instanz erzeugt (sie kann auch aus der Oberflächendefinitionsdatei stammen) und eine oder mehrere Views werden zu dieser Instanz hinzugefügt. Ein Window im iOS hat keine besonderen Oberflächenmerkmale wie z.B. eine Titelzeile. Das iOS verwendet dieses Window auch für die Übergabe der Events an die Anwendung. Ein interessantes Detail ist, dass `UIWindow` sich von der Klasse `UIView` ableitet und somit eigentlich auch eine View ist.

Verwenden Sie nicht mehr als ein UIWindow

Es ist zwar möglich, mehrere Elemente vom Typ `UIWindow` übereinander zu lagern (Layer), aber es empfiehlt sich doch, dafür die Views aus dem UIKit zu verwenden. Das System selbst verwendet zwar `UIWindow` noch für Elemente wie die Systemstatusleiste oder wichtige Meldungen. Sie sollten aber trotzdem auf die angebotenen Views des UIKit zurückgreifen.

3.9.3 View

Eine View innerhalb von iOS ist vom Typ `UIView`. Views sind zum einen wichtig für die Darstellung der einzelnen Oberflächenelemente, zum anderen aber auch für die Reaktion auf die Benutzereingaben. Neben diesen beiden wichtigen Funktionen kann eine View darüber hinaus noch weitere Views enthalten, sogenannte *Subviews*. Eine Subview ist dann lediglich eine View, die in einer anderen View (genannt *Parent View* oder *Superview*) eingebettet ist. Hierdurch entsteht die bereits erwähnte View-Hierarchie (siehe auch Abschnitt 3.5.3). Beim Anordnen der Elemente ist darauf zu achten, dass jede Subview über der eigentlichen Parent View platziert wird. Da Views das hauptsächliche Element zur Interaktion mit der Anwendung sind, fallen einer View folgende Aufgaben zu:

- Darstellung (Zeichnen der Elemente) und Animation
- Layout (Positionierung) und Management der Subviews
- Behandlung der Events (Aufnahme und Weiterleitung)

3.9.4 View Controller

Wie zuvor schon bei der Beschreibung des MVC-Patterns erwähnt, existiert auch das Prinzip des View Controller, sozusagen ein Controller, der auch View-Aufgaben übernimmt. Eine größere Anwendung wird häufig in mehrere Masken (in der Dokumentation auch als *screens* bezeichnet) aufgeteilt. Jede einzelne dieser Masken besteht wiederum aus einem Satz von View-Objekten zur Darstellung der Daten. Die Views für eine einzelne Maske werden von einem View Controller gehalten. In dessen Verantwortung liegt es, die Daten für die Views bereitzustellen und die Views für die Maske im Bedarfsfall zu aktualisieren. Grundsätzlich können View Controller in flogende zwei Kategorien aufgeteilt werden:

- Content View Controller
- Container View Controller

Die Aufgabe eines *Content View Controller* (siehe Abb. 3–13) ist die Darstellung von Oberflächenelementen mithilfe von Views. Diese Views können in Gruppen aufgeteilt sein.

Content View Controller

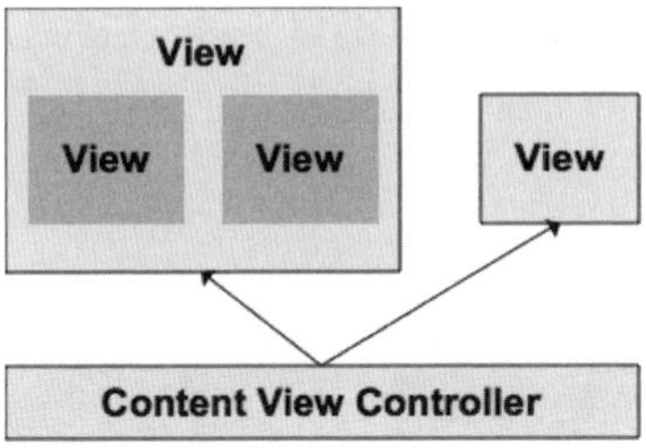

Abb. 3–13
Schematische Darstellung eines Content View Controller

Ein *Container View Controller* enthält andere View Controller und verwaltet diese. Damit entsteht eine View-Controller-Hierachie (siehe Abb. 3–14).

Container View Controller

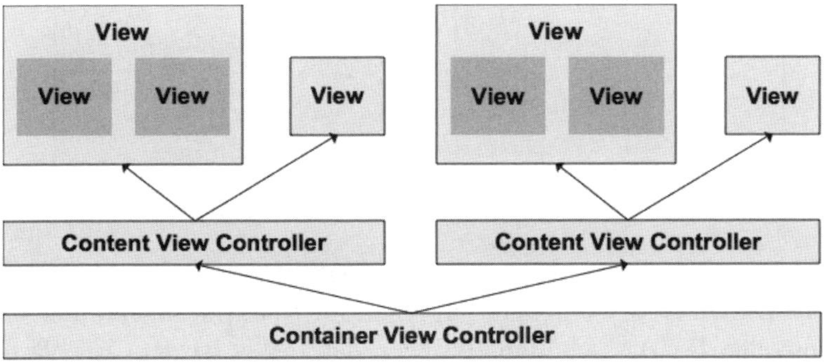

Abb. 3–14
Schematische Darstellung eines Container View Controller

Die Basisklasse für einen View Controller ist `UIViewController`. Zusätzlich zu dieser Klasse existieren weitere Unterklassen für View Controller, die wichtigsten davon sind:

- UINavigationController
- UIPageViewController
- UISplitViewController
- UIPopoverController
- UITabBarController
- UITableViewController

Da diese Klassen häufig zum Einsatz kommen, soll deren Bedeutung und Einsatzzweck kurz beschrieben werden.

UIViewController

Die Klasse `UIViewController` ist die Basisklasse für alle eingesetzten View Controller. Eigene View Controller sollten auch von dieser Klasse oder einer Unterklasse davon ableiten.

UINavigationController

Die Klasse `UINavigationController` repräsentiert einen Navigation Controller. Solch ein Controller organisiert hierarchisch strukturierte Daten. Ein Beispiel hierfür ist das Adressbuch (siehe Abb. 3–15). Die erste View zeigt eine Liste von Kontakten an. Hier kann wiederum ein Kontakt ausgewählt werden. Diese zwei Views werden von einem Navigation Controller verwaltet. In diesem Fall ist der Navigation Controller ein Container View Controller, der drei Content View Controller verwaltet.

Abb. 3–15
Navigation Controller beim Adressbuch

UIPageViewController

Die Klasse `UIPageViewController` repräsentiert einen Page View Controller. Dieser View Controller fällt unter die Klasse der Container View Controller. Das Umschalten zwischen den Seiten ist dem Umblättern einer Buchseite nachempfunden. Jede Seite ist dabei als Content View Controller realisiert. Der Page View Controller ist für die Steuerung der Übergänge zwischen den einzelnen Seiten verantwortlich.

UISplitViewController

Die Klasse `UISplitViewController` repräsentiert einen Split View Controller. Eine Split View teilt den vorhandenen Bildschirm in zwei Teile auf. Diese Ansicht kommt häufig bei Master-Detail-Ansichten zum Einsatz. Die beiden Views werden durch zwei View Controller dargestellt. Der Split View Controller steht nur für das iPad zur Verfügung.

UIPopoverController

Die Klasse `UIPopoverController` repräsentiert einen Popover Controller. Wenn eine Split View im Hochformat (Portrait-Modus) angezeigt wird, werden die beiden Views nicht nebeneinander abgebildet, sondern die linke View wird als Popover angezeigt. Dies ist eine überlagerte View.

UITabBarController

Die Klasse `UITabBarController` repräsentiert einen Tab Bar Controller. Hierbei handelt es sich um einen Container View Controller mit dessen Hilfe die App in mehrere Bereiche aufgeteilt wird. Der Ansprung erfolgt über die Tabs der Tab Bar.

UITableViewController

Die Klasse `UITableViewController` repräsentiert einen Table View Controller. Dieser View Controller kontrolliert eine View mit einer Tabelle.

Einen tieferen Einstieg in die Thematik View Controller bietet auch der View Controller Programming Guide for iOS[72].

Zugänglichkeit – ein wichtiges Thema

Ein sehr wichtiges Thema ist die Zugänglichkeit/Barrierefreiheit von Anwendungen. Hier bietet das iOS ebenfalls Unterstützung an: Neben Funktionen wie Zoom, Mono Audio und Voice Control (Steuerung der Funktionen per Stimmeingabe) kam mit dem iPhone OS 3.0 auch ein Screenreader mit dem Namen *VoiceOver* hinzu.

Weitergehende Informationen dazu können Sie dem Accessibility Programming Guide for iOS entnehmen (http://developer.apple.com/library/ios/#documentation/UserExperience/Conceptual/iPhoneAccessibility/Introduction/Introduction.html).

3.10 Game Center

Entwickler kennen das Game Center bereits aus iOS 4, wo sie es in einer Betavariante verwenden konnten. Mit dem iOS 4.1 wurde das Game Center für die Allgemeinheit offengelegt, d.h., seither gibt es für Benutzer eine eigene App, die Game Center App, die auch ein eigenes Icon auf dem Homescreen besitzt. Außerdem steht die Game Center App im iPhone Simulator zur Verfügung (Abb. 3–16).

Abb. 3–16
Das Icon der Game Center App im iPhone Simulator

Das Game Center stellt eine Erweiterung für das Game Kit Framework dar und bietet zusätzliche Funktionen für Spieleprogrammierer, die wir uns im Folgenden anschauen.

Basisdienste

Drei voneinander unabhängige Basisdienste stellen das Fundament des Game Center dar: Ein zentraler Netzwerkdienst bietet Funktionen, die von anderen Spielen genutzt werden können. Über *Peer-to-Peer* können Geräte über Bluetooth oder ein lokales WLAN als Ad-hoc-

72. https://developer.apple.com/library/ios/#featuredarticles/ViewControllerPGforiPhoneOS

Netz miteinander verbunden werden. Und über *In-game Voice* kann man eine Sprachverbindung zwischen zwei iOS-Geräten aufbauen.

Basiskomponenten

Die beschriebenen Basisdienste stehen über drei Komponenten zur Verfügung: Game Center App, Game Center Service und zusätzliche Klassen im Game Kit Framework. Die Game Center App ist ein zentraler Platz für den Spieler, um auf die Game-Center-Funktionen zuzugreifen. Die Game Center App und auch eigene Anwendungen verbinden sich mit dem Game Center Service. Für die Nutzung von Game-Center-Funktionen in eigenen Apps stellt das Game Kit Framework entsprechende Klassen zur Verfügung.

Am Game Center anmelden

Zur Verwendung des Game Center muss sich der jeweilige Spieler mit einem Account am Game Center anmelden (Abb. 3–17). Als Anmeldename kommt die Apple-ID zum Einsatz, d.h. jene ID, die Sie bereits für Ihre Einkäufe bei iTunes verwenden.

Abb. 3–17 *Anmeldung am Game Center*

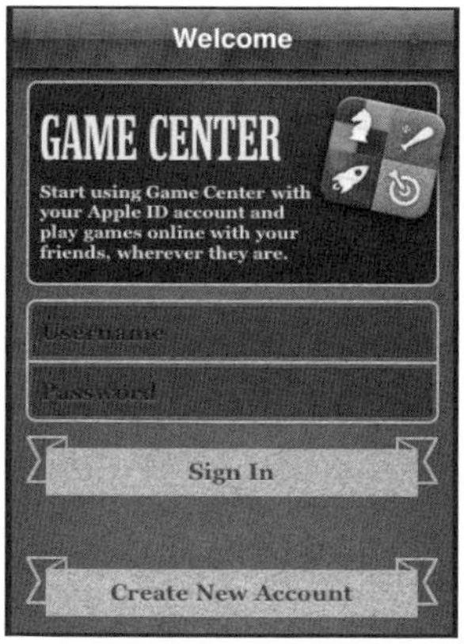

Anmeldung aus der eigenen App heraus

Eine App, die Game-Center-Funktionen verwendet, meldet sich über die Klasse `GameCenterManager` und deren Methode `authenticateLocalUser` an. Die Rückmeldung erfolgt über Methoden des Delegate `GameCenterManagerDelegate` (siehe Listing 3–20).

Allerdings unterstützen nicht alle Geräte, auf denen Ihre App laufen könnte, das Game Center. Daher sollten Sie die Verfügbarkeit noch vor der Anmeldung über `isGameCenterAvailable` prüfen. Bei Apps, die auf das Game Center angewiesen sind, sollte der Schlüssel `gamekit` in der Einstellungsdatei `Info.plist` gesetzt sein. In diesem Fall wird die entsprechende App nicht gestartet, falls das Game Center nicht zur Verfügung steht. Bei Apps, die auch alleine funktionieren, wird der Schlüssel nicht gesetzt, sodass die App mit der Anmeldung fortfahren kann.

Listing 3–20
Game-Center-Anmeldung in der eigenen App

```
//Pruefung, ob das Game Center zur Verfuegung steht
if([GameCenterManager isGameCenterAvailable])
{
 self.gameCenterManager= [[[GameCenterManager alloc] init]
autorelease];
 [self.gameCenterManager setDelegate: self];
 //Anmeldung starten
 [self.gameCenterManager authenticateLocalUser];
 [self updateCurrentScore];
}
else
{
 [self showAlertWithTitle: @"Game-Center-Unterstuetzung
erforderlich!"
 message: @"Das Geraet unterstuetzt kein Game Center. Bitte fuehren
Sie ein Update des Betriebssystems aus."];
}

//Delegate-Methode von GameCenterManagerDelegate
//wird nach Anmeldung beim Game Center aufgerufen
- (void) processGameCenterAuth: (NSError*) error
{
 if(error == NULL)
 {
  //Neuladen der HighScores
  [self.gameCenterManager reloadHighScoresForCategory:
self.currentLeaderBoard];
 }
 else
 {
  //Behandlung der Fehler
 }
}
```

Testumgebung für das Game Center

Beim Test der Game-Center-Funktionalität ist es wichtig, zu wissen, dass unterschiedliche Umgebungen zur Verfügung stehen: die Live-Umgebung und die Sandbox-Umgebung. Bei der Ausführung im iPhone Simulator läuft die App mit der Sandbox-Umgebung des Game Center. Hierfür empfiehlt Apple die Anlage von separaten Test-Accounts. Dies kann ebenfalls in der bereits gezeigten Anmeldemaske erfolgen. Diese Testumgebung wird auch verwendet, solange die App nicht mit einem signierten Distribution-Zertifikat (nicht Ad-hoc-Distribution) signiert ist.

Identifikation über Alias

Über den Game Center Account wird die Online-Identität verwaltet. Jeder Spieler besitzt einen Alias, mit dem er in den Spielen auftritt. Wie andere soziale Netzwerke bietet das Game Center die Möglichkeit, eine Freundesliste zu pflegen und Statusmitteilungen zu senden, die von Personen in der Freundesliste gesehen werden. Für Apps mit Game-Center-Unterstützung wird der Spieler zur Anmeldung aufgefordert (Abb. 3–18). Der Anmeldedialog zeigt an, um welche Umgebung es sich handelt (z.B. Sandbox). Beim dabei erscheinenden Fenster können Sie direkt angeben, ob die Anmeldung mit einem existierenden Account erfolgt oder ob ein neuer Account angelegt werden soll.

Abb. 3–18
Aufforderung zum Login am Game Center

Leaderboards

Nach der Anmeldung am Game Center stehen Ihnen mehrere Funktionen zur Verfügung. Dazu gehören z.B. die *Leaderboards* (Ranglisten), über die eine App Punktestände an zentrale Ranglisten senden kann. Spieler können diese Listen einsehen und ihre Erfolge mit denen anderer Spieler vergleichen. Die Übermittlung des Punktestands erfolgt über die Methode `reportScore:forCategory:` der bereits genannten Klasse `GameCenterManager` (siehe Listing 3–21). Nach Ausführung der Methode ruft die `GameCenterManager`-Instanz die Delegate-Methode `scoreReported:` auf.

Listing 3–21
Punktestand an Game Center senden

```
- (void) submitHighScore
{
 if(self.currentScore > 0)
 {
  [self.gameCenterManager reportScore: self.currentScore
forCategory: self.currentLeaderBoard];
 }
}

//Delegate-Methode des GameCenterManagerDelegate
- (void) scoreReported: (NSError*) error;
{
 if(error == NULL)
```

```
{
 //Punktestand synchronisieren
 [self.gameCenterManager reloadHighScoresForCategory:
self.currentLeaderBoard];
}
else
{
 //Fehlerbehandlung
}
}
```

Punktestände anzeigen

Neben der Übermittlung der Punktestände ist es wichtig, dass sie auch eingesehen werden können. Dies ist sowohl möglich über die zentrale Game Center App als auch aus der eigenen App heraus. Wichtig ist die Auswertung der Fehler in der Methode `scoreReported:`. Beim Auftreten eines Fehlers sollte dies auf jeden Fall dem Spieler angezeigt werden, und nach Nachfrage sollte erneut versucht werden, die Punktezahl zu übermitteln. Es gibt nichts Ärgerliches, als wenn ein neuer Highscore nicht in der allgemein verfügbaren Punkteliste landet.

Anzeige eines Leaderboards in der eigenen App

Für die Anzeige eines Leaderboards in der eigenen App steht ein spezieller Controller zur Verfügung, der `GKLeaderBoardViewController` (siehe Listing 3–22). Ein Spiel kann mehrere Hitlisten besitzen, z.B. für unterschiedliche Schwierigkeitsgrade. Insgesamt kann ein Spiel bis zu 25 Kategorien definieren und somit 25 unterschiedliche Leaderboards aufweisen. Diese Kategorie und die gewünschte Zeitspanne müssen Sie bei der Anzeige definieren. Hierfür stehen Ihnen die drei Konstanten `GKLeaderboardTimeScopeToday`, `GKLeaderBoardTimeScopeWeek` und `GKLeaderBoardTimeScopeAllTime` zur Verfügung.

Listing 3–22
Anzeige der Leaderboards in der eigenen App

```
- (void) showLeaderboard;
{
 GKLeaderboardViewController *leaderboardController =
[[GKLeaderboardViewController alloc] init];
 if (leaderboardController != NULL)
 {
  leaderboardController.category = self.currentLeaderBoard;
  leaderboardController.timeScope = GKLeaderboardTimeScopeAllTime;
  leaderboardController.leaderboardDelegate = self;
  [self presentModalViewController: leaderboardController animated:
YES];
 }
}
```

Das Leaderboard wird bei der Anzeige direkt mit der konfigurierten Zeitspanne angezeigt (Abb. 3–19). Über die Reiter am oberen Rand können auch die anderen beiden Zeitspannen angesprungen werden. Mit dieser Klasse ist es schnell möglich, die Hitliste in die eigene App einzubinden und den Sprung zur Game Center App zu vermeiden.

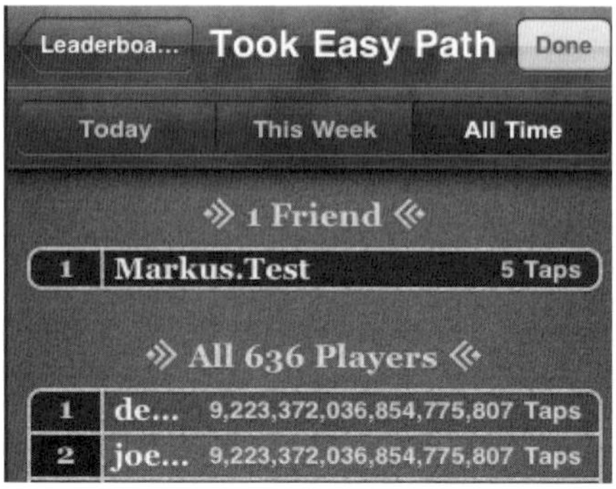

Abb. 3–19
Anzeige eines Leaderboards in der eigenen App

Achievements

Neben den Leaderboards existiert für die Vergleichbarkeit mit anderen Spielern das Konzept der Achievements (Errungenschaft, Leistung). Sie werden wie die Leaderboards in iTunes Connect konfiguriert. Die Übermittlung erfolgt über die Methode `submitAchievement:percentComplete:` (siehe Listing 3–23).

Listing 3–23
Achievement an Game Center senden

```
- (void) checkAchievements
{
 NSString* identifier= NULL;
 double percentComplete= 0;
 switch(self.currentScore)
 {
  case 25:
  {
   identifier= kAchievementBigOneHundred;
   percentComplete= 25.0;
   break;
  }
  case 100:
  {
   identifier= kAchievementBigOneHundred;
   percentComplete= 100.0;
   break;
  }
 }
 if(identifier!= NULL)
 {
  //Uebermitteln des erreichten Achivements
  [self.gameCenterManager submitAchievement: identifier
percentComplete: percentComplete];
 }
}
```

Zum Ende der Übertragung eines Achievements rufen Sie die Methode `achievementSubmitted:error:` des `GameCenterManagerDelegate` auf (siehe Listing 3–24). In dieser Methode können Sie auf das übertragene Achievement in Form der Klasse `GKAchievement` zugreifen. Zusätzlich wird eine `NSError`-Instanz übermittelt. Falls diese gesetzt ist, ist ein Fehler aufgetreten, und dies sollte dem Spieler unbedingt angezeigt werden, um eine Neuübertragung des Achievements möglich zu machen. Für die Motivation der Spieler ist es wichtig, erreichte Achievements anzuzeigen. In Listing 3–24 wird dies mit einem einfachen Alert gemacht.

Achievements übertragen

Listing 3–24
Übertragung eines Achievements auswerten

```
- (void) achievementSubmitted: (GKAchievement*) ach
error:(NSError*) error;
{
 if((error == NULL) && (ach != NULL))
 {
  if(ach.percentComplete == 100.0)
  {
   [self showAlertWithTitle: @"Achievement Earned!"
    message: [NSString stringWithFormat: @"Great job! You earned an
achievement: \"%@\"",
    NSLocalizedString(ach.identifier, NULL)]];
  }
  else
  {
   if(ach.percentComplete > 0)
   {
    [self showAlertWithTitle: @"Achievement Progress!"
     message: [NSString stringWithFormat: @"Great job! You're
%.0f\%% of the way to: \"%@\"",ach.percentComplete,
     NSLocalizedString(ach.identifier, NULL)]];
   }
  }
 }
 else
 {
  [self showAlertWithTitle: @"Achievement Submission Failed!"
   message: [NSString stringWithFormat: @"Reason: %@", [error
localizedDescription]]];
 }
}
```

Wie schon bei den Leaderboards kann man die Achievements auch auf zwei Arten anzeigen: Zum einen geht dies über die zentrale Game Center App, und zusätzlich können die Achievements direkt in der eigenen App angezeigt werden. Hierfür existiert ein View Controller, der `GKAchievementViewController` (siehe Listing 3–25). Die Verwendung davon unterscheidet sich nicht von anderen View Controllern.

Achievements anzeigen

Listing 3–25
Achievements anzeigen in der eigenen App

```
- (void) showAchievements
{
 GKAchievementViewController *achievements =
[[GKAchievementViewController alloc] init];
 if (achievements != NULL)
 {
  achievements.achievementDelegate = self;
  [self presentModalViewController: achievements animated: YES];
 }
}
```

Abb. 3–20
Achievements anzeigen in der eigenen App

Multiplayer

Matchmaking

Für Multiplayer-Spiele bietet Game Center das sogenannte Matchmaking an. Darüber können sich Spieler mit ähnlichen Interessen finden. Für die Abstraktion des Netzwerks steht Ihnen die Klasse `GKMatch` zur Verfügung. Um eine instanziierte Variante davon zu erhalten, muss ein `GKMatchRequest` erstellt werden (siehe Listing 3–26). Für die Anfrage müssen Sie die minimale und maximale Spieleranzahl angeben.

Listing 3–26
Matchmaking mit Parametern starten

```
GKMatchRequest *request = [[[GKMatchRequest alloc] init]
autorelease];
request.minPlayers = 2;
request.maxPlayers = 6;
GKMatchmakerViewController *mmvc = [[[GKMatchmakerViewController
alloc] initWithMatchRequest:request] autorelease];
//Delegate vom Typ GKMatchmakerViewControllerDelegate
mmvc.matchmakerDelegate = self;
```

Der Request wird an einen `GKMatchmakerViewController` übergeben. Hier wird das Ergebnis der Suche angezeigt. Am Ende wird das Ergebnis an den Delegate vom Typ `GKMatchmakerViewControllerDelegate` gesendet. Wichtig ist die Unterscheidung zwischen einem gehosteten Spiel und einem nicht gehosteten Spiel. Im ersten Fall läuft das Spiel auf einem Server, der die Kommunikation übernimmt. Im zweiten Fall handelt es sich um Peer-to-Peer und die Kommunikation erfolgt über die Klasse `GKMatch`. Ein Spiel kann erst losgehen, wenn alle Spieler verbunden sind. Danach können Daten mit den anderen Spielern ausgetauscht werden.

Datenaustausch mittels NSData

Daten werden als `NSData` über die Methode `sendDataToAllPlayers:withDataMode:error:` der Klasse `GKMatch` gesendet. Empfangene Daten werden an den Delegate `GKMatchDelegate` gesendet. Dieser ist auf der initialisierten Instanz von `GKMatch` zu setzen. Wenn ein anderer Spieler Daten an den lokalen Spieler sendet, wird vom Delegate die Methode `match:didReceiveData:fromPlayer:` aufgerufen. Die Daten kommen auch als `NSData` an. Um ein Spiel zu beenden, ist die Methode `disconnect` von GKMatch aufzurufen.

Zusammengefasst bildet das Game Center ein Spielenetzwerk, um Spieler miteinander zu verbinden und Programmierern die Möglichkeit zu eröffnen, ihre Spiele interessanter zu machen. Für die Programmierung möchte ich Sie auf das Game Kit Reference Framework[73] hinweisen.

3.11 Zusammenfassung

Die theoretischen Grundlagen für die Anwendungsentwicklung des iOS sind nun gelegt. Den Anfang hat dabei eine Darstellung der einzelnen Schichten des iOS gebildet. Hier haben Sie gelernt, dass es bei der Programmierung besser ist, eine höhere Schicht anstatt einer tieferen Schicht zu verwenden. Denken Sie aber daran, falls Sie im Cocoa Touch Layer nicht fündig werden sollten, dass es noch weitere Schichten gibt. Im Zuge der Darstellung der einzelnen Schichten wurde auch grundlegend auf wichtige Bestandteile des Cocoa Framework eingegangen. Auch ein Ausflug in die Welt der Patterns durfte nicht fehlen, denn Cocoa verwendet intensiv solche Patterns. Vor allem das MVC-Pattern sollten Sie sich genau ansehen.

Danach haben Sie den Aufbau des Laufzeitsystems von iOS kennengelernt. Anschließend folgte ein Blick auf den Lebenszyklus einer iOS-Anwendung. Hier wurden insbesondere die Methode `UIApplicationMain` und das UIApplicationDelegate Protocol betrachtet. Hiermit ist es nicht notwendig, dass Sie eine Ableitung der Framework-Klasse `UIApplication` vornehmen, denn Sie können über das besagte

73. https://developer.apple.com/library/ios/#documentation/GameKit/Reference/GameKit_Collection/_index.html

UIApplicationDelegate Protocol punktuell an den wichtigen Stellen im Lebenszyklus Ihre Änderungen anbringen.

Das Thema der Objektkommunikation wurde auch kurz beleuchtet. Bei der Verwendung des Interface Builder sollten Sie sich vor allem mit dem Thema Outlets vertraut machen. Danach haben Sie noch die grundlegenden Elemente einer Benutzeroberfläche für das iOS kennengelernt, besonders die bedeutsame Thematik der View Controller wurde erläutert. Dies ist wichtig, damit Sie die Elemente auch zweckgemäß einsetzen. Den Abschluss bildete ein Blick auf das Game Center.

4 Das SDK im Detail

Nachdem Sie im vergangenen Kapitel die Grundlagen einer iOS-Anwendung und das iOS selbst kennengelernt haben, geht es in diesem Kapitel um die Entwicklungswerkzeuge des iOS SDK. Hier werden die wichtigsten Dinge erklärt, die Sie für Ihre ersten Schritte in der iOS-Anwendungsentwicklung benötigen.

Den Ausgangspunkt bildet die auf Mac OS X verbreitete Entwicklungsumgebung Xcode und deren nützliche Hilfefunktionen. Darauf folgt ein größerer Block über die Oberflächengestaltung von Anwendungen. Schließlich werfen wir noch einen Blick auf den iOS Simulator, mit dem Sie Ihre Anwendung während der Entwicklung testen können, sowie auf Instruments, ein Werkzeug, mit dem Sie der Performance Ihrer Anwendung auf den Grund gehen.

Das vorliegende Kapitel bildet die handwerkliche Basis rund um die Werkzeuge des iOS SDK. Voraussetzung für dieses Kapitel sind die Grundlagen aus dem vorigen Kapitel, von dem Sie zumindest die Abschnitte 3.3.5, 3.6 und 3.7 gelesen haben sollten.

Wenn Sie es eilig haben, mit den Programmierbeispielen zu beginnen, lesen Sie in diesem Kapitel zumindest die Abschnitte 4.2 und 4.3.

4.1 Die Bestandteile des iOS SDK

Bevor Sie in diesem Kapitel die einzelnen Bestandteile des iOS SDK im Detail kennenlernen, möchte ich Ihnen zunächst einen kleinen Überblick darüber geben, welche Komponenten zum iOS SDK gehören. Folgende wesentliche Pakete sind im iOS SDK enthalten:

- Xcode Tools: die Entwicklungsumgebung Xcode, der Oberflächeneditor Interface Builder und das Performance-Werkzeug Instruments.

- iOS Simulator: ein Simulator, mit dem Sie die entwickelten Anwendungen direkt auf dem Entwicklungsrechner testen können.
- iOS Reference Library: Referenzdokumentation zum iOS.

4.2 Xcode – die Entwicklungsumgebung

Ein Hauptbestandteil des heruntergeladenen SDK ist die Entwicklungsumgebung Xcode. Die Beschreibungen in diesem Buch beziehen sich auf die Version 4.2.1 (Build 4D502)[1] von Xcode. Kurz vor Drucklegung ist Version 4.3.1 von Xcode erschienen. Die Änderungen in der Version sind minimal, deswegen sind alle Aussagen in diesem Buch auch für diese Version von Xcode gültig.

4.2.1 Grundelemente in der Xcode-Entwicklung

Für die Arbeit mit Xcode ist die Kenntnis einiger Basisbegriffe von Vorteil. Zumindest folgende Begriffe sollten jedem Xcode-Entwickler bekannt sein:

- Project
- Target
- Scheme
- Product
- Workspace

Der Zusammenhang zwischen den einzelnen Begriffen ist schematisch in Abb. 4–1 dargestellt.

Abb. 4–1
Elemente in der Xcode-Entwicklung

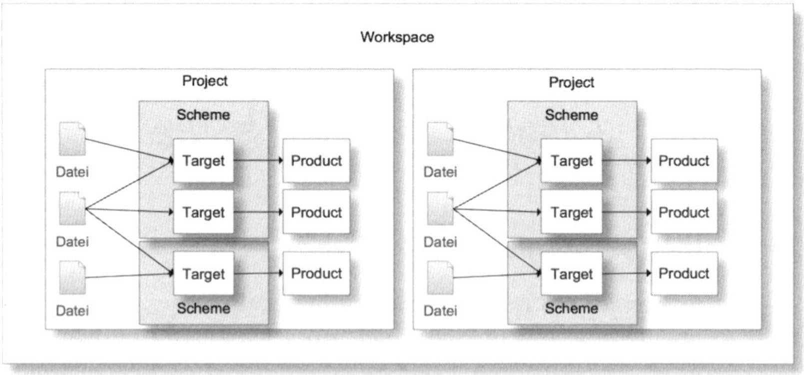

1. Bei der mit iOS 5.1 angekündigten Version 4.3 von Xcode sind keine großen Änderungen zu erwarten. Deswegen werden Sie das gelernte Wissen dort auch anwenden können.

Die Arbeitseinheit in Xcode ist das Projekt (Project). Ein Projekt besteht aus einer Menge von Dateien. *Project*

Aus den Dateien eines Projektes soll eine lauffähige Anwendung (App) entstehen. Die Beschreibung, was zu dieser App gehört, wird durch ein Target übernommen. Es muss nicht immer eine App entstehen, sondern es kann auch die Beschreibung zur Erzeugung und Ausführung von Unit-Tests sein. *Target*

Das Ergebnis, das durch ein Target entsteht, wird als Produkt (Product) bezeichnet. *Product*

Unter einem Scheme wird eine Menge von Targets zusammengefasst. Bei Betätigung von *Run* in Xcode wird immer ein Scheme ausgeführt und nicht ein Target. Das Scheme selbst kann natürlich aus einem einzigen Target bestehen. *Scheme*

Mehrere Projekte können wiederum gruppiert werden. Solch eine Gruppe von Projekten wird als Workspace bezeichnet. *Workspace*

4.2.2 Die Startseite

Nach dem Start von Xcode erscheint zunächst das Fenster *Welcome to Xcode,* die sogenannte Startseite. In der Abbildung 4–2 sehen Sie die Startseite von Xcode 4.2.1; ihr Aufbau kann sich bei späteren Versionen natürlich ändern – wobei sich die Seite bei den letzten Versionssprüngen nicht stark verändert hat.

Die Startseite können Sie zur Schnellnavigation in den Informationen rund um die Entwicklung mit Xcode verwenden. Die Seite selbst enthält keine zusätzlichen Informationen, sondern verweist lediglich auf die Inhalte der mitgelieferten Dokumentation oder auf Informationen im Internet. Sie ist in fünf Bereiche aufgeteilt, in die die wichtigsten Themen gruppiert sind. Das zuletzt geöffnete Projekt (in diesem Fall *MyAddress*) ist farbig unterlegt.

Die Startseite enthält fünf große Bereiche:

- *Create a new Xcode project*
- Connect to a repository
- Learn about using Xcode
- *Go to Apple's developer portal* (Informationen rund um die Anwendungsentwicklung für das iOS und Mac OS X)
- *Recents*

Standardmäßig erscheint die Startseite bei jedem Neustart der Entwicklungsumgebung Xcode. In der Fußzeile des Fensters kann dieses Verhalten durch das Auswahlfeld *Show this window when Xcode launches* deaktiviert (bzw. auch wieder aktiviert) werden. Um aber auch im laufenden Betrieb von Xcode wieder zu diesem Fenster zu gelangen, können Sie es über den Menüpfad *Window/Welcome to Xcode* wieder hervorholen.

Abb. 4–2
Die Startseite von Xcode

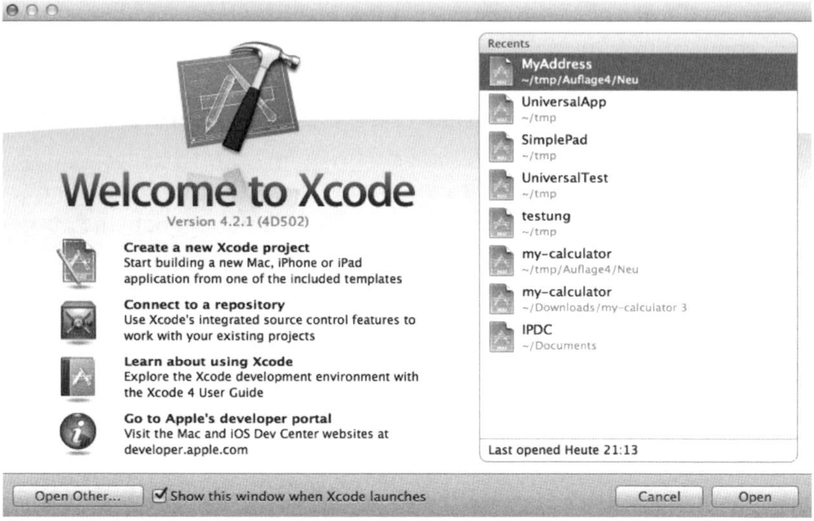

Xcode ist nicht nur für das iOS da

Bei der Verwendung von Xcode sollten Sie nicht vergessen, dass es sich hierbei um eine Entwicklungsumgebung handelt, die mehr als nur eine Entwicklungsmöglichkeit für iOS-Anwendungen anbietet. Somit sind einige Dinge, wie auch die Startseite, nicht unbedingt auf die iOS-Entwicklung abgestimmt, sondern eher allgemein gehalten. Der Vorteil daran ist, dass Xcode schon einige Phasen der Entwicklung hinter sich hat, wovon Sie auch dann profitieren, wenn Sie ausschließlich Anwendungen für das iPhone entwickeln.

Create a new Xcode project

Hinter dem Bereich *Create a new Xcode project* verbirgt sich der Dialog zur Erzeugung eines neuen Projektes in Xcode. Diesen Dialog erreichen Sie alternativ auch über den Menüpunkt *File/New/New Project...* innerhalb von Xcode.

Connect to a repository

Über *Connect to a repository* kann mit einem Projekt in einem bestehenden Versionskontrollsystem gearbeitet werden. Xcode unterstützt sowohl Git als auch Subversion als zugrunde liegendes System.

Learn about using Xcode

Nach dem Klick auf den Bereich *Learn about using Xcode* öffnet sich eine Seite mit der Überschrift *About Xcode 4*. Nach einer kurzen Übersicht zu Xcode wird auf insgesamt fünf Themengebiete/Tutorials verwiesen:

- *Get Oriented to Xcode Organization and Features* (Einstieg in die Entwicklungsumgebung Xcode; dieses Kapitel eignet sich sowohl für Einsteiger in Xcode 4 als auch für Umsteiger von Xcode 3 auf das neue Major-Release von Xcode.)
- *Learn How to Use Xcode 4 to Write Code* (Arbeit mit Xcode)
- *Debug and Refine Your Code in Xcode 4* (Debugging)
- *Back Up Your Code and Use Source Control* (Backup und Versionskontrolle)
- *Use Archives to Distribute Your Program* (Verteilung von Anwendungen)

Apple Developer Connection

Der Bereich *Go to Apple's developer portal* verweist direkt auf das Entwicklerportal von Apple – dahinter steht die Internetseite *http://developer.apple.com.*

Recents

Rechts neben den gerade beschriebenen Verweisen befindet sich der Kasten *Recents*, in dem die zuletzt geöffneten Projekte aufgeführt sind. Über einen Klick können Sie das selektierte Projekt öffnen. Um ein anderes Projekt zu öffnen, steht in der Statuszeile die Schaltfläche *Open Other...* zur Verfügung. Alternativ können Sie ein Projekt auch über den Menüpunkt *File/Open...* in Xcode öffnen.

Mehr Hilfe

Die Dokumentation (iOS Reference Library) steht als Hilfe zur Verfügung und kann mittels Volltext durchsucht werden. Erreichbar ist die Dokumentation über den Menüpfad *Help/Documentation and API Reference.* Mit dieser Aktion gelangen Sie auf die Ihnen schon bekannte Seite *Learn about using Xcode*. Am oberen Rand des Fensters (siehe Abb. 4–3) können Sie aber auch die entsprechende Dokumentation auswählen. Zusätzlich haben Sie die Möglichkeit, über das Suchfeld eine Volltextsuche in der Dokumentation zu starten.

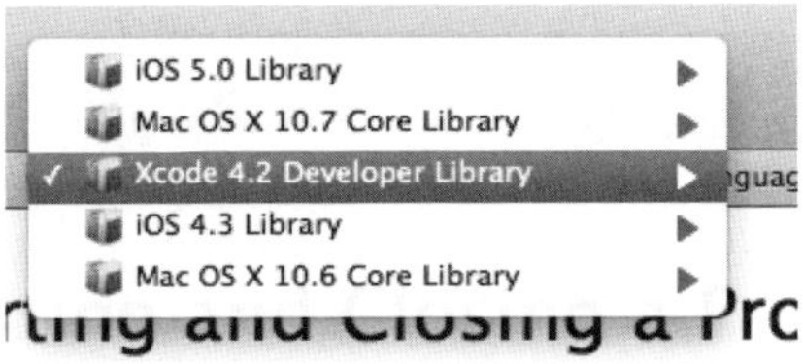

Abb. 4–3
Navigation der Hauptdokumente

Dokumentation nachinstallieren

Nach der Installation von iOS 5 SDK ist ein Großteil der Dokumentation nicht als Offline-Dokumentation mitinstalliert. Um weitere Dokumentationen zu installieren und somit offline zur Verfügung zu haben, muss diese heruntergeladen werden. Öffnen Sie hierfür die Xcode Preferences über den Menüpunkt *Xcode/Preferences...* innerhalb von Xcode.

Im Bereich *Downloads* (siehe Abb. 4–4) können Sie über den Reiter *Documentation* einen Überblick über installierte Dokumentationen erhalten. Über die Schaltfläche *Check and Install Now* kann die gewünschte Dokumentation installiert werden. Für den Start empfiehlt es sich auf jeden Fall, die *iOS 5.0 Library* zu installieren. In Abb. 4–4 sehen Sie, wie der Dialog aussieht, wenn Dokumentation heruntergeladen wird.

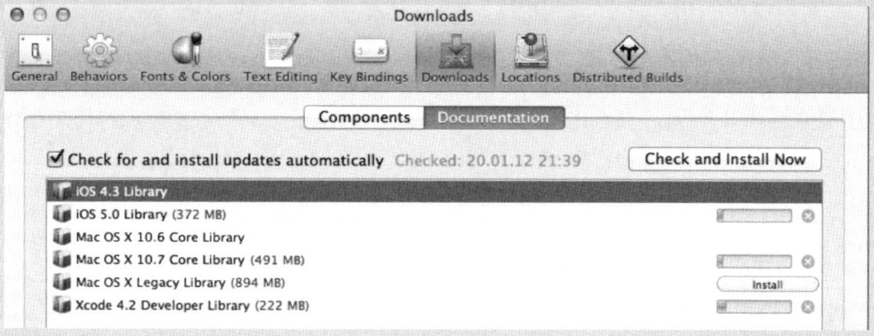

Abb. 4–4 *Übersicht der verfügbaren Dokumentationen*

Die visuelle Hilfe

Bei der Verwendung der Entwicklungsumgebung Xcode werden Sie eine Funktion besonders schnell zu schätzen wissen: die sogenannte visuelle Hilfe. Wenn Sie einen Text in das Feld *Search* unter *Help* eingeben und hierzu Ergebnisse vorhanden sind, wird durch Auswahl eines Punktes in der Ergebnisliste der entsprechende Menüpunkt direkt durch einen gut sichtbaren Pfeil markiert. Vor allem für Einsteiger in Xcode ist dies hilfreich, um einen bestimmten Menüpunkt in Xcode aufzufinden. Denn nicht immer werden Sie die erforderlichen Funktionen im Menü finden. Bei erfolgreicher Suche (d.h., ein blauer Pfeil markiert den Punkt im Menü, siehe auch Abb. 4–5) kann die gesuchte Funktion über das Klicken im Menü, aber auch direkt aus der Liste im Menü *Help* gestartet werden.

Abb. 4–5 *Direkter Weg zum Menüpunkt*

Rüsten Sie sich für die Offline-Entwicklung

Wie Sie an der Beschreibung der Startseite erkennen konnten, wird die lokale Dokumentation durch viele Informationen im iOS Dev Center ergänzt. Damit Sie auch im Falle einer Nichtverfügbarkeit darauf zugreifen können, beachten Sie, dass viele dieser Informationen auch heruntergeladen werden können (oft als PDF-Dokument). Dies ist sicherlich ratsam bei wichtigen Dokumenten, die oft herangezogen werden. Im Bereich *Documentation* innerhalb von *Xcode/Preferences...* können Sie einstellen, welche Dokumentation heruntergeladen werden soll.

4.2.3 Neues Projekt in Xcode erstellen

Ein neues Projekt anlegen

Die zentrale Einheit zur Entwicklung von Anwendungen mit Xcode ist das Projekt. Nach dem Start von Xcode ist standardmäßig noch kein Projekt geöffnet. Grundsätzlich besteht nun die Möglichkeit, ein bereits vorhandenes Projekt zu öffnen (über *File/Open...*) oder ein neues Projekt anzulegen. Ein neues Projekt können Sie über den Menüpfad *File/New/New Project...* anlegen. Bei Auswahl dieses Menüpfades wird ein Dialog gestartet (Abb. 4–6).

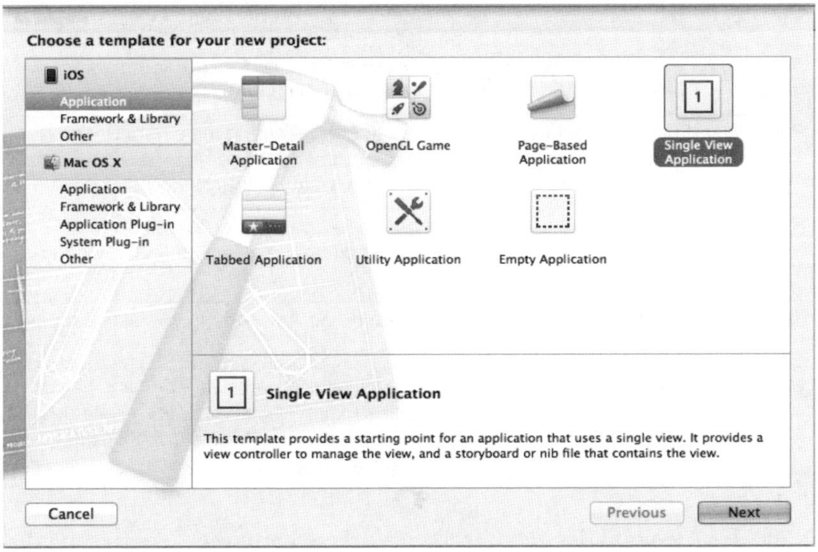

Abb. 4–6
Der Dialog zum Anlegen eines neuen Projektes

Der Dialog ist dabei gruppiert nach *iOS* und *Mac OS X*. Für das Betriebssystem iOS stehen folgende drei Kategorien zur Verfügung:

- Application
- Framework & Library
- Other

Unter dem Bereich *Application* werden die Vorlagen für Anwendungen zusammengefasst. Im Bereich *Framework & Library* steht die Vorlage *Cocoa Touch Static Library* zur Verfügung. Sie bildet die Grundlage, um eine Bibliothek für Cocoa Touch zu erzeugen und sie in anderen Projekten wiederzuverwenden.

Leeres Projekt erzeugen

In *Other* steht die Vorlage *Empty* zur Verfügung. Damit wird ein leeres Projekt komplett ohne Dateien erzeugt.

Eine Anwendung erstellen

Um eine Anwendung für das iOS zu erstellen, müssen Sie den Punkt *Application* direkt unter *iOS* auswählen. Danach stehen sieben Vorlagen für eine Anwendung zur Auswahl, die in Tabelle 4–1 kurz beschrieben werden.

Tab. 4–1
Projektvorlagen für eine iOS-Anwendung innerhalb von Xcode

Name der Vorlage	Beschreibung
Empty Application	Dieser Vorlage enthält die minimalste App, lediglich ein Delegate und ein Window sind in dem Projekt enthalten.
Master-Detail Application	Vorlage für eine sogenannte Master-Detail-App mit einem konfigurierten Navigation Controller. Im Falle des iPad enthält das Projekt nach Erzeugung auch eine SplitView.
OpenGL Game	Die Vorlage für eine Anwendung, die ein OpenGL-ES-basiertes Fenster verwendet. Da häufig bei Spielen OpenGL ES zum Einsatz kommt, trägt die Vorlage den Zusatz »Game«.
Page-Based Application	Vorlage für eine Anwendung mit einem Page-Based View Controller. Diese Vorlage eignet sich für Apps mit mehreren Seiten (Views).
Single View Application	Vorlage für eine App mit einer einzelnen View. Für das Projekt ist direkt ein View Controller konfiguriert.
Tabbed Application	Die Vorlage für eine Anwendung, die eine Tabbar verwendet.
Utility Application	Die Vorlage für eine Anwendung, die eine Hauptsicht und eine Flipside-Ansicht hat. Im Falle des iPad wird die zusätzliche Ansicht (die Flipside-Ansicht) über ein Popover dargestellt.

Nach der Auswahl der gewünschten Vorlage kann die Generierung des Projektes beeinflusst werden. Abhängig von der jeweiligen Vorlage stehen folgende Option zur Verfügung:

- Use Storyboard
- Use Core Data
- Use Automatic Reference Counting
- Include Unit Tests

Über die Option *Use Storyboard* kann festgelegt werden, dass die Oberflächendefinition über ein Storyboard beschrieben wird. Diese Option steht bei den Vorlagen *Master-Detail Application*, *OpenGL Game*, *Single View Application*, *Tabbed Application* und *Utility Application* zur Verfügung.

Storyboards verwenden

Bei den Vorlagen *Master-Detail Application, Utility Application* und *Empty Application* haben Sie noch die Möglichkeit, über die Checkbox *Use Core Data for storage* die Verwendung des Frameworks Core Data für das Management der Anwendungsdaten zu konfigurieren.

Core-Data-Unterstützung konfigurieren

Über die Option *Use Automatic Reference Counting* kann festgelegt werden, dass für die Speicherverwaltung das in Xcode 4.2 eingeführte Automatic Reference Counting (ARC) verwendet wird. Diese Option steht bei allen angebotenen Vorlagen zur Verfügung.

Automatic Reference Counting

Über *Include Unit Tests* wird sofort ein Ordner und ein Target für Unit-Tests erzeugt. In Xcode ist hier direkt das SenTestingKit Framework integriert. Dieses Framework steht unter BSD-Lizenz.

Include Unit Tests

Angabe des Zielgerätes notwendig

Bei allen Vorlagen müssen Sie über die Auswahlliste *Device Family* innerhalb des Erstellungsdialoges das Zielgerät angeben. Hierbei stehen Ihnen *iPhone, iPad* und *Universal* zur Verfügung. Unter Universal wird eine Anwendung verstanden, die für beide Gerätevarianten entwickelt wird. Der Unterschied muss wegen der Displaygröße gemacht werden. Auch werden vom iPad mehr Oberflächenelemente unterstützt als vom iPhone.

Nach den bereits erläuterten Optionen müssen Sie den Namen des Projektes festlegen. Dies erfolgt über das Feld *Product Name*. Das Projekt wird danach in einem gleichnamigen Verzeichnis gespeichert. Über den *Company Identifier* wird der Namensraum der App festgelegt, dies sollte in der Reverse-Domain-Schreibweise erfolgen. Über *Class Prefix* können Sie festlegen, mit welchem Kürzel die generierten Klassennamen versehen werden sollen. Wird nichts festgelegt, wird automatisch der Projektname herangezogen.

Festlegung des Projektnamens

Bei größeren Projekten kann es durchaus sinnvoll sein, diese in mehrere (kleinere) Subprojekte aufzuteilen – einerseits um eine Übersicht über den vorhandenen Quellcode zu behalten und andererseits um Wiederverwendung zu ermöglichen. Für diesen Zweck stellt Xcode das schon erwähnte Konzept der Workspaces[2] zur Verfügung. Ein neuer Workspace kann über den Menüpunkt *File/New/New Workspace...*

Workspaces

2. Viele Entwicklungsumgebungen haben das Konzept der Workspaces realisiert, so zum Beispiel auch Eclipse.

angelegt werden. Ein Workspace selbst ist lediglich eine XML-Datei (siehe Listing 4–1), in der festgehalten wird, welche Projekte zu dem Workspace gehören und wo diese physikalisch zu finden sind. Die Endung dieser Datei ist *.xcworkspace*. Nachdem der Workspace eingerichtet ist, können Projekte darin angelegt werden, zum Beispiel über den schon erwähnten Menüpunkt *File/New/New Project...* in Xcode. Solange der Workspace nur kein Projekt enthält, unterscheidet sich die Projektanlage mit Workspace nicht von einer Projektanlage ohne Workspace. Sobald aber ein Projekt vorhanden ist, gibt es einen Unterschied. Dieser besteht darin, dass das neue Projekt in einer Hierarchie eingeordnet werden muss. Unter dem Punkt *Group* steht hierfür eine Auswahl zur Verfügung. In Abb. 4–7 sehen Sie beispielhaft einen Workspace mit zwei Projekten (*Test1, Test2*). Wenn das nächste Projekt ebenfalls direkt im Workspace liegen soll (und nicht Kindprojekt eines anderen Projektes ist), dann muss der entsprechende Punkt ausgewählt werden (in Abb. 4–7 wäre das *MeinWorkspace*).

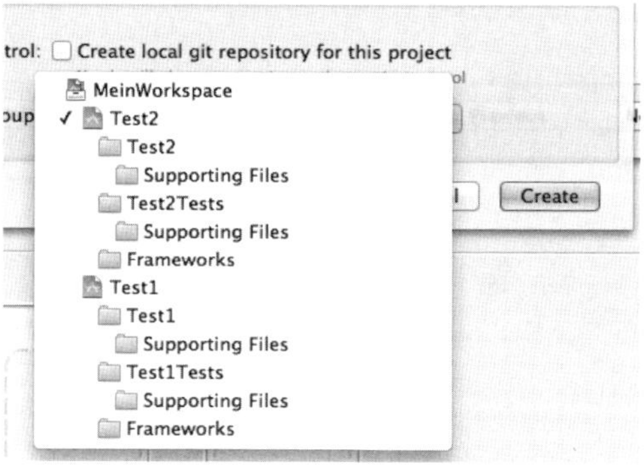

Abb. 4–7
Einordnung des Projektes in die entsprechende Hierarchie

Wie bereits beschrieben, ist ein Workspace eine XML-Datei. Diese Datei enthält lediglich die Beziehungen auf die einzelnen Projekte des Workspace. In Listing 4–1 ist beispielhaft eine Workspace-Beschreibung mit den drei Projekten *Test1*, *Test2* und *Test3* dargestellt. Wie in dem Beispiel zu sehen ist, wird der Name des Workspace nicht in der XML-Datei gespeichert, sondern alleine durch den Dateinamen festgelegt und kann somit auch im Nachhinein schnell geändert werden.

Listing 4–1
Aufbau der Workspace-Beschreibung

```
<?xml version="1.0" encoding="UTF-8"?>
<Workspace
   version = "1.0">
   <FileRef
      location = "group:Test3/Test3.xcodeproj">
   </FileRef>
   <FileRef
```

```
        location = "group:Test2/Test2.xcodeproj">
    </FileRef>
    <FileRef
        location = "group:Test1/Test1.xcodeproj">
    </FileRef>
</Workspace>
```

4.2.4 Migration auf Automatic Reference Counting

Beginnend mit Xcode in der Version 4.2 steht iOS-Projekten auch die Funktionalität des Automatic Reference Counting (ARC) zur Verfügung. Entwickler, die sich bereits vor dieser Version mit der Programmierung von iOS-Apps beschäftigt haben, können diese Funktionalität in älteren Projekten automatisch nachrüsten. Xcode stellt für diesen Zweck einen grafischen Migrationsassistenten zur Verfügung. Dieser Assistent ist über den Menüpunkt *Edit/Refactor/Convert to Objective-C ARC...* zugänglich (siehe Abb. 4–8).

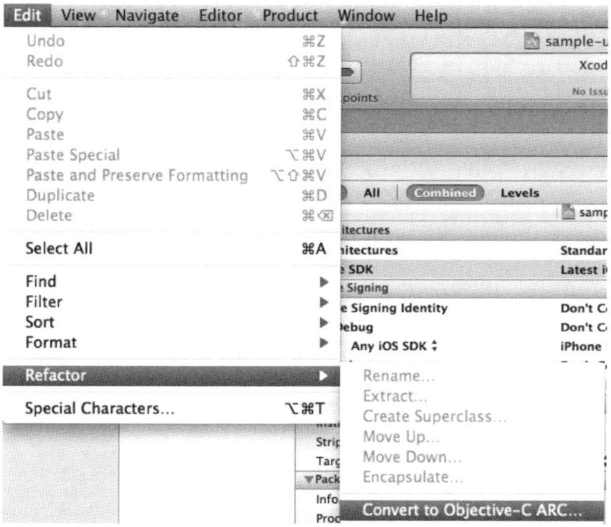

Abb. 4–8
Ältere Projekte können über einen Assistenten auf ARC umgestellt werden.

Nach der Auswahl der genannten Option in der Entwicklungsumgebung Xcode öffnet sich der Migrationsassistent. Der erste Schritt des Vorgangs besteht in der Selektion des entsprechenden Targets. Es ist das Target (siehe Abb. 4–9) auszuwählen, da an diesem die Compilereinstellungen festgelegt werden. Diese Einstellung wird nämlich vom Migrationsassistenten verändert. Der Assistent stellt auf den neuen LLVM-3-Compiler um. Nach der Selektion des entsprechenden Targets kann die Migration per Betätigung der vorhandenen Schaltfläche *Precheck* im geöffneten Dialog gestartet werden.

Abb. 4–9
Target für die Migration auswählen

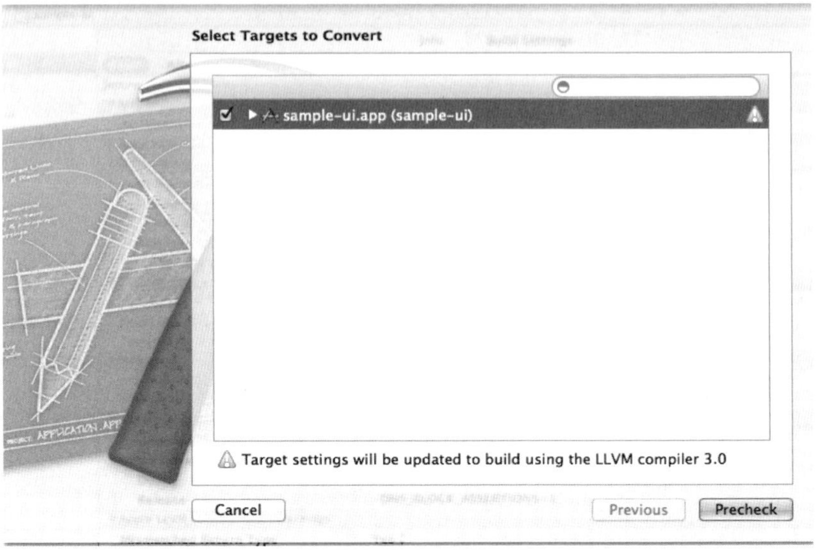

Nach einem Klick auf *Precheck* erscheint ein kurzer Erläuterungsdialog. Der nächste Schritt zeigt, welche Änderungen vorgenommen werden. Bevor Xcode die Änderungen durchführt, werden Sie noch gefragt, ob Snapshots (Sicherheitskopien) vor der Änderung von Xcode gemacht werden sollen – damit können Sie jederzeit zum Zustand vor der Änderung zurückkehren. Bei größeren Projekten mit vielen Änderungen empfiehlt sich diese Option.

Abb. 4–10
Änderungen werden grafisch visualisiert.

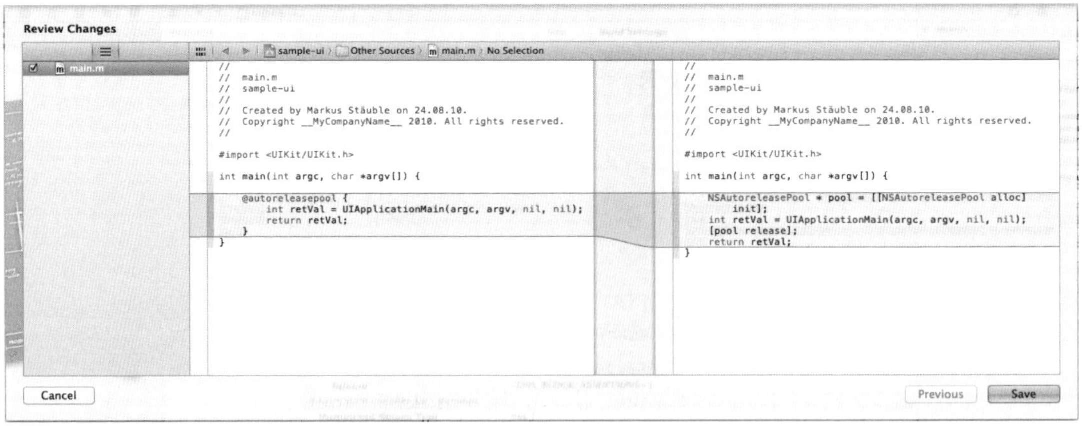

4.2.5 Das Projektfenster von Xcode

Nach der Erzeugung des Projektes über *File/New/New Project...* und dem Durchlaufen des Dialogs öffnet sich das Xcode-Projektfenster. Das Aussehen des Projektfensters beim Öffnen (siehe Abb. 4–11) ist unabhängig von der gewählten Vorlage.

Aufteilung in Bereiche

Dieses Projektfenster kann in mindestens sechs Bereiche eingeteilt werden – die Anzahl der Bereich hängt dabei stark vom Anwendungsfall ab. Zum Beispiel sind es im Fall der Bearbeitung einer Oberflächendefinitionsdatei mehr als diese sechs Bereiche.

Abb. 4–11
Xcode-Projektfenster in Bereiche aufgeteilt

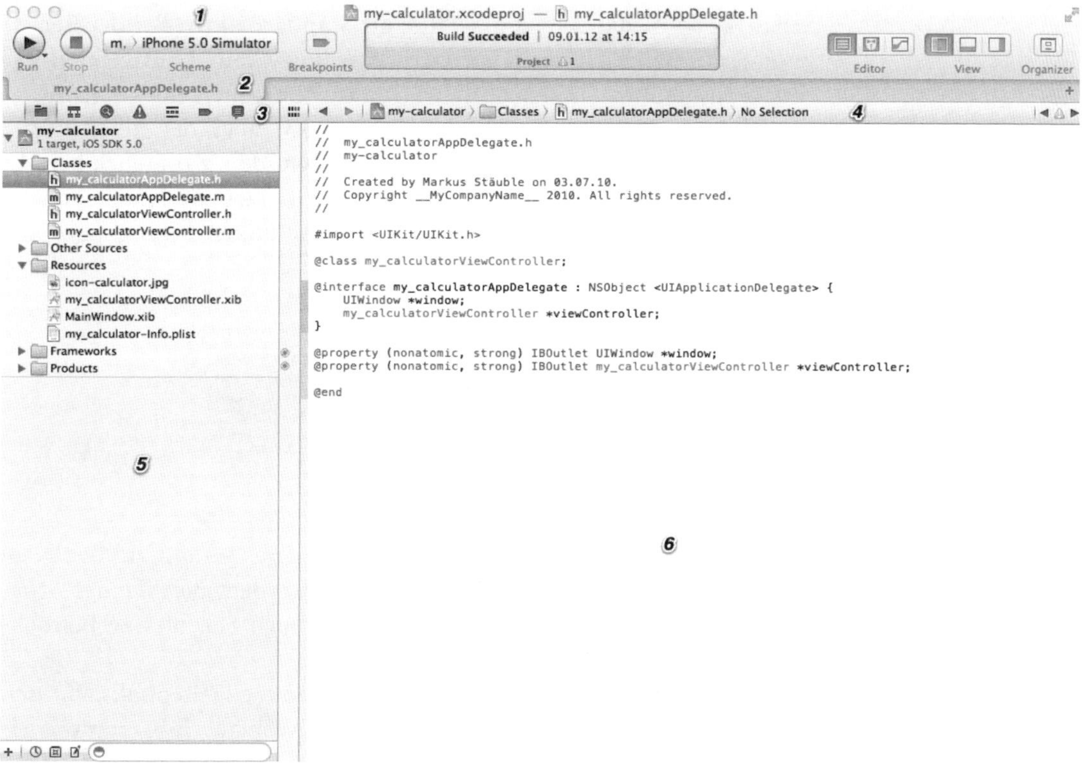

Bereich 1: Die Toolbar

Die Toolbar (Bereich 1 in Abb. 4–11) enthält viele praktische Elemente für den Schnellzugriff auf wichtige Funktionen von Xcode. Viele der Funktionen für den täglichen Gebrauch in der Anwendungsentwicklung erreichen Sie über die Toolbar (siehe Abb. 4–12), die wir im Folgenden näher betrachten werden. Sollte die Toolbar einmal nicht sichtbar sein, kann diese über den Menüpunkt *View/Show Toolbar* eingeblendet werden. Das Ausblenden der Toolbar geschieht über den Menüpunkt *View/Hide Toolbar*, alternativ existiert hierfür im Kontextmenü der Toolbar derselbe Menüpunkt.

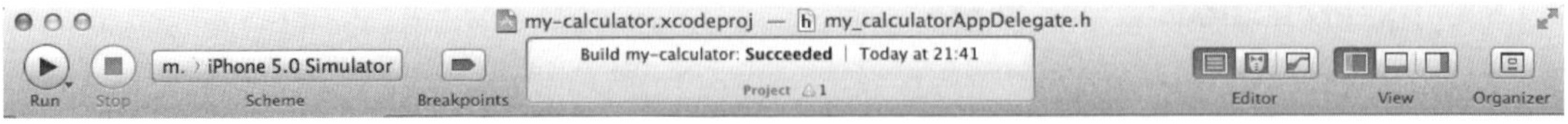

Abb. 4–12
Toolbar von Xcode im Detail

Die Toolbar enthält einzelne Schaltflächen und Auswahlmenüs, die durch eine Unterschrift bezeichnet sind.

Über die Schaltfläche *Run* wird die aktuelle App in der gewählten Konfiguration gestartet. Bei längerem Klick auf die Schaltfläche *Run* öffnet sich ein Menü, aus dem neben *Run* noch *Test*, *Profile* und *Analyze* gewählt werden kann. Bei Auswahl eines Punktes, wird dieser direkt zur Beschriftung der Schaltfläche. Beim nächsten Klick auf die Schaltfläche ist die zuletzt gewählte als Standard aktiv. Bei der Betätigung der Schaltfläche *Run* wird die aktuell gewählte Laufzeitkonfiguration ausgeführt. Diese Konfiguration ist Bestandteil eines Scheme.

Über die Auswahlliste (siehe Abb. 4–13) über der Beschriftung *Scheme* kann die Konfiguration ausgewählt wurden. Zusätzlich besteht die Möglichkeit, eine neue Konfiguration zu erzeugen bzw. eine vorhandene zu verändern. Hierfür muss auf den linken Bereich der Auswahlliste geklickt werden.

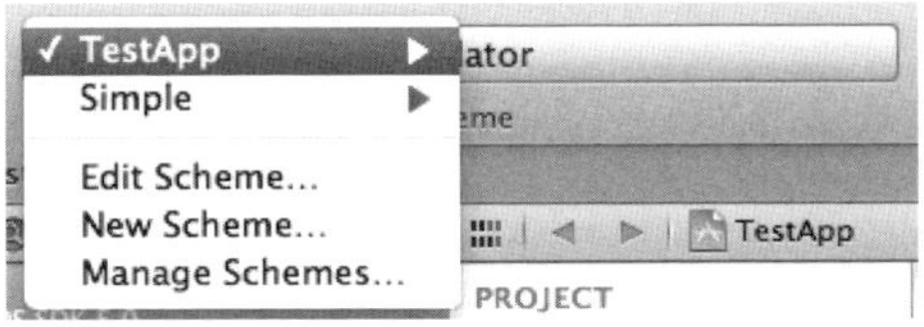

Abb. 4–13
Scheme verwalten

Über *Edit Scheme...* wird das aktuelle Scheme verändert. Bei *New Scheme...* kann ein neues Scheme angelegt werden. Bei *Manage Schemes...* besteht die Möglichkeit, die vorhandenen Schemes zu betrachten.

Über die Schaltfläche *Breakpoints* können die Haltepunkte für den Debugger ein- und ausgeschaltet werden. Die blaue Informationsfläche in der Mitte gibt Informationen über den aktuellen Stand des Projektes, z.B. dass die letzte Übersetzung des Projektes erfolgreich war. Über *Editor* kann die Ansicht des Quelltexteditors gesteuert werden. Hier stehen folgende drei Optionen zur Wahl:

- Show the Standard editor
- Show the Assistant editor
- Show the Version editor

Die erste Option (*Show the Standard editor*) ist die Standardoption und stellt lediglich den einfachen Quelltexteditor dar. Bei der zweiten Option (*Show the Assistant Editor*) wird der Quelltexteditor in der Mitte geteilt und es wird ein zweiter Editor mit der korrespondierenden Datei angezeigt. Für ein Klasseninterface wird die entsprechende Implementierungsdatei angezeigt. Bei einem Projekt mit Versionskontrolle zeigt die dritte Option (*Show the Version editor*) den Unterschied zur Version im Versionskontrollsystem.

Im Bereich *View* kann das Projektfenster von Xcode angepasst werden. Der Projektnavigator lässt sich ausschalten und zusätzlich kann die Debug-Area (unterer Bereich im Editor) ein- und ausgeblendet werden. Zuletzt können die Hilfsfunktionen im rechten Bereich des Fensters ein- und ausgeblendet werden. Über die rechte Schaltfläche *Organizer* kann der Organizer gestartet werden.

Bereich 2: Die Tabbar

Die *Tabbar* (siehe Abb. 4–11, Bereich ❷) ist nicht standardmäßig aktiviert, sondern kann über den Menüpfad *View/Show Tab Bar* eingeblendet werden. Einzelne Dateien können in unterschiedlichen Tabs geöffnet werden, diese sind in der genannten Leiste sichtbar.

Bereich 3: Navigator selector bar

Die *Navigator selector bar* (siehe Abb. 4–11, Bereich ❸) stellt Funktionen zur Umschaltung der Ansicht im Navigator (siehe Abb. 4–11, Bereich ❺) bereit. Fast alle Hauptbereiche im Editor (z.B. auch die Utility Area) hat solch eine Umschaltleiste.

Bereich 4: Jump bar

Der Quelltexteditor (siehe Abb. 4–11, Bereich ❻) hat keine Umschaltleiste (eine Jump bar), sondern eine sogenannte *Jumpbar.* Mit dieser kann in den Quelldateien gesprungen werden.

Bereich 5: Navigator

Der *Navigator* (siehe Abb. 4–11, Bereich ❺) ist für die Navigation im Projekt (Workspace) verantwortlich. Hierüber gelangen Sie zu den einzelnen Dateien. Über die schon erwähnte Navigator selector bar können Sie die unterschiedlichen Ansichten des Navigators öffnen.

Bereich 6: Editor

Der *Editor* (siehe Abb. 4–11, Bereich ❻) zeigt den Inhalt der aktuellen Datei im Editor an. Insgesamt gibt es sieben unterschiedliche Ansichten, die über die Navigator selector bar (siehe Abb. 4–11, Bereich ❸) angewählt werden können:

- Project navigator
- Symbol navigator
- Search navigator
- Issue navigator
- Debug navigator
- Breakpoint navigator
- Log navigator

Der *Project navigator* ist die Standardansicht und gibt eine logische Sicht auf das Projekt (oder den Workspace) und diese korreliert nicht zwingend mit der Dateisystemstruktur. Der *Symbol navigator* ist ein Blick auf das Projekt in Bezug auf die Klassenebene, d.h., hier werden die Klassen mit deren Methoden angezeigt. Über den *Search navigator* kann eine Volltextsuche im Projekt durchgeführt werden. Im *Issue navigator* werden die aktuellen Vorfälle (Fehler) im Projekt dargestellt. Der *Debug navigator* ist für das Debugging vorhanden. Im *Breakpoint navigator* werden die Breakpoints angezeigt, damit können die Haltepunkte im Projekt schnell aufgefunden werden. Der *Log navigator* zeigt die letzten geloggten Ereignisse.

Neue Dateien zu einem Projekt hinzufügen

Bei der Arbeit in einem Projekt wird es vor allem zu Anfang vorkommen, dass neue Dateien dem Projekt hinzugefügt werden müssen. Auch dies unterstützt Xcode mittels Vorlagen, und zwar über den Menüpfad *File/New/New File...* Beim Anklicken dieses Menüpfades öffnet sich ein Dialog zur Auswahl von Vorlagen (siehe Abb. 4–14). Analog zum Fenster für ein neues Projekt ist das Auswahlfenster im linken Bereich unterteilt in *iOS* und *Mac OS X*.

Abb. 4–14
Auswahlfenster zum Erzeugen einer neuen Datei

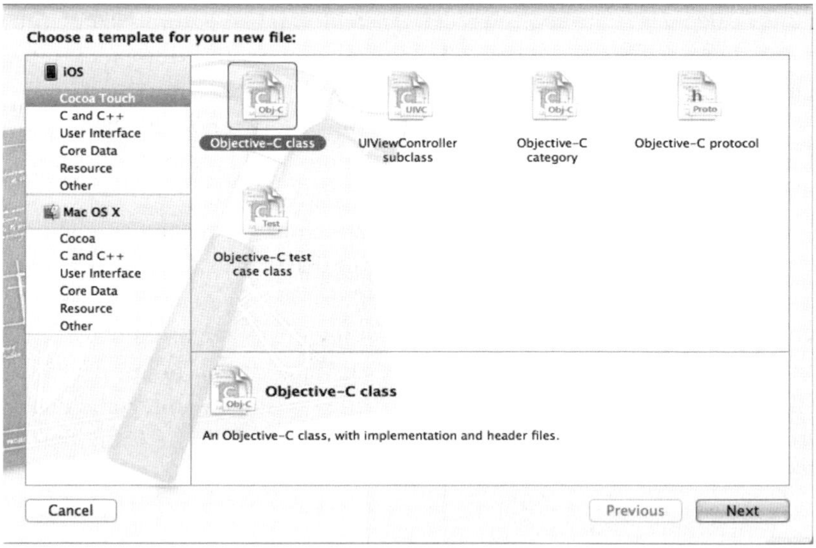

Für die Entwicklung von iOS-Anwendungen stehen im Auswahlfenster insgesamt sechs Kategorien zur Verfügung. Diese Kategorien sollen nachfolgend kurz erläutert werden (siehe Tab. 4–2):

Tab. 4–2
Kategorien des Auswahlfensters für die Erzeugung einer neuen Datei

Name der Klasse	Beschreibung
C and C++	Stellt einfache Vorlagen zur Erzeugung von C/C++-Dateien bereit. Diese Vorlagen bieten dem Entwickler lediglich die richtige Dateiendung und einen notwendigen Include einer entsprechenden Datei (z.B. *iostream* bei einer C++-Datei). Insgesamt stehen drei Vorlagen zur Verfügung: - Header File - C File - C++ File
Cocoa Touch	Wie der Name schon sagt, bietet dieser Bereich Vorlagen zur Erzeugung von Klassen auf Basis des Frameworks Cocoa Touch. Aktuell werden fünf Klassenvorlagen angeboten: - Objective-C class - Objective-C category - Objective-C protocol - Objective-C test case class - UIViewController subclass Bei der Auswahl von *Objective-C class* können Sie über ein Auswahlfeld festlegen, von welcher Basisklasse die zu erstellende Klasse ableiten soll. Hierbei können Sie wählen zwischen: - NSObject (Basisklasse für die meisten Klassen) - UITableViewCell (Basisklasse für eine Zelle einer Tabelle) - UIView (Basisklasse für eine View) Über die Vorlage *Objective-C category* kann eine Kategorie erstellt werden. Neben dem Namen der Kategorie ist die Klasse anzugeben, auf der die Kategorie definiert werden soll. Für die Erstellung eines *Objective-C protocol* steht Ihnen die Vorlage Objective-C protocol zur Verfügung. Diese Vorlage erstellt die Definitionsdatei mit der Endung *.h*. Über die Vorlage *Objective-C test case class* wird eine Objective-C-Klasse mit einem OCUnit Testcase erstellt (OCUnit steht für Objective-C Unit, Näheres dazu unter http://www.sente.ch/software/ocunit/). Über die Vorlage *UIViewController subclass* wird eine Klasse auf Basis von `UIViewController` erstellt. Zusätzlich haben Sie hier über eine Checkbox (Bezeichnung: *With XIB for user interface*) die Möglichkeit, eine Oberflächendefinitionsdatei zu erzeugen.
Core Data	In der Kategorie *Core Data* stehen die drei Vorlagen Data Model, Mapping Model und NSManagedObject subclass zur Verfügung. Über *Data Model* wird ein Core-Data-Datenmodell erstellt. Mit *Mapping Model* wird ein sogenanntes Mapping-Modell erstellt. Und über *NSManged-Object subclass* können Sie eine Klasse erzeugen, die von der Klasse *NSManagedObject* ableitet.

Name der Klasse	Beschreibung
Other	In diesem Bereich finden sich Formatvorlagen, die sich nicht den anderen Kategorien zuordnen ließen. Insgesamt handelt es sich um folgende fünf Vorlagen: - Assembly File - Configuration Settings File - Empty - Resource Rules - Shell Script
Resource	Im Bereich *Resource* stehen Ihnen drei Vorlagen zur Verfügung: - GPX File - Property List - Rich Text File - Settings Bundle - Strings File Mit der Vorlage *GPX File* wird eine Datei zur Simulation eines Standortes erzeugt.
User Interface	Hier finden Sie Vorlagen, um eine neue Definitionsdatei für eine Oberfläche zu erzeugen. Folgende Varianten stehen dafür zur Auswahl: - Application XIB[a]: Definitionsdatei, mit der man eine komplette Cocoa-Touch-Anwendung beschreiben kann. - Empty XIB: Eine leere Definitionsdatei - Storyboard: Eine leere Storyboard-Datei - View XIB: Vorlage für eine Cocoa Touch View - Window XIB: Vorlage für ein Cocoa Touch Window Die Dateien können dann im Interface Builder geöffnet und verändert werden.

a. Siehe Abschnitt 4.3.1.

4.2.6 Ein Kernstück in der Entwicklung: Der Quelltexteditor

Ein Hauptbestandteil der täglichen Arbeit eines Entwicklers ist das Erzeugen und Ändern von Quelltext(en). Somit fällt dem Editor für diesen Quelltext eine zentrale Rolle zu. Auch die Entwicklungsumgebung Xcode besitzt selbstverständlich einen Quelltexteditor. Dieser Editor ist einmal in das Projektfenster direkt integriert (Bereich ❻ in Abb. 4–11). Darüber hinaus steht er aber auch als separates Fenster zur Verfügung (siehe Abb. 4–15). Sobald eine Datei im Projektfenster selektiert wird (einmaliges Klicken mit der Maus), wird die Datei im integrierten Editor geöffnet. Bei einem Doppelklick auf eine Datei wird sie in einem separaten Fenster geöffnet.

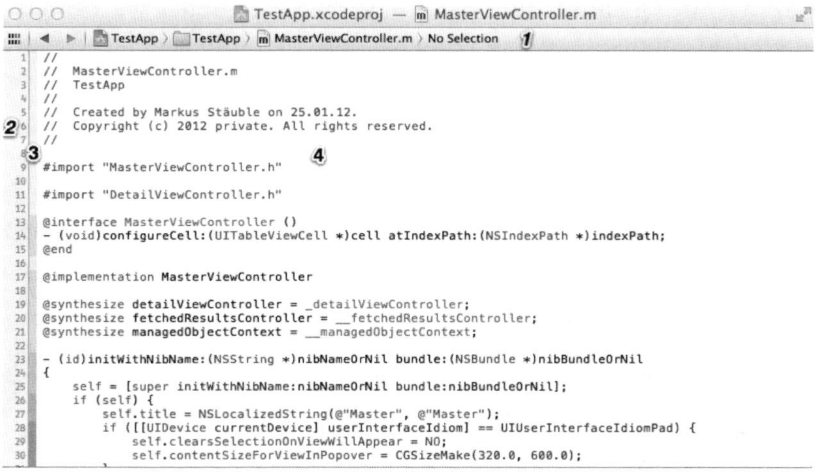

Abb. 4–15
Editorfenster von Xcode mit geöffnetem Quelltext

Der Editor enthält neben den Standardelementen (wie Quellcode-hervorhebung) einige spezifische Elemente (Bereiche (1) bis (4) in Abb. 4–15). Diese sollen kurz beschrieben werden, damit Sie sie bereits bei den ersten Schritten produktiv einsetzen können.

Tab. 4–3
Wichtige Elemente des Quelltexteditors von Xcode

	Elementname	Beschreibung
1	Jumpbar	Die oberste Zeile im Editor (in der Dokumentation von Xcode als *Jumpbar* bezeichnet) enthält die bereits aus dem Hauptfenster bekannte Navigation.
2	Gutter	Das *Gutter* ist die breite linke Leiste des Texteditors. Das Gutter ist für die Anzeige vielfältiger Informationen gedacht. Zum Beispiel können über die Option *Show line numbers* innerhalb von *Text Editing* Zeilennummern eingeblendet werden. Auch das Setzen von Breakpoints (nähere Beschreibung in Abschnitt 4.6) erfolgt über das Gutter. Somit empfiehlt es sich, das Gutter immer eingeschaltet zu haben.
3	Focus ribbon	Das sogenannte *Focus ribbon* (gleich rechts nach dem Gutter) kann für die Fokussierung im Quellcode benutzt werden. Bewegt man sich über einzelne Bereiche, werden diese hervorgehoben. Steht zum Beispiel der Mauszeiger innerhalb einer Methode auf dem Focus ribbon, wird diese Methode hervorgehoben. Zusätzlich ist es möglich, Bereiche ein- und auszuklappen (Code Folding).
4	Inhaltsbereich	Der Inhaltsbereich (in der Dokumentation von Xcode als *Content pane* bezeichnet) stellt den Inhalt der geöffneten Datei dar.

Der separate Quelltexteditor hat die gleichen Funktionen wie der integrierte. Ebenfalls kann eine Toolbar und eine Tabbar eingeblendet werden. Die Toolbar wird über den Menübefehl *View/Show Toolbar* und die Tabbar über *View/Show Tab Bar* eingeblendet.

Sie können auch einen anderen Editor verwenden

Falls Ihnen der von der Entwicklungsumgebung Xcode mitgebrachte Quelltexteditor nicht zusagt bzw. Sie bereits einen anderen bevorzugten Quelltexteditor im Einsatz haben, können Sie ihn auch direkt aus Xcode heraus verwenden. Sie sollten allerdings zuvor prüfen, ob Ihr Editor auch ausreichend Unterstützung fürs Debugging bietet.

Für die Umstellung des Quelltexteditors steht der Menüpunkt *File Types* in den Einstellungen *(Xcode/Preferences...)* zur Verfügung. Über diese Einstellungsseite können Sie für jeden Dateityp festlegen, mit welchem Editor er geöffnet werden soll. Für jeden Dateityp kann dabei zwischen Standard *(Default)*, *Open in Finder* und *External Editor* ausgewählt werden. Die Option *Open in Finder* bedeutet dabei, dass die Datei mit dem Editor geöffnet wird, der im Betriebssystem für diesen Dateityp definiert ist. Über die Auswahl *External Editor* kann ein externes Programm für den jeweiligen Dateityp ausgewählt werden.

4.2.7 Grafische Editoren für Core Data

Für das im iPhone OS 3.0 eingeführte Datenmanagement-Framework Core Data (siehe Abschnitt 3.3.3) liefert Xcode zwei Editoren mit: einen grafischen Editor für das Datenmodell und einen Editor für Datenmigrationsmodelle.

Editor für Datenmodelle

Der grafische Editor für die Datenmodelle (Dateiendung: `.xcdatamodel`) ist in Abbildung 4–16 zu sehen. Seine Oberfläche kann in insgesamt drei Hauptbereiche aufgeteilt werden:

- Bereich 1: Entitäten – hier sehen Sie alle aktuell vorhandenen Entitäten im geöffneten Datenmodell.
- Bereich 2: Grafischer Modellierungsversuch. Bei selektierter Entität steht über die rechte Maustaste ein Kontextmenü zur Verfügung.
- Bereich 3: Toolbar, um z.B. eine neue Entität zu erstellen (Menüpunkt *Add Entity*). Über *Add Attribute* kann der selektierten Entität ein neues Attribut hinzugefügt werden. Über *Editor Style* kann der Typ des Editors (grafisch, siehe Abb. 4–16 und tabellarisch, siehe Abb. 4–17) umgeschaltet werden.

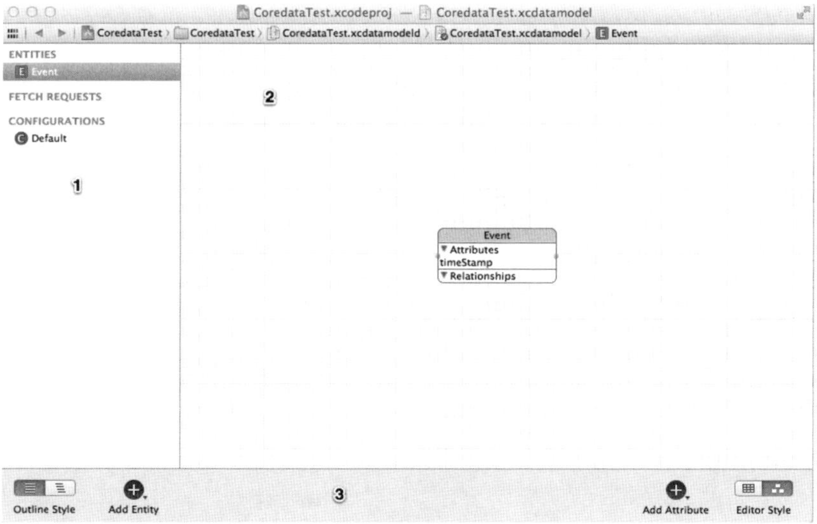

Abb. 4–16
Entitäten werden im Editor grafisch dargestellt.

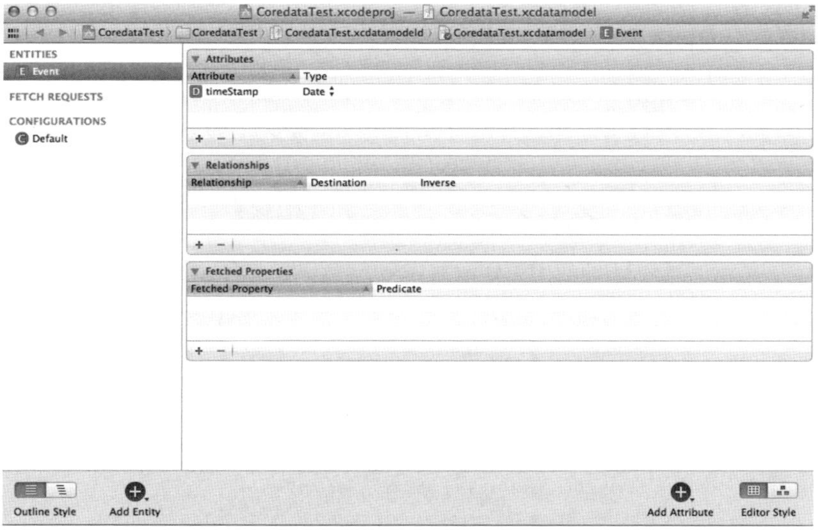

Abb. 4–17
Ändern von Enitäten im tabellarischen Editor

Editor für Datenmigrationsmodelle

Da sich Datenmodelle mit der Zeit ändern, bietet das Core Data Framework auch eine Möglichkeit an, um vorhandene Datenmodelle auf eine neue Version zu migrieren. Für die Beschreibung der Migration stellt Xcode einen Editor für die Migrationsmodelle bereit (Dateiendung: `.xcmappingmodel`, siehe Abb. 4–18). Bei dem Editor handelt es sich um einen tabellarischen Editor. Im unteren Bereich hat dieser eine Toolbar, über die ein neues Mapping (*Add Entity Mapping*) hinzugefügt werden kann. Auch wird angezeigt, von welchem Modell (*Source*) in welches Modell (*Destination*) migriert werden soll.

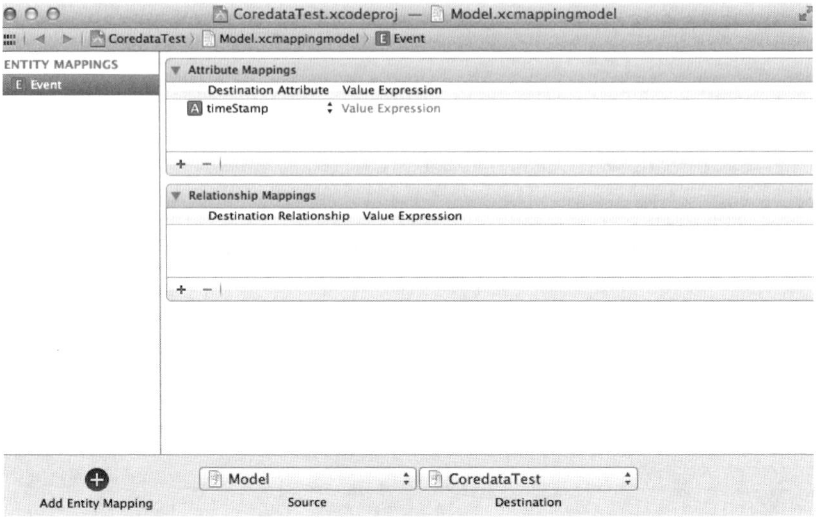

Abb. 4–18 *Editor für Migrationsmodelle*

4.2.8 Quick Help: Der kleine Helfer

Direkte Hilfe während der Programmierung bietet das Fenster *Quick Help*[3]. Dieses Fenster kann über den Menüpunkt *Help/Quick Help for Selected Item* eingeblendet werden. Dieser Menüpunkt ist ausgegraut und wird erst aktiv, sobald im Quelltexteditor etwas selektiert ist.

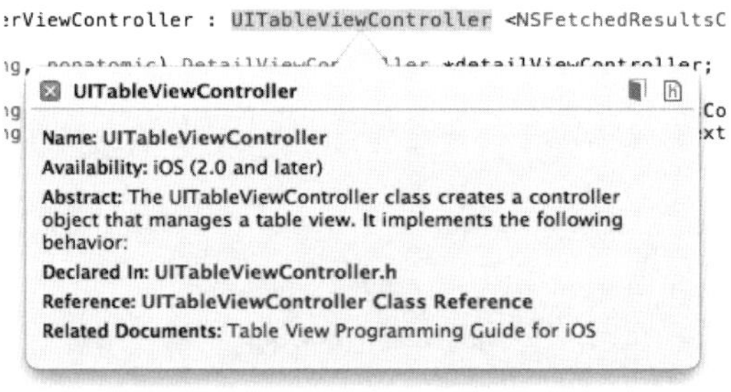

Abb. 4–19 *Quick Help in Aktion; der Cursor befindet sich über UITableViewController.*

Das Fenster *Quick Help* enthält folgende Bereiche:

- Kopfzeile
- *Availability* (Angabe der API-Version, in der das Element vorhanden ist)
- *Abstract* (Kurzbeschreibung des Elementes)
- *Declared in* (Verweis auf die zugrunde liegende Header-Datei)

3. Quick Help ersetzt den aus früheren Xcode-Versionen bekannten Research Assistant.

- Reference (Verweis auf Klassenbeschreibung)
- *Related Documents* (Verweise auf wichtige Dokumente)

In der Kopfzeile des Fensters *Quick Help* können Sie über das Buchsymbol direkt in die Dokumentation springen. Über das Symbol *h* erhalten Sie einen Verweis auf die Header-Datei des jeweiligen Elementes. Dieser Link ist sehr hilfreich, wenn man direkt in die Header-Datei springen will, um z.B. einen Überblick über die Definition aller Methoden und Konstanten zu gewinnen. Über *Related Documents* wird auf zusätzliche Dokumentation verwiesen. *Availability* zeigt an, seit wann die Funktion verfügbar ist.

Es ist wichtig, zu erwähnen, dass nicht alle Verweise im *Fenster Quick Help* auf einen lokalen Bereich deuten, sondern eventuell auch auf eine nur online verfügbare Quelle. Hier wird nochmals deutlich, dass ein funktionierender Internetzugang für das Programmieren essenziell ist bzw. es in manchen Fällen sinnvoll ist, Informationen offline zu speichern.

4.3 Der Interface Builder

Die Gestaltung der Benutzeroberfläche

Ein sehr wichtiger Bestandteil einer iOS-Anwendung ist die Benutzeroberfläche. Darum ist die Gestaltung dieser Oberfläche auch eine essenzielle Aufgabe während der Entwicklungsphase. Wie in vielen anderen Frameworks zur Oberflächengestaltung besteht in Xcode die Wahlmöglichkeit zwischen der händischen Programmierung einer Oberfläche und der visuellen Erstellung mit einem grafischen Editor.

Der große Vorteil der visuellen Erstellung gegenüber der Programmierung von Hand liegt in der Möglichkeit, die erstellte Oberfläche schnell zu ändern. Ein nicht zu unterschätzender Vorteil ist auch, dass der Entwickler viel früher und schneller ein Ergebnis zu sehen bekommt. Zudem kann die Aufgabe auch von einem Nicht-Programmierer übernommen werden. Die Entwicklungsumgebung Xcode liefert deshalb einen Editor für die visuelle Oberflächengestaltung mit, den *Interface Builder*.[4]

Der Interface Builder ist ein in Xcode integriertes[5] Werkzeug. Die erzeugte Oberfläche wird dabei in einer Oberflächendefinitionsdatei gespeichert. Beim Aufruf einer Oberflächendefinitionsdatei aus der Entwicklungsumgebung Xcode wird der Interface Builder mit dieser Datei gestartet. Eine Oberfläche für iOS kann in zwei unterschiedlichen Dateiarten beschrieben werden:

---

4. Die Beschreibungen in diesem Buch beziehen sich alle auf die Version 3.2.4 (804) des Interface Builder.
5. Vor Xcode 4 war der Interface Builder ein eigenständiges Programm.

- NIB-Datei
- Storyboard

4.3.1 NIB und XIB: Behälter für den Interface Builder

Oberflächendefinitionsdateien

Die mit dem Interface Builder gestaltete Oberfläche wird, wie bereits erwähnt, in einer Oberflächendefinitionsdatei, einer sogenannten nib-Datei, gespeichert. Dieses Format ist auf keinen Fall geeignet, um in einem herkömmlichen Editor bearbeitet zu werden – für eine sinnvolle Arbeit ist der Interface Builder notwendig.

Mit der Version 3 des Interface Builder wurde ein neues Format für die Oberflächendefinition eingeführt, das xib-Format (siehe Listing 4–2). Hierbei handelt es sich um eine XML-Datei, die aber auch mit dem Interface Builder bearbeitet werden sollte. Die Datei ist zwar in anderen Editoren gut lesbar, trotzdem sollten Sie sich nicht angewöhnen, einen anderen Editor als den Interface Builder für die Bearbeitung zu verwenden. Denn nur damit erhalten Sie die häufig notwendige Unterstützung beim Editieren der Oberflächendefinitionsdatei.

Listing 4–2
Ausschnitt aus einer xib-Datei

```
<object class="IBUINavigationBar" key="IBUINavigationBar"
id="706310652">
    <nil key="NSNextResponder"/>
    <int key="NSvFlags">256</int>
    <string key="NSFrameSize">{0, 0}</string>
    <bool key="IBUIOpaque">NO</bool>
    <bool key="IBUIClipsSubviews">YES</bool>
    <bool key="IBUIMultipleTouchEnabled">YES</bool>
</object>
```

Mit dem Interface Builder der Version 3.2.4 können Sie Oberflächendefinitionen im xib-Format und auch im nib-Format[6] verarbeiten.

Beim xib-Format handelt es sich um ein Format, das lediglich während der Entwicklungsphase eingesetzt wird. Für die Erzeugung der Oberfläche aus der Definitionsdatei wird das nib-Format benötigt. Dieses Format wird aber von Xcode automatisch während der Übersetzungsphase aus dem xib-Format erzeugt.

> An dieser Stelle ist es wichtig, zu erwähnen, dass die Formate der Oberflächendefinitionsdatei der Version 3 nicht abwärtskompatibel zu früheren Versionen sind.

6. Bei der Definition einer Oberfläche für das iOS (mit dem Cocoa Touch Framework) kann nur eine xib-Datei erzeugt werden. Bei der Entwicklung einer Anwendung für das Cocoa Framework hat der Entwickler die Auswahl zwischen den zwei Formaten.

4.3.2 Storyboard

Das Konzept der Storyboards wurde in iOS 5 eingeführt. Hierbei handelt es sich um einer Erweiterung der Oberflächendefinitionsdatei. Mit einem Storyboard wird nicht nur eine einzelne Oberfläche beschrieben, sondern es werden auch die Übergänge zwischen einzelnen Masken festgelegt.

4.3.3 Die zentralen Oberflächenelemente

Die Oberfläche des iPhone kann in mehrere zentrale Bestandteile aufgeteilt werden (siehe Abb. 4–20). Abhängig von der jeweiligen Anwendung können auch mehr als die vier im Folgenden dargestellten Bereiche, die in fast jeder Anwendung vorhanden sind, vorkommen.

Bereich 1: Statuszeile (Status bar)

Am oberen Rand des Bildschirms (❶) befindet sich die Statuszeile, die auch bei gestarteten Anwendungen standardmäßig angezeigt wird. Die Statuszeile enthält wichtige Informationen über den Status des Gerätes, wie beispielsweise:

- Signalstärke
- Status der Netzwerkverbindung
- Batterieladestand

Abb. 4–20
Die Oberfläche des iPhone

Bereich 2: Inhaltsbereich der Anwendung

Der größte Bereich (❷) ist für die Oberfläche laufender Anwendungen reserviert. Für die Gestaltung dieser Oberfläche (Auflösung[7]: 480 × 320 Pixel) können Sie aus dem großen Fundus an Oberflächenelementen von Cocoa Touch auswählen. Bei laufender Anwendung gehören die Bereiche ❸ und ❹ ebenfalls zum Inhaltsbereich.

Bereich 3: Aktiver Inhaltsbereich

Über der Tabbar (❹) werden die zur Verfügung stehenden Startbildschirme (❸) dargestellt. In solch einem Startbildschirm (unter Mac OS X als Space bezeichnet) können Sie Ihre Anwendungsicons gruppieren. Die Gruppierung können Sie selbst durch Verschieben der einzelnen Icons durchführen. Das Verschieben starten Sie durch längeres Klicken auf ein Icon. Ein einzelner Inhaltsbereich wird dabei als Punkt dargestellt. Der aktive Inhaltsbereich ist mit weißer Farbe gefüllt. Der erste Inhaltsbereich wird als Lupe dargestellt und symbolisiert die mit iPhone OS 3 hinzugekommene Spotlight-Suche. Wie von Mac OS X schon bekannt, können Sie mittels Spotlight Ihr Gerät durchsuchen. Um zu einem anderen Bereich zu gelangen, müssen Sie den aktuellen Bereich aus dem Bildschirm hinausschieben.

Bereich 4: Tabbar

Eine *Tabbar* (❹) erscheint immer am unteren Rand und wird verwendet, um zwischen verschiedenen Bereichen innerhalb der Anwendung umzuschalten (z.B. zwischen Uhrzeit und Stoppuhrfunktion in einer Uhranwendung).

Toolbar für zusätzliche Funktionen in einer View

Zusätzlich zur Tabbar existiert noch eine Toolbar. Verwechseln Sie aber beides nicht miteinander. Eine Toolbar setzen Sie ein, wenn Sie in einer View zusätzliche Funktionen anbieten wollen. Ein Beispiel hierfür ist ein geöffnetes E-Mail-Fenster, in dem über eine Toolbar Funktionen wie Löschen und Antworten angeboten werden.

4.3.4 Oberflächen erzeugen

Bei der Anlage eines Projektes über Xcode wird meist eine Oberflächendefinitionsdatei erzeugt. Diese können Sie im Interface Builder öffnen. Alternativ können Sie über Vorlagen auch eine neue Oberflächendefinitionsdatei erzeugen. Dies erfolgt über den Menübefehl *File/New/New File...* in Xcode. In der Kategorie User Interface (siehe Abb. 4–21) befinden sich die Vorlage für eine Oberfläche. Hieraus können Sie auch ein Storyboard erzeugen.

7. Für das iPhone 4/4S beträgt die Auflösung 960 × 640 Pixel. Das iPad bietet eine Auflösung von 1024 × 768 Pixel, das neue iPad (3) verfügt über 2048 × 1536 Pixel.

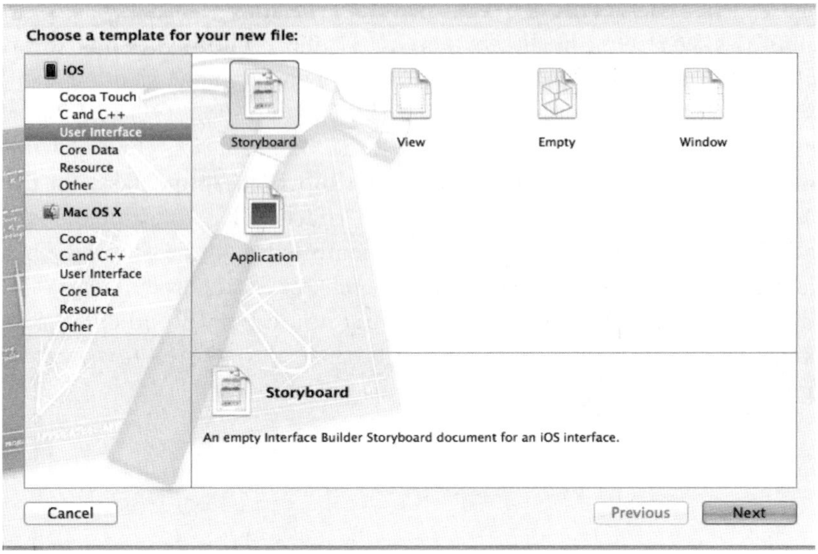

Abb. 4–21
Vorlagen für eine neue Oberfläche

Nachdem Sie eine Oberflächendefinitionsdatei erzeugt bzw. geöffnet haben, können Sie beginnen, mit dem Interface Builder zu arbeiten. Wie bereits erwähnt ist der Interface Builder in Xcode integriert. Die einzelnen Fenster des Interface Builder werden direkt neben dem Projektnavigator dargestellt.

Abb. 4–22
Das Projektfenster des Interface Builder

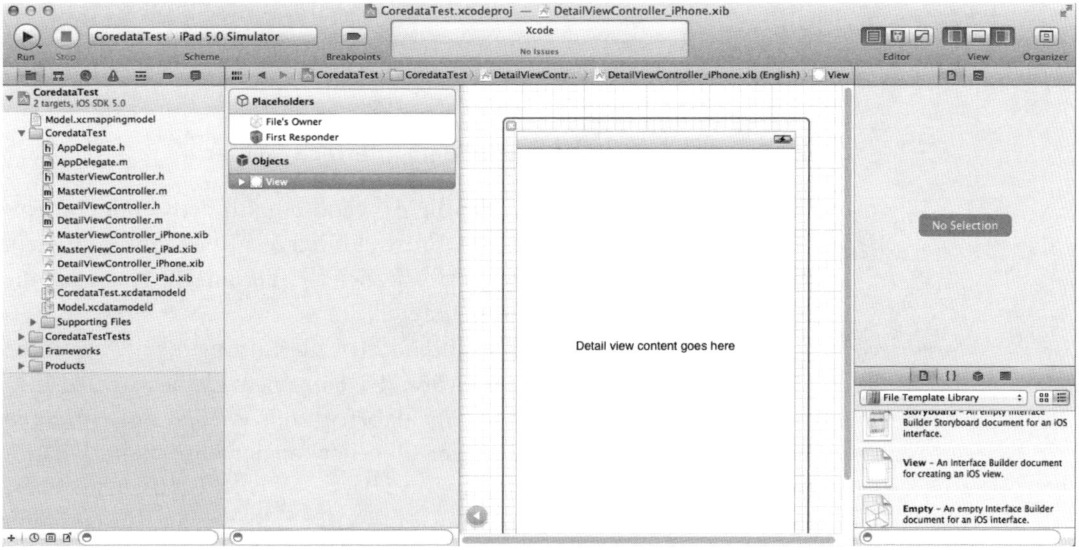

Library

Es werden ingesamt drei zusätzliche Bereiche angezeigt. Der erste Bereich (von links gesehen) ist das Projektfenster. Der zweite Bereich ist die Zeichenfläche und der dritte Bereich enthält Werkzeugfenster. Ein zentrales Werkzeug in diesem Bereich ist die Bibliothek der Oberflächenelemente (Abb. 4–23). Sollte dieses Fenster nicht sichtbar sein, kann es über den Menüpfad *View/Utilities/Tools/Show Object Library* eingeblendet werden. Am obereren Rand befindet sich ein Auswahlmenü, das die einzelnen Elemente in Gruppen zusammenfasst. In der Mitte des Fensters sind die einzelnen Oberflächenelemente alphabetisch aufgeführt. Bei der Auswahl eines Elementes wird ein Fenster mit einer kurzen Beschreibung eingeblendet. Interessant ist außerdem, dass man die angezeigten Elemente über den Filter am unteren Rand einschränken kann. Zum Beispiel werden bei Eingabe des Wortes *Text* nur die Elemente angezeigt, die im Namen *Text* enthalten.

Abb. 4–23
Die Bibliothek der Oberflächenelemente

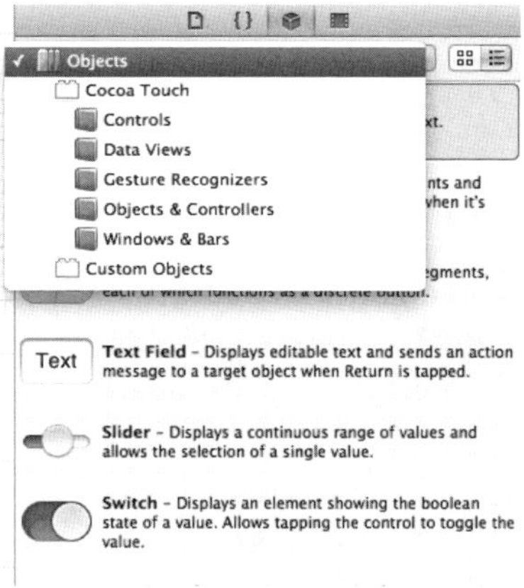

4.3.5 Layoutgestaltung mit dem Interface Builder

Die Größe der Oberfläche, die die Anwendung auf dem Endgerät einnehmen wird, ist bereits zur Entwicklungszeit[8] bekannt, d.h., ein dynamisches Layout ist nicht erforderlich. Somit entfällt hier auch die Notwendigkeit eines Layoutmanagers.

Die Oberflächenelemente positionieren

Die Elemente werden während der Gestaltung der Oberfläche absolut positioniert und die Größe der einzelnen Elemente wird festgelegt. Die Positionierung erfolgt dabei mittels Ziehen des einzelnen Elementes aus der Bibliothek der Oberflächenelemente. Beim Positionieren eines Elementes auf der Oberfläche werden gestrichelte blaue Linien angezeigt. Das Element kann damit sehr elegant ausgerichtet

8. Auch wenn es inzwischen unterschiedliche Displaygrößen beim iOS gibt (3,5" für das iPhone und 9,7" für das iPad), bleibt das Layout statisch.

werden. So ist es einfach, mehrere Elemente auf einer Linie oder im gleichen Abstand anzuordnen. Diese blauen Führungslinien sind nur sichtbar, wenn die Option *Editor/Canvas/Snap to Guides* aktiviert ist. In der Voreinstellung ist diese Option aktiviert.

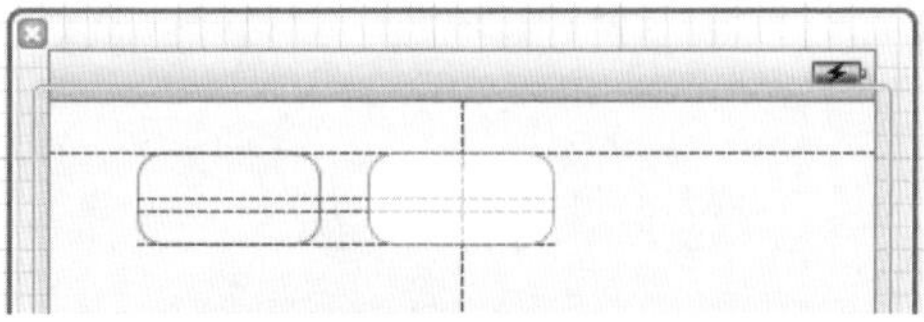

Abb. 4–24
Hilfslinien helfen bei der Gestaltung einer Oberfläche mit mehreren Elementen.

Die blauen Hilfslinien werden nur so lange angezeigt, wie das Element noch nicht endgültig auf der Oberfläche platziert ist. Das heißt, erst durch ein Loslassen der linken Maustaste verschwinden diese Hilfslinien. Neben diesen blauen Hilfslinien bietet der Interface Builder aber noch weitere Unterstützung für die punktgenaue Platzierung der Elemente an. Dafür sei auf das Menü *Editor* hingewiesen (siehe Abb. 4–25).

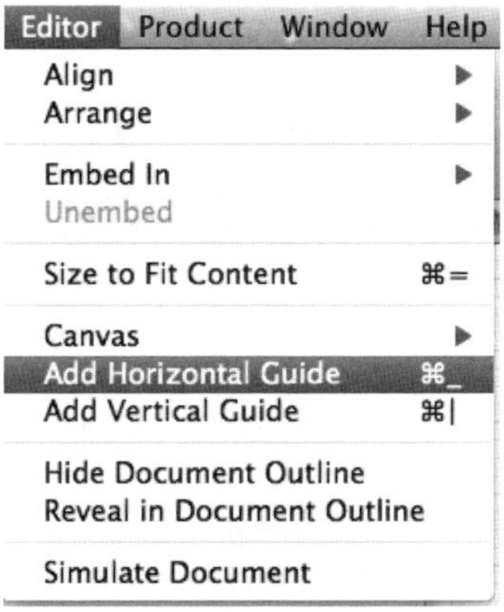

Abb. 4–25
Menü Editor mit weiteren Layoutoptionen

Auch das Untermenü *Align* bietet Unterstützung für die Ausrichtung von Elementen. Hierfür müssen lediglich die Elemente, die gegeneinander ausgerichtet werden sollen, ausgewählt sein.

Die bereits erwähnten blauen Hilfslinien sind zwar sehr hilfreich, nur verschwinden sie nach dem Platzieren des Elementes wieder. Hier können Sie sich Unterstützung durch die beiden Helferlein *Editor/Add Horizontal Guide* und *Editor/Add Vertical Guide* holen, die horizontale und vertikale Führungslinien einblenden. Diese Linien werden in der Signalfarbe Rot dargestellt und können auch innerhalb der

Arbeitsfläche verschoben werden. In Abbildung 4–26 sind zusätzlich zu den Führungslinien auch die Optionen *Canvas/Show Bounds Rectangles* und *Canvas/Show Layout Rectangles* aktiv.

Abb. 4–26
Eingeschaltete Führungslinien im Interface Builder

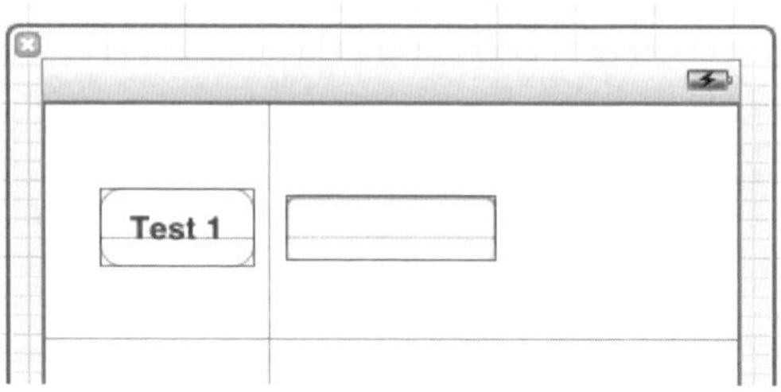

Elemente mit Events verknüpfen

Auch die Verknüpfung von Events wird vom Interface Builder unterstützt. Hierfür müssen Sie zunächst die Quelle markieren; mit gedrückter linker Maustaste und *ctrl* können Sie dann die blaue Linie auf das Ziel ziehen.

Abb. 4–27
Die Verknüpfung von Events im Interface Builder

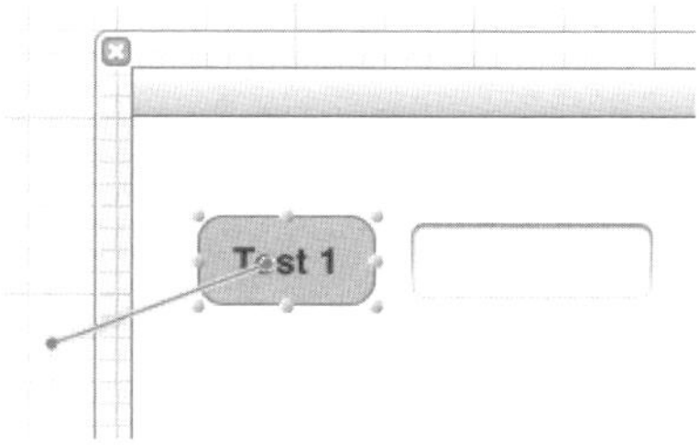

An einem Zielobjekt können mit mehreren Punkten Verknüpfungen hergestellt werden. Deshalb wird beim Loslassen der Maustaste auch eine Auswahlliste dargestellt. Auch wenn nur ein Verknüpfungspunkt zur Verfügung steht, wird die Auswahlliste angezeigt.

Abb. 4–28
Auswahlliste bei der Verknüpfung von Events

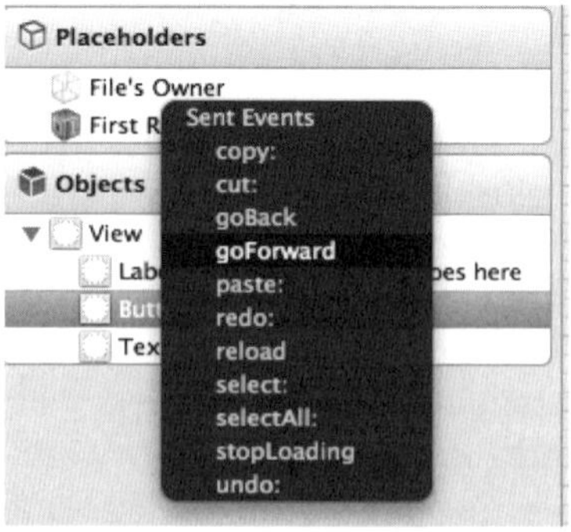

Damit Sie ein besseres Gefühl dafür bekommen, wie die Arbeit mit dem Interface Builder in der Praxis vonstattengeht, beschreibe ich in Abschnitt 4.3.6 ein Beispiel.

4.3.6 Ein einfaches Beispiel: Schritt für Schritt zur ersten Oberfläche

Zum Abschluss der Beschreibung des Interface Builder lernen Sie nun Schritt für Schritt ein einfaches Beispiel für die Gestaltung einer minimalen Oberfläche und deren Verwendung in einer Anwendung kennen. Hierbei werden nur die Schritte mit dem Interface Builder detailliert aufgezeigt, um nicht bereits Bekanntes aus der Xcode-Einführung zu wiederholen. Das Beispiel beschreibt neben der reinen Oberflächengestaltung auch die Verknüpfung von Eigenschaften (Events). Nachdem Sie das Beispiel nachvollzogen haben, sollten Ihnen die ersten Schritte mit dem Interface Builder nicht mehr schwerfallen.

Schritt 1: Ein neues Projekt anlegen

Der erste Schritt besteht darin, ein neues Projekt in Xcode zu erzeugen. Der einfachste Weg hierzu ist, eine vorhandene Projektvorlage von Xcode zu verwenden. Für dieses Beispiel erzeugen wir über *File/New/New Project...* eine *Single View Application* und legen einen Namen (bzw. Speicherort) fest. Das Beispiel hat den Namen `sample-ui` und in der *Device Family* wählen wir *iPhone* aus.

Schritt 2: Elemente mit dem Interface Builder platzieren

Nun muss die Oberflächendefinition in *Interface Builder* geöffnet werden, hierfür wählen Sie im Projektnavigator die Datei `ViewController.xib` aus.

Für das Beispiel werden drei Elemente benötigt: ein *Text Field*, ein *Round Rect Button* (siehe Abb. 4–30) und ein *Label*. Diese Elemente werden einfach auf die leere Fläche des erzeugten Fensters gezogen. Bei der Anordnung erscheinen blaue Hilfslinien, die die Positionierung vereinfachen.

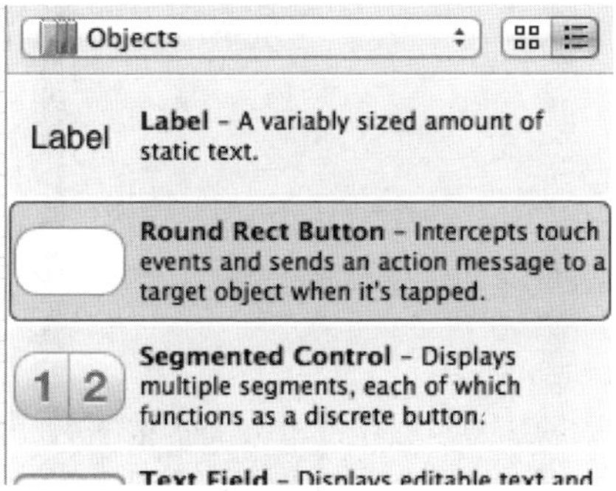

Abb. 4–29
Interface Builder mit der Auswahl Round Rect Button

Abb. 4–30
Das Fenster mit den drei Oberflächenelementen

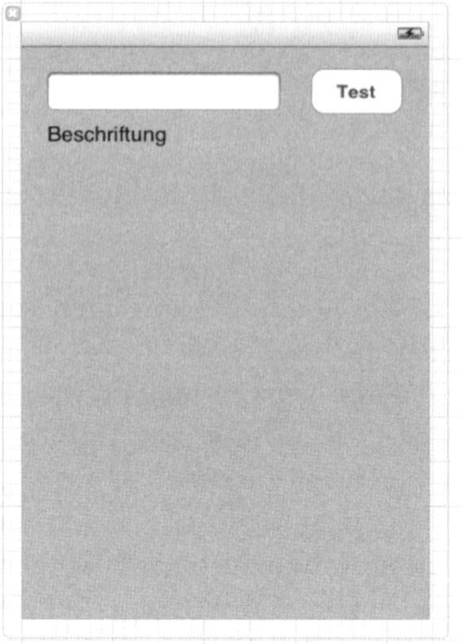

Nun wird die erzeugte Datei mittels *File/Save* abgespeichert und es wird zurück zu Xcode gewechselt. Über *Build and Run* wird die Beispielanwendung gestartet. Nach kurzer Zeit sollte sich der iOS Simulator öffnen und die gerade erzeugte Oberfläche präsentieren (Abb. 4–31).

Abb. 4–31
Die Oberfläche im iPhone Simulator

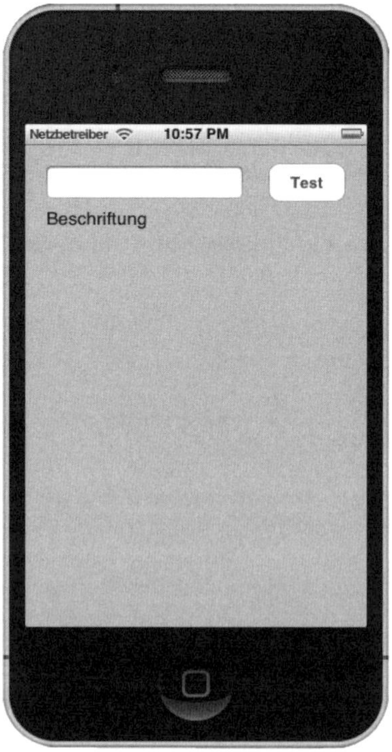

Nun fehlt der kleinen Beispielanwendung noch etwas Interaktivität. Ziel soll sein, dass bei Betätigen der Schaltfläche *Test* der im Eingabefeld stehende Text als Beschriftung verwendet wird. Hierfür sind insgesamt vier Schritte notwendig.

Schritt 3: Bewegung kommt ins Spiel.

Der erste Schritt ist die Änderung der Header-Datei `ViewController.h` der Klasse `ViewController`. In dieser Datei müssen Sie nun die Outlets für das Textfeld (❶) und die Beschriftung (❷) setzen.

Listing 4–3
Outlets in der Header-Datei

```
@interface ViewController : UIViewController {

 UIWindow *window;

 IBOutlet UITextField *textField;  (1)

 IBOutlet UILabel *label;  (2)

}

- (IBAction)click:(id)sender;
```

Im zweiten Schritt wird eine Methode für das Event `click` hinzugefügt. Diese Methode müssen Sie zusätzlich auch in der zugehörigen Implementierungsdatei `ViewController.m` hinzufügen.

Listing 4–4
Leere Methode click

```
- (IBAction)click:(id)sender
{
}
```

Der dritte Schritt besteht darin, die Oberflächenelemente mit den in Listing 4–3 definierten Outlets zu verbinden. Diese Zuweisung wird in der xib-Datei definiert. Bevor Sie diesen Schritt ausführen, sollten Sie prüfen, ob sich das Projekt nach der Änderung noch übersetzen lässt. Dies können Sie über die Aktion *Product/Build* (Tastaturkürzel: *cmd+B*) durchführen.

Für die Herstellung der Verbindungen öffnen Sie zunächst die Datei `ViewController.xib` im Interface Builder. Die Verbindungen werden am einfachsten mittels Drag-and-drop hergestellt. Hierfür selektieren Sie die Schaltfläche *Test* mit der linken Maustaste. Mit *ctrl* und gedrückter Maustaste ziehen Sie die blaue Linie auf das Icon *File's Owner.*

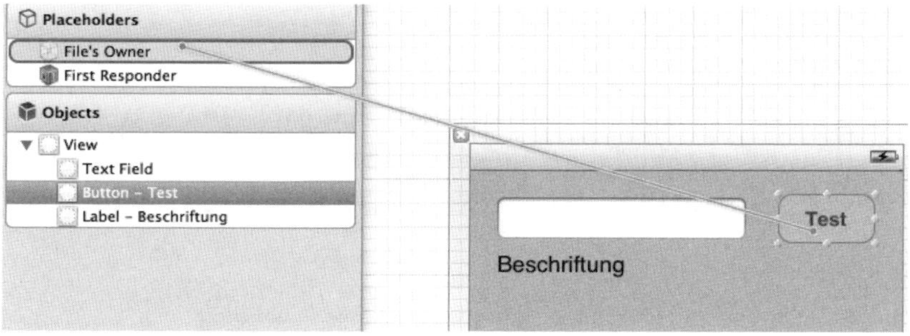

Abb. 4–32
Verbindung zwischen Schaltfläche und Delegate herstellen

Im daraufhin erscheinenden Auswahlfeld wird Ihnen als einzige Option *click* angeboten. Hiermit wurde definiert, dass bei Betätigung der Schaltfläche *Test* das Event `click` ausgelöst wird. Jetzt fehlen noch die zwei Verbindungen für das Textfeld und die Beschriftung. Hierfür ist *File's Owner* mit linker Maustaste und gedrückter Taste *ctrl* zu wählen und die blaue Linie auf das Textfeld zu ziehen. Dann müssen Sie aus der schwarzen Auswahlliste *textField* auswählen. Ziehen Sie die blaue Linie auf die Beschriftung, um die Verbindung damit herzustellen. Aus dem Auswahlfeld wählen Sie die Bezeichnung *label* aus. Um die Änderungen nicht zu verlieren, sollten Sie sie diese per *cmd+S* abspeichern.

Schritt 4: Das Event implementieren

Der letzte Schritt besteht in der Ausprogrammierung des Events. Hierfür öffnen Sie die Datei `ViewController.m` und fügen der Methode `click` den entsprechenden Code hinzu.

Listing 4–5 *Ausprogrammiertes Event*

```
- (IBAction)click:(id)sender
{
        [label setText:[textField text]];
}
```

Die Anwendung starten

Über die Schaltfläche *Run* können Sie nun die Anwendung im iOS Simulator testen.

4.4 Der iOS Simulator

Die Zielplattform wird simuliert.

Das Besondere an der Entwicklung für das iOS ist sicherlich, dass diese Entwicklung nicht direkt auf der Zielplattform[9] stattfindet (diese Vorgehensweise wird auch als *Cross-Platform Development* bezeichnet). Um zu testen, wie sich die Anwendung auf einem Endgerät verhält, gibt es im iOS SDK eine Simulator-Umgebung, den sogenannten iOS Simulator. Nach dem Start präsentiert er sich in Bezug auf den Startbildschirm ähnlich dem echten Gerät. Es sind aber nicht alle Standard-Apps vorhanden, für die Simulation sind folgende Apps installiert:

- Contacts
- Game Center
- Newsstand
- Photos
- Settings

Abbildung 4–33 zeigt den gestarten iOS Simulator. In der Abbildung sehen Sie, dass zwei Tabs vorhanden sind (zwei Punkte am unteren Rand des Bildschirms). Das kommt daher, dass die Abbildung von

9. Ist im Bereich von Embedded Softwareentwicklung so üblich.

einem iOS Simulator mit installierter sample-ui-Anwendung gemacht wurde – diese App befindet sich auf dem zweiten Homescreen.

Drei Varianten des Simulators

Da es inzwischen beim iOS keine einheitliche Auflösung und Bildschirmgröße mehr gibt, bietet der Simulator auch unterschiedliche Ausprägungen an. Über den Menüpunkt *Hardware/Gerät* kann das gewünschte Gerät ausgewählt werden. In der aktuellen[10] Version werden die Geräte *iPad*, *iPhone* und *iPhone (Retina)* ausgewählt. Das Aussehen des iPhone mit Retina-Bildschirm ordnet sich dabei zwischen iPhone und iPad ein. Dadurch soll die höhere Auflösung des iPhone 4(S) nachgeahmt werden. Über die Option *Hardware/Version* können Sie zwischen den unterstützten Versionen des iOS umschalten.

Abb. 4–33
Der gestartete iOS Simulator (inklusive installierter sample-ui-*Anwendung)*

Sie können den iOS Simulator separat über einen Klick aus dem Ordner `Programme` starten. Diese Variante werden Sie aber wahrscheinlich eher selten verwenden. Denn der iOS Simulator ist eigentlich sehr gut in den Entwicklungszyklus mit Xcode integriert. Vorausgesetzt, Sie haben das Projekt mit einer Vorlage für eine iOS-Anwendung erzeugt,

10. Für das Buch wurde die Version 5.0 (272) verwendet.

wird beim Betätigen von *Run* in Xcode das aktuell offene Projekt übersetzt und im iOS Simulator gestartet.

4.4.1 Grundfunktionen der Bedienung

Um den Einstieg mit dem iOS Simulator zu erleichtern, sollen zunächst die wichtigsten Grundfunktionen in der Bedienung erläutert werden.

Zurück zum Start: Der bekannte Bedienknopf

Beim Start des iOS Simulator wird Ihnen sicherlich auch gleich der bekannte Bedienknopf (in den Menüs als *Home* bezeichnet) am unteren Rand auffallen.

Abb. 4–34
Der bekannte Bedienknopf des iPhone im iOS Simulator

Dieser Knopf hat die gleiche Funktion wie beim iPhone, nämlich einen Sprung zurück auf die Startseite (Homescreen oder Springboard genannt) auszulösen. Die Bedienung erfolgt über einen Klick auf die Maustaste.

Alternativ ist es möglich, über das Menü *Hardware* zu gehen. Hier gibt es die Option *Home*, mit der Sie das Gleiche erreichen.

Drehen: Einmal links, einmal rechts

Eine wichtige Möglichkeit des iOS im Simulator, nämlich das Drehen, sollten Sie auch in Ihren Anwendungen berücksichtigen.

Abb. 4–35
Der Safari-Browser im gedrehten Simulator

Ein Weg zum Drehen des iPhone führt über das Menü *Hardware*. Hier stehen Ihnen die Optionen *Links drehen* und *Rechts drehen* zur Verfügung. Das Zurückdrehen erreichen Sie entweder, indem Sie nochmals in eine beliebige Richtung drehen oder indem Sie den Bedienknopf betätigen.

Sperren

Das Sperren für weitere Eingaben ist beim iOS Simulator auch möglich. Dies erfolgt wieder über das Menü *Hardware*. Der Menüpunkt ist dabei *Sperren*.

Zum Entsperren des iOS Simulator schieben Sie den Pfeil, wie vom realen Gerät gewohnt, einfach von links nach rechts.

4.4.2 Die Gesten für das iPhone

Eine der schönen Eigenschaften, die das iPhone mitgebracht hat, ist die Bedienung mittels Gesten *(gestures)*. Auch der mitgelieferte iOS Simulator unterstützt diese Gesten. Die Bedienung ist dabei nicht ganz so intuitiv wie beim iPhone selbst. Für das Testen Ihrer Anwendung ist es aber wichtig, dass Sie den Einsatz der folgenden acht Gesten auch auf dem iOS Simulator beherrschen:[11]

- Tap
- Touch and hold
- Double tap
- Swipe
- Flick
- Drag
- Pinch
- Shake

Tap: Der Klaps für das iPhone

Einen *Tap* kann man am ehesten mit einem einfachen Klick vergleichen. Solch einen Tap lösen Sie mit einem einfachen Klick auf die gewünschte Stelle (z.B. einen Link im Safari-Browser) auf der Fläche des iOS Simulator aus.

Touch and hold: Halte mich fest

Die Geste *Touch and hold* ist einfach durch ein Drücken der Maustaste auf das gewünschte Element auslösbar.

Double tap: Der doppelte Klaps

Auch die Geste *Double tap* ist sehr intuitiv mit einem einfachen Doppelklick auslösbar.

---

11. Sollten Ihnen nicht alle Gesten bekannt sein, können Sie auf YouTube (http://www.youtube.com) eines der vielen Beispiele zu den Gesten anschauen. Als Suchtext verwenden Sie einfach den Namen der Geste und iPhone, also z.B. *iPhone Swipe*.

Swipe: Sanftes Schieben

Um z.B. vom gesperrten Status in den entsperrten Status zu kommen, müssen Sie den angezeigten Knopf mittels *Swipe* bewegen. Dies funktioniert, indem Sie auf den Knopf drücken und mit gedrückter Maustaste die Maus in die gewünschte Richtung schieben. Sie beenden diese Geste durch Loslassen der Maustaste.

Flick: Sanftes Blättern

Die Bedienung der Geste *Flick* ist beim Simulator sehr ähnlich zur bereits erwähnten Geste *Swipe*. Den Anfang bildet das Drücken der Maustaste auf ein Element, gefolgt von einer schnellen Bewegung in die Richtung, in die geblättert werden soll. Das Ende bildet das Loslassen der Maustaste.

Drag: Ziehen

Die Geste *Drag* ist auf dem iOS Simulator wieder sehr intuitiv ausführbar: Sie klicken auf ein Element und ziehen es bei gedrückter Maustaste in die gewünschte Richtung.

Pinch: Auseinanderziehen bzw. Zusammenziehen

Im sogenannten *Pinch*-Modus können Sie auf dem iPhone-Bildschirm angezeigte Flächen vergrößern oder verkleinern. Hierzu setzen Sie zwei Finger auf die zu vergrößernde Fläche und führen die Finger für eine Vergrößerung auseinander oder für eine Verkleinerung zusammen. Auch im iOS Simulator kann diese Funktion eingesetzt werden, indem Sie die Taste *Alt* betätigen und gedrückt halten. Es erscheinen zwei Kreise auf dem Bildschirm, die die zwei Finger symbolisieren. Nun können die Kreise mit der Maus bewegt werden. Wenn Sie die Kreise voneinander weg bewegen, dann vergrößern Sie die aktuelle Auswahl (siehe Abb. 4–36). Durch Zusammenschieben bewirken Sie eine Verkleinerung.

Abb. 4–36
Der iOS Simulator im eingeschalteten Pinch-Modus

Shake: Schütteln

Das Schütteln, um eine Eingabe rückgängig zu machen, ist beim iOS Simulator über den Menüpunkt *Schüttelgeste* innerhalb von *Hardware* möglich.

4.4.3 Apps anordnen

Auf den Bildschirm des iPhone passen insgesamt 16 Icons. Damit der Anwender auch mehr als 16 Apps anordnen kann, unterstützt das iOS mehrere Homescreens. Zusätzlich kommt seit dem iOS 4 auch noch die Möglichkeit hinzu, Apps in Ordnern zu gruppieren, die jeweils bis zu 12 Apps aufnehmen können. Der Simulator unterstützt sowohl die Homescreens als auch die Ordner.

Icons zum Wackeln bringen

Um eine App auf einen anderen Homescreen zu schieben, muss man zunächst so lange auf ein Icon klicken, bis es wackelt. Dann können Sie es verschieben, indem Sie es mit der linken Maustaste an den Rand des Bildschirms (links oder rechts) ziehen. Nach kurzer Zeit wechselt die Seite und Sie können das Icon platzieren, indem Sie die Maustaste loslassen.

Gruppierung im Ordner

Um Apps in einem Ordner zu gruppieren, müssen Sie zunächst wieder die Icons zum Wackeln bringen. Nun ziehen Sie ein Icon auf ein anderes und es wird ein Ordner erzeugt. Der Name des Ordners wird dabei automatisch gesetzt. Standardmäßig wird dabei die AppStore-Kategorie der ersten App genommen. Sollte diese nicht gesetzt sein, wird automatisch der Name *Ordner* verwendet.

4.4.4 Anwendungen deinstallieren

Sobald Sie mehr als eine Anwendung mit dem iOS SDK entwickelt haben, werden Sie merken, dass der iOS Simulator ein Gedächtnis hat. Denn beim Start des iOS Simulator sehen Sie alle installierten Anwendungen. Im Zusammenhang mit der Entwicklung in Xcode erfolgt die Installation automatisch nach einem *Run*. Bei der Entwicklung einer neuen Anwendung kann dies aber störend sein. Für diesen Fall haben Sie nun zwei Möglichkeiten: Entweder Sie entfernen eine einzelne Anwendung oder Sie setzen den iOS Simulator auf die Werkseinstellung zurück.

Entfernen einer einzelnen Anwendung

Das Entfernen einer Anwendung vom iOS Simulator erfolgt ähnlich wie auf dem Gerät selbst.[12] Drücken Sie einfach mit der Maustaste längere Zeit auf das Symbol der Anwendung, die Sie entfernen möchten. Daraufhin fängt das Symbol an zu wackeln und es erscheint ein Kreuz an seinem linken oberen Rand (siehe Abb. 4–37).

12. Es ist allerdings nur möglich, eigene Anwendungen zu deinstallieren. Die mitgebrachten Anwendungen können nicht gelöscht werden.

Abb. 4–37
Anwendung sample-ui *mit Kreuz am linken oberen Rand*

Beim Klick auf dieses Symbol wird die Anwendung vom Simulator entfernt.

Löschen im Dateisystem

Zusätzlich zu der Variante über den iOS Simulator können Sie auch über das Dateisystem Ihres Entwickungsrechners gehen. Das Verzeichnis für die Anwendungen liegt innerhalb Ihres Benutzerverzeichnisses unter *Library/Application Support/iPhone Simulator*. Darunter gibt es für jede Version (z.B. 5.0) ein Verzeichnis. In diesem Verzeichnis liegen unterhalb von `Applications` die einzelnen Apps (siehe Abb. 4–38). Um eine App zu deinstallieren, löschen Sie einfach das entsprechende Verzeichnis. Um die richtige Anwendung zu finden, schauen Sie in ein Verzeichnis hinein. Dort finden Sie die entsprechende .app-Datei. Am Namen erkennen Sie die einzelne Anwendung. Unter Mac OS X Lion ist das Verzeichnis Library nicht standardmäßig sichtbar im Finder. Um das zu ändern, müssen auf dem Terminal im Benutzerverzeichnis den Befehl *chflags nohidden ./Library* absetzen.

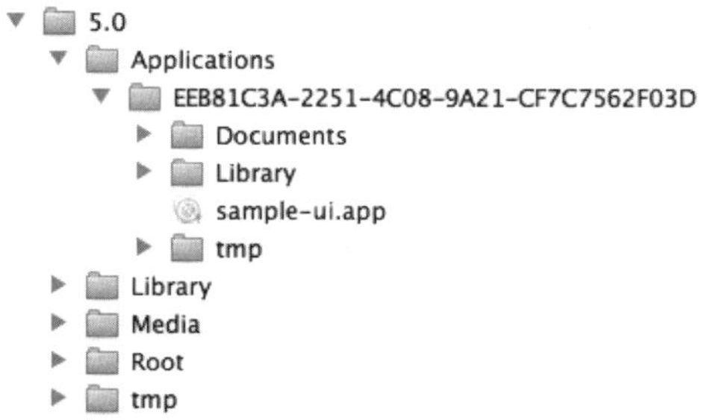

Abb. 4–38
Pro Anwendung ein Verzeichnis

Zurücksetzen auf die Werkseinstellung

Alternativ können Sie Anwendungen auch entfernen, indem Sie alle Einstellungen zurücksetzen. Hierfür gibt es im Menü *iOS-Simulator* den Punkt *Inhalte und Einstellungen zurücksetzen...*

Danach hat der iOS Simulator den gleichen Zustand wie direkt nach der Installation des iOS SDK, d.h., alle selbst entwickelten Anwendungen wurden gelöscht.

4.4.5 Erweiterte Funktionen des iOS Simulator

In den letzten Versionen des iOS SDK ist der iOS Simulator ständig erweitert worden und stellt inzwischen einiges mehr als nur Standardfunktionen zur Verfügung. Zwar kann der Simulator weiterhin nicht den Test auf dem Endgerät ersetzen, für einige Funktionen ist dieser aber ein guter Ersatz und der Test auf dem Endgerät ist dadurch nicht immer notwendig – jedenfalls nicht schon am Anfang der Umsetzung einer neuen Anforderung.

Wichtige Funktionen im Menü Ablage

Das Menü *Ablage* enthält zwei wichtige Funktionen. Über den Menüpunkt *Ablage/Bildschirmfoto sichern* kann ein Screenshot des Simulators erzeugt werden. Damit muss nicht mehr ein externes Programm dafür bemüht werden. Inzwischen kann auch über ein iOS-Gerät gedruckt werden. Diese Funktionalität kann simuliert werden. Dafür steht über den Menüpunkt *Ablage/Drucker-Simulator öffnen* eine Simulation zur Verfügung. Mehr zum Ausdrucken unter iOS entnehmen Sie dem Kapitel »About Drawing and Printing in iOS« in der Referenzdokumentation[13].

Menü Hardware

Neben der Simulation von Grundfunktionen, wie die Schüttelgeste, bietet das Menü *Hardware* weitere Funktionen an. Über *Speicherhinweis simulieren* kann simuliert werden, dass der Speicher knapp wird. Auch ein eingehender Telefonanruf kann simuliert werden: *Status für eingeh. Anrufe ein/aus*. Inzwischen ist es auch möglich, ein Bildsignal auf eine externe Quelle zu senden. Dies kann über den Menüpunkt *TV-Ausgang* simuliert werden. Beim Einschalten der Funktion wird ein zusätzliches Fenster sichtbar (Abb. 4–39). Hier kann sogar die Auflösung eingestellt werden, folgende stehen zur Verfügung:

- 640 × 480
- 720 × 480
- 1024 × 768
- 1280 × 720 (720p)

13. http://developer.apple.com/library/ios/#documentation/2DDrawing/Conceptual/DrawingPrintingiOS/Introduction/Introduction.html

Abb. 4–39
TV-Ausgang am iOS-Simulator

Um den TV-Ausgang anzusteuern, muss ein zusätzliches Fenster (Window) mit UIScreen verbunden werden. Details zu diesem Thema entnehmen Sie dem View Programming Guide for iOS[14].

In iOS 5 ist eine neue Funktion des iOS Simulator hervorzuheben: Es kann der aktuelle Ort des Gerätes verändert werden. Diese Funktion ist über das Menü *Debug* (siehe Abb. 4–40) erreichbar.

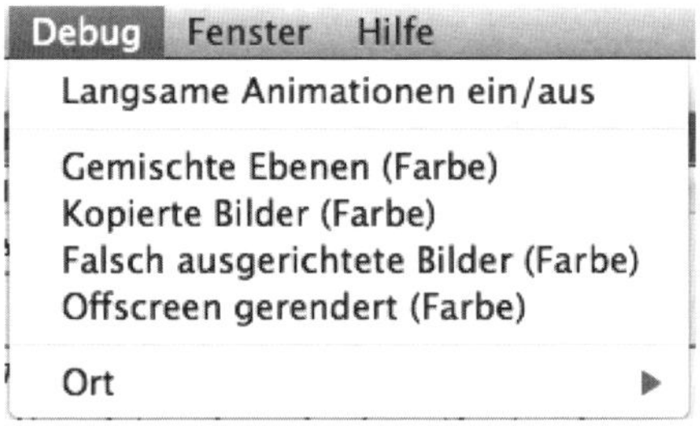

Abb. 4–40
Menü Debug

Damit können ortsbasierte Dienste simuliert werden. Neben vordefinierten Orten (z.B. Apple) können über ein Menü ein Breitengrad und ein Längengrad eingegeben werden. Hierfür rufen Sie im iOS Simulator den Menüpunkt *Debug/Ort/Eigener Ort...* auf. Nun erscheint ein Fenster zur Eingabe der gewünschten Koordinaten (siehe Abb. 4–41).

14. http://developer.apple.com/library/ios/#documentation/WindowsViews/Conceptual/ViewPG_iPhoneOS

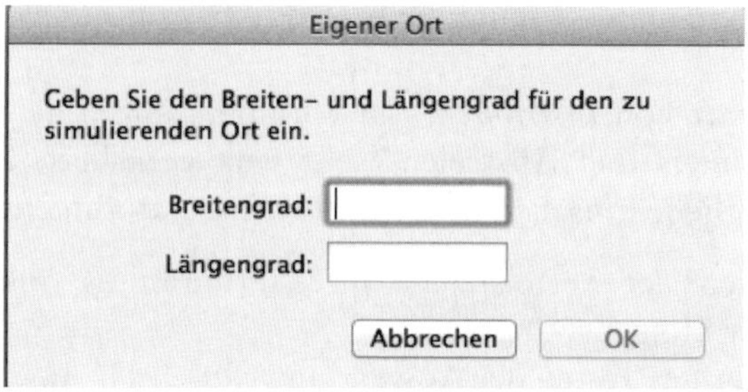

Abb. 4–41
Breiten- und Längengrad festlegen

Neben der Eingabe von Koordinaten stehen folgende Optionen im Untermenü *Ort* zur Verfügung:

- Apple Stores
- Apple
- City Bicycle Ride
- City Run
- Freeway Run

Im Menü *Debug* (siehe Abb. 4–40) finden Sie weitere hilfreiche Funktionen für die Simulation, z.B. können über einen Menübefehl die Animationen auf dem Gerät verlangsamt werden.

4.5 Instruments

Bei dem Werkzeug *Instruments,* das als Bestandteil von Xcode mitgeliefert wird[15], handelt es sich um einen Profiler. Das heißt, mit diesem Tool können Sie u.a. die Performance der von Ihnen entwickelten Anwendung untersuchen und eventuelle Schwachstellen ausmerzen.[16] Mit der Anwendung *Instruments* verwenden Sie spezielle Tools (in der Dokumentation als *instruments* bezeichnet), um das Verhalten bestimmter Prozesse zu untersuchen. Hierbei können Sie sowohl einen einzelnen als auch mehrere Prozesse analysieren.

Benutzeraktionen automatisieren mit der UI Automation API

Eine wirklich interessante Möglichkeit von Instruments ist, dass Sie damit Benutzeraktionen automatisieren können. Dies erfolgt durch die UI Automation API. Beim Ablauf werden die gleichen Events produziert, als wenn der Benutzer selbst die Aktion ausgelöst hätte. Hiermit haben Sie die Möglichkeit, die Analysedaten auch über mehrere

15. Ab Xcode 3.0 und Mac OS X 10.5 oder höher.
16. Mehr zum Thema Performance Tuning finden Sie im iPhone Dev Center unter http://developer.apple.com/library/ios/#documentation/DeveloperTools/Conceptual/InstrumentsUserGuide/Introduction/Introduction.html.

Läufe zu sammeln und somit eine bessere Basis für die Auswertung zu bekommen.

Einsatzgebiete

Der Einsatz von *Instruments* ist vor allem durch die Möglichkeit des Aufzeichnens und Abspielens sehr weit gefächert. Nachfolgend sind vier mögliche Einsatzgebiete von Instruments aufgeführt:

- Analysieren der Performance Ihres Programms, inklusive Auffinden der Hotspots[17]
- Automatisches Testen der Anwendung (durch *UI Automation*)
- Durchführen von Stresstests[18]
- Erlangen eines noch tieferen Verständnisses darüber, wie die Anwendung funktioniert[19]

4.5.1 Instruments starten

Im Gegensatz zum in Xcode integrierten Interface Builder fungiert Instruments als eigenständige Anwendung. Für den Start von Instruments stehen mehrere Varianten zur Verfügung. Sie können Instruments aus Xcode heraus starten, über die Anwendung *Instruments* im Ordner Programme oder auch per Doppelklick auf ein zuvor abgespeichertes Template mit der Dateiendung `.trace`.

Vordefinierte Vorlagen helfen am Anfang

Beim Start von *Instruments* werden, wie bereits erwähnt, Vorlagen (im Programm als Template bezeichnet) zur Verfügung gestellt. Diese Vorlagen sind vorbereitet, um bestimmte Analysen durchzuführen. Dies gelingt dadurch, dass diese Vorlagen gewisse Analysewerkzeuge verwenden. Der Entwickler hat aber die Möglichkeit, weitere Analysewerkzeuge hinzuzufügen. Im Laufe der Arbeit wird so eine eigene Vorlage entstehen, die Sie auch bei späteren Untersuchungen verwenden können. Eine Vorlage können Sie somit auch einfach als Konfiguration einer Anzahl von Analysewerkzeugen verstehen. Wie Sie zusätzliche Instrumente zu Ihrer Konfiguration hinzufügen, wird im weiteren Verlauf des Kapitels gezeigt.

---

17. Im Bereich der Performance-Analyse werden als Hotspots jene Stellen im Quellcode bezeichnet, die die meiste Rechenkapazität binden. Ein Ziel der Performance-Analyse ist es deshalb, diese Hotspots zu minimieren bzw. zu verkleinern.
18. Unter einem Stresstest versteht man einen Test, der eine möglichst hohe Belastung für die Anwendung erzeugt. Ziel ist es, die Anwendung an ihre Grenzen zu bringen. Sie gewinnen dadurch Aussagen, welche Last Ihre Anwendung vertragen kann.
19. Dadurch dass Instruments die genaue Aufrufreihenfolge aufzeichnet, können Sie sehen, wann welche Methoden aufgerufen werden.

Beim direkten Aufruf des Werkzeuges Instruments wird ein Dialog geöffnet, um eine Vorlage für ein sogenanntes *Trace Document* (daher auch die Dateiendung `.trace`) auszuwählen (siehe Abb. 4–42).

Direkter Aufruf aus dem Ordner Programme

Abb. 4–42
Vorlagen von Instruments

Die Vorlagen sind in die vier Bereiche *iOS*, *iOS Simulator*, *Mac OS X* und *User* unterteilt. Für iOS-Anwendungen stehen insgesamt 13 Vorlagen, für den iOS Simulator zehn Vorlagen zur Auswahl. Diese Vorlagen werden in der Tabelle 4–4 kurz aufgeführt und beschrieben. Sollte eine Vorlage nicht für beide Ausprägungen (iOS und iOS Simulator) zur Verfügung stehen, wird das explizit erwähnt.

Tab. 4–4
Die unterschiedlichen Vorlagen für iOS im Detail

Name der Vorlage	Beschreibung
Blank	Wie der Name vermuten lässt, handelt es sich bei Blank um eine leere Vorlage. Diese Vorlage kann nach eigenem Belieben angepasst (konfiguriert) werden.
Activity Monitor	Diese Vorlage misst die übergreifende Systemaktivität. Hierzu zählen u.a. CPU, Speicher und Netzwerk. Zusätzlich werden alle laufenden Prozesse betrachtet. Auch die Prozesshierarchie (Eltern-/Kindprozesse) wird einbezogen.
Allocations	Diese Vorlage misst den Speicherverbrauch im Heap. Zusätzlich kann damit das Virtual Memory überwacht werden.
Automation	Mit dieser Vorlage können Sie ein Skript ablaufen lassen, das Aktionen auf dem Gerät simuliert. Dies lässt sich sehr gut für Regressionstests einsetzen. Das Skript wird in JavaScript erstellt.[a]

Name der Vorlage	Beschreibung
Core Animation	Diese Vorlage ist für die Messung der Performance der grafischen Ausgabe vorbereitet. Zusätzlich wird die CPU-Aktivität eines Prozesses gemessen. Diese Vorlage steht für den iOS Simulator nicht zur Verfügung.
Energy Diagnostics	Mit dieser Vorlage können Sie den Energieverbrauch Ihres Gerätes untersuchen. Diese Vorlage steht für den iOS Simulator nicht zur Verfügung.
Leaks	Diese Vorlage misst den allgemeinen Speicherverbrauch inklusive Speicherlöcher (Leak Memory). Zusätzlich werden die Objektinstanziierungen auf Klassenebene aufgezeichnet und die Historie der Speicheradressen. Dieses Verfahren sollte nur bei Prozessen verwendet werden, die neu über Instruments gestartet wurden.
Network Connections	Mit dieser Vorlage können die Netzwerkverbindungen (TCP und UDP) analysiert werden. Diese Vorlage steht für den iOS Simulator nicht zur Verfügung.
OpenGL ES Analytics	Diese Vorlage ist für die Messung der Performance der OpenGL-ES-Ausgabe vorbereitet. Zusätzlich wird die CPU-Aktivität eines Prozesses gemessen. Der Unterschied zu Core Animation ist hier die Konzentration auf OpenGL ES. Diese Vorlage steht für den iOS Simulator nicht zur Verfügung.
OpenGL ES Driver	Diese Vorlage ist für die Messung der OpenGL ES Grafikausgabe vorbereitet. Im Unterschied zur vorigen Vorlage (OpenGL ES Analysis) liegt der Fokus hier auf der Grafikausgabe. Diese Vorlage steht für den iOS Simulator nicht zur Verfügung.
System Trace	Vorlage zur Untersuchung des Systemverhaltens, inklusive der ablaufenden Threads. Diese Vorlage bietet einen guten Gesamtüberblick über die Auslastung des Systems und ist deswegen ein guter Einstieg in die Analyse des Gesamtsystems.
System Usage	Diese Vorlage beobachtet die Ein-/Ausgabeaktivität von Dateien, Sockets (Netzwerkverbindungen) und Shared Memory für einen einzelnen Prozess, der über Instruments gestartet wurde. Nachfolgende Informationen stehen u.a. für jeden Aufruf zur Verfügung: Eingaben, Ausgaben, Dauer, Ablaufverfolgung (backtrace), Aufrufreihenfolge (calltree). Diese Vorlage steht für den iOS Simulator nicht zur Verfügung.
Time Profiler	Mit dieser Vorlage können Sie den zeitlichen Ablauf Ihrer Anwendung untersuchen.

a. Die Dokumentation zu UI Automation für iOS ist noch sehr spärlich. Dieser Onlineartikel hilft beim Einstieg: http://answers.oreilly.com/topic/1646-how-to-use-uiautomation-to-create-iphone-ui-tests/.

Die in Tabelle 4–4 aufgeführten Vorlagen stehen teilweise nur für das Endgerät und nicht für den Simulator zur Verfügung. Dafür stehen drei andere Vorlagen zur Auswahl, die in Tabelle 4–5 beschrieben sind.

Unterschiede iOS und iOS Simulator

Tab. 4–5
Spezielle Vorlagen für den iOS Simulator

Name der Vorlage	Beschreibung
Core Data	Diese Vorlage untersucht das Verhalten im Zusammenhang mit Core Data. Jegliche Zugriffe auf die Datenbank werden dabei aufgezeichnet und können somit analysiert werden. Ein guter Ansatzpunkt um Core-Data-Zugriffe zu optimieren.
File Activity	Diese Vorlage überwacht Aktivitäten auf dem Dateisystem, wie z.B. das Öffnen einer Datei oder das Erzeugen eines Ordners.
Zombies	Vorlage zur Untersuchung des allgemeinen Speicherverhaltens. Besonderer Fokus wird auf sogenannte Zombies gelegt. Dies sind Instanzen, auf denen ein *release* aufgerufen wurde, obwohl der Referenzzähler bereits auf 0 steht.

Nach der Auswahl einer Vorlage fehlt nun noch das Wichtigste, nämlich die Wahl der Anwendung, die Sie mit Instruments testen wollen. Hierfür stehen in der Toolbar von Instruments über das Menü *Target* die zwei wesentlichen Varianten *Attach to Process* und *Choose Target* zur Verfügung.

Über *Attach to Process*[20] kann sich Instruments zu einem laufenden Prozess hinzuschalten, während bei *Choose Target* ein in Xcode konfiguriertes Target ausgewählt werden kann. Es ist an dieser Stelle wichtig, zu erwähnen, dass die Anwendung außerhalb von Xcode gestartet werden muss. Das Anhalten der Anwendung stoppt allerdings nicht Instruments.

Aufruf aus der Entwicklungsumgebung Xcode

Ein Projekt innerhalb von Xcode kann direkt in Instruments gestartet werden. Hierfür steht der Menüpfad *Run/Run with Performance Tool* zur Verfügung.

Für den Start aus Xcode heraus werden bereits Vorlagen in Instruments vorgegeben. Damit haben Sie die Möglichkeit, sofort in die Analyse einzusteigen, und müssen nicht extra eine Vorlage definieren. Dies genügt oft für eine erste Analyse.

20. Über eine Auswahlliste werden die Namen aller laufenden Prozesse aufgeführt.

4.5.2 Eine eigene Vorlage zusammenstellen

Nach einem tieferen Einstieg in die Anwendungsentwicklung mit dem iOS werden Sie merken, dass Instruments ein hilfreicher Begleiter bei der Optimierung Ihrer Anwendung sein kann. Um Zeit bei der Analyse zu sparen, bietet es sich an, eine eigene Vorlage für Instruments zu erzeugen.

Um einer vorhandenen Vorlage ein weiteres Messinstrument hinzuzufügen, steht eine Bibliothek von Instrumenten zur Verfügung, die an die Bibliothek des Interface Builder erinnert. Um die Auswahl in den Vordergrund zu bekommen, müssen Sie die Schaltfläche *Library* in der Toolbar von Instruments betätigen.[21] Bei der Selektion eines Elementes wird im unteren Bereich eine kurze Erläuterung aufgeführt (siehe Abb. 4–43).

Das Hinzufügen eines zusätzlichen Messinstruments erfolgt einfach per Drag-and-drop auf die Arbeitsfläche von Instruments. Ein neu hinzugefügtes Instrument erscheint in der linken Leiste der Arbeitsfläche. Die einzelnen Instrumente können über einen Klick auf das Icon *i* an der rechten Seite jedes Instruments konfiguriert werden. Entfernt werden Instrumente entweder über ein Ziehen auf den Papierkorb von Mac OS X oder über die Taste *Backspace*.

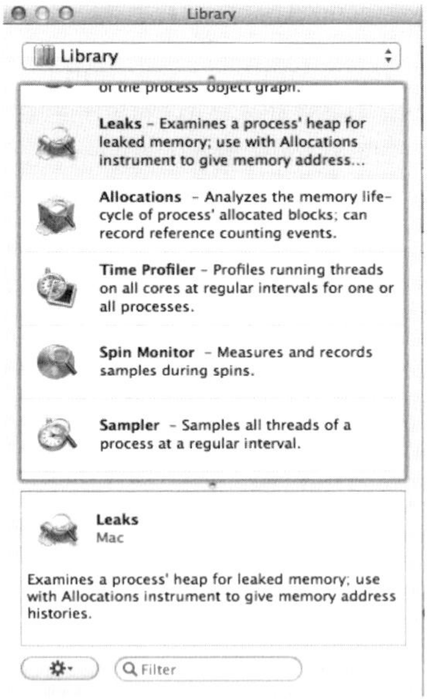

Abb. 4–43
Bibliothek der vorhandenen Analysewerkzeuge: Sie können per Drag-and-drop jeweils auf die Arbeitsfläche von Instruments gezogen werden.

21. Sollten Ihnen die angebotenen Messinstrumente nicht ausreichen, können Sie über *Instrument/Build new Instrument...* ein eigenes Messinstrument erzeugen.

Bei der Auswahl der Instrumente müssen Sie darauf achten, dass das jeweilige Instrument auch unterstützt wird. In der Bibliothek befinden sich nämlich auch Instrumente, die nicht für das iOS oder den iOS Simulator eingesetzt werden können.

4.5.3 Ein Beispiel für den Einstieg

Damit Sie auch ein Gefühl für die Arbeit mit Instruments bekommen, soll zum Abschluss der Vorstellung von Instruments noch ein Beispiel demonstrieren, wie erste Analyseergebnisse mit Instruments erzielt werden können. Als zu testende Anwendung soll uns hierfür die in Abschnitt 4.3.6 entwickelte Anwendung *sample-ui* dienen. Das Beispiel geht davon aus, dass das Projekt *sample-ui* in Xcode geöffnet ist.

Vergleich von mehreren Läufen

Das Beispiel soll zeigen, wie es auf einfache Weise möglich ist, mehrere Läufe miteinander zu vergleichen. Dies ist besonders hilfreich, wenn Sie bereits eine Stelle identifiziert haben, die es sich zu optimieren lohnt, wie z.B. eine lang andauernde Methode (etwa das Laden und Visualisieren einer großen Datenmenge). Durch die Möglichkeit des Vergleichs können Sie direkt sehen, ob Ihre Änderung eine Auswirkung hatte oder nicht.

Starten Sie Instruments aus Xcode über den Menüpfad *Run/Run with Performance Tool/CPU Sampler.* Nachdem Instruments läuft, wird auch direkt die Anwendung gestartet und die Aufnahme beginnt. Über den Button *Pause* (in der Abb. 4–44 ganz links) kann die Aufnahme angehalten werden. Beim Klick auf den danebenliegenden roten Knopf wird die Aufnahme gestoppt. Sollten Sie nun erneut auf den roten Knopf drücken, wird die Anwendung (in diesem Fall `sample-ui`) neu gestartet, und eine neue Aufnahme beginnt. Diese Aufnahme wird dann als separater Pfad[22] im Arbeitsfenster angezeigt.

22. In Instruments als Run (»Lauf«) bezeichnet. Der erste Lauf (Run 1) wird dabei direkt neben dem einzelnen Instrument angezeigt, weitere Läufe darunter und mit einem Index versehen. Die Läufe können dabei über den Pfeil links neben dem Instrument ein- bzw. ausgeklappt werden.

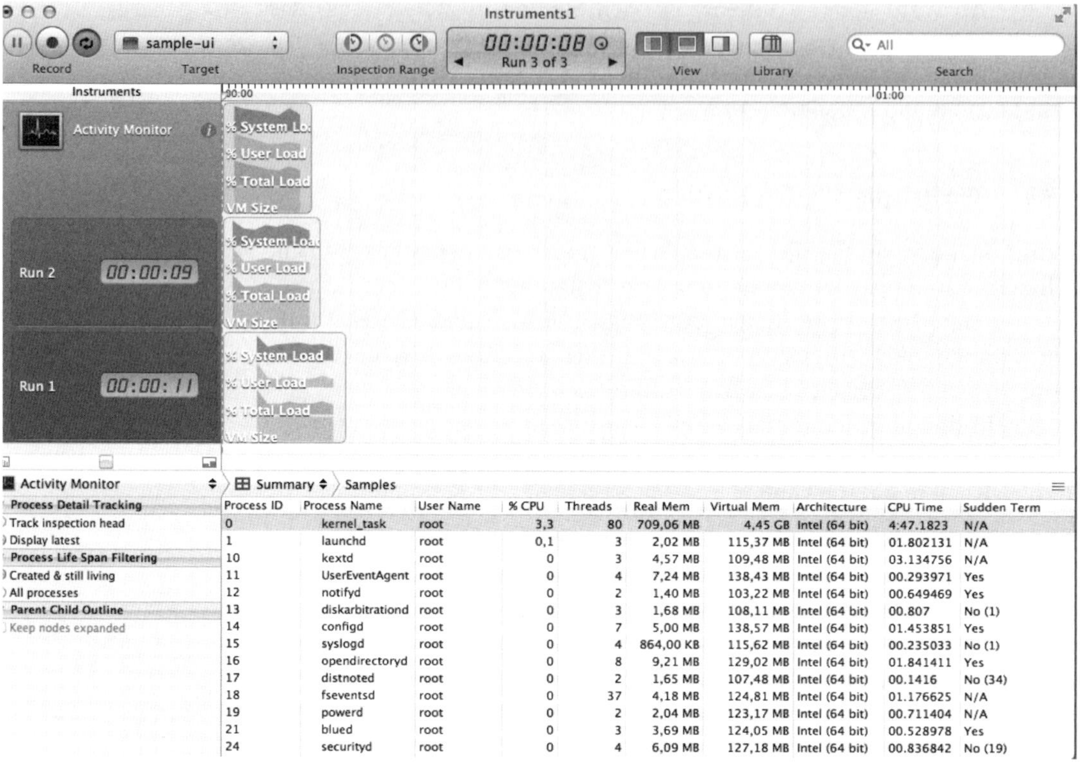

Abb. 4–44

Zwei Läufe in Instruments im direkten Vergleich

Instruments im Vollbild

Das Fenster von Instruments enthält sehr viele Informationen. Zur Laufzeit einer Anwendung kann die schiere Fülle dieser Informationen schnell störend wirken. Deshalb wird auch eine kleinere Variante von Instruments für die Laufzeit angeboten. Über den Menüpunkt *View/Mini Instruments* wird die Ansicht verkleinert (siehe Abb. 4–45). Das Fenster ist zusätzlich noch transparent. Somit sehen Sie auch darunterliegende Elemente. Beim Schließen des Fensters öffnet sich Instruments wieder in Normalansicht.

Sollten Sie mehrere Monitore im Einsatz haben, ist eventuell auch die Option *View/Full Screen* eine interessante Variante. Damit haben Sie Instruments auf dem ganzen Bildschirm.

Abb. 4–45

Mini-Instruments im Einsatz

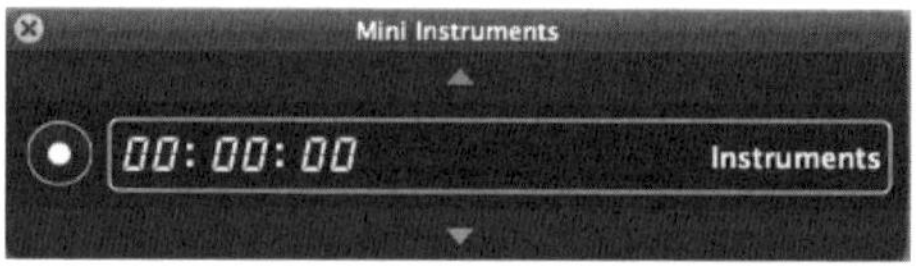

4.6 Der Debugger

Fehler in der Softwareentwicklung lassen sich nicht vermeiden. Wichtig ist daher, dass sie schnell und zielsicher lokalisiert werden können. Das Werkzeug hierfür ist der Debugger. Dieser Abschnitt soll zeigen, wie die Fehlersuche in iOS aussieht.

4.6.1 Debugging ohne Debugger

Bereits ohne vollwertigen Debugger können Sie die Fehlersuche auf zweierlei Weise durchführen. Die erste Möglichkeit bietet das Werkzeug Organizer, das in Abschnitt 4.7 näher beschrieben wird.

Alternativ dazu kann man mit Logausgaben im Quellcode arbeiten. Hierfür stellt das Foundation Framework die Funktion *NSLog* zur Verfügung. Die Funktion kann mit Text und Parametern bestückt werden. In Listing 4–6 ist die exemplarische Verwendung der Funktion *NSLog* aufgeführt.

Listing 4–6
Ausgabe in die Konsole mittels NSLog

```
- (IBAction)click:(id)sender {
  [label setText:[textField text]];
  NSLog(@"eine einfache Logausgabe");
  NSLog(@"Logausgabe mit Parameter %@", [label text]);
}
```

Die Konsole (auch als *Debugger Console* bezeichnet) können Sie über den Menüpunkt *View/Debug Area/Activate Debug Area* sichtbar machen, alternativ funktioniert auch *View/Debug Area/Active Console*. Die Konsole öffnet sich am unteren Rand von Xcode, dort werden die Texte ausgegeben (siehe Abb. 4–46).

Die Ausgaben in der Konsole sind vermischt. Einerseits sind direkte Ausgaben des Debuggers enthalten und andererseits Ausgaben von der zu untersuchenden Anwendung. Diese Ausgaben können Sie über das erste Icon in der Toolbar (siehe Abb. 4–47) gefiltert werden. Es stehen drei Optionen zur Verfügung:

- `All Output`
- `Debugger Output`
- `Target Output`

Im Standard *All Output* sind alle Ausgaben enthalten. Über *Debugger Output* werden nur die reinen Ausgaben des Debuggers ausgegeben. Über *Target Output* erscheinen nur die Ausgaben der zu untersuchenden App, z.B. alle Ausgaben per *NSLog*.

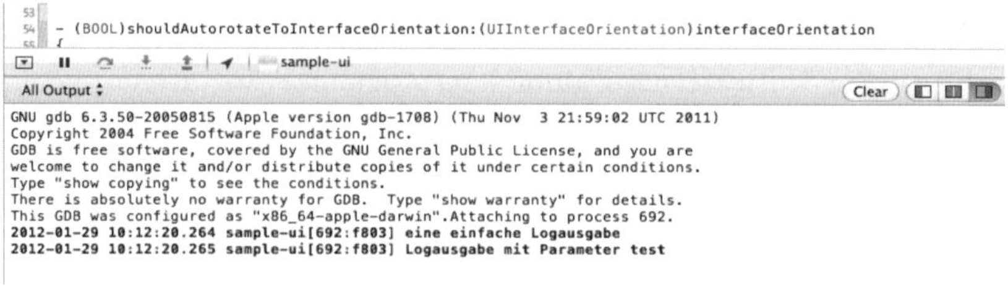

Abb. 4–46
Konsole in Xcode

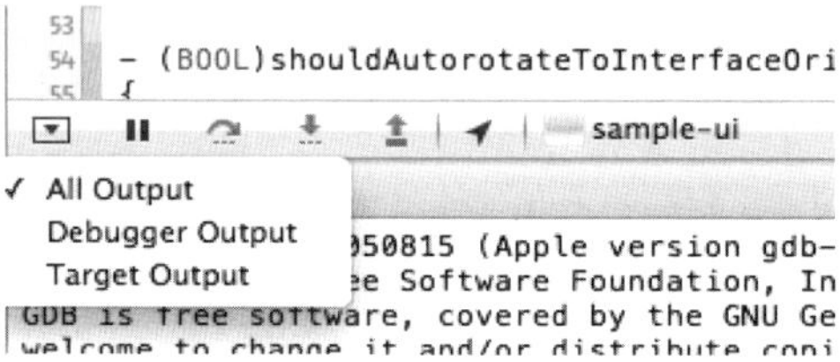

Abb. 4–47
Ausgabe der Konsole kann gefiltert werden.

4.6.2 Debugging in Xcode

Ein wichtiges Werkzeug für die Fehleranalyse ist der mitgelieferte vollwertige Debugger. Damit können Sie z.B. Ihre Anwendung in Einzelschritten durchlaufen und Fehlern auf die Spur kommen. Der Debugger ist direkt in die Entwicklungsumgebung Xcode integriert. Sobald ein erster Breakpoint gesetzt wird, aktiviert sich die Schaltfläche *Breakpoints* (siehe Abb. 4–48) und beim Klick auf *Run* startet der Debugger mit. Sollte das nicht gewünscht sein, müssen die Breakpoints über die Schaltfläche *Breakpoints* wieder deaktiviert werden.

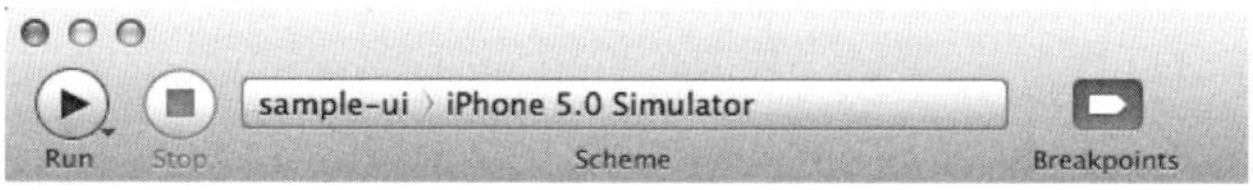

Abb. 4–48
Aktivierung über Breakpoints

Sobald ein Breakpoint erreicht wird, hält die Anwendung an und die Zeile wird dabei mit einer grünen Markierung hinterlegt. Ein aktuell aktiver Breakpoint ist dabei mit einem dunkelblauen Pfeil versehen (siehe Abb. 4–49). Wenn Sie die Maus über die Zeile bewegen, erscheint ein kleines Icon (siehe Abb. 4–50) neben dem blauen Pfeil, damit können Sie die Zeile ausführen und zur nächsten Zeile springen.

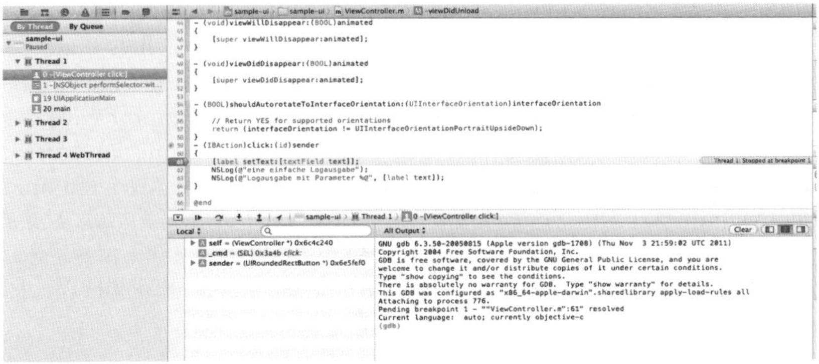

Abb. 4–49
Der integrierte Debugger im Einsatz

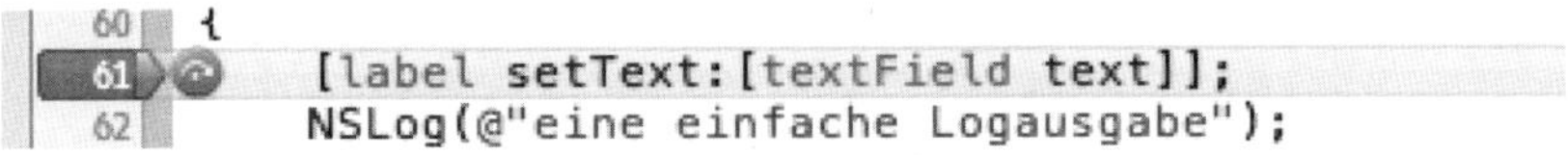

Abb. 4–50
Anweisung ausführen

Die Bedienung des Debuggers erfolgt über die Menüzeile in der Debug-Area (siehe Abb. 4–51). Der linke Pfeil nach unten blendet die Debug-Area wieder aus. Bei erneutem Klick wird diese wieder eingeblendet. Daneben befinden sich die Bedienelemente für die Standardfunktionen des Debuggers.

Abb. 4–51
Bedienung des Debuggers

Breakpoints

Um Ihr Programm zu analysieren, müssen Sie Haltepunkte (Breakpoints genannt) im Quellcode setzen. Dies erfolgt direkt im Quelltexteditor. Um einen Breakpoint zu setzen, klicken Sie auf die gewünschte Zeile an der linken Seitenliste (*Gutter* genannt, siehe Abb. 4–52) des Quelltexteditors. Nach dem Klick erscheint der Breakpoint als blauer Pfeil.

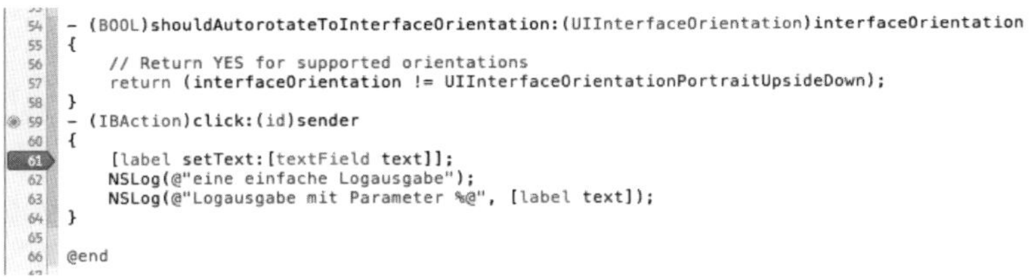

Abb. 4–52
Blaue Breakpoint-markierung im Gutter

Ein gesetzter Breakpoint kann per Klick deaktiviert werden. Aus dem dunklen Blau der Markierung wird dann ein abgeschwächtes Blau.

Kontextmenü für Breakpoints

Ein Breakpoint besitzt außerdem ein Kontextmenü (rechte Maustaste) mit vier Aktionen. Über die Aktion *Delete Breakpoint* wird der selektierte Breakpoint gelöscht. Um einen Breakpoint auszuschalten, müssen Sie diesen nicht direkt löschen, es reicht das Deaktivieren über den Menüpunkt *Disable Breakpoint*. Mit *Reveal in Breakpoint Navigator* sehen Sie den Breakpoint im sogenannten Breakpoint Navigator (siehe Abb. 4–53), hierüber erhalten Sie eine Übersicht über alle Breakpoints im Projekt.

Abb. 4–53
Übersicht alle Breakpoints im Projekt

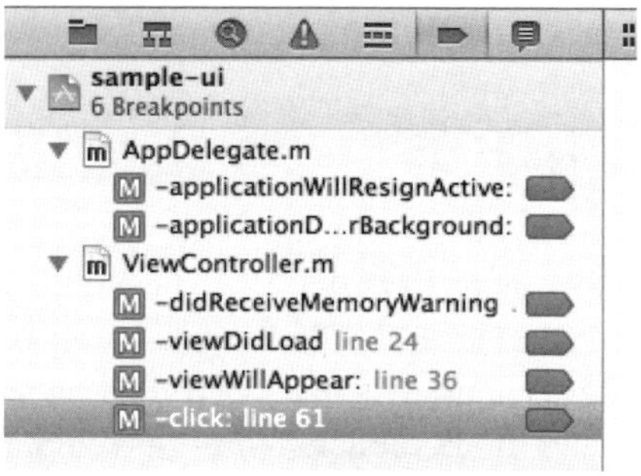

Grundsätzlich kann nach dem Setzen eines Breakpoints schon mit dem Analysieren der Anwendung begonnen werden. Es ist aber noch möglich, einen Breakpoint zu konfigurieren. Über die Aktion *Edit Breakpoint* im Kontextmenü öffnet sich direkt im Quelltexteditor ein kleines Fenster mit Optionen für den selektierten Breakpoint. Hier können Sie z.B. den Breakpoint mit einer Bedingung ausstatten. Alternativ kann die Bedingung auch über den Breakpoint Navigator gesetzt werden. Hierfür wird der Navigator über *Reveal in Breakpoint Navigator* geöffnet. Jeder Breakpoint besitzt auch hier ein Kontextmenü. Über die schon erwähnte Option *Edit Breakpoint* erscheint das gleiche Fenster wie bei Auswahl der genannten Option im Quelltexteditor.

Abb. 4–54
Anpassen des Breakpoints direkt im Quelltexteditor

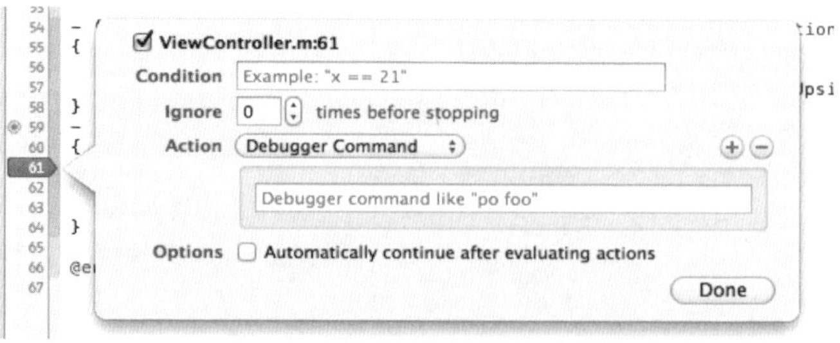

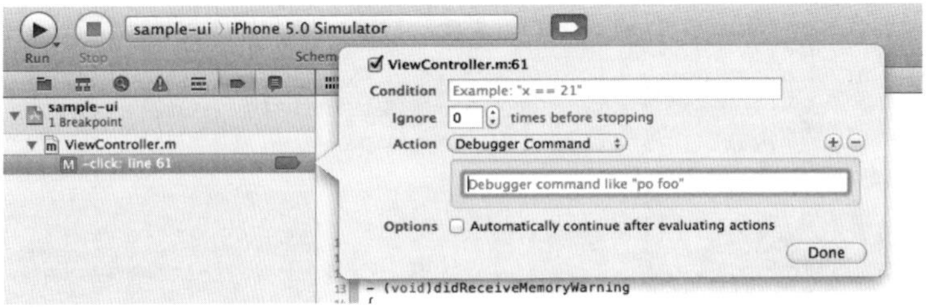

Abb. 4–55
Anpassen des Breakpoints direkt im Breakpoint Navigator

Xcode liefert bereits einige vordefinierte Breakpointanpassungen mit. Diese erreichen Sie über die Zeile *Action*. Die Aktionen sind:

- Apple Script
- Capture OpenGL Frame
- Debugger Command
- Log Message
- Shell Command
- Sound

4.6.3 Debugging-Arten

Beim Debugging wird zwischen aktivem und passivem Debugging unterschieden.

Aktives Debugging

Unter aktivem Debugging wird die Fehlersuche durch das Setzen und Aktivieren von Breakpoints verstanden. Das aktive Debugging wird meistens mit dem Wort Debugging gleichgesetzt.

Passives Debugging

Beim passiven Debugging werden keine Breakpoints gesetzt und das Programm wird nicht im Modus *Debug* gestartet. Bricht das Programm mit einem Laufzeitfehler ab, kann über den Stacktrace (siehe Abb. 4–56) navigiert werden. Nach dem Abbruch der Anwendung ist direkt die Debuggeransicht geöffnet und die Fehlersituation kann untersucht werden. Für den nächsten Lauf können Sie die Informationen dafür verwenden, um an der richtigen Stelle einen Breakpoint zu setzen.

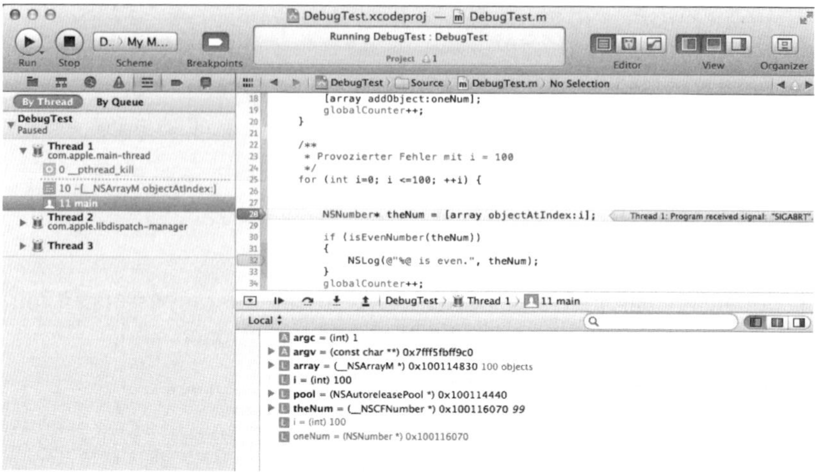

Abb. 4–56 *Anzeige der Fehlerstelle im Debugger*

4.7 Der Organizer

Ein wichtiges Werkzeug, um Ihre Anwendung auf einem Endgerät zu testen, ist der *Organizer*. Er ist in die Entwicklungsumgebung Xcode integriert und kann über den Menüpfad *Window/Organizer* gestartet werden. Alternativ kann der Organizer auch über die Toolbar von Xcode gestartet werden. Hierfür steht das Icon Organizer (siehe Abb. 4–57) zur Verfügung.

Abb. 4–57 *Icon zum Start des Werkzeuges Organizer*

In der letzten Version des iOS SDK wurde der Organizer stark erweitert. Bisher bestand die Hauptaufgabe des Organizers in der Verwaltung der Endgeräte, d.h., wenn ein Endgerät angeschlossen war, konnten Sie auf diesem Wege Informationen darüber sammeln. Dies wurde nun erweitert. Abbildung 4–58 zeigt die Toolbar mit den Hauptfunktionen, die Sie beim Start des Organizers vorfinden.

Abb. 4–58 *Hauptfunktionen des Organizers*

Der Organizer ist in insgesamt fünf Kategorien unterteilt. Diese sind in Tabelle 4–6 beschrieben.

Tab. 4–6
Die Hauptfunktionen des Organizers

Kategorie	Beschreibung
Devices	Geräteverwaltung
Repositories	Übersicht über die verwalteten Git-Repositories
Projects	Übersicht über alle verfügbaren Projekten
Archives	Verwaltet die App-Archive
Documentation	Zugang zur Dokumentation

Die wichtigste Funktion ist die Geräteverwaltung, diese ist in Tabelle 4–7 näher beschrieben.

Tab. 4–7
Die Menüpunkte des Organizers innerhalb der Geräteverwaltung

Menüpunkt	Beschreibung
Gerätename	Bei Klick auf das Gerät erhalten Sie eine Übersicht über die technischen Daten des angeschlossenen Endgerätes.
Provisioning Profiles	Die installierten Provisioning Profiles
Applications	Eine Liste der selbst installierten Apps
Console	Konsole. Hier sehen Sie z.B. die Ausgabe der Methode `NSLog`.
Device Logs	In dieser Ansicht können Sie alle Logdateien von Abstürzen des Gerätes einsehen.
Screenshots	Hierüber ist es möglich, einen Screenshot des angeschlossenen Endgerätes zu erstellen.

Neben der Console und den Device Logs ist auch der Menüpunkt *Screenshots* sehr interessant. Die einzelnen Screenshots der laufenden Anwendung auf dem Endgerät können Sie einfach per Ziehen auf den Finder oder die Arbeitsfläche abspeichern. Das Format der Screenshots ist PNG (Abb. 4–59).

Der Organizer wird Ihnen nochmals in Kapitel 8 begegnen, wo wir uns dem Testen einer Anwendung auf dem Endgerät widmen.

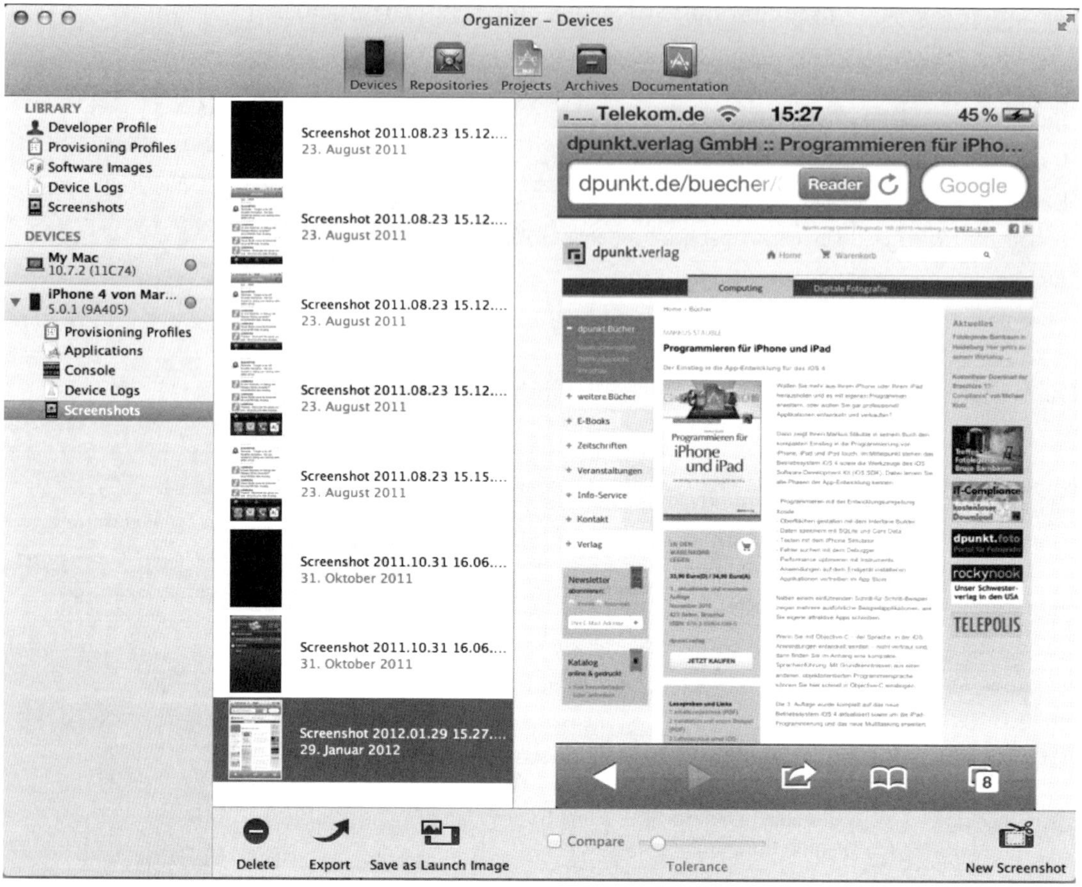

Abb. 4–59

Der Organizer im Einsatz

Dashcode: Der kleine Bruder von Xcode

Mit der aktuellen Version von *Dashcode* (Version: 3.0.2, Build: 336) lassen sich neben Dashboard-Widgets für das Mac OS X nun auch Webanwendungen entwickeln, die speziell für den Safari-Browser auf dem iPad, iPhone und dem iPod touch angepasst sind. Nach dem Start von Dashcode werden Ihnen unter der Kategorie *Webprogramm* insgesamt fünf Vorlagen für Webprogramme angeboten (Abb. 4–60).

Nach der Auswahl der Vorlage steht Ihnen das neue Projekt im Arbeitsbereich von Dashcode zur Verfügung (siehe Abb. 4–61). Neben einem großen grafischen Bereich zur Gestaltung der Oberfläche existiert auch ein Editor für die Ausprogrammierung von Events.

Direkte Tests im iPhone Simulator sind möglich.

Über die Schaltfläche *Ausführen* können Sie die Anwendung direkt im iOS Simulator testen. Hierfür wird die Anwendung im Browser des iOS Simulator geöffnet.

Abb. 4-60
Angebotene Vorlagen in Dashcode

Abb. 4-61
Arbeitsbereich in Dashcode

Nicht für native Anwendungen geeignet

An dieser Stelle möchte ich nochmals darauf hinweisen, dass Dashcode im Bereich der iOS-Entwicklung nur für Webanwendungen eingesetzt werden kann. Für eine native Anwendung müssen Sie hingegen auf die voll ausgestattete Entwicklungsumgebung Xcode zurückgreifen.

4.8 Zusammenfassung

Im ersten Teil dieses Kapitels haben Sie die Entwicklungsumgebung Xcode eingehend kennengelernt. Hierbei haben wir uns zunächst mit der Hilfe beschäftigt, da sie vor allem für den Einsteiger eine wichtige Funktion darstellt. Insbesondere die API-Dokumentation werden Sie in der täglichen Entwicklung zu schätzen wissen. Denken Sie dabei daran, dass nicht jede Hilfsquelle offline zur Verfügung steht und Sie sich ggf. wichtige Informationen auch lokal speichern sollten.

Als Nächstes haben wir uns mit der Entwicklungsumgebung Xcode selbst beschäftigt. Hier wurde besonders auf den Quelltexteditor als zentrales Element in der Entwicklung eingegangen. Auch die Editoren für das Framework Core Data haben Sie kennengelernt. Aufgrund der Wichtigkeit der Oberfläche in einer iOS-Anwendung wurde neben den Grundlagen des Interface Builder auch ein komplettes Beispiel zur Gestaltung einer Oberfläche programmiert.

Nach der Einführung in die wichtigsten Werkzeuge für die Anwendungsentwicklung folgte eine kurze Erläuterung des iOS Simulator, den Sie bei der Applikationsentwicklung sehr oft einsetzen werden. Besonders die Erweiterung der Simulation eines beliebigen Ortes hilft beim Test von Location Based Services.

Anschließend wurde Ihnen Instruments, das zentrale Werkzeug für das Profiling Ihrer Anwendung, vorgestellt. Sie haben dabei gelernt, dass sich Instruments nicht nur auf das Thema Performance beschränkt, sondern auch Werkzeuge zur Automation von Oberflächenaktionen bereitstellt. Die Möglichkeit, damit automatische Tests durchzuführen, ist ein großer Vorteil, den Sie auf jeden Fall nutzen sollten – die Benutzer Ihrer Anwendung werden das zu schätzen wissen.

Es folgte eine kurze Vorstellung des Debuggers und der wichtigsten Techniken für das Debugging Ihrer Anwendung. Außerdem lernten Sie das Werkzeug Organizer kennen. Den Abschluss bildete eine Darstellung der Entwicklungsumgebung Dashcode, mit der Sie Webanwendungen speziell für das iOS entwickeln können.

Weitere Informationen zu Werkzeugen rund um die Anwendungsentwicklung für das iPhone erhalten Sie wie gewohnt im iOS Dev Center.

5 Entwickeln für das iPad

Die bisher behandelten Grundlagen können Sie zumeist[1] auch bei der Anwendungsentwicklung für das iPad einsetzen. Aufgrund der größeren Dimensionen des iPad im Vergleich zum iPhone existieren aber Funktionen, die dem Entwickler ausschließlich für das iPad zur Verfügung stehen. Dieses Kapitel zeigt Ihnen, wie Sie in die Entwicklung einer iPad-Anwendung einsteigen.

5.1 Unterschiede zum iPhone

Mit der Einführung des iPad wurde auch eine neue Version 3.2 des Betriebssystems eingeführt, damals noch iPhone OS. Diese Version gab es nur für das iPad. Die meisten Funktionen des iPad sind seit Version 4.1 auch für das iPhone und den iPod touch verfügbar. In diesem Unterkapitel sollen die Neuerungen und die Unterschiede zur Programmierung einer reinen iPhone-App erläutert werden.

5.1.1 Neue Konfigurationsschlüssel

Mit dem iPhone OS 3.2 wurden für das iPad fünf neue Konfigurationsschlüssel für die `Info.plist` eingeführt.

UIDeviceFamily

Über den Schlüssel `UIDeviceFamily` wird angegeben, welches Gerät von der Anwendung unterstützt wird. Dieser Schlüssel ist verpflichtend für eine iPad-App. Der Wert wird nicht direkt in der `Info.plist` gesetzt, sondern innerhalb der Projekteinstellungen in Xcode. Dabei ist zu beachten, dass die Einstellung direkt am jeweiligen Target (siehe Abb. 5–1) vorgenommen wird. Die entsprechende Auswahl finden Sie bei der Beschriftung *Devices* innerhalb des Reiters Summary. Über diese

1. Schon alleine wegen der unterschiedlichen Bildschirmgröße und Auflösung werden niemals alle iPad-Möglichkeiten dem iPhone zur Verfügung stehen. Deswegen wird es weiterhin Unterschiede zwischen Tablet-Apps und Smartphone-Apps geben.

Konfigurationsmöglichkeit können Sie aus einem Projekt auch Anwendungen für unterschiedliche Geräte (siehe Abschnitt 5.4) erzeugen – in der Konfigurationsdatei wird der Wert in `TARGETED_DEVICE_FAMILY` gespeichert. Beim Erstellen einer neuen Anwendung für das iPad wird dieser Schlüssel automatisch gesetzt.

Abb. 5–1 *Gerätekonfiguration in Xcode*

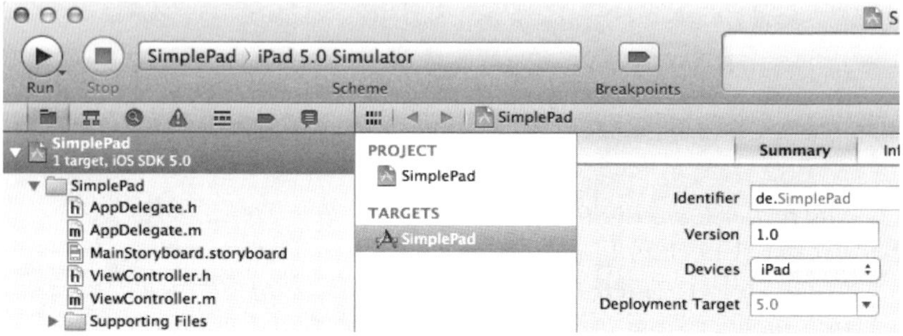

UILaunchImageFile

Um die Wartezeit beim Start einer Anwendung zu überbrücken, kann ein Startbild (in der Dokumentation als *LaunchImage* bezeichnet) angezeigt werden. Standardmäßig wird hierfür die Datei `Default.png` verwendet. Dieses Bild wird im Hochformat angezeigt. Sowohl der Name als auch die Ausrichtung kann über den Schlüssel `UILaunchImageFile` angepasst werden. Die Geräte unterstützen dabei unterschiedliche Auflösungen für die Startbilder (siehe Tab. 5–1).

Tab. 5–1 *Auflösungen der einzelnen Geräte für die Startbilder*

Gerät	Hochformat (in Pixel)	Querformat (in Pixel)
iPad	768 × 1004	1024 × 768
iPhone, iPod touch	320 × 480 640 × 960 (hochauflösend[a])	Nicht unterstützt

a. Diese Auflösung kann beim iPhone 4 (S) und iPod touch mit Retina-Display angewendet werden.

Das in der Datei `Default.png` aufgeführte hochauflösende Startbild für das iPhone und den iPod touch wird um das Suffix `@2x` erweitert. Das hochauflösende Standardbild trägt also den Namen `Default@2x.png`.

Bezeichnung der Startbilder

Die Bilder können selbst definiert werden. Dabei muss folgendes Format eingehalten werden:

<Basisname><Attribut für Orientierung><Skalierung><Gerät>.png

Die Skalierung (kann nur den Wert *2x* einnehmen) ist nur für Geräte mit Retina-Display relevant, somit nur für iPhone 4 und 4S[2].

Für die unterschiedlichen Ausrichtungen des iPad kann über das genannte Attribut ein weiteres Bild angegeben werden. Die möglichen Attribute sind dabei in Tabelle 5–2 aufgeführt.

Tab. 5–2
Mögliche Attribute für die Orientierung des iPad

Attribut	Beschreibung
-Landscape	Attribut für Querformat. Wenn kein Bild mit dem Attribut-LandscapeLeft oder -LandscapeRight vorhanden ist, wird dieses Bild gefunden. Dieses Bild hat Vorrang vor Default.png.
-LandscapeLeft	Attribut für linksorientiertes Querformat. Dieses Bild hat Vorrang vor einem Bild mit dem Attribut -Landscape.
-LandscapeRight	Attribut für rechtsorientiertes Querformat. Dieses Bild hat Vorrang vor einem Bild mit dem Attribut -Landscape.
-Portrait	Attribut für Hochformat mit dem Homebutton an der unteren Seite. Dieses Bild hat Vorrang vor Default.png. Wenn kein Bild mit -PortraitUpsideDown vorhanden ist, wird dieses Bild für das gedrehte Hochformat verwendet.
-PortraitUpsideDown	Attribut für Hochformat mit dem Homebutton an der oberen Seite, somit also gedreht. Dieses Bild hat Vorrang vor einem Bild mit dem Attribut -Portait.
kein Attribut	Wenn kein Bild mit einem zusätzlichen Attribut vorhanden ist, wird das definierte Bild für alle Varianten verwendet. Vor iOS 3.2 muss das Bild Default.png heißen.

UISupportedInterface Orientations

Welche Ausrichtungen von der Anwendung unterstützt werden, kann über den Schlüssel `UISupportedInterfaceOrientations` festgelegt werden. Der Wert wird in Form eines Arrays angegeben. Als Werte werden die Konstanten der Klasse `UIInterfaceOrientation` unterstützt. In Listing 5–1 ist der Ausschnitt aus einer `Info.plist` mit allen vier möglichen Ausrichtungen dargestellt. Die Angabe von `UISupportedInterfaceOrientations` ist nicht verpflichtend, wird aber von Apple empfohlen.

Listing 5–1
Konfiguration der Ausrichtungen

```
<key>UISupportedInterfaceOrientations</key>
<array>
  <string>UIInterfaceOrientationPortrait</string>
  <string>UIInterfaceOrientationPortraitUpsideDown</string>
  <string>UIInterfaceOrientationLandscapeLeft</string>
  <string>UIInterfaceOrientationLandscapeRight</string>
</array>
```

CFBundleDocumentTypes

Mit dem Schlüssel `CFBundleDocumentTypes` kann eingestellt werden, welche Dateitypen von der Anwendung geöffnet werden können.

CFBundleIconFiles

Eine Anwendung kann für unterschiedliche Zwecke unterschiedliche Icons mitliefern. Diese werden als Array definiert. Der zugehörige

2. Stand: Januar 2012.

Schlüssel ist `CFBundleIconFiles`[3]. Der erste Einsatzzweck ist das Icon für die Selektion der Anwendung auf einem der Homescreens. Der nächste Einsatzzweck ist innerhalb der Einstellungsseite des iOS (in der Dokumentation Settings genannt). Dadurch haben Sie die Möglichkeit, innerhalb der Einstellungsseite ein spezifisches Icon für Ihre App vorzusehen. Zusätzlich gibt es noch ein Icon für die Suchergebnisse der Spotlight-Suche. Die möglichen Typen von App-Symbolen sind in Tabelle 5–3 aufgeführt.

Tab. 5–3 *Mögliche Symbole für eine App*

Icontyp	Gerät	Größe (in Pixel)
Icon[a]	iPhone	57 x 57 114 x 114 (hochauflösend)
Icon[b]	iPad	72 x 72
Einstellungen und Suche[c]	iPad, iPhone	29 x 29 58 x 58 (hochauflösend)
Suche[d]	iPad	50 x 50

a. Das Hauptsymbol für die Anwendung. Wird für den Homescreen verwendet. Die hochauflösende Variante ist nur für Geräte mit Retina-Display. An den Iconnamen wird wieder @2x angehängt.
b. Das Hauptsymbol für iApp-Apps.
c. Wird innerhalb der Einstellungen auf allen Gerätetypen angewendet. In den Suchergebnissen wird das Symbol nur beim iPhone und iPod touch herangezogen. Die hochauflösende Variante ist wieder für Retina-Displays.
d. Wird bei den Suchergebnissen auf dem iPad verwendet.

Wie zuvor erwähnt, werden die Icons in Form eines Arrays angegeben. Dabei werden die einzelnen Icons nicht näher spezifiziert. Das iOS nimmt das Icon, dessen Größe der definierten Größe am nächsten kommt. Die Grafiken müssen im PNG-Format vorliegen. Wenn die Anwendung mittels Ad-hoc-Distribution verteilt wird, ist zusätzlich eine Grafik der Größe 512 x 512 Pixel beizufügen. Der Name der Datei ist `iTunesArtwork` (ohne Dateiendung). Diese Datei wird in iTunes angezeigt.

5.1.2 Neue Oberflächenelemente

Durch den größeren Bildschirm und die höhere Auflösung kann man für das iPad Oberflächen gestalten, die für das iPhone so nicht möglich sind. Diese neuen Möglichkeiten werden in diesem Abschnitt kurz erläutert.

---

3. Wenn dieser Schlüssel vorhanden ist, überschreibt dieser den Wert in *CFBundleIconFile*.

Splitview

Mit dem iPad wurde ein Split View Controller eingeführt. Damit kann man den Bildschirm in zwei Bereiche aufteilen (siehe Abb. 5–2). Die linke Seite hat dabei eine feste Breite von 320 Pixel. Die rechte Seite füllt den restlichen Platz aus. Im Querformat werden beide Bereiche angezeigt. Im Hochformat wird hingegen nur der rechte Bereich dargestellt. Die zugrunde liegende Klasse ist der `UISplitViewController`. Der Split View Controller kann direkt im Interface Builder hinzugefügt werden. In die einzelnen Bereiche können weitere Oberflächenelemente eingefügt werden.

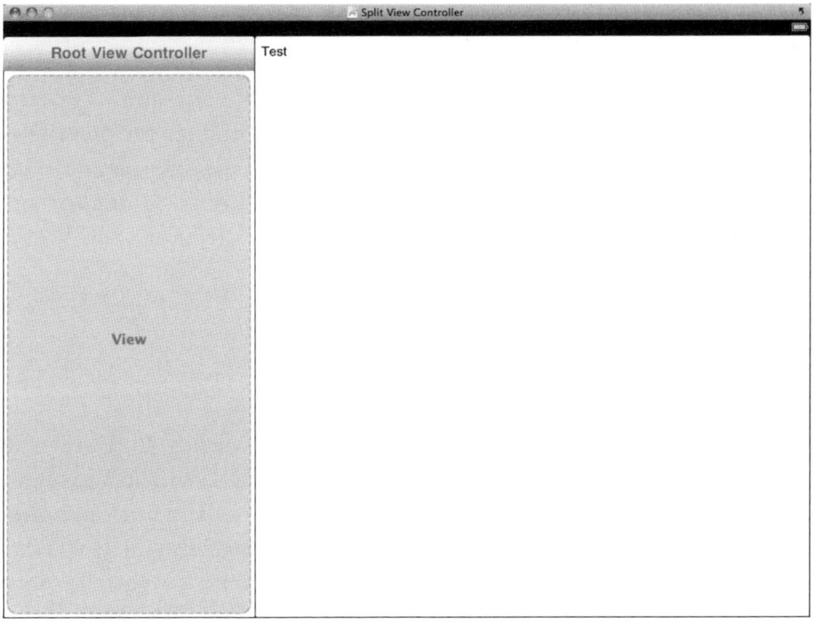

Abb. 5–2 *Split View Controller im Interface Builder*

Pop-over

Über ein Pop-over ist es möglich, eine View über dem aktuellen Fenster darzustellen. Durch dieses Oberflächenelement müssen Sie den aktuellen Kontext nicht verlassen. Die notwendige Klasse ist der `UIPopoverController`. Sie ist mit einem weiteren Controller zu initialisieren.

Modale Views

Über die Methode `presentModalViewController:animated:` kann eine modale[4] View angezeigt werden. Mit dem iPad wurden dabei drei unterschiedliche Darstellungsarten für solche Dialoge eingeführt.

UIModalPresentation FullScreen

Die Option `UIModalPresentationFullScreen` führt dazu, dass die View im Vollbild angezeigt wird. Diese Variante kennen Sie bereits vom iPhone.

4. Ein modaler Dialog ist ein Fenster, das Eingaben in anderen Oberflächenelementen deaktiviert. Nur Eingaben innerhalb des Dialogs sind möglich.

UIModalPresentation PageSheet

Über `UIModalPresentationPageSheet` wird der modale Dialog über die ganze Höhe des Bildschirms angezeigt. Im Querformat sehen Sie aber links und rechts noch das darunterliegende Fenster.

UIModalPresentation FormSheet

Mit der dritten Variante, `UIModalPresentationFormSheet`, wird der modale Dialog in der Mitte des Bildschirms angezeigt. Die darunterliegende View sehen Sie dabei noch auf jeden Fall.

Toolbars

Auf einem iPhone werden Toolbars am unteren Rand der Anwendung angezeigt. Auf einem iPad ist es auch möglich, eine Toolbar am oberen Rand des Bildschirms zu positionieren.

5.2 Vorlagen für das iPad

Die bisherigen Beispiele in diesem Buch haben Sie allesamt über eine Vorlage aus Xcode entwickelt. Auch für das iPad können Sie diese Vorgehensweise verwenden. Bei der Auswahl einer Vorlage sehen Sie im Abschnitt Product (siehe Abb. 5–3), für welches Endgerät die Vorlage eingesetzt werden kann. Insgesamt stehen drei Varianten zur Verfügung:

- iPhone
- iPad
- Universal

Bei den ersten beiden Vorlagen ist klar, für welches Endgerät die Anwendung entwickelt wird. Die iPhone-App kann zusätzlich auch auf einem iPad ablaufen, vorausgesetzt, dass die iPhone-App mit einer älteren (oder der gleichen) Betriebssystemversion entwickelt wurde wie das iPad. In diesem Fall wird die Anwendung verkleinert dargestellt; über eine Schaltfläche kann die Darstellungsfläche verdoppelt werden.

Die Variante Universal ist eine Anwendung, die für beide Gerätevarianten entwickelt ist. Dabei wird sowohl für das iPhone als auch für das iPad jeweils eine eigene Oberfläche entwickelt. Alle in Xcode 4.2.1 angebotenen Vorlagen stehen auch für das iPad zur Verfügung.

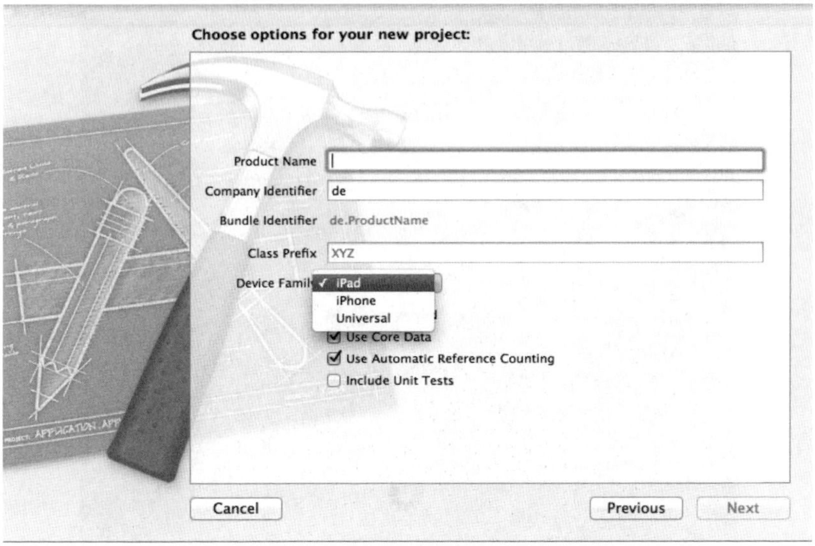

Abb. 5–3
Auswahl Endgerät bei der Vorlage

Bei der Verwendung einer iPad-Vorlage wird die Anwendung nach Betätigung der Schaltfläche *Run* in Xcode direkt im iOS Simulator im aktivierten iPad-Modus[5] (siehe Abb. 5–3) gestartet. Der Simulator ist um einiges größer (siehe Abb. 5–5). Dies ist der größeren Auflösung des iPad von 1024 × 768 geschuldet. Ansonsten lässt sich der Simulator wie das simulierte iPhone bedienen.

Der Simulator selbst trägt aber weiterhin den Namen iPhone Simulator. Über den Menüpunkt *Hardware* (siehe Abb. 5–4) innerhalb des iPhone Simulator kann im Unterpunkt *Gerät* zwischen den Geräten iPad, iPhone und iPhone (Retina)[6] umgeschaltet werden.

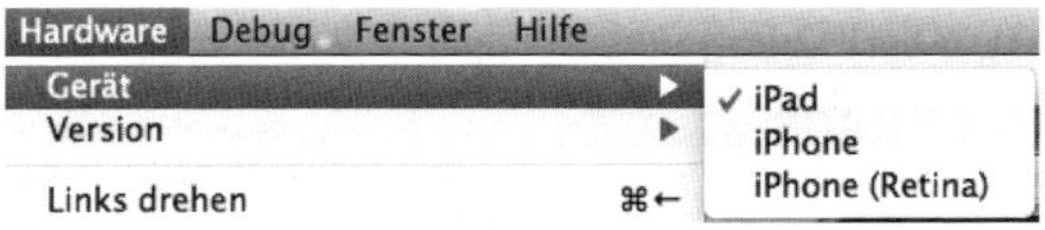

Abb. 5–4
Umschaltung des Gerätes im iOS Simulator

5. Der iPad-Modus ist der Modus, in dem direkt das Gerät iPad im Menü des iOS Simulator aktiviert ist.
6. Der Simulator iPhone (Retina) simuliert das iPhone 4 (S) mit dem Retina-Display, das eine Auflösung von 960 × 640 Pixel unterstützt, im Gegensatz zu 480 × 320 Pixel beim iPhone 3GS.

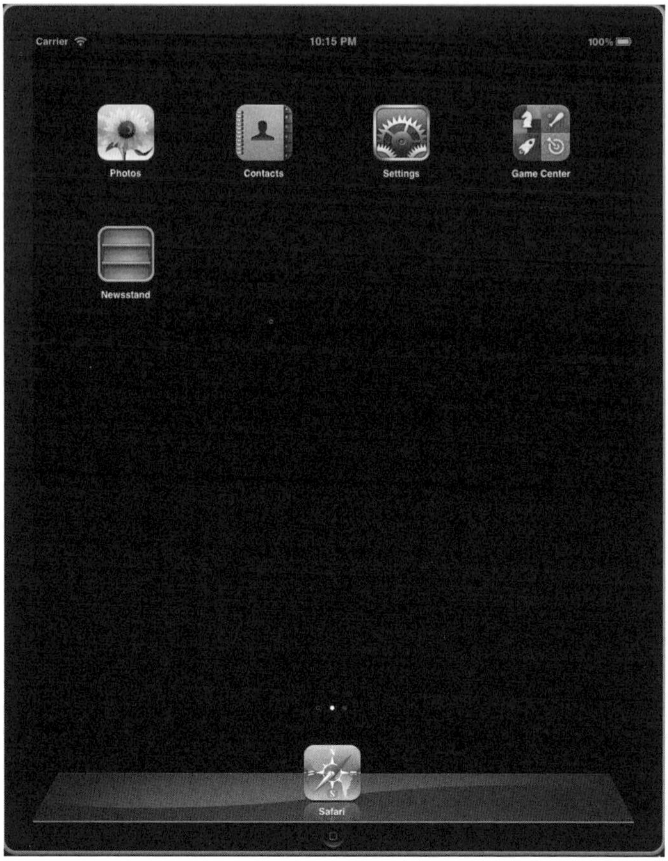

Abb. 5–5
Der iPad-Simulator in Aktion

5.3 Die Universal-App

Für die Entwicklung einer Universal-App kann in der aktuellen Xcode-Version (4.2.1) jede beliebige Vorlage ausgewählt werden. Bei der Erstellung ist lediglich in der Auswahlliste *Product* der Wert *Universal* auszuwählen. Der Unterschied zum gerätespezifischen Projekt erkennt man im Projektordner (siehe Abb. 5–6). Dateien, die speziell einem Gerät zugeorgnet sind, sind mit einem Suffix markiert. Für das iPhone ist es das Suffix `_iPhone` und für das iPad ist es das Suffix `_iPad`. In Abbildung 5–6 sind es die Oberflächendefinitionsdateien.

An dieser Aufteilung ist ersichtlich, dass für beide Geräte unterschiedliche Oberflächen (im Beispiel `ViewController_iPad.xib` und `ViewController_iPhone.xib`) zu erstellen sind.

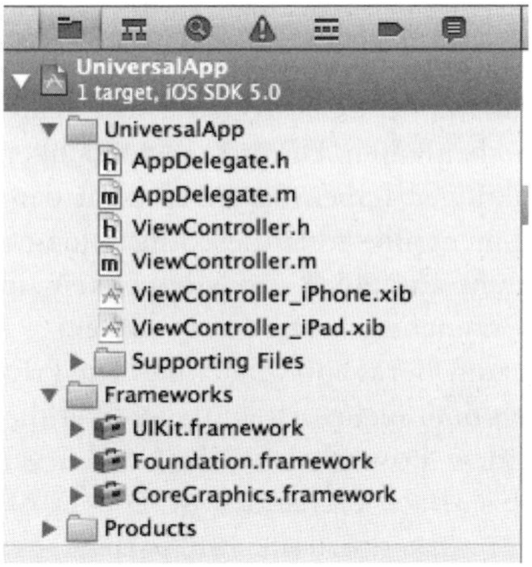

Abb. 5–6
Projektaufbau einer Universal-App

Zentrale Einstellungsdatei

Es besteht die Möglichkeit, die Konfiguration auf die Geräte abzustimmen. Wenn ein Konfigurationsschlüssel in der Einstellungsdatei nicht gemeinsam genutzt werden soll, muss dieser markiert werden. Der allgemeine Aufbau eines Schlüssels ist:

```
key_root-<plattform>~<device>
```

Der Wert `key_root` ist dabei der Schlüsselname (z.B. `NSMainNibFile`). Der Wert `plattform` spezifiziert, für welche Plattform der Schlüssel gilt. Mit `iphoneos` wird das iOS adressiert. Diesen Wert können Sie weglassen, denn der Wert `iphoneos` ist der Standard auf dem iOS. Für `device` werden `ipad`, `iphone` und `ipod` unterstützt. Die verwendete Vorlage erzeugt eine Einstellungsdatei (siehe Listing 5–2), die bereits geräteabhängige Einstellungen enthält. Einmal ist die Oberflächendefinitionsdatei für das iPad (❷) und einmal für den Rest (❶) aufgeführt. Darüber hinaus sind die Möglichkeiten zur Ausrichtung des Gerätes für iPad (❹) und andere Geräte (❸) definiert.

Listing 5–2
Geräteabhängige Schlüssel in der PropertyList

```
<key>NSMainNibFile</key> ❶
<string>MainWindow_iPhone</string>
<key>NSMainNibFile~ipad</key> ❷
<string>MainWindow_iPad</string>
<key>UISupportedInterfaceOrientations</key> ❸
<array>
<string>UIInterfaceOrientationPortrait</string>
</array>
<key>UISupportedInterfaceOrientations~ipad</key> ❹
<array>
<string>UIInterfaceOrientationPortrait</string>
<string>UIInterfaceOrientationPortraitUpsideDown</string>
<string>UIInterfaceOrientationLandscapeLeft</string>
```

```
<string>UIInterfaceOrientationLandscapeRight</string>
</array>
```

Ziel einer Universal-App ist es, sowohl auf dem iPad als auch auf dem iPhone/iPod touch abzulaufen. Die ersten Möglichkeiten für gerätespezifische Einschränkungen haben Sie bereits mit der Einstellungsdatei kennengelernt. Da nicht alles über diese Einstellungsdatei abgehandelt werden kann, besteht zusätzlich die Möglichkeit, im Quellcode eine Unterscheidung vorzunehmen. Die Klasse `UIDevice` stellt dabei Laufzeitinformationen zum Gerät zur Verfügung. Die Prüfung, ob es es sich um ein iPad handelt oder nicht, erfolgt dabei über die Property `userInterfaceIdiom`. Da diese Property erst ab iOS 3.2 verfügbar ist, sollte geprüft werden, ob sie auch vorhanden ist. Dies erfolgt am einfachsten mit dem Makro `UI_USER_INTERFACE_IDIOM` (siehe Listing 5–3). Wenn dieses Makro den Wert `UIUserInterfaceIdiomPad` zurückliefert, handelt es sich um ein iPad, sonst um ein iPhone oder iPod touch.

Listing 5–3
Geräteunterschied im Quellcode abbilden

```
if (UI_USER_INTERFACE_IDIOM() == UIUserInterfaceIdiomPad) {
     // Geraet ist ein iPad mit mindestens iOS 3.2.
}
else {
     // Das Geraet ist ein iPhone oder iPod touch.
}
```

Wie in Abschnitt 5.1.1 beschrieben ist es für eine iPad-App erforderlich, die Einstellung `TARGETED_DEVICE_FAMILY` am Target zu setzen. Bei der Migration einer App in einer Universal-App wird dieser Schlüssel automatisch auf `iPhone/iPad` (siehe Abb. 5–7) gesetzt.

Abb. 5–7
Geräteeinstellung am Target UniversalApp

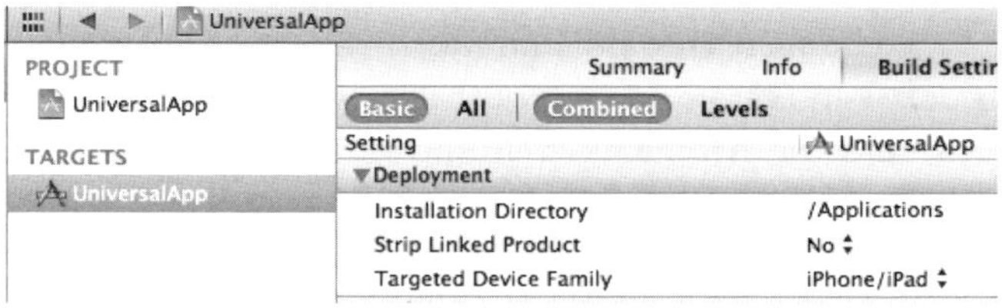

5.4 Migration einer vorhandenen App

Als Entwickler einer iPhone-App steht man mit dem neuen iPad nun vor der Aufgabe, diese App auch für das iPad fit zu machen. Entweder man entwickelt die App komplett neu oder geht den Weg der Migration. Dem zweiten Vorgehen wollen wir uns in diesem Abschnitt widmen. Als Beispiel wählen wir die in Kapitel 7 zu entwickelnde Anwendung *i.RSS*.

Beim direkten Start von *i.RSS* auf dem iPad werden Sie die App mit verkleinertem Ausschnitt (siehe Abb. 5–8) sehen. Über die Schaltfläche *2x* können Sie die Ansicht der App vergrößern. Hier werden Sie feststellen, dass die Vergrößerung pixelig wirkt. Deswegen sollte auf jeden Fall die Oberfläche beim Wechsel auf das iPad beachtet werden.

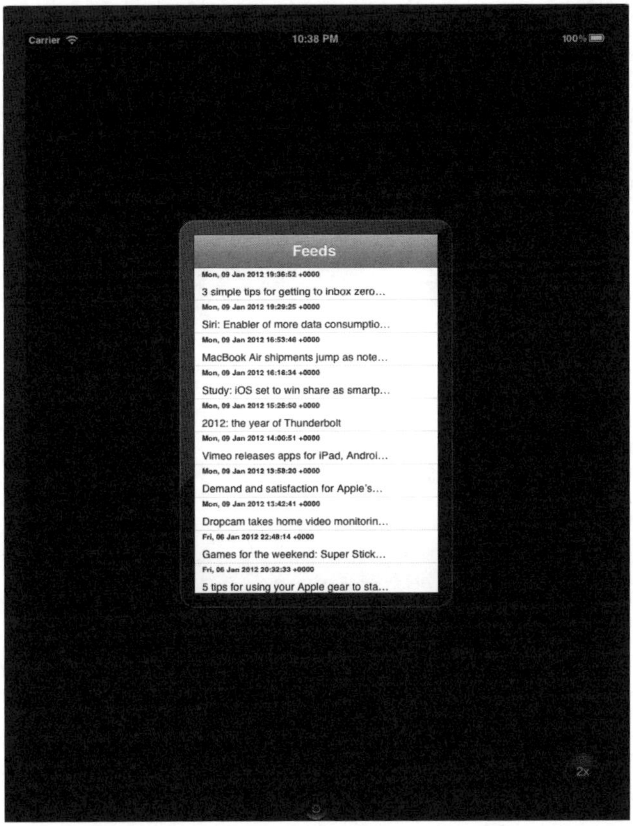

Abb. 5–8
i.RSS auf dem iPad ohne Änderung

Für die Migration bietet Xcode dem Entwickler direkte Unterstützung an. In vorigen Versionen war die Migration noch unter dem Menüpunkt *Upgrade Current Target for iPad …* zusammengefasst, nun geht es über die einfache Änderung einer Option. Hierfür ist das Target auszuwählen und einfach der Wert für Devices zu ändern. Bei der Änderung wird gefragt, ob die Oberflächendefinitionsdatei dupliziert werden soll oder nicht.

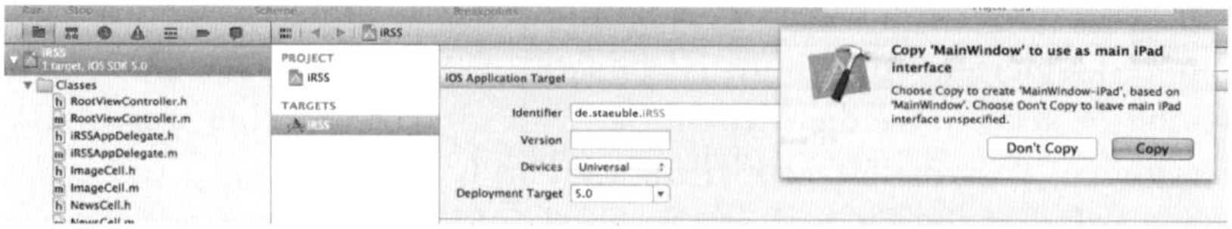

Abb. 5–9
Option für die Migration einer iPhone-App

One Universal application

Falls die Variante des Kopierens der Oberflächendefinitionsdatei gewählt wird, kommt der Ordner iPad hinzu (siehe Abb. 5–10). In diesem Ordner befindet sich die Oberflächendefinitionsdatei `MainWindow-iPad.xib`. Diese Datei ist nach der Migration automatisch als `NSMainNibFile~ipad` konfiguriert. Beim Start auf dem iPad wird direkt diese Oberflächendefinitionsdatei geladen.

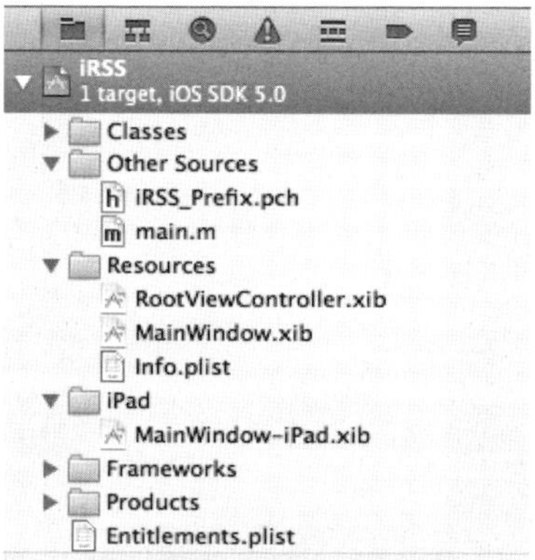

Abb. 5–10
Neues Verzeichnis nach der Migration zur Universal-App

Nach Betätigung der Schaltfläche *Run* in Xcode wird die Anwendung im iOS Simulator gestartet. Nun hat die App die richtige Auflösung von 1024 × 768. Anschließend können Sie die App schrittweise um spezielle iPad-Eigenschaften erweitern.

Two device-specific applications

Die Variante, dass eine App für zwei Geräte entwickelt wird und trotzdem keine Universal-App ist, existiert weiterhin – diese Variante ist auch als *Two device-specific applications* bekannt. Hierfür muss das Target (über Menüpunkt *Duplicate*) kopiert und der entsprechende Wert für das Gerät ausgewählt werden. Bei der Migration heißt die Option *Two device-specific applications*. Im Gegensatz zur Universal-App umfasst das Projekt nun zwei Anwendungen. Diese sind unter *Targets* ersichtlich. Beim Starten der Anwendung müssen Sie auch das entsprechende Target wählen, damit es auch gestartet wird. Der große Unterschied zur Universal-App besteht darin, dass Sie auch zwei Apps in den App Store bringen müssen und somit auch zweimal den Reviewprozess durchlaufen müssen.

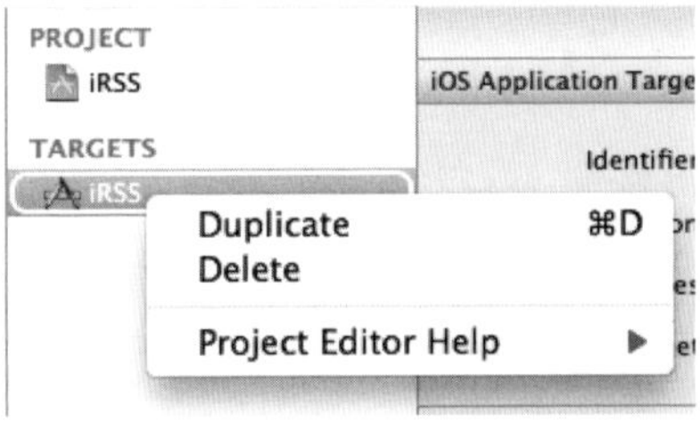

Abb. 5–11
Kopieren des Targets über Duplicate

5.5 Zusammenfassung

In diesem Kapitel haben Sie gelernt, welche zusätzlichen Schritte notwendig sind, um eine iPad-App zu erstellen. Für den Start einer neuen iPad-App stellt Ihnen Xcode bereits Vorlagen zur Verfügung.

Sollten Sie bereits eine iPhone-App entwickelt haben, können Sie über die Option *Devices* innerhalb des Reiters *Summary* am Target die App auf eine iPad-App umstellen. Über die Universal-App steht dem Entwickler die Möglichkeit zur Verfügung, eine Anwendung sowohl für das iPad als auch für das iPhone zu entwickeln. Gegenüber zwei Anwendungen besteht hier der Vorteil, dass nur eine App in den App Store gebracht werden muss.

Der größte Unterschied zwischen iPad und iPhone betrifft die Bildschirmgröße. Dies spiegelt sich in den neuen Oberflächenelementen wider. Besonders die Splitview-Technik eröffnet dem Entwickler völlig neue Wege zur Oberflächengestaltung.

Für einen tieferen Einstieg in die iPad-Programmierung möchte ich Ihnen den iPad Programming Guide[7] empfehlen.

7. http://developer.apple.com/library/ios/#documentation/General/Conceptual/iPadProgrammingGuide.

Programmierung

6 Einstiegsbeispiele

Nachdem Ihnen die letzten Kapitel die iOS-Grundlagen und die Arbeit mit dem iOS SDK nähergebracht haben, widmen wir uns in diesem und den folgenden beiden Kapiteln der Praxis der iOS-Anwendungsentwicklung. Dieses Kapitel enthält zunächst einige kleine Beispiele, mit denen Ihnen die ersten Schritte gut gelingen sollten. Jedes Beispiel wird Schritt für Schritt erläutert; Entwicklungsschritte, die in den ersten Beispielen bereits beschrieben werden, werden danach nicht wiederholt.

Den Beginn bilden zwei Beispiele zur Arbeit mit dem Adressbuch, zuerst ein rein lesender Zugriff und anschließend ein schreibender Zugriff. Als Nächstes werden wir eine kleine Einkaufsliste entwickeln, mit der Sie lernen, wie Sie Daten persistent halten können. Zum Abschluss folgt ein Beispiel aus dem Bereich der Location Based Services.

Die kompletten Quelltexte werden hier nicht abgebildet, sondern sind für den vollständigen Überblick in Anhang B aufgeführt.

6.1 Programmieren mit dem Adressbuch

Ein sehr wichtiges Element auf dem iPhone sind die Kontakte (*Contacts* in der englischen Version), die standardmäßig über das Adressbuch gepflegt werden.

Abb. 6–1
Das Icon zum Aufruf des Adressbuches

Die Kontakte werden zentral vom iOS gespeichert und sind über das sogenannte *Address Book Framework* zugänglich. Die einzelnen Elemente des Adressbuches (z.B. Eingabemaske für einen Kontakt) können Sie in Ihren eigenen Anwendungen verwenden. Das zugehörige Framework hierfür ist das *Address Book UI Framework*. Dieses Unterkapitel soll Ihnen die Arbeit mit beiden Frameworks näherbringen. Zunächst möchte ich Ihnen zeigen, wie Sie die Kontaktdatenbank in Ihren eigenen Anwendungen benutzen. Darüber hinaus erfahren Sie, wie Sie die Datenbank durch zusätzliche Attribute erweitern können bzw. wie Sie Daten aus externen Quellen (z.B. aus einer externen Web-2.0-Anwendung wie Xing (http://www.xing.com)) in die Datenbank programmatisch importieren. Wenn Sie tiefer in die Programmierung mit dem internen Adressbuch einsteigen möchten, ist der Address Book Programming Guide for iOS eine gute Hilfe.[1]

6.1.1 Der Rahmen für die Anwendung

Vorarbeit

Bevor Sie sich mit der eigentlichen Entwicklung Ihrer Anwendung für das iOS beschäftigen können, ist zunächst etwas Vorarbeit erforderlich. Damit Sie eine Anwendung ablaufen lassen können, benötigen Sie einen gewissen Satz von Dateien. Diese Dateien werden Ihnen bei Verwendung einer Projektvorlage (siehe Schritt 1) automatisch von Xcode erzeugt.

Das Ergebnis der nun durchzuführenden Vorarbeiten kann als Rahmen oder Basisinfrastruktur einer Anwendung bezeichnet werden. Für die Erstellung dieses Rahmens werden folgende vier Schritte durchgeführt:

- Schritt 1: Das Projekt erstellen
- Schritt 2: Den Namen der Anwendung anpassen
- Schritt 3: Die aktive Anwendung (Target) konfigurieren
- Schritt 4: Das Icon der Anwendung anpassen

Schritt 1: Das Projekt erstellen

Hier ist es empfehlenswert, mit einer von der Entwicklungsumgebung Xcode bereitgestellten Vorlage (in der Dokumentation als Template bezeichnet) zu starten. Für unsere Anwendung wählen wir über den Menüpfad *File/New/New Project...* das Template *Single View Application* aus den insgesamt sieben angebotenen Vorlagen aus. Nun müssen Sie Ihr Projekt konfigurieren (siehe Abb. 6–2). In der Zeile *Product Name* legen Sie den Namen des Projektes (der App) fest. Dieser Name wird zusätzlich auch als Verzeichnisname verwendet. Über *Company Identifier* wird der Namensraum festgelegt, häufig wird hierfür der Domainname in umgedrehter Reihenfolge verwendet, z.B. *de.dpunkt.* Für eine App, die über den App Store vertrieben werden soll, ist es ratsam, einen wiedererkennbaren Company Identifier zu setzen. Bei der Anlage eines Projektes über eine Vorlage – wie in diesem Fall – werden Klassen erzeugt. Diese Klassen folgen einem bestimmten Namens-

1. http://developer.apple.com/iphone/library/documentation/ContactData/Conceptual/AddressBookProgrammingGuideforiPhone.

schema. Dieses Schema kann durch die Zeile *Class Prefix* beeinflusst werden. Wenn Sie hier etwas eintragen, wird der Inhalt der Zeile den generierten Klassen im Namen vorangestellt. Über die *Device Family* kann das Zielgerät (iPhone, iPad oder Universal) festgelegt werden. Zuletzt können Sie noch angeben, ob Storyboards, Automatic Reference Counting und Unit Tests verwendet werden sollen. Für dieses Beispiel verwenden wir als Product Name den Namen *MyAddress*, die Device Family *iPhone und Automatic Reference Counting*.

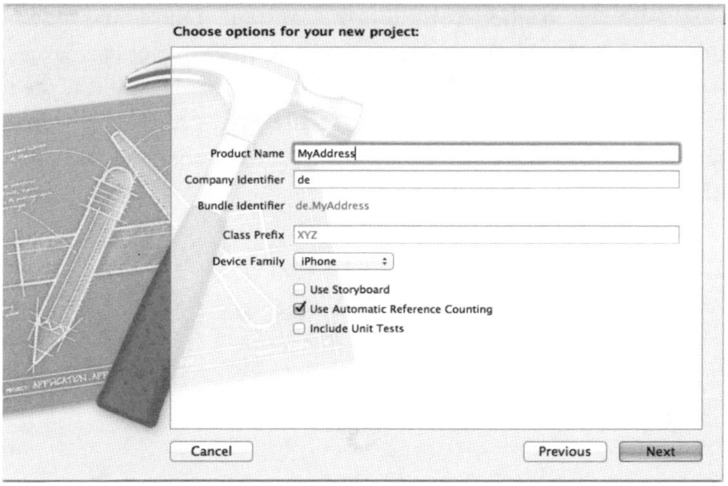

Abb. 6–2
Dialog für Projektkonfiguration

Nach Betätigung von *Next* ist ein Ordner für das Projekt auszuwählen. Nach anschließender Bestätigung von *Create* wird das Projekt in dem gewählten Ordner erzeugt.

Schritt 2: Den Namen der Anwendung anpassen

Nach der Erzeugung der Anwendung können Sie diese einfach über die Schaltfläche *Run* in der Xcode-Menüzeile im iOS Simulator starten. Nach dem Sprung ins Hauptmenü präsentiert sich die Anwendung unter dem Namen *MyAddress* (siehe Abb. 6–3).

Abb. 6–3
Anwendung MyAddress *im Hauptmenü des Simulators*

Da der Name der Anwendung nicht immer unbedingt der Projektname sein muss, soll der Anwendungsname nun angepasst werden. Die Anwendung hat bisher ein weißes Icon, das für eine bessere Aussagekraft im späteren Verlauf ebenfalls geändert werden soll.

Der Name für die Anwendung soll *my.address* lauten. Der dargestellte Name kann in der zentralen Konfigurationsdatei `Info.plist` geändert werden. Diese Konfigurationsdatei ist eine einfache XML-Datei in Form einer sogenannten *Property List*. Beim Öffnen der Datei mit Xcode wird sie in einem speziellen Editor, dem sogenannten *Property-List-Editor* (siehe Abb. 6–4), geöffnet. Die Darstellung der `MyAddress-Info.plist`[2] (befindet sich im Projektordner `Resources`) ist dabei nach dem Schlüssel-Wert-Prinzip aufgebaut. Das heißt, die linke Spalte enthält die Schlüssel und die rechte Spalte die Werte. In einer Property List können Sie auch Variablen verwenden, diese werden über `${NAME}` angesprochen.

Abb. 6–4 Info.plist *im Property-List-Editor*

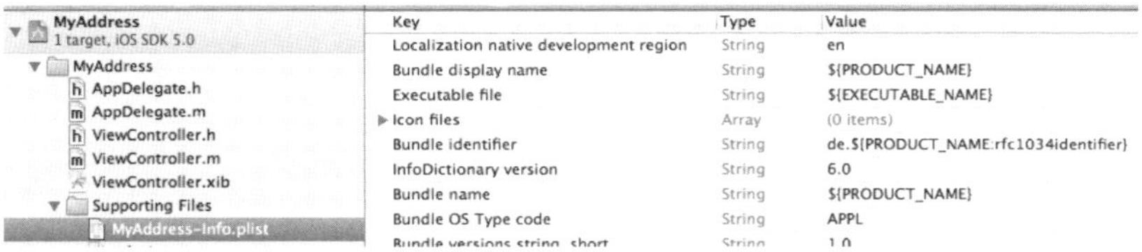

Als Anwendungsname wird der Wert des Schlüssels *Bundle display name* in der Datei `MyAddress-Info.plist` herangezogen. Standardmäßig enthält dieser Schlüssel den Wert `${PRODUCT_NAME}`.

Für die Änderung des Anwendungsnamens stehen folgende drei Möglichkeiten zur Verfügung:

- Möglichkeit 1: Direktes Ändern des Anwendungsnamens
- Möglichkeit 2: Verwenden der Variablen `PRODUCT_NAME`
- Möglichkeit 3: Einführen einer eigenen Variablen

2. Verallgemeinert auch als `Info.plist` bezeichnet. Für ein konkretes Projekt wird der Projektname dem Namen `Info.plist` vorangestellt, z.B. `MyAddress-Info.plist`.

Exkurs: Die Bedienung des Property-List-Editors

Der Property-List-Editor bietet einige Möglichkeiten, die hier kurz aufgeführt werden sollen. Für das Setzen bzw. Ändern eines Wertes müssen Sie einfach in die entsprechende Zelle klicken. Es ist sowohl möglich, den Schlüssel (Spalte *Key*) als auch den Wert (Spalte *Value*) zu ändern. Um eine komplette Zeile zu löschen, betätigen Sie einfach die Taste *Backspace*. Alternativ markieren Sie eine Zeile und in der Key-Spalte erscheint ein Minussymbol. Durch Klick auf dieses Symbol verschwindet die selektierte Zeile. Für das Hinzufügen einer neuen Zeile selektieren Sie eine beliebige Zeile, und es erscheint ein Plus-Icon in der Key-Spalte. Beim Klick auf dieses Icon wird unterhalb der selektierten Zeile eine neue Zeile hinzugefügt. Alternativ können Sie eine Zeile selektieren und über das Kontextmenü die Option *Add Row* auswählen. Für die Eingabe eines Schlüssels wird Ihnen eine Auswahlliste mit den bekannten Schlüsseln zur Verfügung gestellt. Es besteht aber auch die Möglichkeit, komplett neue Schlüssel zu definieren, die nicht in der Auswahlliste enthalten sind. Standardmäßig werden die natürlichsprachigen Namen der Schlüssel angezeigt, um die dahinterstehenden Werte zu sehen, müssen Sie im Kontextmenü die Option *Show Raw Keys/Values* auswählen.

Direktes Ändern des Anwendungsnamens

Durch das direkte Ändern des Anwendungsnamens verlieren Sie z.B. die Möglichkeit, für den Simulator und die Anwendung auf dem Zielgerät unterschiedliche Namen zu vergeben. Darum sollten Sie diesen Weg höchstens für Testzwecke verwenden, denn sonst büßen Sie Flexibilität ein.

Verwenden der Variablen PRODUCT_NAME

Da die Variable `PRODUCT_NAME` bereits an einigen Stellen verwendet wird, liegt es nahe, den Wert dieser Variablen anzupassen, anstatt den Wert direkt in der Konfigurationsdatei `Info.plist` zu ändern. Der erste Ansatz ist die Änderung über die Projekteinstellungen. Diese erreichen Sie durch Selektion des Projektes. Im mittleren Fenster wählen Sie unter *Project* das Projekt *MyAddress* und gehen in den Reiter *Build Settings* (siehe Abb. 6–5).

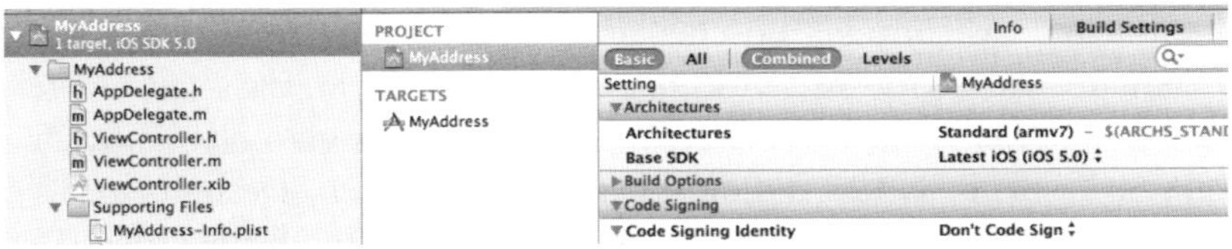

Abb. 6–5
Reiter Build Settings

Ein Projekt für das iOS hat sehr viele Einstellungen, die in unterschiedliche Bereiche kategorisiert sind. Diese Bereiche können Sie über den bekannten Pfeilmechanismus ein- und ausklappen. Der Wert für den `PRODUCT_NAME` befindet sich im Bereich *Packaging* (siehe Abb. 6–6). Der Schlüssel für den Wert ist *Product Name*.

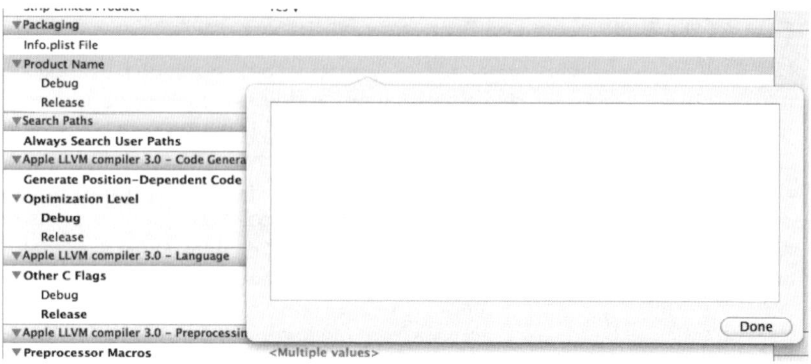

Abb. 6–6
Menü Projekteinstellungen mit ausgeklapptem Bereich Packaging

Für die Änderung selektieren Sie die Zeile *Product Name,* und mit einem Doppelklick öffnet sich ein kleines Fenster. In dieses Fenster tragen wir nun den Wert `my.address` ein und testen diese Änderung gleich aus. Der Schlüssel *Product Name* kann über den Pfeil neben dem Namen verfeiner werden. Dies liegt daran, dass die Werte für unterschiedliche Konfigurationen angegeben werden können. In unserem Beispiel sehen Sie in Abbildung 6–6 die Konfigurationen *Debug* und *Release*. Es kann durchaus sinnvoll sein, der App in der Entwicklungsversion einen anderen Namen zuzuweisen als im ausgelieferten Zustand. Dafür existiert diese Auftrennung.

Funktion Clean, *wenn eine Änderung nicht greift*

Wenn nach einem Start keine Änderung in der Anwendung zu erkennen ist, gilt es zunächst zu prüfen, ob die Änderung überhaupt in der übersetzten Anwendung enthalten ist. Um dies sicherzustellen, löschen wir alle zuvor erzeugten Dateien über den Menüpfad *Product/Clean* und starten die Anwendung erneut. Die Anwendung präsentiert sich aber auch danach nicht mit dem gesetzten Namen. Den Grund hierfür werden wir uns im folgenden Schritt genauer ansehen.

Schritt 3: Die aktive Anwendung (Target) konfigurieren

Der Grund, warum das Löschen und Neuerzeugen der Dateien über *Product/Clean* keine Auswirkungen hat, liegt darin, dass die Einstellungen für das Target, das letztendlich im iOS Simulator abläuft, eine höhere Priorität haben als die Projekteinstellungen. Deshalb müssen die Einstellungen ggf. nochmals über das Target geändert werden. Der erste Schritt hierfür ist die Selektion des Projektes *MyAddress* im Projektfenster. Nun müssen Sie im mittleren Fenster unter *TARGETS* das Target *MyAddress* auswählen. Im Bereich *Packaging* befindet sich der Schlüssel *Product Name*. Diesen ändern Sie nun auf *my.address*.

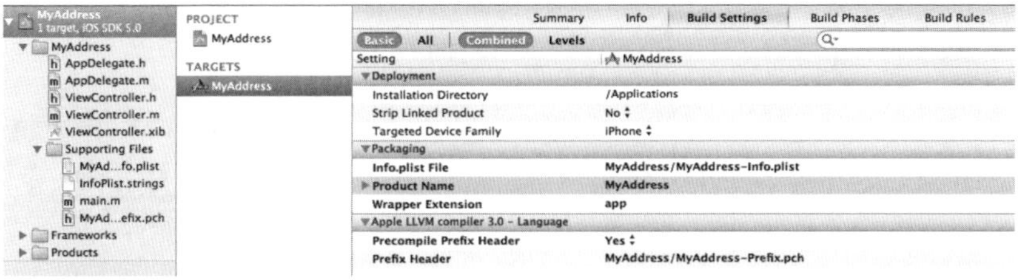

Abb. 6–7
Das ausgewählte Target MyAddress

Auch eine eigene Variable ist möglich.

Das Ziel, dass auf dem Startbildschirm im iOS Simulator ein geänderter Name unter dem Icon für die Anwendung erscheint, haben wir erreicht. Dadurch haben wir aber den Wert der Variablen PRODUCT_NAME geändert, der auch noch an anderen Stellen verwendet wird. Um diese Variable nicht an allen entsprechenden Stellen ändern zu müssen, können Sie auch eine eigene Variable definieren. Auch dies ist über den Editor für die Einstellungen möglich.

Exkurs: Projekt- und Targeteinstellungen

Die vorhandenen Möglichkeiten für die Einstellungen des Projektes und des Targets sind sehr vielfältig und am Anfang schwer zu durchschauen. Deshalb werden an dieser Stelle die Einstellungen zusammenfassend erläutert. Bevor auf die Details eingegangen wird, nochmals eine kurze Erläuterung zum Unterschied zwischen Projekt und Target. Das Target ist die ablaufende App und beschreibt, welche Dinge in dieser App enthalten sind. Die Projekteinstellungen betreffen alle Targets des Projektes und sind übergreifend. Die Einstellungen für ein Target sind stärker im Gewicht als die Projekteinstellungen. Das bedeutet, dass im Falle einer doppelten Definition (Projekt und Target) immer die Einstellung im Target herangezogen wird.

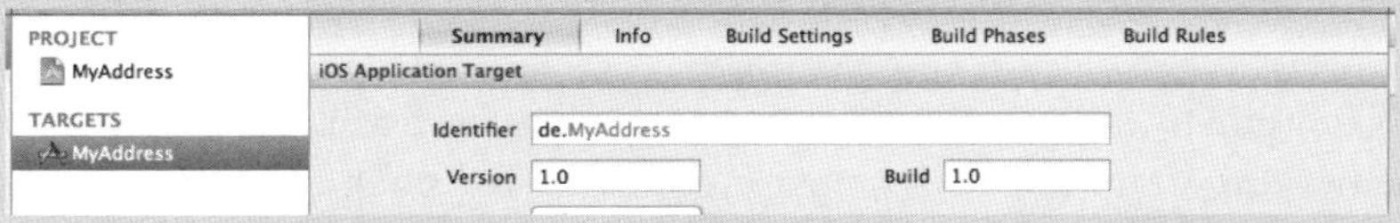

Abb. 6–8
Die Menüleiste des Editors mit farblich markiertem Reiter Summary

Die Einstellungen, sowohl für Projekt als auch für Target, sind gruppiert. Die einzelnen Gruppen können dabei über Reiter angesprungen werden.

Die eigene Variable im Einsatz

Im Editor für die Einstellungen definieren wir nun eine eigene Variable. Hier ist das Target (`MyAddress`) zu selektieren. Innerhalb von *Build Settings* kann über den Menüpunkt *Add User-Defined Setting* eine neue Zeile hinzugefügt werden. Die Variable wird `DISPLAY_NAME` genannt und der Wert auf `my.address` gesetzt.

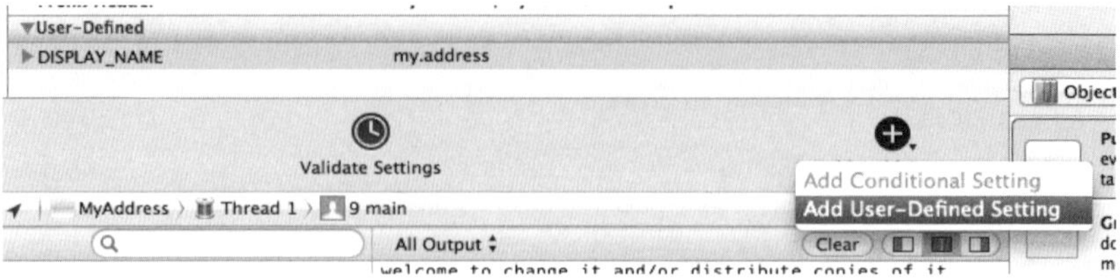

Abb. 6-9
Definition der eigenen Variablen DISPLAY_NAME *im Editor*

In der Projektkonfiguration verwenden wir diese Variable in der schon bereits bekannten Schreibweise, nämlich mit `${DISPLAY_NAME}` als *Bundle display name*. Nach einem Neustart der Anwendung wird die Änderung aktiv und der Name wird angezeigt.

Abb. 6-10
Verwendung der eigenen Variablen in der Projektkonfiguration

Schritt 4: Das Icon der Anwendung anpassen

Nun besitzt die Anwendung zwar einen prägnanten Namen auf dem Startbildschirm, aber als Icon für den Anwendungsstart kommt immer noch der weiße Platzhalter zum Einsatz. Um dies zu ändern, wird zunächst ein Icon im PNG-Format in der Größe 57 × 57 Pixel benötigt.[3] Auf http://photobucket.com werden Sie einige Icons finden, die Sie verwenden können. Das gewünschte Icon speichern Sie zunächst einfach im Hauptverzeichnis Ihrer Anwendung.[4] Nun müssen Sie das Icon in der Konfigurationsdatei `Info.plist` eintragen. Der Schlüssel des Wertes ist `Icon file` und der Wert (Dateiname des Icons) `Icon.png`.

Abb. 6-11
Icon.png *als Name für das* Icon file

Nach einem Start der Anwendung werden Sie noch keine Änderung bemerken, denn das Icon selbst muss zunächst noch zum Projekt hinzugefügt werden.

Damit das Icon angezeigt wird, muss es mit in das Target wandern – ein einfaches Kopieren der Datei in das Projektverzeichnis reicht hierzu aber nicht aus. Es ist zusätzlich notwendig, dass Sie die Referenz auf das Icon hinzufügen. Dazu gehen Sie auf den logischen Ordner *Resources* im Projektfenster und wählen aus dem Kontextmenü *Add Files to »My Address«...* aus. Nun können Sie die zuvor kopierte Datei `Icon.png` auswählen und sie als Referenz hinzufügen. Dadurch wird das

3. Sollte Ihr gewähltes Icon größer sein, erledigt das iOS das Clipping für Sie.
4. In den meisten Fällen wird als Name `Icon.png` genommen, dies ist aber nicht zwingend erforderlich. In unserem Beispiel soll es aber bei diesem Namen bleiben.

Icon automatisch in das Target kopiert und ist somit für die Anwendung sichtbar.

Wenn Sie nun die Anwendung über die schon oft verwendete Schaltfläche *Build and Run* starten,[5] erscheint das Icon auf dem Startbildschirm.

Abb. 6–12
Anwendung my.address *mit eigenem Icon*

Nutzen Sie die Möglichkeit der unterschiedlichen Konfigurationen

In diesem Kapitel ist schon häufiger der Begriff der *Konfiguration* gefallen. Im Zusammenhang mit einem Projekt für das iOS handelt es sich hierbei um einen Satz von Einstellungen. Zum Beispiel ist es nachvollziehbar, dass für das Debugging andere Einstellungen sinnvoll sein können als für die endgültige Version, das Release. Daher gehören auch bereits zwei Konfigurationen (*Debug* und *Release*) zur Standardausstattung eines Projektes. Sie können aber auch über den bereits erwähnten Bereich *Configurations* eine neue Konfiguration anlegen. Dies funktioniert über die Schaltfläche *Duplicate* innerhalb des Reiters *Info* der Projekteinstellungen. Damit kopieren Sie eine vorhandene Konfiguration. Durch Klick auf Namen können Sie eine Konfiguration umbenennen, und über das Minussymbol können Sie eine Konfiguration löschen. Keine Sorge: Sie können nicht alle Konfigurationen löschen, mindestens eine bleibt immer erhalten. Interessant ist noch, dass Sie einstellen können, welche Konfiguration verwendet werden soll, falls Sie Ihr Projekt über die Kommandozeile erzeugen. Für diese Erzeugung müssen Sie den Kommandozeilenbefehl `xcodebuild` im Projektverzeichnis absetzen. Über `xcodebuild -help` werden Ihnen Hilfen zu diesem Kommando ausgegeben.

Falls Sie Änderungen an einer Konfiguration vornehmen, kann es somit sinnvoll sein, diese als eine eigene separate Konfiguration anzulegen. Wenn Sie davon Gebrauch machen, denken Sie daran, die Anwendung auch unter dieser Konfiguration zu starten, indem Sie sie über *Product/Edit Scheme als* die aktive Konfiguration setzen. Sonst werden Sie Ihre Anwendung unter falschen Annahmen zu Gesicht bekommen.

5. Die Aktion *Product/Build* (Tastaturkürzel: *cmd+B*) erzeugt übrigens nur das Target, startet es aber nicht im iOS Simulator. Hiermit können Sie lediglich prüfen, ob Ihre Änderungen ohne Fehler kompiliert werden können.

6.1.2 Lesender Zugriff auf das Adressbuch

Nachdem der Rahmen für die Anwendung steht, kann es endlich an den Inhalt gehen. Zunächst soll die Anwendung nur für das Lesen von Daten aus den gespeicherten Kontakten eingesetzt werden. Die Anwendung soll dabei Nachname, Vorname und E-Mail-Adresse anzeigen. Die Daten sollen zuvor aus dem integrierten Adressbuch ausgewählt werden. Die Entwicklung kann in folgende sieben Schritte aufgeteilt werden:

- Schritt 1: Die Maske mit dem Interface Builder erstellen
- Schritt 2: Die notwendigen Bibliotheken einbinden
- Schritt 3: Mit dem Adressbuch kommunizieren
- Schritt 4: Die Daten einer Person übernehmen
- Schritt 5: Die Beschriftungen anpassen
- Schritt 6: Die Outlets verbinden
- Schritt 7: Die Anwendung im iOS Simulator testen

Schritt 1: Die Maske mit dem Interface Builder erstellen

Der erste Schritt besteht darin, die Oberfläche für die Anwendung zu erstellen. Dies werden wir selbstverständlich mit dem Interface Builder erledigen. Bei der Erstellung des Rahmens wurden von Xcode automatisch die Oberflächendefinitionsdatei `ViewController.xib` erzeugt. Da wir eine Anwendung mit View Controller haben, öffnen wir direkt die Datei `ViewController.xib` mittels Klick im Interface Builder.

Nach dem Start des Interface Builder präsentiert sich Ihnen die leere View. Sollte die Bibliothek der Oberflächenelemente nicht sichtbar sein, öffnen Sie diese zunächst über den Menüpfad *View/Utilities/Show Object Library*. Aus dieser Bibliothek der Oberflächenelemente ziehen Sie drei Mal das Element *Label* auf die Schaltfläche.

Ausrichtung der Elemente auf der Oberfläche

Für die Ausrichtung der Oberflächenelemente verwenden Sie die blauen Hilfslinien, die eingeblendet werden, wenn Sie ein Element auf der Arbeitsfläche verschieben. Für die Auswahl eines Kontaktes aus dem Adressbuch wird noch ein Auslöser für diese Aktion benötigt, eine Schaltfläche. Hierfür ziehen Sie das Element *Round Rect Button* auf die View. Da für die drei Datensätze (Vorname, Nachname und E-Mail-Adresse) auch ausreichend Platz sein soll, gilt es nun, die drei Label-Elemente zu verlängern. Damit alle drei Elemente die gleiche Länge haben, sollten Sie sich eine Layouthilfe über *Editor/Add Vertical Guide* einblenden. Mit dieser Hilfslinie (siehe Abb. 6–13) gelingt es Ihnen einfach, eine gleichmäßige Vergrößerung der einzelnen Label-Elemente vorzunehmen. Sobald die Maus sich über der roten Hilfslinie befindet, wird diese Linie blau. Um die rote Hilfslinie wieder zu entfernen, ziehen Sie sie einfach über die View-Begrenzung hinaus.

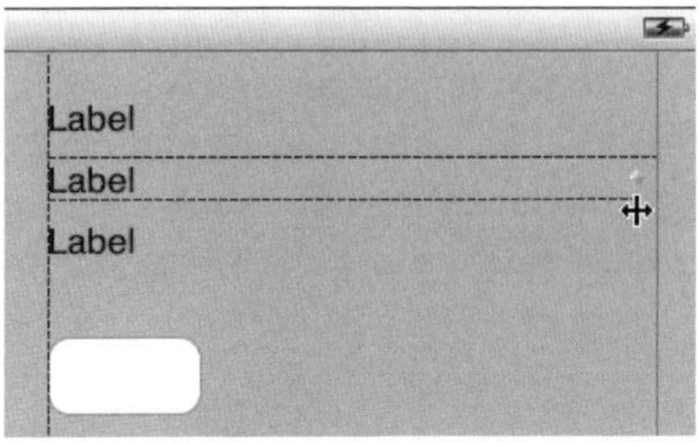

Abb. 6–13
Die Maske für die Anwendung im Interface Builder

Alternativ zur manuellen Vergrößerung der drei Label-Elemente können Sie sich auch der Dienste des *Size Inspector* (siehe Abb. 6–14) bedienen. Diesen können Sie über den Menüpfad *View/Utilities/Show Size Inspector* einblenden. Nun selektieren Sie alle drei Label-Elemente und wechseln in den Bereich *View Size*, indem Sie auf den Reiter mit dem gelben Lineal klicken. Dieser Bereich wird auch als *Size Inspector* bezeichnet. Über den Menüpfad *Tools/Size Inspector* gelangen Sie direkt dorthin. Hier können Sie im Eingabefeld über der Bezeichnung *Width* die Breite aller drei Elemente in einem Schritt festlegen.

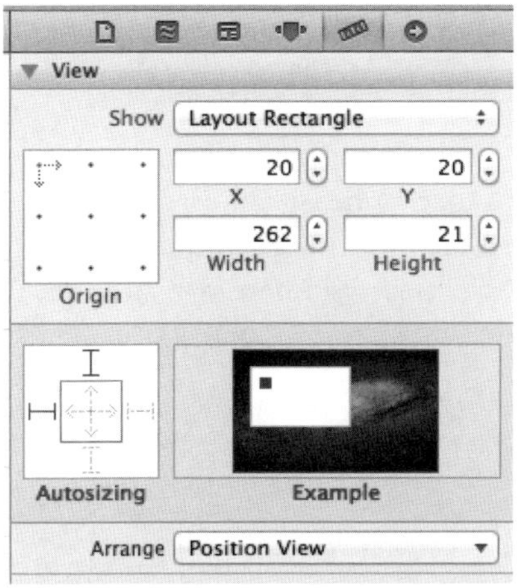

Abb. 6–14
Der Bereich View Size im Size Inspector

Vergrößerung der Schaltfläche

Der nächste Schritt ist die Vergrößerung der Schaltfläche und die Beschriftung der einzelnen Elemente. Die Vergrößerung der Schaltfläche funktioniert analog zu anderen Elementen durch Ziehen. Die Beschriftung der einzelnen Elemente erfolgt einfach durch Klicken auf das Element.

Attribute der Beschriftung

Die Felder sollen nicht nur beschriftet werden, sondern es soll auch die Farbe der ersten beiden Beschriftungen geändert werden. Dies funktioniert über den *Attributes Inspector* – diesen erreichen Sie über den vierten Reiter im Inspector oder alternativ über den Menüpunkt *View/Utilities/Show Attributes Inspector*. Beim Klick auf die Farbe, neben der Beschriftung *Text Color*, öffnet sich ein Fenster (siehe Abb. 6–15) mit der Möglichkeit zur Farbauswahl. Nach erfolgter Selektion einer Farbe ändert sich auch sofort die Farbe der Beschriftung (siehe Abb. 6–16).

Abb. 6–15 *Farbauswahl im Attributes Inspector*

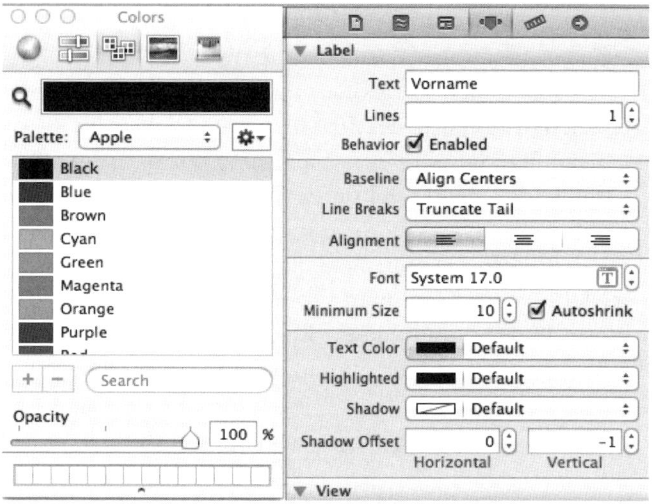

Die Gestaltung der Oberfläche ist mit diesen Änderungen vorerst abgeschlossen. Speichern Sie die Änderung über den Menüpunkt *File/Save*. In den nächsten Schritten widmen wir uns der Funktionalität der Anwendung.

Abb. 6–16 *Die fertig gestaltete Maske*

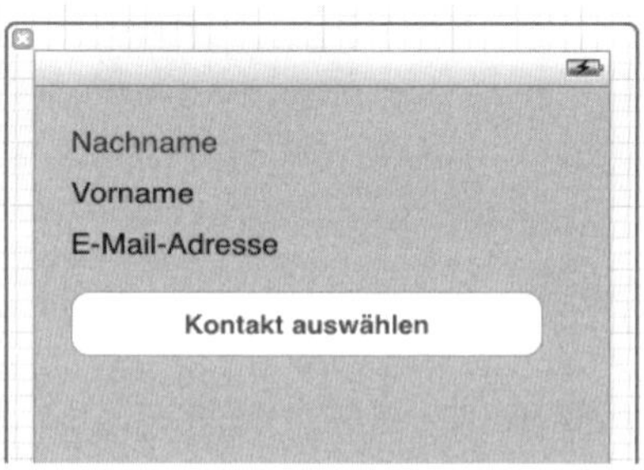

Schritt 2: Die notwendigen Bibliotheken einbinden

In diesem zweiten Schritt geht es darum, die notwendigen Bibliotheken für die Anwendung hinzuzufügen. Für unsere Anwendung benötigen wir das *Address Book Framework* und das *Address Book UI Framework*. Hierfür selektieren Sie das Projekt und wählen das Target (in diesem Fall `MyAddress`) aus. Im Bereich *Build Phases* existiert eine Sektion *Link Binary with Libraries* (siehe Abb. 6–17), die alle eingebundenen Bibliotheken für das selektierte Target enthält. In dieser Liste fehlen die beiden notwendigen Frameworks noch; um sie hinzuzufügen, betätigen Sie das Plussymbol und wählen aus der Auswahlliste die Einträge `AddressBook.framework` und `AddressBookUI.framework` aus.[6]

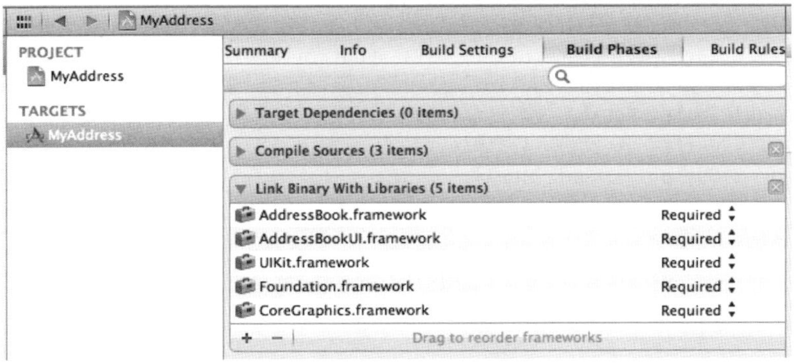

Abb. 6–17 *Eingebundene Bibliotheken für das Projekt*

Schritt 3: Mit dem Adressbuch kommunizieren

Um auf Aktionen des Adressbuches, aus dem ein Kontakt selektiert werden soll, reagieren zu können, muss das `ABPeoplePickerNavigationControllerDelegate`-Protokoll, das zum Address Book UI Framework gehört, implementiert werden.[7] Hierfür erweitern Sie zunächst die Datei `ViewController.h`.

```
@interface ViewController : UIViewController
<ABPeoplePickerNavigationControllerDelegate> {
```

Zusätzlich müssen für die drei vorhandenen Beschriftungen Instanzvariablen definiert werden. Um die Verbindung zur Oberflächendefinition herzustellen, werden diese als Outlet definiert.

---

6. Mit dem Minussymbol hingegen entfernen Sie eingebundene Bibliotheken.
7. Das Protokoll enthält drei Methoden: eine Methode bei Abbruch des Adressbuches ohne Auswahl, eine Methode für die Selektion eines Kontaktes und abschließend noch eine Methode, falls ein einzelnes Datenfeld eines Kontaktes selektiert wurde. Da die dritte Methode unnötig ist, wird darauf nicht näher eingegangen.

```
IBOutlet UILabel *firstName;
IBOutlet UILabel *lastName;
IBOutlet UILabel *email;
```

Um auf die Betätigung der Schaltfläche reagieren zu können, ist zusätzlich eine Aktion-Methode (ergänzt um *IBAction* für die Verbindung zur Oberflächendefinitionsdatei) erforderlich. Die Methode erhält den Namen `showPicker` (❶). Neben den beschriebenen Ergänzungen werden der Header-Datei auch noch drei Properties für die Outlets hinzugefügt. In Listing 6–1 ist die komplette `ViewController.h` abgebildet.

Listing 6–1
Header-Datei ViewController.h *im Überblick*

```
#import <UIKit/UIKit.h>
#import <AddressBook/AddressBook.h>
#import <AddressBookUI/AddressBookUI.h>

@interface ViewController: UIViewController
<ABPeoplePickerNavigationControllerDelegate> {
  IBOutlet UILabel *firstName;
  IBOutlet UILabel *lastName;
  IBOutlet UILabel *email;
}

/**
 * Properties fuer den Zugriff von aussen.
 * Zugriff erfolgt ueber Punktnotation.
 */
@property (nonatomic, strong) UILabel *firstName;
@property (nonatomic, strong) UILabel *lastName;
@property (nonatomic, strong) UILabel *email;
- (IBAction)showPicker:(id)sender; ❶

@end
```

Implementierung des Protokolls

Nach den Definitionen im Interface folgt nun die Implementierung in der Datei `ViewController.m`. Der erste Schritt soll die Implementierung der Methode `showPicker` (siehe Listing 6–2) sein, die das Adressbuch aufruft.

Listing 6–2
Implementierung der Methode showPicker

```
- (IBAction)showPicker:(id)sender {
  ABPeoplePickerNavigationController *picker =
[[ABPeoplePickerNavigationController alloc] init]; ❶
  picker.peoplePickerDelegate = self; ❷
  [self presentModalViewController:picker animated:YES]; ❸
}
```

Zunächst wird ein `ABPeoplePickerNavigationController` (❶) erzeugt. Dieser View Controller kümmert sich darum, das Adressbuch anzuzeigen. Über die Zuweisung `picker.peoplePickerDelegate` (❷) wird der Delegate gesetzt. Damit können Sie auf die Nachrichten, die vom

Adressbuch gesendet werden, reagieren. Nun wird der modale[8] Dialog angezeigt (❸).

@synthesize nicht vergessen

Beim Einsatz von Properties müssen Sie daran denken, die Methoden über @synthesize in der Implementierungsdatei (hier `ViewController.m`) zu generieren. In unserem Fall `@synthesize firstName, lastName, email;`

Methode für den Abbruch

Falls der Auswahldialog des Adressbuches ohne Auswahl abgebrochen wurde, wird die Methode `peoplePickerNavigationControllerDidCancel` des Protokolls aufgerufen. Diese Methode wollen wir zuerst implementieren (siehe Listing 6–3).

Listing 6–3
Beenden des laufenden modalen View Controller

```
-
(void)peoplePickerNavigationControllerDidCancel:(ABPeoplePickerNav
igationController*)peoplePicker {
    [self dismissModalViewControllerAnimated:YES];
}
```

Nun geht es noch darum, zu reagieren, wenn ein Kontakt aus dem Adressbuch selektiert wird. Das heißt, an dieser Stelle müssen die Daten aus dem selektierten Kontakt ausgelesen und den entsprechenden Beschriftungen (Label-Elementen) zugewiesen werden.

Setzen der Elemente in shouldContinueAfter SelectingPerson

Hierfür implementieren wir die Methode `shouldContinueAfterSelectingPerson` des Protokolls. Die Implementierung erfolgt in der Datei `ViewController.m`. Die Signatur der Methode ist folgende:

```
- (BOOL)peoplePickerNavigationController:(ABPeoplePickerNavigation
Controller *)peoplePicker
shouldContinueAfterSelectingPerson:(ABRecordRef)person
```

Schritt 4: Die Daten einer Person übernehmen

Um an einen Wert der selektierten Person zu gelangen, kann die Methode `ABRecordCopyValue` (siehe Listing 6–4) eingesetzt werden. Der erste Parameter dieser Methode ist die selektierte Person und der zweite Parameter gibt an, welcher Wert der betreffenden Person ermittelt werden soll. Welche Properties vorhanden sind, können Sie der Datei `ABPerson.h` entnehmen. Diese Datei können Sie z.B. über den Menüpfad *File/Open...* öffnen. Alternativ können Sie auch den Umweg über das Fenster *Quick Help* nehmen (wenn nicht sichtbar, lässt es sich über *Help/Quick Help* öffnen). Hierfür müssen Sie auf die Property `kABPersonFirstNameProperty` gehen; daraufhin erscheint im Fenster von Quick Help eine kurze Beschreibung. Über das Symbol *h* am oberen Rand gelangen Sie zur Datei `ABPerson.h`.

---

8. Ein modaler Dialog ist ein Fenster, das Eingaben in anderen Oberflächenelementen deaktiviert. Nur Eingaben innerhalb des Dialogs sind möglich.

Der richtige Schlüssel für den Vornamen ist kABPersonFirstNameProperty.

Listing 6–4
Ermittlung des Vornamens der selektierten Person

```
NSString* name = (__bridge[9] NSString *)ABRecordCopyValue(person,
kABPersonFirstNameProperty);
```

Nun können Sie den Wert für die Beschriftung setzen. Hierfür wurden die drei Beschriftungen, die bereits in der Header-Datei definiert wurden, über @synthesize (z.B. @synthesize firstName) am Anfang der Datei ViewController.m definiert.

Listing 6–5
Zuweisung des Vornamens an die Beschriftung

```
//Namen kopieren
self.firstName.text = name;
```

Analog hierzu können Sie auch den Nachnamen der selektierten Person ermitteln. Der Schlüssel für die Abfrage ist kABPersonLastNameProperty.

Listing 6–6
Ermittlung des Nachnamens

```
name = (__bridge NSString *)ABRecordCopyValue(person,
kABPersonLastNameProperty);
self.lastName.text = name;
```

Eine Person kann mehr als eine E-Mail-Adresse besitzen.

Der Rückgabewert von ABRecordCopyValue ist vom Typ *CFTypeRef. Hierbei handelt es sich um eine generische Referenz auf ein Objekt aus dem Core Foundation Framework. In den Fällen Vorname und Nachname war es offensichtlich, dass die Rückgabe ein einzelner Wert vom Typ NSString ist. Bei einer E-Mail-Adresse ist dies aber nicht der Fall. Sollten Sie sich bei bestimmten Werten nicht sicher sein, ob ein einzelner Wert oder eine Liste von Werten zurückgeliefert wird, hilft Ihnen ein Blick in die Datei ABPerson.h.

Die Konstante kABPersonEmailProperty

```
extern const ABPropertyID kABPersonEmailProperty;
```

Am Kommentar können Sie ablesen, um welchen Typ von Rückgabewert es sich handelt. An dem Rückgabewert, der vom Typ ABMultiValueRef ist, erkennen wir, dass in diesem Fall nicht ein einzelner Wert, sondern eine Liste von Werten zurückgeliefert wird.

Listing 6–7
Ermitteln der E-Mail-Adresse(n) des Benutzers

```
ABMultiValueRef emails = ABRecordCopyValue(person,
kABPersonEmailProperty);
```

Zur Ermittlung, ob überhaupt eine E-Mail-Adresse gesetzt ist, kann die Methode ABMultiValueGetCount in Kombination mit der obligatorischen Prüfung auf nil eingesetzt werden. Hiermit kann die Anzahl der Werte hinter einer ABMultiValueRef bestimmt werden.

9. Bei der Verwendung von ARC müssen sogenannte Bridged Casts durchgeführt werden.

```
if (emails != nil && ABMultiValueGetCount(emails) > 0)  {
```

Listing 6–8
Ermitteln, ob überhaupt eine E-Mail-Adresse gesetzt ist

Für den Zugriff auf einen einzelnen Wert in `ABMultiValueRef` wird die Funktion `ABMultiValueCopyValueAtIndex` zur Verfügung gestellt. Hiermit ist ein Indexzugriff auf die Daten möglich. Der erste Wert beginnt dabei mit dem Index 0. Sollten Sie sich nicht sicher sein, ob für den Index Daten vorhanden sind, prüfen Sie dies vorher mit der Methode `ABMultiValueGetCount`.

```
CFStringRef emailaddress = ABMultiValueCopyValueAtIndex(emails, 0);
```

Listing 6–9
Ermitteln der ersten E-Mail-Adresse

Referenzen vom Typ `CFTypeRef` (auch `CFStringRef` ist von diesem Typ) werden am einfachsten über die Methode `CFRelease` wieder freigegeben. Die Variable `emailaddress` muss der richtigen Beschriftung (siehe Listing 6–10) zugewiesen werden. Die Beschriftung vom Typ `UILabel` erwartet für die Property `text` einen Typ `NSString*`. Hinter `CFTypeRef` steckt ein `CFString*`. Aufgrund des schon beschriebenen TollFree-Bridging[10] können Sie über einen Cast eine direkte Umwandlung in `NSString*` vornehmen (siehe ❶ in Listing 6–10).

Schritt 5: Die Beschriftungen anpassen

Für den Vornamen und Nachnamen wurde bereits im Interface Builder eine Textfarbe definiert. Für die E-Mail-Adresse soll die Definition im Quellcode erfolgen. Falls eine E-Mail-Adresse vorhanden ist, soll sie in der Farbe Blau angezeigt werden. Falls keine E-Mail vorhanden ist, soll der Text »E-Mail ist nicht gesetzt« in roter Farbe angezeigt werden. Die Farben werden dabei von der Klasse `UIColor` definiert und über die Property `text color` gesetzt.

```
if (emails != nil && ABMultiValueGetCount(emails) > 0) {
  CFStringRef emailaddress = ABMultiValueCopyValueAtIndex(emails,
0);
  if (emailaddress != nil) {
   self.email.text = (__bridge NSString*) emailaddress; ❶
   self.email.textColor = [UIColor blueColor];
   CFRelease(emailaddress);
  }
  CFRelease(emails);
} else {
  self.email.text=@"E-Mail ist nicht gesetzt";
  self.email.textColor = [UIColor redColor];
}
```

Listing 6–10
Auslesen und Setzen der E-Mail-Adresse

10. Ein guter Artikel für den Einstieg in TollFreeBridging ist http://www.cocoadev.com/index.pl?HowToCreateTollFreeBridgedClass.

Die Methode wird mit dem Schließen des Adressbuchdialogs beendet. Dies geschieht, wenn die Delegate-Methode `shouldContinueAfterSelectingPerson` einen Rückgabewert `NO` liefert. Dies signalisiert dem Controller des Adressbuches, dass eine Fortsetzung der Verarbeitung nicht erwünscht ist.

```
[self dismissModalViewControllerAnimated:YES];
return NO;
```

Entfernen der Feldbeschriftungen

Eine kleine Unschönheit der Anwendung ist sicherlich noch, dass beim ersten Aufruf die gesetzten Begriffe aus dem Interface Builder, wie z.B. Vorname, angezeigt werden. Hier wäre doch eine leere Beschriftung vorzuziehen. Diese Begriffe stehen aber in der xib-Datei bzw. in der daraus erzeugten nib-Datei. Das heißt, ihr Wert muss überschrieben werden. Der eingesetzte Controller `ViewController` ist vom Typ `UIViewController`. Die richtige Methode hierfür ist `viewDidLoad` in der Datei `ViewController.m`. Diese Methode wird aufgerufen, nachdem die nib-Datei geladen wurde. Somit überschreiben wir die Werte in dieser Methode. Die Methode wurde bereits von der Vorlage erzeugt, ist aber noch auskommentiert[11].

Listing 6–11
Inhalte der Beschriftungen löschen

```
- (void)viewDidLoad {
  self.firstName.text = nil;
  self.lastName.text = nil;
  self.email.text = nil;
}
```

Übersetzung der Anwendung für einen Test

Der erste große Implementierungsschritt ist nun abgeschlossen. Nach dem Speichern soll nun ein einfacher *Build* (Menüpunkt: *Product/Build*) prüfen, ob die bisherigen Schritte auch übersetzbar sind. Das Ergebnis (siehe Abb. 6–18) des Übersetzungsvorgangs zeigt die Statuszeile von Xcode. Die ausgegebenen Warnungen (symbolisiert durch ein gelbes Ausrufezeichen) kommen u.a. daher, dass das `ABPeoplePickerNavigationControllerDelegate`-Protokoll nicht komplett implementiert wurde. Dies ist aber auch nicht notwendig, denn die Methode zur Auswahl eines bestimmten Datums innerhalb eines Kontakts wird nicht aufgerufen.

Abb. 6–18
Übersetzungsergebnis

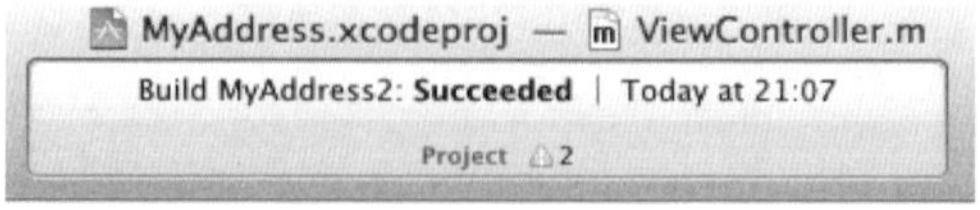

11. Mehrzeilige Kommentare starten mit /* und enden mit */. Ein einzeiliger Kommentar wird mit // eingeleitet.

Schritt 6: Die Outlets verbinden

Der letzte fehlende Schritt vor dem ersten Testlauf ist die Verbindung der zuvor in der Header-Datei `ViewController.h` definierten Outlets mit der im Interface Builder definierten Oberfläche.[12] Hierzu muss zuerst die xib-Datei `ViewController.xib` per Klick aus Xcode im Interface Builder geöffnet werden.

Kontrolle schadet nicht.

Bevor die Verbindungen hergestellt werden, sollten Sie kurz prüfen, ob Sie diese auch zur richtigen Klasse herstellen. Hierfür selektieren Sie das Icon *File's Owner* und rufen den Identity Inspector über *View/Utilities/Show Identity Inspector* auf. Im Auswahlfeld *Class* sollte die Klasse `ViewController` stehen. Die Einstellung sollte bereits richtig sein, denn bisher wurde die Oberfläche komplett mit dem Interface Builder erstellt und somit wurde auch diese Einstellung automatisch vorgenommen.

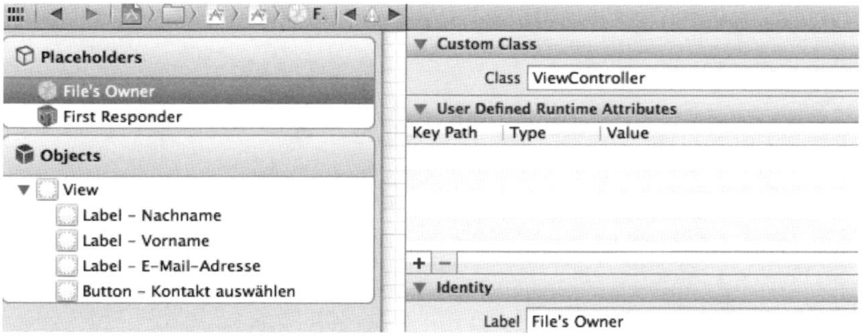

Abb. 6–19
Klasse ViewController *im Identity Inspector*

Nach erfolgreicher Prüfung der Klasse geht es nun darum, die Outlets mit den Beschriftungen zu verbinden. Dazu selektieren Sie wieder das Icon *File's Owner*. Mit gedrückter Taste *ctrl* ziehen Sie die erscheinende blaue Linie auf das zu verbindende Element. Zur besseren Kontrolle zeigt Ihnen der Interface Builder in einem Infofeld auf der rechten Seite nochmals, zu welchem Element Sie eine Verbindung herstellen möchten.

---

12. Schließlich wird die Verbindung in der zugehörigen Oberflächendefinitionsdatei (`ViewController.xib`) gespeichert.

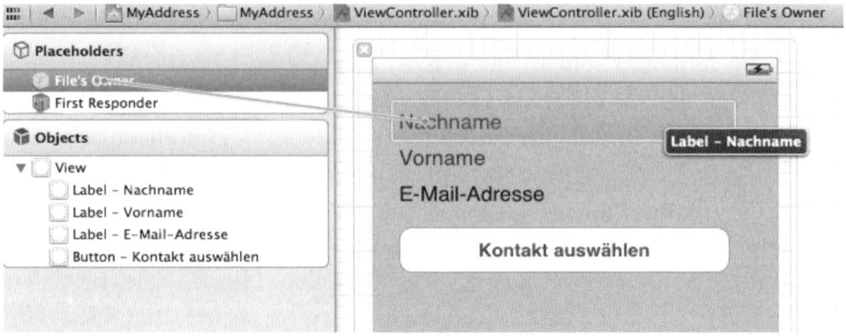

Abb. 6–20
Visuelle Herstellung der Verbindung zwischen einem Outlet und einer Komponente

Nach dem Loslassen der Maustaste erscheint ein schwarzes Auswahlfeld mit den vorhandenen Outlets. Daraus müssen Sie nun das entsprechende Outlet auswählen.

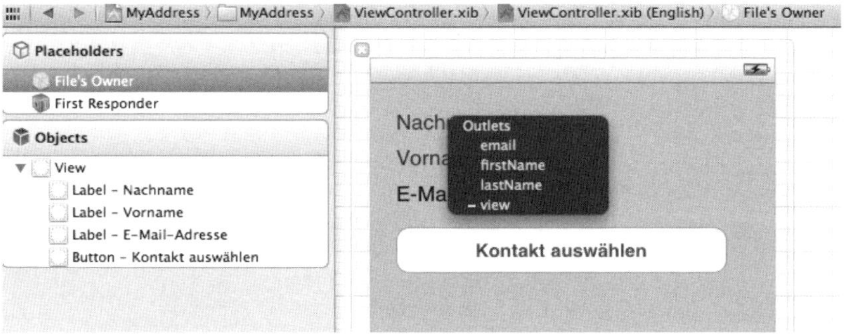

Abb. 6–21
Auswahlliste mit den definierten Outlets

Nun fehlt noch die Verbindung mit der bereits definierten Methode `showPicker`. Hierfür ziehen Sie eine Verbindung von der Schaltfläche zum Icon *File's Owner*. Aus der Auswahlliste wählen Sie nun die aufgeführte Aktion.

Verbindungen kontrollieren

Zum Abschluss ist es noch sinnvoll, die hergestellten Verbindungen zu prüfen. Auch hierfür stellt der Interface Builder ein kleines Werkzeug zur Verfügung, den sogenannten *Connections Inspector*. Wie schon die anderen Helferlein zuvor wird auch dieses Werkzeug über das Menü *View/Utilities* aufgerufen. Der entsprechende Menüpunkt dafür lautet *Connections Inspector*. Die Ansicht ist dabei in unterschiedliche Bereiche aufgeteilt. Der oberste Bereich enthält die Outlets; hier sollten Sie die vier[13] geknüpften Verbindungen sehen. Darunter sind die Aktionen (*Received Actions*, siehe Abb. 6–22) dargestellt. Wie in Abbildung 6–22 zu erkennen, ist hier die Verbindung zwischen Schaltfläche und `showPicker` angegeben.

13. Im Beispiel haben wir nur drei Verbindungen getätigt. Die Verbindung zu *view* wurde automatisch beim Anlegen des Projektes über die Projektvorlage erstellt.

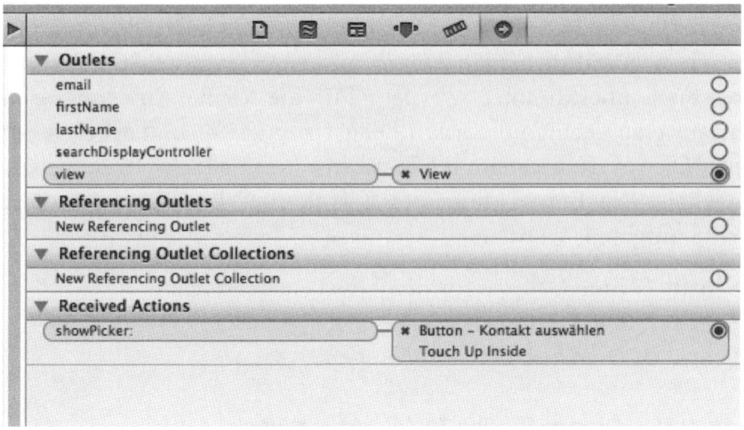

Abb. 6–22
Hergestellte Verbindungen im Connections Inspector

Schritt 7: Die Anwendung im iOS Simulator testen

Die erste Entwicklungsiteration neigt sich dem Ende zu. Nachdem Sie die Oberfläche im Interface Builder gespeichert haben, können Sie über die Schaltfläche *Run* in Xcode die Anwendung übersetzen und im iOS Simulator starten. In der Anwendung können Sie jetzt eine Person auswählen, deren Daten dann in den zuvor definierten Farben angezeigt werden (Abb. 6–23).

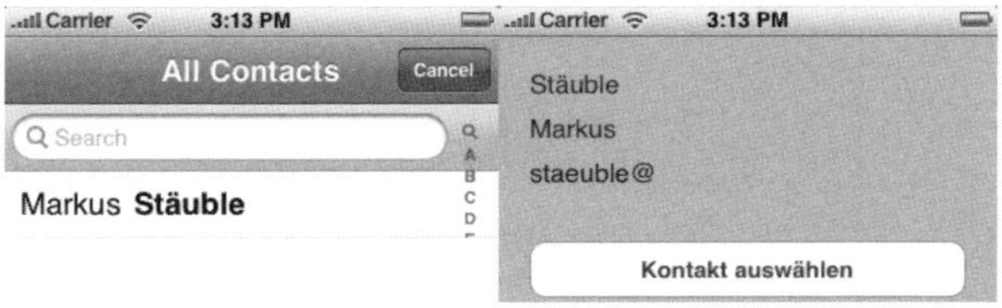

Abb. 6–23
Die Anwendung in Aktion

6.1.3 Schreibender Zugriff auf das Adressbuch

Nachdem Sie im letzten Abschnitt erfahren haben, wie Sie lesend auf das Adressbuch zugreifen können, soll in diesem Abschnitt ein schreibender Zugriff auf das Adressbuch realisiert werden. Das Beispiel soll zeigen, wie Adressen aus einer externen Quelle (wie z.B. der Networking-Plattform Xing) in das Adressbuch übernommen werden können. Der Name der Anwendung soll `web.address` lauten und der Name des Projektes `WebAddress`. Als Basis für die Anwendung dient eine *Master-Detail Application.*[14]

Entwicklung des externen Dienstes

Wie schon erwähnt, sollen Daten aus einer externen Quelle in das Adressbuch übernommen werden. Für die kleine Anwendung wird nicht auf einen echten externen Dienst zugriffen, sondern es wird ein eigener Dienst, ein sogenannter Testdienst (auch Mock-Objekt genannt), entwickelt. Die Entwicklung des Testdienstes kann in folgende drei Schritte aufgeteilt werden:

- Schritt 1: Eine Gruppe für den Testdienst erzeugen
- Schritt 2: Die Datenklasse erzeugen
- Schritt 3: Die Dienstklasse erzeugen

Schritt 1: Eine Gruppe für den Testdienst erzeugen

Damit Sie die Dateien für diesen Testdienst schnell finden, besteht der erste Schritt darin, im Projektnavigator von Xcode eine neue Gruppe zur logischen Trennung von den anderen Dateien im Projektfenster anzulegen. Solch eine Gruppe kann entweder über das Kontextmenü am Projekt (Menüpfad *New Group*) oder über den Xcode-Menüpfad *File/New/New Group* erstellt werden. Für den Testdienst wird eine Gruppe mit dem Namen `ExternalData` angelegt. Die Anordnung der Gruppen im Projektnavigator ist nicht alphabetisch – Sie können die Gruppen nach Belieben anordnen. Der Ordner `ExternalData` wird unter `WebAddress` verschoben.

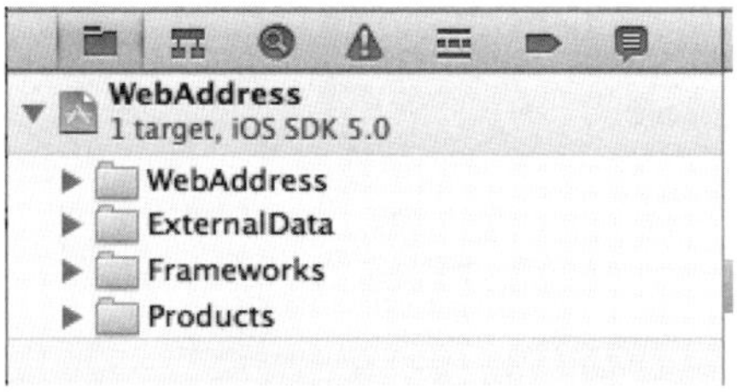

Abb. 6–24
Gruppe ExternalData *in* Groups & Files

Schritt 2: Die Datenklasse erzeugen

Der zweite Schritt ist die Implementierung einer Klasse, die die externen Daten kapselt. Der Name der Klasse soll `ExternalData` sein. Die erste zu erzeugende Datei ist dann die Header-Datei `ExternalData.h`.

14. Auf Details zur Erstellung des Anwendungsrahmens wird verzichtet, dies wurde bereits im vorigen Abschnitt detailliert erläutert. Denken Sie aber auch daran, die beiden Frameworks *AddressBook.framework* und *AddressBookUI.framework* dem Projekt hinzuzufügen.

Eine neue Datei kann über den Menüpfad *File/New/New File...* erstellt werden. Hier öffnet sich nun der Dialog zur Erzeugung einer neuen Datei. Das heißt, Sie müssen eine Vorlage auswählen. Im Bereich *Cocoa Touch* wählen Sie die Vorlage *Objective-C class*. Als Elternklasse wählen Sie in *Subclass of* den Wert `NSObject` aus. Als Klassennamen vergeben Sie `ExternalData`. Automatisch werden nun das Klasseninterface (`ExternalData.h`) und die Implementierungsdatei (`ExternalData.m`) erzeugt.

Dem Klasseninterface `ExternalData.h` fügen Sie nun die vier Properties Vorname (*firstName*), Nachname (*lastName*), URL[15] (*urlToProfile*) und E-Mail-Adresse (*emailAddress*) hinzu. Die fertige Datei ist in Listing 6–12 dargestellt.

Listing 6–12
Das Interface ExternalData.h *mit den vier definierten Properties*

```
@interface ExternalData : NSObject {
   NSString *firstName;
   NSString *lastName;
   NSString *urlToProfile;
   NSString *emailAddress;
}
@property (nonatomic, copy) NSString *firstName;
@property (nonatomic, copy) NSString *lastName;
@property (nonatomic, copy) NSString *urlToProfile;
@property (nonatomic, copy) NSString *emailAddress;
```

Die Implementierungsdatei enthält nur die vier definierten Properties, deren Inhalt von der Anwendung in das Adressbuch geschrieben wird. Die Definition dieser Properties erfolgt dabei über das Schlüsselwort `@synthesize`. In unserem Beispiel somit `@synthesize firstName, lastName, urlToProfile, emailAddress;`.

Schritt 3: Die Dienstklasse erzeugen

Im dritten Schritt soll eine Klasse implementiert werden, die die Testdaten erzeugt und zurückliefert. Der Name der Klasse soll `ExternalDataService` sein, und diese Klasse wird ebenfalls in der logischen Gruppe `ExternalData` als Unterklasse von `NSObject` erzeugt. Die Schnittstelle `ExternalDataService.h` wird lediglich um eine Methode für die Zurücklieferung der Daten ergänzt. Dies ist die Methode `externalContacts` – sie wird die internen Daten (contacts) zurückliefern.

```
@interface ExternalDataService : NSObject {
  NSMutableArray *contacts;
}

- (NSArray *)externalContacts;
```

15. Die URL soll die URL zum Profil im Internet symbolisieren. Diese URL wird im Adressbuch mit einer bestimmten Beschriftung (`Custom Label`) angelegt.

Bei der Initialisierung die Oberklasse nicht vergessen

Um die Daten zurückliefern zu können, müssen diese zunächst innerhalb der Implementierungsklasse `ExternalDataService.m` erzeugt werden. Die passende Methode für diesen Zweck ist die Methode `init`, die von der Oberklasse `NSObject` definiert wird. Wichtig zu wissen ist, dass jede Klasse, die die Methode `init` implementiert, entweder eine funktionierende Instanz der Klasse zurückliefert oder eine `Exception` auslöst. Die Methode `init`[16] tritt immer in Verbindung mit der Methode `alloc` oder `allocWithZone` auf, z.B. `AClass *object = [[AClass alloc] init];`.

Beim Überschreiben der Methode in einer Unterklasse ist wichtig, dass die `init`-Methode der Oberklasse aufgerufen wird. Dieser Aufruf sollte vor der Initialisierung der Unterklasse durchgeführt werden. Der Initialisierungscode der Implementierungsklasse kann innerhalb des `if`-Statements eingefügt werden. Hierdurch ist sichergestellt, dass die Oberklasse sauber initialisiert ist.

Listing 6–13
Aufruf der super-Methode der Oberklasse NSObject

```
if ((self = [super init])) {
//Initialisierungscode der Unterklasse
}
return self;
```

Einen Testdatensatz erzeugen

Bevor die Initialisierung implementiert werden kann, wird eine Methode zur Erzeugung eines Testdatensatzes benötigt. Diese Methode ist nachfolgend in Listing 6–14 dargestellt. Die Realisierung erfolgt als Klassenmethode von `ExternalDataService` in der Datei `ExternalDataService.m`.

Sie erzeugt eine neue Instanz von `ExternalData` und fügt dem übergebenen Array die Instanz hinzu.

Listing 6–14
Hinzufügen eines Datensatzes in das interne Array der Testdaten

```
+ (void)addContactWithFirst:(NSString*)first last:(NSString*)last
urlToProfile:(NSString*)urlToProfile
emailAddress:(NSString*)emailAddress
toArray:(NSMutableArray*)array
{
    ExternalData *data = [[ExternalData alloc] init];
    data.firstName = first;
    data.lastName = last;
    data.urlToProfile = urlToProfile;
    data.emailAddress = emailAddress;
    [array addObject:data];
}
```

Um die Klasse `ExternalData` zu verwenden, muss die Header-Datei `ExternalData.h` in `ExternalDataService.m` importiert werden. Diese Datei können Sie entweder manuell durch die Anweisung `#import`

---

16. Details zur Erzeugung einer Objective-C-Instanz entnehmen Sie dem Objective-C-Anhang dieses Buches.

"ExternalData.h" hinzufügen oder Sie geben #import " ein und wählen aus dem Kontextmenü die Funktion Completion List aus. Nun erscheint eine Auswahlliste, aus der Sie die gewünschte Datei auswählen können. Schließen Sie den Text noch mit " ab.

Die Initialisierung abschließen

Nun kann die Initialisierung in der Methode init von ExternalDataService abgeschlossen werden. Für das Beispiel werden fünf Datensätze mit der definierten Methode erzeugt. Das nachfolgende Listing 6–15 zeigt ein Beispiel für das Anlegen zweier solcher Datensätze in der Datei ExternalDataService.m. Die erste Aktion, bevor der erste Datensatz angelegt wird, ist die Initialisierung der internen Liste der Kontakte. Dies geht über die Zeile contacts = [[NSMutableArray alloc] init];

Listing 6–15
Anlegen von Testdatensätzen in der Methode init

```
[ExternalDataService addContactWithFirst:@"John" last:@"Doe"
urlToProfile:@"http://social-site/john-doe"
emailAddress:@"john.doe@tst.com" toArray:contacts];

[ExternalDataService addContactWithFirst:@"Jane" last:@"Doe"
urlToProfile:@"http://social-site/jane-doe"
emailAddress:@"jane.doe@tst.com" toArray:contacts];
```

Kopie der Daten zurückgeben

Sie sollten niemals direkt interne Datenstrukturen zurückgeben, denn sonst haben Sie schnell mit inkonsistenten Zuständen in Ihrer Anwendung zu kämpfen. Um dies zu vermeiden, wird von dem internen Array contacts auch nur eine Kopie der Daten zurückgegeben. Diese Kopie wird in Listing 6–16 durch die Methode copy erstellt.

Listing 6–16
Erzeugen einer Kopie von contacts

```
- (NSArray*)externalContacts
{
    return [contacts copy];
}
```

Die Benutzerschnittstelle der Testanwendung

Die Benutzerschnittstelle der Testanwendung soll die Testdaten über eine Liste (Tabelle) anzeigen. Es soll möglich sein, einen einzelnen Kontakt aus dieser Liste auszuwählen und diesen bei Bedarf ins Adressbuch zu übernehmen.

Oberfläche im Quellcode erstellen

In den bisherigen Beispielen wurde die Oberfläche immer mithilfe des Interface Builder erstellt. Da in diesem Beispiel nur eine Tabelle benötigt wird, werden die notwendigen Schritte direkt im Quellcode vollzogen. Als Basisklasse soll hier die Klasse UITableViewController aus dem Cocoa Touch Framework verwendet werden. Dadurch dass Sie die Vorlage *Master-Detail Application* verwendet haben, wurde solch eine Klasse gleich erzeugt. Diese trägt den Namen MasterViewController und befindet sich im Ordner WebAddress.

Zuerst wird die Implementierung des Interface in der Header-Datei RootViewController.h vorgenommen (siehe Listing 6–17). Erwähnenswert ist sicherlich die Referenz auf das Adressbuch. Diese Referenz ist vom Typ ABAddressBookRef[17].

Listing 6–17
Definition der notwendigen internen Daten

```
@interface RootViewController : UITableViewController {
    ABAddressBookRef        addressBook;

    ExternalDataService *externalDataService;
    NSMutableArray      *contacts;
}
```

Neben der bereits erwähnten Einbindung von AddressBook.h muss nun entweder die Datei ExternalDataService.h eingebunden werden oder eine Vorwärtsdefinition über @class erfolgen. Die zweite Variante ist hier die adäquatere. In die Implementierungsdatei muss aber die Header-Datei ExternalDataService.h eingebunden werden.

```
@class ExternalDataService;
```

Vieles ist durch die Vorlage kommentiert.

Nach der Definition der notwendigen Daten im Interface geht es nun darum, die Implementierung für dieses Interface zu erstellen. Die durch die Vorlage erzeugte Datei enthält viele auskommentierte Stellen. Diese sollen Ihnen Hilfestellung bei der Frage geben, welche Methoden Sie für welche Aufgabe überschreiben müssen. Durch Kommentare bietet die Vorlage zusätzlich etwas Hilfe zu den auskommentierten Stellen im Code.

Initialisierung der Instanzvariablen

Der erste Schritt der Initialisierung ist nun, den TableViewController in der Datei RootViewController.m zu initialisieren. Dies geschieht in der Methode initWithStyle.[18] Bevor mit der eigenen Initialisierung begonnen wird, muss zunächst die Elternklasse aufgerufen werden. Innerhalb der geschweiften Klammer (siehe Listing 6–18) können die eigenen Ergänzungen vorgenommen werden.

Listing 6–18
Aufruf der Methode initWithStyle *der Elternklasse*

```
if (self = [super initWithStyle:style]) {
}
```

Als Nächstes erzeugen Sie das Adressbuch und eine Instanz des Testdienstes. Das Adressbuch wird dabei einfach über den Konstruktor ABAddressBookCreate() erzeugt.

17. Denken Sie daran, dass hierfür eine Einbindung von AddressBook.h über #import<AddressBook/AddressBook.h> notwendig ist.

18. Die Methode init von UITableViewController ist ebenfalls für die Initialisierung vorhanden. Der Unterschied zu initWithStyle besteht darin, dass bei init eine TableView ohne Style erzeugt wird.

```
addressBook = ABAddressBookCreate();
externalDataService = [[ExternalDataService alloc] init];
```

Listing 6–19
Initialisierung der Instanzvariablen

Der letzte Schritt der Initialisierung soll nun noch das Setzen des Titels sein. Der einfachste Weg dahin besteht darin, den Titel direkt in den Quellcode zu schreiben.

```
self.title = @"Adressen aus dem Web";
```

Listing 6–20
Setzen von title *im Quellcode*

Internationalisierung in der Initialisierung

Die gewählte Variante zum Setzen des Titels ist eine schnelle, nicht aber unbedingt die beste Variante. Einer der Nachteile in diesem Zusammenhang ist, dass bei Änderung des Titels auch der Quellcode geändert werden muss. Falls die Anwendung mehrere Sprachen unterstützen soll,[19] kann dieser Weg gar nicht mehr gewählt werden. Aus diesem Grund soll der Titel nicht direkt in den Quellcode geschrieben werden, sondern aus einer externen Datei kommen.

Internationalisierung in strings*-Dateien*

Dateien, die Texte für die Internationalisierung beinhalten, werden als strings-Dateien (in der Dokumentation auch als *string files*) bezeichnet. Der Name rührt daher, weil die Dateien die Endung `.strings` haben. Für das Auslesen der Dateien stehen Makros aus den Frameworks Core Foundation und Foundation zur Verfügung.

Tab. 6–1
Vorhandene Makros zum Auslesen von Texten aus strings*-Dateien*

Core Foundation/Foundation	Beschreibung
CFCopyLocalizedString/ NSLocalizedString	Liest den Wert zum angegebenen Schlüssel aus der Standarddatei `Localizable.strings` aus.
CFCopyLocalizedStringFromTable[a]/ NSLocalizedStringFromTable	Liest den Wert zum angegebenen Schlüssel aus der angegebenen Datei aus. Der Name wird dabei ohne die Endung `.strings` angegeben.
CFCopyLocalizedStringFromTableInBundle/ NSLocalizedStringFromTableInBundle	Liest den Wert zum angegebenen Schlüssel aus der angegebenen Datei in dem angegebenen Bundle aus.

19. Einen guten Einstieg in die Thematik der Internationalisierung auf dem iOS bietet »Introduction to Internationalization Programming Topics«. Verfügbar ist dieses Dokument unter http://developer.apple.com/iphone/library/documentation/MacOSX/Conceptual/BPInternational/BPInternational.html.

Core Foundation/Foundation	Beschreibung
CFCopyLocalizedStringWithDefaultValue/ NSLocalizedStringWithDefaultValue	Liest den Wert zum angegebenen Schlüssel aus der angegebenen Datei in dem angegebenen Bundle aus. Zusätzlich kann noch ein Wert angeführt werden, der verwendet wird, falls zum angegebenen Schlüssel kein Wert definiert ist.

a. »Table« bezieht sich hier auf die strings-Datei, die aufgrund ihres tabellenartigen Aufbaus auch als Table (Tabelle) bezeichnet wird.

Für den vorliegenden Fall, in dem ein Titel aus einer strings-Datei ermittelt werden soll, wählen wir das einfachste der Makros, nämlich `NSLocalizedString`.[20] Für diesen Zweck wird über den Menüpunkt *File/New File...* eine leere Datei mit dem Namen `Localizable.strings` angelegt. Diese Datei wird in die logische Gruppe `Resources` verschoben.

Ganz wichtig: Vergessen Sie niemals den Strichpunkt.

Bei einer strings-Datei handelt es sich um eine einfache Schlüssel-Werte-Liste. Wichtig ist nur, dass Sie jede Zeile mit einem Strichpunkt (Semikolon) beenden. Ohne den Strichpunkt kann ein Wert nicht gefunden werden. Die Einträge erfolgen in der Datei `Localizable.strings` z.B. wie folgt:

```
"tableViewController.title"="Adressen aus dem Web";
```

Auslesen des Wertes aus der strings-Datei

Den Abschluss in der Initialisierungsmethode `initWithStyle` bildet das Auslesen des Wertes `tableViewController.title` aus der Datei `Localizable.strings`:

```
self.title = NSLocalizedString(@"tableViewController.title", nil);
```

Exkurs: Nutzen Sie Quick Help

Die Klasse `MasterViewController` leitet sich bekanntlich von der Klasse `UITableViewController` ab. Beim Betrachten der zugehörigen Implementierungsdatei `MasterViewController.m` werden Sie aber viele Methoden entdecken, die Sie in der API-Referenz zur Elternklasse `UITableViewController` nicht finden, z.B. die Methode `numberOfSectionsInTableView`. Besonders am Anfang wird aber die Beschreibung aller Methoden benötigt. Um hier zu einer Beschreibung zu gelangen, hilft z.B. das Fenster *Quick Help* weiter. Beim Klick auf `UITableViewController` in der Interface-Datei `MasterViewController.h` (über Symbol *h*) enthält Quick Help auch einen Verweis auf die Header-Datei `UITableViewController.h`:

20. Dies wird dem Makro aus dem Core Foundation Framework vorgezogen, denn es gilt die Regel, immer Elemente aus höheren Frameworks zu verwenden, wenn dies möglich ist.

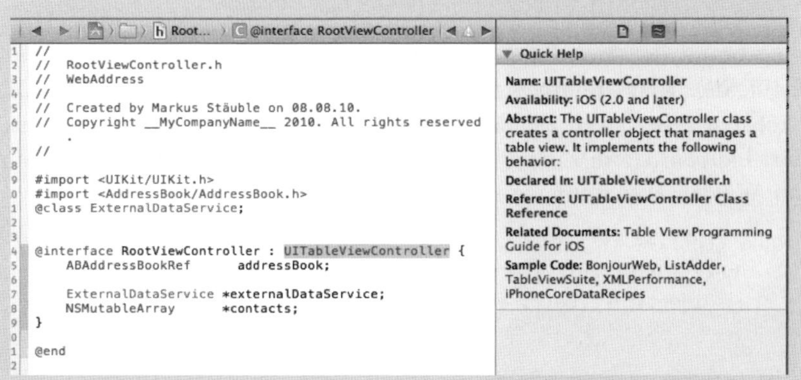

Beim Klick auf den Link `UITableViewController.h` öffnet sich im Quelltexteditor von Xcode die entsprechende Header-Datei. Hier sehen Sie, welche Protokolle (in diesem Fall `UITableViewDelegate` und `UITableViewDataSource`) implementiert werden. In der Dokumentation des Protokolls `UITableViewDataSource` werden Sie auch die gesuchte Erläuterung der Methoden finden. Sollten Sie in dieser Dokumentation nicht fündig werden, ziehen Sie zusätzlich das Protokoll `UITableViewDelegate` zurate. Übrigens, der schnellste Weg zur Dokumentation einer bestimmten Klasse ist dabei die Volltextsuche über *Help/Documentation and API Reference*.

Implementierung von UITableViewController

Der erste Schritt in der Implementierung des `UITableViewController` ist die Implementierung der Methode `numberOfRowsInSection` in der Datei `MasterViewController.m`. Sie liefert die Zeilenanzahl der Tabelle zurück.

Listing 6–21
Ermittlung der Zeilenanzahl über Aufruf von contacts

```
- (NSInteger)tableView:(UITableView *)tableView
numberOfRowsInSection:(NSInteger)section {
    return [[self contacts] count];
}
```

Methode cellForRowAtIndexPath

Die Methode `cellForRowAtIndexPath` ist schon teilweise ausimplementiert. Sie wird eingesetzt, um eine Zelle für einen bestimmten Index zurückzuliefern. Diese Zellen werden intern häufig wiederverwendet. Diese Methode muss nun angepasst werden. Die ersten beiden generierten Zeilen der Methode beschäftigen sich damit, eine Instanz von `UITableViewCell` anzulegen.

Listing 6–22
Erzeugung/Wiederverwendung einer Tabellenzelle

```
static NSString *CellIdentifier = @"WebAddressTableViewController";
UITableViewCell *cell = [tableView
dequeueReusableCellWithIdentifier:CellIdentifier];
```

Wiederverwendung von Zellen

Über die verwendete Methode dequeueReusableCellWithIdentifier wird versucht, eine bereits angelegte Zelle wiederzuverwenden. Hierfür kommt der Identifikator zum Einsatz. Die Dokumentation empfiehlt, den Klassennamen für diesen Identifikator zu verwenden. Die nächsten generierten Zeilen in RootViewController.m können unverändert bleiben. Diese Zeilen legen eine neue Instanz an, falls keine Zelle zur Wiederverwendung zur Verfügung steht.

Listing 6–23 *Anlegen einer neuen Instanz von UITableViewCell*

```
if (cell == nil) {
  cell = [[UITableViewCell alloc] initWithFrame:CGRectZero
reuseIdentifier:CellIdentifier];
}
```

Zellentext über ABRecordCopy-CompositeName erzeugen

Im letzten Schritt der Implementierung des UITableViewController ist nun noch der Text der Zelle zu setzen. Hier kommt wieder die interne Methode contacts zum Einsatz, die die Liste der Kontaktdaten zurückliefert. Aus dem zurückgelieferten Datensatz (Abruf über objectAtIndex ❶) wird mittels ABRecordCopyCompositeName ein zusammengesetzter Text erzeugt. Dieser wird anschließend als Zellentext verwendet.

Listing 6–24 *Erzeugung des Zellentextes mit ABRecordCopy CompositeName*

```
ABRecordRef person = (ABRecordRef)[[self contacts]
objectAtIndex:[indexPath row]]; ❶
NSString *name = (NSString*)ABRecordCopyCompositeName(person);
cell.textLabel.text = name;
```

Über die Methode accessoryTypeForRowWithIndexPath wird angegeben, wie sich eine Zelle beim Anklicken (Berühren) verhalten soll und welches Icon für den rechten Rand verwendet werden soll. Im folgenden Listing wird die Konstante UITableViewCellAccessoryDetailDisclosureButton verwendet. Sie besagt, dass ein blauer Pfeil angezeigt wird und dass die Zelle auf Berührung reagiert.

Listing 6–25 *Verhalten beim Anklicken einer Zelle*

```
- (UITableViewCellAccessoryType)tableView:(UITableView *)tableView
accessoryTypeForRowWithIndexPath:(NSIndexPath *)indexPath
{
    return UITableViewCellAccessoryDetailDisclosureButton;
}
```

Reaktion auf die Selektion eines Elementes

Der nächste Schritt ist die Reaktion auf das Berühren des blauen Pfeils einer Zelle. Dies wird in der Methode accessoryButtonTappedForRowWithIndexPath umgesetzt.

Für neue Kontakte wird ein anderer View Controller eingesetzt.

Nach der Ermittlung des Kontaktes aus der internen Liste wird über die Methode ABRecordGetRecordID geprüft, ob der Datensatz bereits in der internen Kontaktdatenbank existiert oder nicht. Bei der Rückgabe der Konstanten kABRecordInvalidID existiert der Datensatz noch nicht. Diese Überprüfung ist notwendig, denn abhängig vom Ergebnis wird ein anderer View Controller eingesetzt. Für bereits vorhandene Kontakte wird der `ABPersonViewController` verwendet. Er zeigt die Daten des Kontaktes an und ermöglicht die Veränderung der Daten, falls `allowsEditing` auf `YES` steht. Die darzustellende Person (❶) in Listing 6–26 wurde zuvor über `objectAtIndex` aus der Liste der Testdaten ermittelt.

Listing 6–26 *Anzeige des selektierten Kontaktes*

```
ABPersonViewController *personViewController =
[[ABPersonViewController alloc] init];
personViewController.displayedPerson = person; ❶
personViewController.allowsEditing = YES;
[self.navigationController pushViewController:personViewController
animated:YES];
[personViewController release];
```

Für einen Datensatz, der noch nicht in der internen Kontaktdatenbank existiert, wird der View Controller `ABUnknownPersonViewController` eingesetzt. Dieser zeigt die Daten des Kontaktes an und ermöglicht, daraus einen neuen Kontakt in der Kontaktdatenbank zu erzeugen. Die Verwendung des besagten View Controller im Quellcode unterscheidet sich ansonsten nicht vom `ABPersonViewController`.

Aufbereitung der internen Daten

Als letzter Schritt in der Implementierungsklasse `RootViewController.m` fehlt noch der Einsatz der bereits mehrfach verwendeten Methode `contacts`. Diese Methode liefert die interne Liste der Testdaten zurück. Falls die Liste noch nicht aufgebaut wurde, wird diese zum ersten Mal initial erzeugt. Der Rückgabewert der Methode ist ein `NSArray`.

```
- (NSArray*)contacts
{
}
```

Aufbau der notwendigen Datenstrukturen

Für den Einsatz der Methode `contacts` werden zunächst die notwendigen Datenstrukturen aufgebaut. Für die Testdaten wird dabei die zuvor implementierte Klasse `ExternalDataService` verwendet. Deren Methode `externalContacts` liefert die Liste der Testdaten zurück.

Listing 6–27 *Initialisierung der Datenstrukturen*

```
contacts = [[NSMutableArray alloc] init];
NSArray *externalContacts = [externalDataService externalContacts];
```

Für die Suche nach einem Kontakt muss zunächst der Name zusammengesetzt werden. Hierfür kann die Klassenmethode `stringWithFormat` von `NSString` verwendet werden.

```
NSString *fullName = [NSString stringWithFormat:@"%@ %@",
[externalContact firstName], [externalContact lastName]];
```

Suche nach Kontakten mit Vor- und Nachnamen

Um herauszufinden, ob eine neue Kontaktinstanz angelegt werden muss oder eine vorhandene wiederverwendet werden kann, muss eine Suche in der Kontaktdatenbank durchgeführt werden. Bei Änderung der wiederverwendeten Instanz wirkt sich diese Änderung nicht auf die Daten in der persistenten Kontaktdatenbank aus. Diese Suche wird mit dem zuvor erzeugten Namen und der Methode `ABAddressBookCopyPeopleWithName` ausgeführt. Der Rückgabewert ist eine Liste mit den Ergebnissen vom Typ `CFArrayRef`.

```
CFArrayRef matches = ABAddressBookCopyPeopleWithName(addressBook,
(CFStringRef)fullName);
```

Kontakt wiederverwenden oder neu erzeugen

Falls ein Ergebnis gefunden wurde, wird der Kontakt verwendet, ansonsten wird eine neue Instanz erzeugt. Die Prüfung erfolgt einmal darüber, ob ein Ergebnis zurückgekommen ist (d.h., `matches` ist ungleich `nil`), und ein zweites Mal darüber, ob die Methode `CFArrayGetCount`[21] ein Ergebnis größer als 0 zurückliefert.

```
if (matches && CFArrayGetCount(matches)) {
```

Neuen Kontakt erzeugen

Wurde kein Kontakt gefunden, muss eine neue Instanz angelegt werden. Danach werden zunächst über die Methode `ABRecordSetValue` Vorname und Nachname in diese Instanz kopiert. Die Testdaten werden in der Liste bzw. in dem Array `externalContacts` gespeichert. Über dieses wird mit der Schleife `for (ExternalData *externalContact in externalContacts) {}` iteriert.

```
person = ABPersonCreate();
ABRecordSetValue(person, kABPersonFirstNameProperty,
[externalContact firstName], NULL);
ABRecordSetValue(person, kABPersonLastNameProperty,
[externalContact lastName], NULL);
```

Behandlung von URLs und E-Mail-Adressen

Bei der URL und der E-Mail-Adresse eines Kontaktes kann nicht direkt mit der zuvor verwendeten Methode `ABRecordSetValue` gearbeitet werden. Dies liegt daran, dass ein Kontakt sowohl mehrere URLs als auch mehrere E-Mail-Adressen enthalten kann. Es kommt hinzu, dass diese Daten zusätzlich eine Beschriftung haben können. Bei einer E-Mail kann z.B. angegeben werden, ob es die Arbeitsadresse oder die Privatadresse ist. Zusätzlich können auch eigene Beschriftungen (Kategorien) definiert werden. Dies ist auch bei einer URL möglich.

---

21. `CFArrayGetCount` liefert die Anzahl der Elemente in dem übergebenen Array zurück.

Um die URL zu setzen, wird zunächst eine Instanz von ABMutableMultiValueRef (❶) erzeugt. Danach werden in dieser Referenz über ABMultiValueAddValueAndLabel (❷) der Wert der URL und ihre Beschriftung für das Adressbuch gespeichert.

```
ABMutableMultiValueRef urls =
ABMultiValueCreateMutable(kABMultiStringPropertyType); ❶
ABMultiValueAddValueAndLabel(urls, [externalContact urlToProfile],
externalPortal, NULL); ❷
```

Listing 6–28
Speichern der URL in der Referenz urls

Als Beschriftung in der im oberen Listing eingesetzten Methode ABMultiValueAddValueAndLabel wird die Konstante externalPortal vom Typ CFStringRef (siehe Listing 6–29) verwendet. Der Einsatz einer Konstanten bietet sich an, denn der Text wird mehrmals verwendet, und somit sparen Sie Speicherressourcen.

```
static CFStringRef emailLabel = CFSTR("work");
static CFStringRef externalPortal = CFSTR("social-web");
```

Listing 6–29
Konstanten für die Daten

Nun müssen Sie noch die URL in der erzeugten Instanz setzen und die temporäre Instanz von ABMutableMultiValueRef aufräumen.

```
ABRecordSetValue(person, kABPersonURLProperty, urls, NULL);
CFRelease(urls);
```

Listing 6–30
Setzen der URL

Das Setzen der E-Mail-Adresse erfolgt nach dem gleichen Schema. Der einzige Unterschied hierbei ist, dass die in Listing 6–29 definierte Konstante emailLabel als Beschriftung herangezogen wird.

Vervollständigung des Application Delegate

Bevor Sie nun die Anwendung testen können, besteht der letzte Schritt aus der Vervollständigung des Application Delegate in der Datei WebAddressAppDelegate.m. In dieser Datei muss noch die Methode applicationDidFinishLaunching ausprogrammiert werden. Die Implementierung (siehe Listing 6–31) weist dabei keine Besonderheiten auf. Der zuvor programmierte TableViewController in der Klasse WebAddressTableViewController wird erzeugt und als View an den Navigation Controller übergeben.

```
- (void)applicationDidFinishLaunching:(UIApplication *)application
{
  RootViewController *viewController = [[RootViewController alloc]
init];
  navigationController = [[UINavigationController alloc]
initWithRootViewController:viewController];
  [viewController release];
  [window addSubview:[navigationController view]];
  [window makeKeyAndVisible];
}
```

Listing 6–31
Setzen des Navigation Controller

Am Ende der Methode `applicationDidFinishLaunching` ist auf keinen Fall der Aufruf von `makeKeyAndVisible` zu vergessen, denn ansonsten werden Sie die programmierte Tabelle mit den Testdaten nicht zu Gesicht bekommen. In Abbildung 6–25 sehen Sie die zwei Hauptmasken der Anwendung. Bei Klick auf den Pfeil neben dem Namen wird ein Kontakt angezeigt. Im Detailschirm kann der angezeigte Kontakt neu angelegt oder zu einem existierenden hinzugefügt werden. Beim Hinzufügen werden nur neue Daten übernommen und alte nicht überschrieben.

Abb. 6–25
Die Anwendung in Aktion

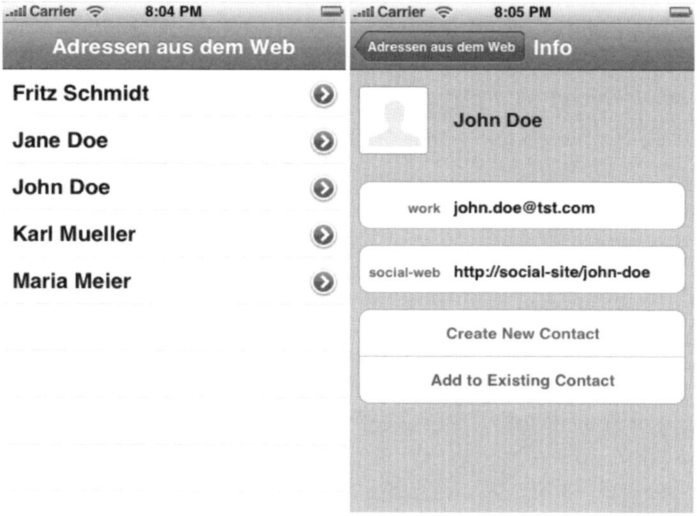

6.2 Persistierung von Daten

In den meisten Anwendungen wird auf die eine oder andere Art mit Daten hantiert. Um dem Anwender auch nach einem Ausschalten des Gerätes Daten wieder zur Verfügung zu stellen, müssen Sie sich um die Speicherung dieser Daten kümmern. Zu diesem Zweck stehen Ihnen u.a. folgende zwei Möglichkeiten zur Verfügung:

- Verwendung der integrierten Datenbank SQLite
- Verwendung von Core Data

Damit Sie die Unterschiede der beiden Varianten sehen, implementieren wir zunächst ein Beispiel unter Verwendung von SQLite und danach mit dem Framework Core Data.

Die Beispielanwendung

Als Beispiel wird eine einfache Einkaufsliste gewählt, in der man Produkte hinzufügen und wieder löschen kann.

6.2.1 Verwendung der integrierten Datenbank SQLite

Mit strukturierten Daten umgehen

Ein wichtiges Element des iOS ist die integrierte Datenbank SQLite. Damit können Sie strukturierte Daten, wie z.B. Produktinformationen, abspeichern und in vielen Anwendungen einsetzen.

In diesem Abschnitt möchte ich Ihnen die grundlegenden Schritte zeigen, damit Sie in Ihren Anwendungen die SQLite-Datenbank verwenden können. Die einzelnen Produkte der Einkaufsliste werden in diesem Beispiel in der integrierten SQLite-Datenbank gespeichert. Die Anzeige der Produkte erfolgt in einer Liste. Folgende Schritte werden wir hierfür durchführen:

- Schritt 1: Erzeugen einer neuen Datenbank
- Schritt 2: Implementierung der Methoden für den Datenbankzugriff
- Schritt 3: Einbindung der Datenbank in die Anwendung

Schritt 1: Erzeugen einer neuen Datenbank

Für die Arbeit mit SQLite in einer Anwendung müssen Sie zunächst eine Datenbank anlegen. Dazu benötigen Sie entweder das Kommandozeilenwerkzeug *sqlite3*[22] oder das Plug-in *SQLite Manager* für den Firefox. Eine SQLite-Datenbank wird dabei in einer einzigen Datei gehalten.

Arbeit mit dem Kommandozeilenwerkzeug sqlite

Das bereits installierte Kommandozeilenwerkzeug *sqlite3* können Sie zur Arbeit mit einer SQLite-Datenbank heranziehen, in unserem Falle somit auch zur Erzeugung einer Datenbank. Um beispielhaft die Datenbank `demo` zu erzeugen, müssen Sie das Kommando `sqlite3 demo` absetzen. Nun öffnet sich die SQLite-Konsole und Sie können darüber SQL-Kommandos eingeben.

Listing 6–32 *Datenbank über Kommandozeile erzeugen*

```
sqlite> create table tabelle1(columnA varchar(10), columnB
smallint);
sqlite> insert into tabelle1 values('hallo',1);
sqlite> insert into tabelle1 values('welt', 2);
```

Beenden mit .quit

Um eine Hilfe für das Werkzeug *sqlite3* anzuzeigen, geben Sie `.help` ein und beenden die Eingabe mit der Eingabetaste. Wenn Sie alle Aktionen innerhalb von *sqlite3* getätigt haben, beenden Sie Ihre Arbeit mit `.quit` und Eingabegabetaste.

Arbeit mit dem Firefox-Plug-in SQLite Manager

Für den Firefox existiert das Plug-in *SQLite Manager*,[23] das Ihnen eine grafische Oberfläche für die Administration von SQLite-Datenbanken bietet. Hiermit können Sie vorhandene SQLite-Datenbanken

22. Dokumentation unter http://www.sqlite.org/sqlite.html.
23. Verfügbar unter https://addons.mozilla.org/en-US/firefox/addon/5817.

verwalten und auch neue Datenbanken erzeugen. Über den Menüpunkt *Database/New Database* erzeugen Sie eine neue Datenbank. Hierbei werden Sie zuerst nach dem Namen und dem lokalen Speicherort gefragt. Als Nächstes können Sie die Tabellen für Ihre Datenbank definieren. Über die Schaltfläche *Create Table* gelangen Sie zum Dialog zur Erzeugung einer neuen Tabelle (siehe Abb. 6–26). Nach Betätigung der Schaltfläche *OK* wird Ihnen das SQL-Statement zur Anlage der Datenbank präsentiert und Sie müssen nur noch die Ausführung bestätigen. Nach erfolgreicher Ausführung ist die Datenbank angelegt. Über den Reiter *Execute SQL* ist es möglich, einzelne SQL-Statements auf der Datenbank abzusetzen. Damit können Sie schnell Ihre Datenstruktur testen.

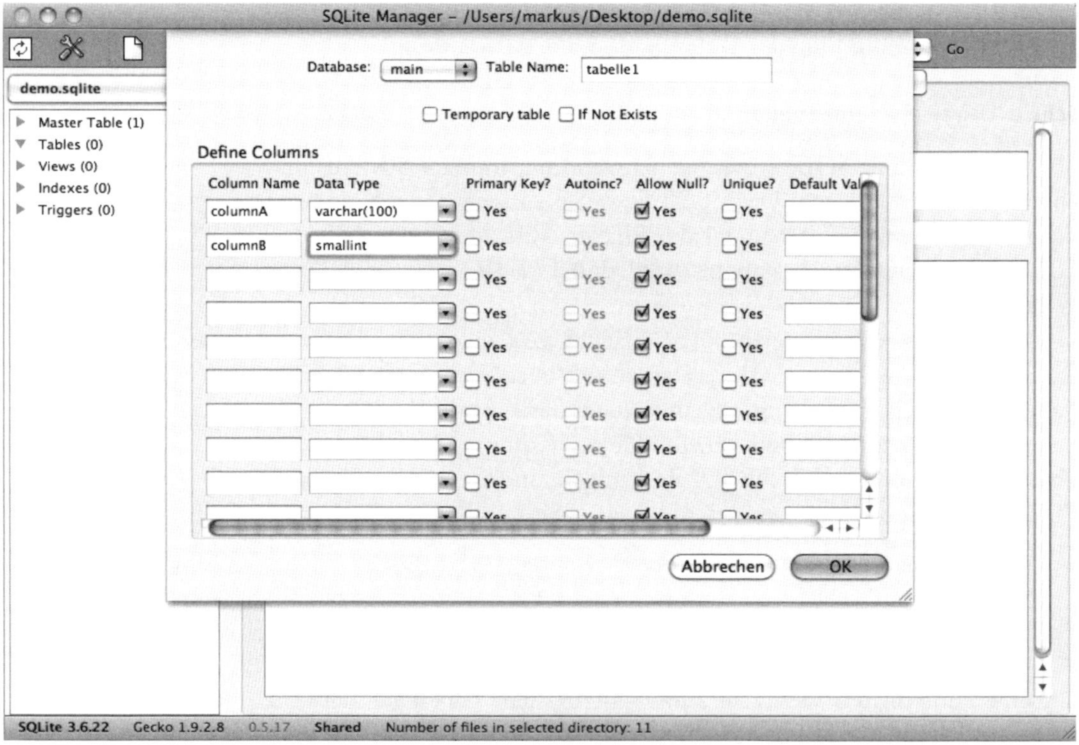

Abb. 6–26
Erzeugen einer Tabelle mit SQLite Manager

Erzeugen der Beispieldatenbank

Wir wollen uns nun beispielhaft ansehen, wie mit sqlite3 die Datenbank `einkaufsliste` mit der zugehörigen Tabelle `produkt` erzeugt wird. Die Datenbank soll den Namen `einkaufsliste` tragen. Hierfür rufen wir auf der Kommandozeile den Befehl `sqlite3 einkaufsliste` auf.

In der Tabelle werden die einzelnen Produkte für die Einkaufsliste gespeichert:

```
CREATE TABLE "Produkt" ("ProduktID" INTEGER PRIMARY KEY
AUTOINCREMENT  NOT NULL, "Name" VARCHAR, "Anzahl" REAL);
```

Die Tabelle wird mit zwei Beispielwerten gefüllt:

```
insert into produkt (name, anzahl) values ('Banane', 5);
insert into produkt (name, anzahl) values ('Apfel', 3);
```

Schritt 2: Implementierung der Methoden für den Datenbankzugriff

Die soeben erzeugte Tabelle wollen wir nun in der Anwendung *Einkaufsliste* verwenden. Erstellen Sie hierzu die Vorlage *Navigation-based Application* mit dem Namen *Einkaufsliste*, kopieren Sie die erzeugte Datenbank `einkaufsliste.sqlite` z.B. mittels *Finder* in das Projektverzeichnis und fügen Sie sie über *Add/Existing Files...* dem Projekt hinzu. Sollten Sie das Projektverzeichnis suchen, können Sie aus Xcode über den Menüpunkt *Show in Finder* im Kontextmenü des Projektordners direkt in das besagte Verzeichnis springen.

Bibliothek hinzufügen

Für den Zugriff auf SQLite müssen Sie die Bibliothek `libsqlite3.0.dylib`[24] hinzufügen. Hier selektieren Sie den Ordner `Frameworks` innerhalb von *Groups & Files*. Im Kontextmenü wählen Sie nun den Menüpunkt *Add/Existing Frameworks...* Aus der angezeigten Liste können Sie nun die Bibliothek auswählen.

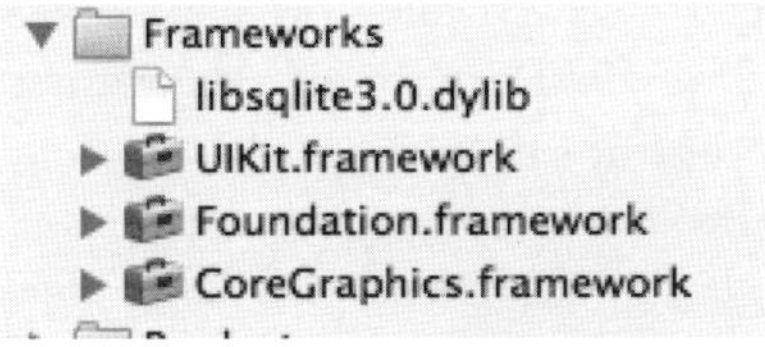

Abb. 6–27
Frameworks der Anwendung

Klasse für die Produkte

Für die Darstellung der Produkte auf der Einkaufsliste erzeugen wir die Klasse `Produkt` (siehe Listing 6–33). Als Vorlage dient hier *Objective-C class*. Ein einzelnes Produkt besitzt einen Namen (❶) und eine Anzahl (❷). Die Instanzvariable `produktID` (❸) ist für die Speicherung der ID des Produktes zuständig.

Listing 6–33
Header-Datei für die Produkte

```
@interface Produkt : NSObject {

  NSInteger produktID; ❸
  NSString *name; ❶
  NSDecimalNumber *anzahl; ❷
```

24. Die Abkürzung dylib steht für Dynamic Library.

```
    BOOL isDirty;
    BOOL isDetailViewHydrated;
  }
```

Zugriffe auf die Datenbank

Für die Anwendung sind drei Datenbankaktionen erforderlich. Diese Aktionen sind als Methoden der Klasse `Produkt` realisiert:

- Produkt hinzufügen (Methode `addProdukt`)
- Produkt löschen (Methode `deleteProdukt`)
- Produkte auslesen (Methode `getInitialDataToDisplay`)

Diese Methoden werden der Header-Datei `Produkt.h` (siehe Listing 6–34) hinzufügt.

Listing 6–34
Methoden zur Arbeit mit einem Produkt

```
- (void) addProdukt;
- (void) deleteProdukt;
+ (void) getInitialDataToDisplay:(NSString *)dbPath;
```

In der Klasse werden drei statische Variablen für die Arbeit mit SQLite gehalten. Eine Instanz von `sqlite3` für die Datenbankverbindung (❶), zwei Instanzen von `sqlite3_stmt` für das Hinzufügen (❷) und Löschen (❸) von Einträgen.

Listing 6–35
Statische Variablen

```
static sqlite3 *database = nil; ❶
static sqlite3_stmt *addStmt = nil; ❷
static sqlite3_stmt *deleteStmt = nil; ❸
```

Das Öffnen der Datenbank erfolgt in der Methode `getInitialDataToDisplay` (siehe Listing 6–38). Diese Methode wird beim Start der Anwendung von der Klasse `EinkaufslisteAppDelegate` aufgerufen. Der Methode wird der Pfad zur Datenbank als Parameter übergeben.

Produkt hinzufügen

Da eine der Hauptfunktionen der Anwendung *Einkaufsliste* das Hinzufügen eines Produktes ist, wird für diese Aktion mit einem `PreparedStatement` gearbeitet. Dieses wird mit der Methode `sqlite3_prepare_v2` (❶) erzeugt. Die Parameter (Name des Produktes und Anzahl) werden über `sqlite3_bind_text` (❷) und `sqlite_bind_double` (❸) gesetzt. Über die Methode `sqlite3_step` (❹) wird das Kommando an die Datenbank abgesetzt. Zum Ende müssen Sie das Statement über `sqlite3_reset` (❺) zurücksetzen.

Listing 6–36
Methode zum Hinzufügen eines Produktes

```
- (void) addProdukt {

if(addStmt == nil) {
 const char *sql = "insert into Produkt(Name, Anzahl) Values(?, ?)";

 if(sqlite3_prepare_v2(database, sql, -1, &addStmt, NULL) !=
 SQLITE_OK) ❶
  NSAssert1(0, @"Error while creating add statement. '%s'",
sqlite3_errmsg(database));
}
```

```
sqlite3_bind_text(addStmt, 1, [name UTF8String], -1,
SQLITE_TRANSIENT); ❷
sqlite3_bind_double(addStmt, 2, [anzahl doubleValue]); ❸

if(SQLITE_DONE != sqlite3_step(addStmt)) { ❹
 NSAssert1(0, @"Error while inserting data. '%s'",
sqlite3_errmsg(database));
} else {
 produktID = sqlite3_last_insert_rowid(database);
}

sqlite3_reset(addStmt);  ❺
}
```

Produkt löschen

Für das Löschen eines Produktes muss wie zuvor das Statement vorbereitet werden (❶). Als Parameter wird die eindeutige ID gesetzt (❷). Die Ausführung erfolgt wieder über die Methode `sqlite3_step` (❸).

Listing 6–37
Methode zum Löschen eines Produktes

```
- (void) deleteProdukt {
if(deleteStmt == nil) {
 const char *sql = "delete from Produkt where produktID = ?";
 if(sqlite3_prepare_v2(database, sql, -1, &deleteStmt, NULL) !=
SQLITE_OK) ❶
  NSAssert1(0, @"Error while creating delete statement. '%s'",
sqlite3_errmsg(database));
}

sqlite3_bind_int(deleteStmt, 1, produktID); ❷
if (SQLITE_DONE != sqlite3_step(deleteStmt)) ❸
 NSAssert1(0, @"Error while deleting. '%s'",
sqlite3_errmsg(database));

sqlite3_reset(deleteStmt);
}
```

Produkte auslesen

Beim Öffnen der Anwendung sollen alle Produkte der Einkaufsliste in einer Liste angezeigt werden. Hierfür implementieren wir die statische Methode `getInitialDataToDisplay` (siehe Listing 6–38) in der Klasse `Produkt`. Der erste Schritt ist das Öffnen der Datenbank über die Methode `sqlite3_open` (❶). Danach wird das Statement für das Auslesen vorbereitet (❷). In einer Schleife (❸) werden alle Werte aus der Datenbank ausgelesen: Über die API von SQLite werden die einzelnen Spalten herausgesucht. Für den Namen des Produktes wird z.B. die Methode `sqlite3_column_text` (❹) verwendet. Über die Property `isDirty` (❺) wird gespeichert, ob das Produkt aufgrund einer Änderung in der Datenbank abgespeichert werden soll.

Listing 6–38
Alle Produkte auslesen

```
+ (void) getInitialDataToDisplay:(NSString *)dbPath {
EinkaufslisteAppDelegate *appDelegate = (EinkaufslisteAppDelegate
*)[[UIApplication sharedApplication] delegate];
```

```
if (sqlite3_open([dbPath UTF8String], &database) == SQLITE_OK) {
❶
const char *sql = "select produktID, name, anzahl from produkt";
sqlite3_stmt *selectstmt;
if(sqlite3_prepare_v2(database, sql, -1, &selectstmt, NULL) ==
SQLITE_OK) { ❷
 while(sqlite3_step(selectstmt) == SQLITE_ROW) { ❸
  NSInteger primaryKey = sqlite3_column_int(selectstmt, 0);
  Produkt *produktObj = [[Produkt alloc]
initWithPrimaryKey:primaryKey];
 produktObj.name = [NSString stringWithUTF8String:(char
*)sqlite3_column_text(selectstmt, 1)]; ❹
  NSDecimalNumber *anzahlDN = [[NSDecimalNumber alloc]
initWithDouble:sqlite3_column_double(selectstmt,2)];
  produktObj.anzahl = anzahlDN;
  [anzahlDN release];
  produktObj.isDirty = NO; ❺
  [appDelegate.productArray addObject:produktObj];
  [produktObj release];
  }
 }
}
else
 sqlite3_close(database);
}
```

Schritt 3: Einbindung der Datenbank in die Anwendung

Nachdem die Methoden für den Datenbankzugriff implementiert sind, geht es an die Verwendung dieser Methoden. Der Aufruf der Methoden erfolgt durch den Delegate, repräsentiert durch die Klasse EinkaufslisteAppDelegate (siehe Listing 6–39). Die Produkte werden in einer Instanz von NSMutableArray (❶) gehalten.

Listing 6–39
Instanzvariablen von EinkaufslisteApp-Delegate

```
@class Produkt;
@interface EinkaufslisteAppDelegate : NSObject
<UIApplicationDelegate> {
  UIWindow *window;
  UINavigationController *navigationController;
  NSMutableArray *productArray; ❶
}
```

Methoden für den Delegate

Die Klasse EinkaufslisteAppDelegate definiert insgesamt vier Methoden für die Arbeit mit der Datenbank.

Listing 6–40
Methoden von EinkaufslisteApp-Delegate

```
- (void) copyDatabaseIfNeeded;
- (NSString *) getDBPath;
- (void) addProdukt:(Produkt *)produktObj;
- (void) removeProdukt:(Produkt *)produktObj;
```

In der Methode applicationDidFinishLaunching in EinkaufslisteAppDelegate.m (siehe Listing 6–41) erfolgt das Laden der Daten aus der Datenbank. Zunächst wird die Datenbank mit der Methode copyDatabaseIfNeeded (siehe Listing 6–42) in den Anwendungsbereich kopiert (❶). Über getInitialDataToDisplay (❷) werden die Daten aus der Datenbank geladen.

```
- (void)applicationDidFinishLaunching:(UIApplication *)application
{
 [self copyDatabaseIfNeeded]; ❶
 NSMutableArray *tempArray = [[NSMutableArray alloc] init];
 self.productArray = tempArray;
 [tempArray release];
 [Produkt getInitialDataToDisplay:[self getDBPath]]; ❷
 [window addSubview:[navigationController view]];
 [window makeKeyAndVisible];
}
```

Listing 6–41
Laden der Daten

Prüfung, ob die Datenbank auf dem Endgerät existiert

Bevor die Datenbank geladen werden kann, muss geprüft werden, ob auf dem Endgerät des Benutzers die Datenbank bereits existiert (siehe Listing 6–42). Die Prüfung erfolgt mit der Methode fileExistsAtPath (❶) der Klasse NSFileManager. Bei negativem Ergebnis wird die Datenbank auf dem Endgerät gespeichert (❷).

```
- (void) copyDatabaseIfNeeded {
 NSFileManager *fileManager = [NSFileManager defaultManager];
 NSError *error;
 NSString *dbPath = [self getDBPath];
 BOOL success = [fileManager fileExistsAtPath:dbPath]; ❶
 if(!success) {
  NSString *defaultDBPath = [[[NSBundle mainBundle] resourcePath]
stringByAppendingPathComponent:@"einkaufsliste.sqlite"];
  success = [fileManager copyItemAtPath:defaultDBPath toPath:dbPath
error:&error]; ❷
  if (!success)
   NSAssert1(0, @"Failed to create writable database file with
message '%@'.", [error localizedDescription]);
  }
}
```

Listing 6–42
Datenbank speichern

Für das Laden der Datenbank wird der Dateipfad benötigt. Dieser wird in der Methode getDBPath in EinkaufslisteAppDelegate.m zusammengesetzt (siehe Listing 6–42).

```
- (NSString *) getDBPath {
 NSArray *paths =
 NSSearchPathForDirectoriesInDomains(NSDocumentDirectory,
 NSUserDomainMask, YES);
 NSString *documentsDir = [paths objectAtIndex:0];
```

Listing 6–43
Zusammensetzen des Pfades zur Datenbank

```
  return [documentsDir
  stringByAppendingPathComponent:@"einkaufsliste.sqlite"];
}
```

Hinzufügen eines Produktes

Das Hinzufügen eines Produktes wird durch die Methode `addProdukt` ausgeführt (siehe Listing 6–44). Zuerst wird das neue Produkt in der Datenbank gespeichert (❶). Danach wird es zum internen `productArray` hinzugefügt (❷).

Listing 6–44
Produkt hinzufügen

```
- (void) addProdukt:(Produkt *)productObj {
   [productObj addProdukt]; ❶
   [productArray addObject:productObj]; ❷
}
```

In der Methode `viewDidLoad` der Klasse `RootViewController` werden die Schaltflächen für das Hinzufügen (❶) und das Löschen (❷) von Produkten konfiguriert (siehe Listing 6–45). Zusätzlich wird der Delegate (❸) gesetzt. Die Methoden für die Schaltflächen werden über `@selector` angegeben.

Listing 6–45
Anzeige der Daten

```
- (void)viewDidLoad {
  [super viewDidLoad];
  self.navigationItem.leftBarButtonItem = [[UIBarButtonItem alloc]
initWithBarButtonSystemItem:UIBarButtonSystemItemAdd
  target:self action:@selector(add_Clicked:)]; ❶
  self.navigationItem.rightBarButtonItem = [[UIBarButtonItem alloc]
  initWithBarButtonSystemItem:UIBarButtonSystemItemTrash
  target:self action:@selector(delete_Clicked:)]; ❷
  appDelegate = (EinkaufslisteAppDelegate *)[[UIApplication
sharedApplication] delegate]; ❸
  self.title = @"Einkaufsliste";
}
```

Methode add_Clicked

Die Methode `add_Clicked` (siehe Listing 6–46) lädt den `AddProductViewController` aus der nib-Datei über die Methode `initWithNibName` (❶). Nach dem Laden der nib-Datei wird die View zum Hinzufügen eines Produktes angezeigt (❷).

Listing 6–46
Aktion add_Clicked

```
- (void) add_Clicked:(id)sender {
  if(avController == nil)
   avController = [[AddProductViewController alloc]
initWithNibName:@"AddProductView" bundle:nil]; ❶
  if(addNavigationController == nil)
   addNavigationController = [[UINavigationController alloc]
initWithRootViewController:avController];
  [self.navigationController
presentModalViewController:addNavigationController animated:YES];❷
}
```

Das Aussehen der Anwendung ist sehr einfach gehalten (siehe Abb. 6–28). Neben einer einfachen Liste erscheinen in der oberen Leiste die zwei Schaltflächen zum Hinzufügen und Löschen von Produkten.

Aussehen der Anwendung

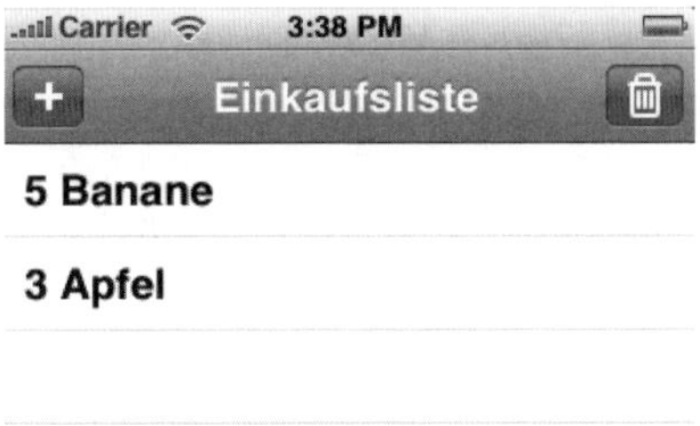

Abb. 6–28
Die Einkaufsliste im Einsatz

6.2.2 Verwendung von Core Data

In diesem Beispiel werden wir uns auf die Unterschiede zum zuvor aufgezeigten Beispiel konzentrieren. Folgende Schritte sind hierbei relevant:

- Schritt 1: Das Projekt erzeugen
- Schritt 2: Das Datenmodell erzeugen
- Schritt 3: Den Datenzugriff implementieren

Schritt 1: Das Projekt erzeugen

Für die Verwendung des Frameworks Core Data bringt Xcode schon einiges an Unterstützung mit. Für dieses Beispiel wählen wir die Vorlage *Master-Detail Application* aus. Wichtig an dieser Stelle ist, dass Sie die Option *Use Core Data* (siehe Abb. 6–29) aktivieren. Der Anwendung geben wir den Namen *CDEinkaufsliste*.

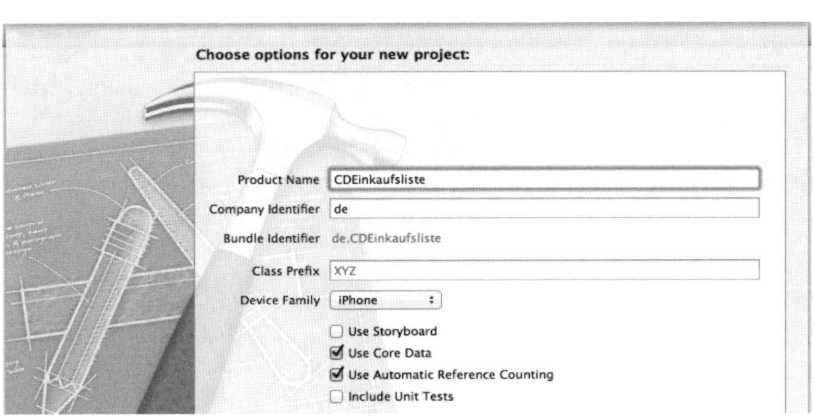

Abb. 6–29
Vorlage mit Option für Core Data

Nach dem Erzeugen des Projektes haben Sie durch die Selektion der Core-Data-Option bereits eine Referenz auf das Core Data Framework (sichtbar über den Ordner `Frameworks`). Zusätzlich wurde eine Datei `CDEinkaufsliste.xcdatamodel` erzeugt. Dies ist das *Core Data Model* (auch *Managed Object Model* genannt).

Schneller Test

Über *Build and Run* in Xcode sollten Sie nun kurz prüfen, ob Ihre Anwendung auch startet und ein leeres Fenster mit zwei Schaltflächen – *Edit* und ein Pluszeichen – anzeigt. Den Titel des Hauptbildschirms passen Sie am besten in der Methode `viewDidLoad` in der Datei `RootViewController.m` an. Nun werden wir zunächst in der Methode `viewDidLoad` von `RootViewController.m` die zwei Schaltflächen austauschen und sie mit Methoden hinterlegen.

Listing 6–47
Schaltflächen mit Methoden hinterlegen

```
self.navigationItem.leftBarButtonItem = [[UIBarButtonItem alloc]
  initWithBarButtonSystemItem:UIBarButtonSystemItemAdd
  target:self action:@selector(add_Clicked:)];
self.navigationItem.rightBarButtonItem = [[UIBarButtonItem alloc]
   initWithBarButtonSystemItem:UIBarButtonSystemItemTrash
   target:self action:@selector(delete_Clicked:)];
```

Die Methode `add_Clicked` ist identisch mit der im vorigen Beispiel implementierten Variante (siehe Listing 6–46).

Schritt 2: Das Datenmodell erzeugen

Der nächste Schritt besteht nun im Erzeugen des Datenmodells und schließlich der Datenklassen (auch Entitäten genannt). Hierfür öffnen wir die Datei `CDEinkaufsliste.xcdatamodel`. Die Datei wird nach Selektion im grafischen Editor (siehe Abb. 6–30) geöffnet. Nach der Erzeugung des Projektes sehen Sie bereits die Entität *Event*. Da wir diese Entität nicht benötigen, selektieren Sie sie und löschen Sie sie über die Taste *Backspace*. Über das Kontextmenü wählen Sie die Aktion *Add Entity*, um eine neue Entität zu erzeugen. Als Namen vergeben Sie *Produkt*. Neue Attribute können Sie durch die Aktion *Add Attribute* aus dem Kontextmenü hinzufügen. Für unser Beispiel fügen wir das Attribut `name` (Datentyp: `String`) und `anzahl` (Datentyp: `Decimal`) hinzu.

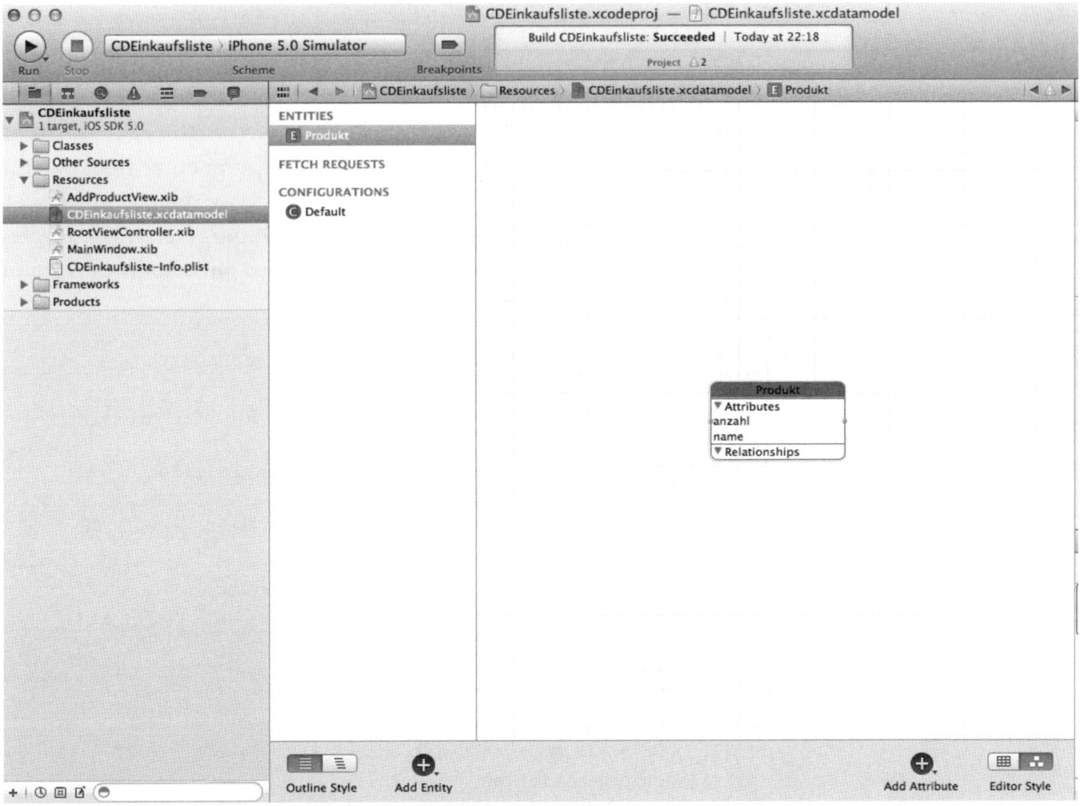

Abb. 6–30
Der grafische Editor im Einsatz

Nachdem die Entität *Produkt* nun alle notwendigen Attribute besitzt, geht es jetzt daran, die Klasse daraus zu erzeugen. Hierfür selektieren Sie die Datei `CDEinkaufsliste.xcdatamodel` und wählen aus dem Kontextmenü die Aktion *Add/New File...* aus. In der Rubrik *Cocoa Touch Class* wählen Sie die Vorlage *Managed Object Class* aus. Über die Schaltfläche *Next* gelangen Sie zum Dialog, in dem Sie die Optionen zur Erzeugung einstellen können. In unserem Fall müssen Sie lediglich die Entität *Produkt* selektieren, und mittels Betätigen der Schaltfläche *Finish* werden dann die Dateien `Produkt.h` (siehe Listing 6–48) und `Produkt.m` erzeugt. Sollten sie nicht im logischen Ordner `Classes` landen, können Sie sie einfach dorthin verschieben.

Listing 6–48
Vom Generator erzeugte Datei Produkt.h

```
#import <CoreData/CoreData.h>
@interface Produkt :  NSManagedObject
{
}

@property (nonatomic, retain) NSString * name;
@property (nonatomic, retain) NSDecimalNumber * anzahl;

@end
```

Schritt 3: Den Datenzugriff implementieren

Der nächste Schritt besteht nun darin, Änderungen dauerhaft zu speichern. Das Grundprinzip von Core Data ist dabei, dass der aktuelle Stand des *ManagedObjectContext* abgespeichert wird. Hierfür steht die Methode save (❷) zur Verfügung. Die Erzeugung einer Instanz von NSManagedObject (die Klasse Produkt ist eine Subklasse davon) wird über die aktuelle Instanz des ManagedObjectContext (❶) umgesetzt. Die Implementierung erfolgt in der Methode save_Clicked innerhalb der Datei AddProductViewController.m.

Listing 6–49
Produkt über die Methode save *hinzufügen*

```
- (void) save_Clicked:(id)sender {
 CDEinkaufslisteAppDelegate *appDelegate =
(CDEinkaufslisteAppDelegate  *)[[UIApplication sharedApplication]
delegate];
 Produkt *produktObj = (Produkt *)[NSEntityDescription
insertNewObjectForEntityForName:@"Produkt"
inManagedObjectContext:appDelegate.managedObjectContext]; ❶
 produktObj.name = txtName.text;
 NSDecimalNumber *temp = [[NSDecimalNumber alloc]
initWithString:txtAnzahl.text];
 produktObj.anzahl = temp;
 [temp release];

 NSError *error;
if (![appDelegate.managedObjectContext save:&error]) { ❷
 NSLog(@"error in storing product");
}
 [self.navigationController
dismissModalViewControllerAnimated:YES];
}
```

Das Löschen eines Produktes wird in der Methode delete_Clicked in der Datei RootViewController.m implementiert. Wie bereits zuvor, wird die Änderung über die Methode save des *ManagedObjectContext* durchgeführt.

Listing 6–50
Löschen eines Produktes über die Methode save

```
- (void) delete_Clicked:(id)sender {
 NSIndexPath* path = [self.tableView indexPathForSelectedRow];
 if (path != nil && path.row >= 0) {
  Produkt* produkt = [produktArray objectAtIndex:path.row];
  [produktArray removeObject:produkt];
  [managedObjectContext deleteObject:produkt];
  NSError* error;
  if (![managedObjectContext save:&error]) {
  }
  [self.tableView deleteRowsAtIndexPaths:[NSArray
arrayWithObject:path]
withRowAnimation:UITableViewRowAnimationFade];
```

```
        [path release];
    }
}
```

Der letzte Implementierungsschritt besteht darin, dass beim Start der Anwendung die bereits vorhandenen Produkte geladen werden. Die Implementierung erfolgt in der Methode `viewWillAppear` der Datei `RootViewController.m` (siehe Listing 6–51). Für das Laden der Daten wird eine Instanz der Klasse `NSFetchRequest` (❶) erzeugt. Damit das Framework weiß, welche Daten geladen werden sollen, müssen Sie den `NSFetchRequest` mit einer Instanz von `NSEntityDescription` (❷) befüllen.

Sortierung des Ergebnisses

Für die Abfrage der Daten können Sie zusätzlich eine Sortierung über eine Instanz von `NSSortDescriptor` (❸) angeben. Wenn Sie dies nicht tun, ist die Rückgabereihenfolge der geladenen Entitäten undefiniert. Die konfigurierte Instanz von `NSEntityDescription` weisen Sie über die Methode `setSortDescriptors` (❹) zu. Die fertig konfigurierte Suchanfrage führen Sie über die Methode `executeFetchRequest` (❺) auf der Instanz des *ManagedObjectContext* aus.

Listing 6–51
Sortiertes Laden der Produkte

```
- (void)viewWillAppear:(BOOL)animated {
  [super viewWillAppear:animated];
  NSError *error;
  NSFetchRequest *request = [[NSFetchRequest alloc] init]; ❶
  NSEntityDescription *entity = [NSEntityDescription
entityForName:@"Produkt"
inManagedObjectContext:managedObjectContext]; ❷
  [request setEntity:entity];
  // Sortierung konfigurieren
  NSSortDescriptor *sortDescriptor = [[NSSortDescriptor alloc]
initWithKey:@"name" ascending:YES]; ❸
  NSArray *sortDescriptors = [[NSArray alloc]
initWithObjects:sortDescriptor, nil];
  [request setSortDescriptors:sortDescriptors];  ❹

  NSMutableArray *mutableFetchResults = [[managedObjectContext
executeFetchRequest:request error:&error] mutableCopy];  ❺
  if (mutableFetchResults == nil) {
  // Fehlerbehandlung.
  }
  [self setProduktArray:mutableFetchResults];
  [mutableFetchResults release];
  [sortDescriptor release];
  [sortDescriptors release];
}
```

Core Data spart Quellcode.

Wie Sie an diesem Beispiel sicherlich erkennen, ist die Menge an Quellcode für die dauerhafte Datenhaltung im Vergleich zur direkten Verwendung von SQLite um einiges geringer. Da Ihnen mit dem Framework Core Data auch alle Möglichkeiten zur persistenten Verwaltung von Daten zur Verfügung stehen, sollten Sie diese Variante der reinen Verwendung von SQLite in Ihren eigenen Anwendungen vorziehen.

6.3 Location Based Services

Ein sehr wichtiger Anwendungsfall bei mobilen Geräten sind die sogenannten Location Based Services (LBS). Hierunter sind Anwendungen (Dienste) zu verstehen, die sich die Fähigkeit zur Positionsbestimmung (z.B. über GPS) zunutze machen. Eine der bekanntesten Anwendungen dieser Gattung ist *Google Maps;* sie wird beim iPad, iPhone und iPod touch bereits mitgeliefert.

Core Location für die Position

Für die Auswertung der Positionsinformationen stellt das iOS das Framework *Core Location* zur Verfügung.

MapKit für die Darstellung

Um innerhalb der eigenen Anwendung auch eine Karte (mit den aus Google Maps bekannten Möglichkeiten) zu verwenden, existiert seit iPhone OS 3 das *MapKit Framework*.

In diesem Unterkapitel werden wir nun ein kleines Beispiel[25] unter Verwendung der Frameworks MapKit und Core Location entwickeln. Der Name des Beispiels soll *MapKitSample* sein.

6.3.1 Anzeige der Karte mit MapKit

Leere Anwendung erstellen

Für das Beispiel erstellen wir zunächst eine leere Anwendung auf Basis der Vorlage *Single View Application*. Um das MapKit Framework zu verwenden, müssen Sie es zunächst Ihrer Anwendung hinzufügen. Selektieren Sie hierfür das Projekt und über das Target fügen Sie die Bibliothek hinzu. Dies können Sie über den Reiter *Build Phases* erledigen. Aus der angezeigten Framework-Liste suchen Sie nun *MapKit* heraus. Über die Schaltfläche *Add* fügen Sie die Bibliothek Ihrem Projekt hinzu (Abb. 6–31).

Abb. 6–31
Projekt mit Bibliothek MapKit.framework

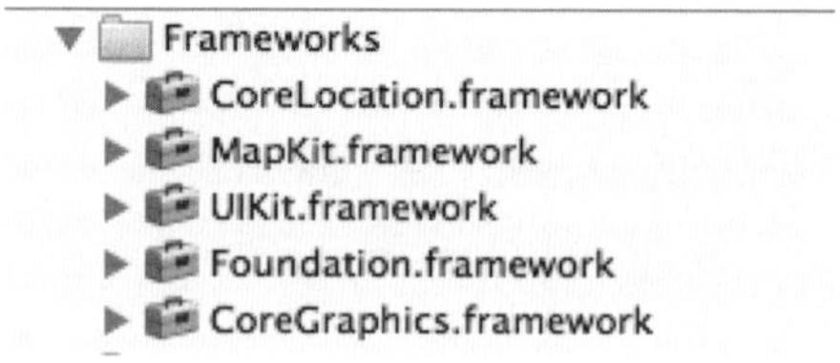

25. Die Basis für das verwendete Beispiel ist online verfügbar unter http://blog.objectgraph.com/index.php/2009/04/08/iphone-sdk-30-playing-with-map-kit-part-3/.

Für die Darstellung der Karte wird Ihnen vom MapKit Framework die Klasse `MKMapView` (❶) zur Verfügung gestellt. Hierfür definieren wir in der von der Vorlage erzeugten Datei `MapKitSampleViewController.h` eine Instanzvariable (siehe Listing 6–52).

Anzeige der Map

Listing 6–52
MapKitSampleViewController.h *mit* MKMapView

```
#import <UIKit/UIKit.h>
#import <MapKit/MapKit.h>

@interface MapKitSampleViewController : UIViewController {
 MKMapView* mapView; ❶
}
@end
```

Beachten Sie die Nutzungsbedingungen des MapKit Framework

Für die Verwendung des MapKit Framework gelten spezielle Nutzungsbedingungen von Google. Diese sollten Sie vor einem Einsatz prüfen. Die Nutzungsbedingungen stehen online unter http://code.google.com/intl/de-DE/apis/maps/iphone/terms.html zur Verfügung. Erwähnenswert ist, dass keine Kosten für die Verwendung des MapKit Framework in eigenen Anwendungen entstehen. Bei intensiver Verwendung beachten Sie vor allem Punkt 10 der Nutzungsbedingungen (*License Restrictions*).

Für die Anzeige der Map genügt es, eine Instanz von `MKMapView` zu erzeugen und sie der View hinzuzufügen (Listing 6–53). Die Implementierung erfolgt in der Methode `viewDidLoad` des View Controller (`MapKitSampleViewController`.m).

Listing 6–53
Anzeige der Map

```
- (void)viewDidLoad {
 [super viewDidLoad];
 mapView=[[MKMapView alloc] initWithFrame:self.view.frame];
 [self.view insertSubview:mapView atIndex:0];
}
```

Nach Übersetzen und Starten der Anwendung mittels *Build and Run* wird die Map dargestellt. Die Karte enthält die bereits aus Google Maps bekannten Eigenschaften wie z.B. Zoomen und Scrolling. Die Eigenschaften können über Properties der Klasse konfiguriert werden. Ein Beispiel hierfür ist die Eigenschaft *zoomEnabled*, über die der Zoom ein- bzw. ausgeschaltet werden kann.

Ein nennenswerter Parameter ist `mapType`. Hierüber können Sie die Art der dargestellten Karte einstellen. Insgesamt stehen drei Varianten (als Konstanten) zur Verfügung. Die verschiedenen Ausprägungen dieser Varianten entnehmen Sie Tabelle 6–2.

Tab. 6–2
Verfügbare Map-Typen

Konstante	Beschreibung
MKMapTypeStandard	Hierbei handelt es sich um den Standardtyp. Die angezeigte Karte ist eine sogenannte Streetmap. In ihr werden die Straßen mit Namen (falls verfügbar) angezeigt.
MKMapTypeSatellite	Dieser Kartentyp stellt die Satellitenbilder der Umgebung dar. Die Straßen und Namen werden nicht angezeigt.
MKMapTypeHybrid	Diese Karte kombiniert die beiden anderen Typen. Das heißt, es werden sowohl die Satellitenbilder als auch die Straßen und deren Namen dargestellt.

Um die aktuelle Position darzustellen, verwenden Sie die Property `showsUserLocation`. In Listing 6–54 sehen Sie die Verwendung von `mapType` und `showsUserLocation` im Einsatz.

Listing 6–54
MKMapView mit Positionsanzeige und MKMapTypeHybrid

```
- (void)viewDidLoad {
 [super viewDidLoad];
 mapView.showsUserLocation=TRUE;
 mapView.mapType=MKMapTypeHybrid;
 mapView=[[MKMapView alloc] initWithFrame:self.view.frame];
 [self.view insertSubview:mapView atIndex:0];
}
```

Das Zuhause des iOS Simulator

Bei Verwendung des MapKit Framework im iOS Simulator sollten Sie beachten, dass standardmäßig die Position des Hauptsitzes von Apple in Cupertino (Kalifornien, USA) verwendet wird. Inzwischen kann aber Core Location über WLAN die Position auch im Simulator ermitteln.

6.3.2 Anzeige einer Region mit MapKit

Bisher haben wir mit *MKMapView* lediglich eine Karte und die aktuelle Position des Gerätes angezeigt. Nun wollen wir direkt einen bestimmten Kartenausschnitt (*Region* genannt) anzeigen.

Anzeige einer Region

Für das Setzen der Region müssen Sie eine Instanz der Klasse `MKCoordinateRegion` erzeugen. Diese Instanz können Sie mit Koordinaten (`CLLocationCoordinate2D`) und einem Zoom (`MKCoordinateSpan`) versehen. Bei den Koordinaten müssen Sie mit Breitengraden (engl. *latitude*) und Längengraden (engl. *longitude*) hantieren. Die Position speichern Sie in der Variablen `center` (Listing 6–55, ❶).

Listing 6–55
Setzen der Koordinaten der Region

```
MKCoordinateRegion region;
CLLocationCoordinate2D location=mapView.userLocation.coordinate;
location.latitude=40.814849;
location.longitude=-73.622732;
region.center=location; ❶
```

Den Zoomlevel vom Typ `MKCoordinateSpan` speichern Sie in der Variablen `span` (Listing 6–56, ❶). Wenn Sie keinen Zoomlevel angeben, wird der Ausschnitt mit dem höchsten Detaillierungsgrad angezeigt.

```
MKCoordinateSpan span;
span.latitudeDelta=0.2;
span.longitudeDelta=0.2;
region.span=span; ❶
```

Listing 6–56
Einstellen des Zoomlevels über MKCoordinateSpan

Über die Methode `setRegion` wird die Region gesetzt. Zusätzlich existiert noch die Methode `regionThatFits`. Darauf wird der Ausschnitt auf die Größe der View, in der sich die Karte befindet, angepasst.

```
[mapView setRegion:region animated:TRUE];
[mapView regionThatFits:region];
```

Listing 6–57
Setzen der Region

6.3.3 Position in der Karte markieren

Markierungen in der Karte werden durch Instanzen von `MKAnnotationView` repräsentiert. In unserem kleinen Beispiel werden wir nun einen bestimmten Punkt in der Karte markieren. Um dies zu realisieren, müssen wir uns zunächst mit den zwei Protokollen *MKMapViewDelegate* und *MKReverseGeocoderDelegate* auseinandersetzen.

MKMapViewDelegate Protocol

Über das *MKMapViewDelegate Protocol* werden Methoden angeboten, die Ihnen Änderungen in der eingesetzten Map signalisieren. Ein Beispiel hierfür ist die Methode `mapViewDidFinishLoadingMap`. Diese Methode wird aufgerufen, wenn alle Daten der Karte geladen sind.

MKReverseGeocoder-Delegate Protocol

Das Setzen einer Markierung wird mit einer Instanz realisiert, die das *MKAnnotation Protocol* implementiert. In unserem Fall ist dies die Klasse `MKPlacemark`. Diese Klasse bietet reichhaltige Informationen zu einer bestimmten Position an (z.B. Ort und Postleitzahl). Das MapKit Framework stellt eine Klasse zur Verfügung, um aus der Kombination von Breiten- und Längengrad eine Instanz von `MKPlacemark` zu erzeugen. Diese Klasse trägt den Namen `MKReverseGeocoder`. Diese Klasse kommuniziert über das *MKReverseGeocoderDelegate Protocol*. Mit Aufruf der Methode `didFindPlacemark` wird signalisiert, dass die Informationen erfolgreich ermittelt wurden.

Erweiterung des View Controller

Nun erweitern wir den View Controller um diese zwei Protokolle und fügen zusätzlich zwei Instanzvariablen für den `MKReverseGeocoder` und die `MKPlacemark` hinzu.

```
#import <UIKit/UIKit.h>
#import <MapKit/MapKit.h>
#import <MapKit/MKAnnotation.h>
#import <MapKit/MKReverseGeocoder.h>
```

Listing 6–58
Angepasster MapKitSampleView-Controller

```
@interface MapKitSampleViewController : UIViewController
<MKReverseGeocoderDelegate, MKMapViewDelegate> {
 MKMapView* mapView;
 MKReverseGeocoder *geoCoder;
 MKPlacemark *mPlacemark;
}
@end
```

Dann erzeugen wir in der Methode `viewDidLoad` innerhalb von `MapKitSampleViewController` eine Instanz von `MKReverseGeocoder` und starten die Positionsermittlung (Listing 6–59, ❶). Zusätzlich verknüpfen wir die Delegate-Methoden, damit die Instanzen auch wissen, wo sie die Methoden aufrufen sollen.

Listing 6–59
Verknüpfung der Delegate-Methoden und Instanziierung des Geocoder

```
geoCoder=[[MKReverseGeocoder alloc] initWithCoordinate:location];
[geoCoder start]; ❶
geoCoder.delegate=self;
mapView.delegate=self;
```

Das `MKReverseGeocoderDelegate` enthält zwei Methoden (siehe Listing 6–60). Im Fehlerfalle wird die Methode `didFailWithError` aufgerufen. Bei erfolgreicher Ermittlung der Position wird die Methode `didFindPlacemark` verwendet. Die Methode wird mit einer gefüllten Instanz von `MKPlacemark` aufgerufen. Diese kann direkt über `addAnnotation` (Listing 6–60, ❶) in die Map eingefügt werden.

Listing 6–60
Implementierung des MKReverseGeocoder Delegate Protocol

```
- (void)reverseGeocoder:(MKReverseGeocoder *)geocoder
didFailWithError:(NSError *)error{
 NSLog(@"Geocoder nicht erfolgreich");
}
- (void)reverseGeocoder:(MKReverseGeocoder *)geocoder
didFindPlacemark:(MKPlacemark *)placemark{
 NSLog(@"Geocoder beendet");
 mPlacemark=placemark;
 [mapView addAnnotation:placemark]; ❶
}
```

Nun kommt die Methode `viewForAnnotation` des MKMapViewDelegate Protocol zum Einsatz. Mit dieser Methode ist es möglich, die Standardmarkierung zu überschreiben. In unserem Beispiel erzeugen wir eine Instanz von `MKPinAnnotationView` (Listing 6–61, ❶) und konfigurieren sie. Mit dieser Klasse können Sie eine Stecknadelmarkierung in Ihrer Map erzeugen.

Listing 6–61
Erzeugen einer Stecknadelmarkierung

```
- (MKAnnotationView *) mapView:(MKMapView *)mapView
viewForAnnotation:(id <MKAnnotation>) annotation{
MKPinAnnotationView *annView=[[MKPinAnnotationView alloc]
initWithAnnotation:annotation reuseIdentifier:@"currentloc"];❶
annView.animatesDrop=FALSE;
```

```
annView.pinColor=MKPinAnnotationColorGreen;
return annView;
```

6.3.4 Einsatz von Core Location

Nun wollen wir unser Beispiel dahingehend anpassen, dass die Karte sofort zur aktuellen Geräteposition gezoomt wird. Dies werden wir umsetzen, indem wir eine Region mit der aktuellen Position erstellen und diese Region der Karte zuweisen.

Ermittlung der Position mit Core Location

Für die Ermittlung der aktuellen Position werden wir das MapKit Framework mit dem Core Location Framework kombinieren. Für die Verwendung von Core Location müssen Sie dieses dem Projekt hinzufügen. Hier können Sie wie zuvor schon beim MapKit Framework vorgehen. Das heißt, Sie selektieren den logischen Ordner `Frameworks` und wählen die Aktion *Add/Existing Frameworks...* aus. Über den Finder wählen Sie nun *CoreLocation.framework* aus.

CLLocationManager *für Positionsermittlung*

Für die Ermittlung der aktuellen Position setzen wir die Klasse `CLLocationManager` ein (siehe Listing 6–62). Über die Property `desired Accuracy` (❶) können Sie die Genauigkeit festlegen. Die Positionsermittlung starten Sie über die Methode `startUpdatingLocation` (❷).

Listing 6–62
Ermitteln der aktuellen Position

```
CLLocationManager *locationManager=[[CLLocationManager alloc]
init];
locationManager.delegate=self;
locationManager.desiredAccuracy=kCLLocationAccuracyNearestTenMeters;
❶

[locationManager startUpdatingLocation]; ❷
```

Wie Sie dem Listing 6–62 entnehmen können, erfolgt die Rückmeldung über einen Delegate. Somit implementieren wir das *CLLocationManagerDelegate Protocol* (siehe Listing 6–63). Dieses Protokoll bietet die zwei Methoden `didFailWithError` (Aufruf im Fehlerfall) und `didUpdateToLocation`.

Listing 6–63
Erweiterter Header von MapKitSampleViewController

```
@interface MapKitSampleViewController : UIViewController
<MKReverseGeocoderDelegate, MKMapViewDelegate,
CLLocationManagerDelegate> {
 MKMapView* mapView;
 MKReverseGeocoder *geoCoder;
 MKPlacemark *mPlacemark;
 CLLocationCoordinate2D location;
}
@end
```

Die Methode `didUpdateToLocation` wird immer bei einer Positionsänderung aufgerufen. Da wir nur die initiale Position ermitteln möchten, schalten wir zunächst über `stopUpdatingLocation` (Listing 6–64, ❶) die Positionsermittlung wieder aus. Über den Übergabeparameter `newLocation` erhalten wir die Position und setzen sie in der Eigenschaft `center` (❷) von `MKCoordinateRegion`. Um nicht nur den richtigen Kartenausschnitt, sondern auch noch die aktuelle Position zu markieren, setzen wir wieder den `MKReverseGeocoder` (❸) ein. Zuletzt fehlt noch das Setzen der Region über `setRegion`.

Listing 6–64
Auswerten der ermittelten Position

```
- (void)locationManager:(CLLocationManager *)manager
didUpdateToLocation:(CLLocation *)newLocation
fromLocation:(CLLocation *)oldLocation{
 [locationManager stopUpdatingLocation];  ❶
 location=newLocation.coordinate;

 MKCoordinateRegion region;
 region.center=location; ❷
 MKCoordinateSpan span;
 span.latitudeDelta=.005;
 span.longitudeDelta=.005;
 region.span=span;

 geoCoder=[[MKReverseGeocoder alloc] initWithCoordinate:location];
❸
 geoCoder.delegate=self;
 [geoCoder start];

 [mapView setRegion:region animated:TRUE];
}
```

Wie Sie an dem gerade entwickelten Beispiel gesehen haben, steht Ihnen mit dem MapKit Framework und dem Core Location Framework eine Vielfalt an Funktionen für die Entwicklung von Location Based Services zur Verfügung. Für weiter gehende Informationen sollten Sie auf die MapKit Framework Reference[26] und die Core Location Framework Reference[27] zurückgreifen.

---

26. http://developer.apple.com/iphone/library/documentation/MapKit/Reference/MapKit_Framework_Reference/index.html.
27. http://developer.apple.com/iphone/library/documentation/CoreLocation/Reference/CoreLocation_Framework/index.html.

6.4 Zusammenfassung

In diesem Kapitel haben Sie einiges zur Programmierung von Anwendungen für das iOS gelernt.

Im ersten Beispiel zum Auslesen von Kontaktdaten aus der internen Adressdatenbank wurde zunächst der Rahmen der Anwendung näher erläutert, und es wurde gezeigt, wie Sie ein neues Projekt von Grund auf beginnen. Sie haben dann einen kurzen Blick auf die unterschiedlichen Laufzeitkonfigurationen (Debug und Release) geworfen und anschließend die Erzeugung einer Maske im Interface Builder kennengelernt. Auch die Verbindung von Oberflächenelementen mit dem Quellcode (Stichwort: Outlets) wurde aufgezeigt. Am Ende des ersten Beispiels sind wir auf die nachträgliche Änderung von definierten Werten in der Oberflächendefinitionsdatei (xib-Datei) eingegangen.

Das zweite Beispiel beschäftigte sich mit dem Schreiben von Daten ins Adressbuch. Dafür wurde zunächst eine Klasse zum Erzeugen von Testdaten implementiert. Diese Klasse repräsentiert einen beliebigen externen Dienst (wie z.B. Xing), um zu zeigen, wie Adressdaten aus einer externen Quelle mit den internen Daten verbunden werden können.

Im Anschluss daran haben wir uns dem Thema Datenpersistenz gewidmet und anhand einer Einkaufsliste die wichtigsten Datenbankaktionen implementiert. Mit diesem Wissen sind Sie gerüstet, um strukturierte Daten Ihrer Anwendung in der integrierten SQLite-Datenbank abzuspeichern. Zusätzlich haben Sie gesehen, wie Sie das in iOS verfügbare Framework Core Data für die Datenpersistenz verwenden. Sie sollten dieses Framework der reinen Verwendung von SQLite vorziehen.

Im letzten Beispiel dieses Kapitels haben Sie den Einsatz des MapKit Framework und des Core Location Framework kennengelernt. Hiermit verfügen Sie über die Grundlagen, um eigene Location Based Services zu entwickeln.

In den nächsten beiden Kapiteln werden wir uns nun größeren Beispielen für das iOS widmen.

7 Eine App für das Lesen von RSS entwickeln

Nach den kleineren Beispielapplikationen im vorherigen Kapitel werden wir nun eine größere Anwendung entwickeln: Sie soll RSS-Nachrichten (RSS = Rich Site Summary) von einer Seite abrufen, die Titelzeilen in einer Tabelle anzeigen und bei Anklicken einer Tabellenzelle die entsprechende Nachricht öffnen. Bei dieser Anwendung[1] *steht die Arbeit mit XML im Mittelpunkt, aber auch Aspekte wie das Laden von Daten aus dem Internet und das Öffnen von Seiten im internen Browser Safari spielen eine Rolle und werden daher näher beleuchtet. Entwicklungsschritte, die bereits in den vorigen Beispielen beschrieben wurden, werden in diesem Beispiel nicht mehr im Detail erläutert.*

7.1 Der Rahmen für die Anwendung

Der erste Schritt ist, wie bei jedem neuen Projekt, dessen initiale Erstellung. Der Name des Projektes soll *iRSS* (Anwendungsname: *i.RSS*) lauten, und als Vorlage wird eine *Master-Detail Application* gewählt. Diese Vorlage bietet sich an, da die Liste der RSS-Nachrichten die Masteransicht ist und das Detail ist die einzelne Nachricht. Diese Nachricht wird dann in der Detailansicht angezeigt. Für die Erzeugung ist lediglich die Option *Use Automatic Reference Counting*[2] aktiv. Als *Device* wird *iPhone* ausgewählt.

Nach dem Erzeugen eines neuen Projektes schadet es nie, das Projekt direkt einmal über die Schaltfläche *Run* zu starten. Der iOS Simulator sollte in diesem Fall die Anwendung starten und eine leere Tabelle anzeigen. Im Hauptmenü des iOS Simulator sollte zudem ein

---

1. Vgl. auch das von Jason Terhorst im Apple-Blog zur Verfügung gestellte Tutorial: http://theappleblog.com/2008/08/04/tutorial-build-a-simple-rss-reader-for-iphone/.
2. Sie sollten bei allen neuen Projekten die Option Automatic Reference Counting aktivieren.

weißes Icon mit dem Namen der Anwendung vorhanden sein. Die erzeugte Unterklasse von `UITableViewController` hat den Namen `MasterViewController`. Für die Kontrolle ist der Aufbau des Projektes in Abb. 7–1 dargestellt.

Abb. 7–1
Projektaufbau des Beispiels iRSS

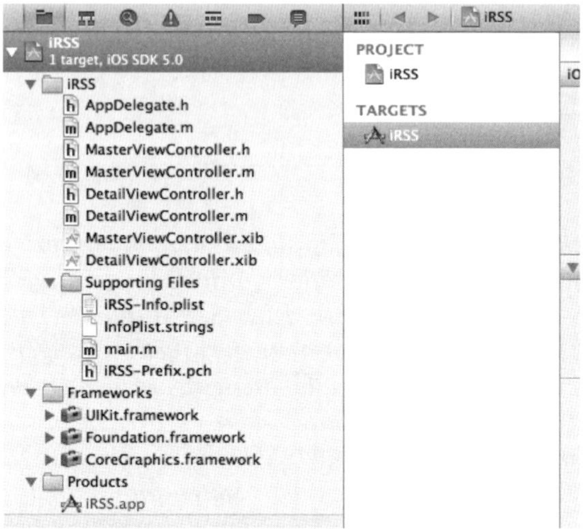

In der Klasse `MasterViewController` muss nun die entsprechende Funktionalität implementiert werden. Da in der Implementierungsdatei `MasterViewController.m` ein Zugriff auf die Tabelle nötig ist, muss diese als Referenz zur Verfügung stehen. Die einfachste Variante, um dies zu erreichen, besteht darin, ein Outlet im Interface `MasterViewController.h` zu definieren:

```
IBOutlet UITableView * rssNewsTable;
```

Hierfür wird die Datei `MasterViewController.xib` per Klick im Interface Builder geöffnet und eine Verbindung vom *File's Owner* auf *Table View* (siehe Abb. 7–2) gezogen, die Initialisierung der Variablen *rssNewsTable* übernimmt das Laufzeitsystem. Wichtig ist nur, dass das definierte Outlet `rssNewsTable` selektiert wird.

Abb. 7–2
Verbindung im Interface Builder herstellen

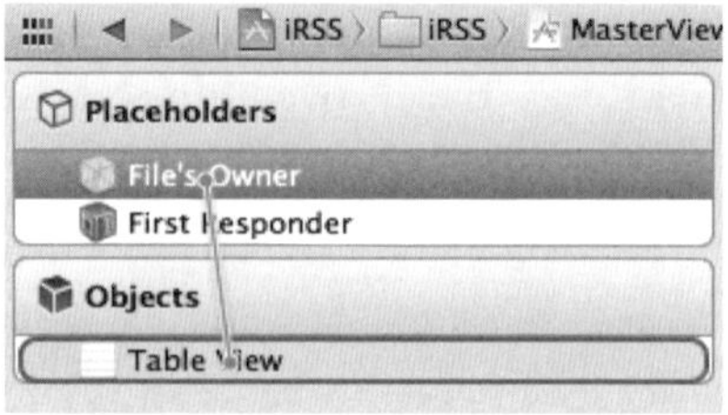

Für die RSS-Nachrichten wird auch noch eine Instanzvariable in der Datei `MasterViewController.h` vom Typ `NSMutableArray` definiert:

```
NSMutableArray * newsStories;
```

Die erste Methode, die nun mit diesen Variablen bereits implementiert werden kann, ist die Methode `numberOfRowsInSection`. Sie liefert die Zahl der Elemente in `newsStories` (Methode `count`) zurück:

```
- (NSInteger)tableView:(UITableView *)tableView
numberOfRowsInSection:(NSInteger)section {
  return [newsStories count];
}
```

Listing 7-1
Anzahl der Nachrichten

Die Zahl der Zeilen in der Ergebnistabelle entspricht der Zahl der RSS-Nachrichten in der Instanzvariablen `newsStories`.

Exkurs: Logging mit dem iOS

Da Softwareentwicklung nicht ohne Fehler funktioniert, ist ein Mechanismus zum Orten dieser Fehler notwendig. Ein erstes Hilfsmittel für diesen Fall kann die Ausgabe von Lognachrichten sein. Hierfür bieten das Betriebssystem iOS und die Entwicklungsumgebung Xcode auch eine Unterstützung an. Für das Ausgeben einer solchen Lognachricht steht die Methode `NSLog` aus dem Foundation Framework zur Verfügung. Der erste Parameter ist dabei der sogenannte Formatstring. Darüber wird die Logausgabe formatiert. Danach können Sie die Argumente einfach per Komma getrennt angeben:

```
NSLog(@"link: %@", newsStoryLink);
```

Die große Frage ist nun sicherlich, wo diese abgesetzten Lognachrichten eigentlich ausgegeben werden. Die Antwort lautet: auf der Konsole. In Xcode steht eine Konsole zur Verfügung, die nur diese Nachrichten empfängt und speichert und die Sie über den Menüpunkt *View/Debug Area/Show Debug Area* aufrufen, alternativ kann auch der Menüpunkt *View/Debug Area/Activate Console* verwendet werden. Der Inhalt der Konsole kann über die Funktion *Clear* gelöscht werden.

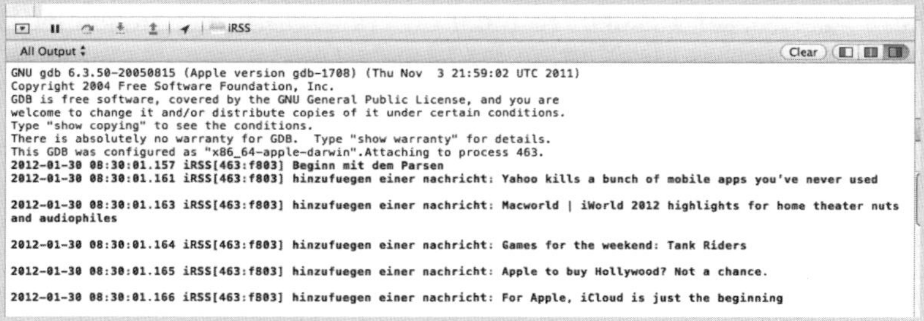

Daneben können Sie auch die Standardlogdatei `system.log` von Mac OS X auf der Kommandozeile betrachten oder das Dienstprogramm *Konsole* von Mac OS X aufrufen. Diese beiden Varianten haben den Nachteil, dass Sie dort auch Meldungen von anderen Anwendungen sehen. Somit sollten Sie, wenn möglich, die Konsole von Xcode vorziehen. Diese Lognachrichten können natürlich nicht den vollwertigen Debugger ersetzen. Sie ersparen Ihnen aber in einem ersten Lauf die Fehlersuche über den Debugger.

7.2 Datenstruktur für die RSS-Nachrichten

Die eingelesenen RSS-Nachrichten werden in der Klasse `RootViewController.m` in der Instanzvariablen `newsStories` (vom Typ `NSMutableArray`) gespeichert. Eine Nachricht selbst wird dabei als `NSMutableDictionary` in `newsStories` abgelegt.

Zellen für die Ergebnistabelle erzeugen

Wie schon in unserem vorigen Beispiel Einkaufsliste in Kapitel 6 ist eine Anpassung der vorgenerierten Methode `cellForRowAtIndexPath` in der Datei `MasterViewController.m` notwendig. In dieser Methode werden die Zellen vom Typ `UITableViewCell` erzeugt. Der Text dieser Zelle entspricht dem Titel der eingelesenen RSS-Nachricht. Erwähnenswert ist an dieser Stelle noch, dass der Index in Form einer Instanz von `NSIndexPath` zurückgegeben wird. Daraus muss über `indexAtPosition` das letzte Element herausgeholt werden. Der Titel einer RSS-Nachricht wird über den Schlüssel `title` in der Map abgelegt.

Listing 7–2
Der Titel der Nachricht wird als Text für die Zelle gesetzt.

```
int storyIndex = [indexPath indexAtPosition: [indexPath length] - 1];
[cell setText:[[newsStories objectAtIndex: storyIndex]
objectForKey: @"title"]];
```

7.3 Einlesen der RSS-Nachrichten als XML

Ein elementarer Bestandteil dieser Beispielanwendung ist das Einlesen der RSS-Nachrichten, die mittels XML übermittelt werden. Eine Möglichkeit, um mit dem iOS einen XML-Stream zu verarbeiten, ist die Klasse `NSXMLParser` aus dem Foundation Framework. Bei diesem Parser handelt es sich um einen Event-basierten Parser, der das einzulesende XML-Dokument sequenziell verarbeitet.[3] Als RSS-Feed für dieses Beispiel soll der Feed des Blogs *theAppleBlog* verwendet werden.[4] Seine URL lautet `http://feeds.feedburner.com/TheAppleBlog`.

---

3. Eine gute Einführung dazu bietet das Dokument »Introduction to Event-Driven XML Programming Guide for Cocoa«. Dieses Dokument ist verfügbar unter http://developer.apple.com/documentation/Cocoa/Conceptual/XMLParsing.
4. Dies ist ein lesenswerter, von Apple unabhängiger Blog rund um Neuigkeiten zu Apple. Sie finden ihn unter http://gigaom.com/apple/.

Wie bereits erwähnt, ist die Klasse NSXMLParser[5] ein Event-basierter Parser. Das Verarbeiten eines XML-Dokument besteht für einen Entwickler nun darin, auf diese Events zu reagieren. Die technische Umsetzung erfolgt über das Delegate-Prinzip. Dabei müssen nicht alle Methoden implementiert werden, sondern nur die zwingend erforderlichen. Um kenntlich zu machen, dass das Protokoll unterstützt wird, muss dies in der Datei MasterViewController.h entsprechend markiert werden:

Listing 7-3
Unterstützung des Protokolls

```
@interface MasterViewController : UITableViewController
<NSXMLParserDelegate>{
....
}
```

Somit müssen Sie in Ihrer Implementierung auch nicht auf alle Events reagieren. Um mit den XML-Daten arbeiten zu können, wird nun eine Instanz von NSXMLParser benötigt. Diese wird als Instanzvariable im Interface RootViewController.h definiert:

```
NSXMLParser * rssParser;
```

Exkurs: Sprung zur Definition einer Methode

Während der Entwicklung kann es vorkommen, dass man an der Definition einer Methode interessiert ist, die man gerade überschreibt. Um zu ihr zu gelangen, müssen Sie einfach die Methode markieren5; danach können Sie dann über den Menüpunkt Navigate/Jump To Definition die Definition aufrufen, alternativ können Sie auch das Kontextmenü im Quelltexteditor dafür verwenden. Wenn Sie zu einer Methode gesprungen sind, denken Sie daran, dass Sie über die Pfeile im Editorfenster wieder zur ursprünglichen Datei zurücknavigieren können.

Wenn die Anwendung aufgerufen wird, soll die Tabelle mit den aktuellen Nachrichten aus dem Feed gefüllt sein. Um dies zu erreichen, muss die Tabelle regelmäßig aktualisiert werden. Die passende Methode hierfür ist viewDidAppear in RootViewController.m. Für das Einlesen der XML-Datei wird eine interne Methode parseXMLFileAtURL: definiert und direkt in viewDidAppear: aufgerufen.

```
if ([newsStories count] == 0) {
  NSString * path = @"http://feeds.feedburner.com/TheAppleBlog";
  [self parseXMLFileAtURL:path];
}
```

5. Beim Lesen der API-Referenz werden Sie vielleicht auch auf den Begriff NSXML stoßen. Der verwendete Parser NSXMLParser hat aber außer dem Namen nichts mit NSXML zu tun. Mit NSXML können Sie mittels DOM (Document Object Model) auf Ihrem XML-Dokument arbeiten.
6. Es genügt völlig, wenn Sie den Cursor auf die Methode setzen, eine explizite Selektion ist nicht notwendig.

Wie zuvor beschrieben, wird das Einlesen über die interne Methode parseXMLFileAtURL gestartet. Dieser Methode wird die URL auf den Feed als Instanz von NSString übergeben.

```
- (void)parseXMLFileAtURL:(NSString *)URL {
}
```

Der erste Schritt innerhalb der Methode parseXMLFileAtURL ist das Erzeugen der internen Liste von RSS-Nachrichten in Form der Instanzvariablen newsStories. Das Anlegen selbst erfolgt nach dem Standardprinzip.

```
newsStories = [[NSMutableArray alloc] init];
```

URLs mit der Klassenmethode URLWithString *erzeugen*

Der Übergabeparameter für die Methode parseXMLFileAtURL: ist eine URL in Form einer NSString-Instanz. Für den Parser NSXMLParser wird aber eine URL in Form von NSURL benötigt. Die einfachste Art, solch eine Instanz zu erzeugen, ist über die Klassenmethode URLWithString der Klasse NSURL. Der Parameter ist ein NSString. Falls die URL nicht im richtigen Format übergeben wurde, wird nil zurückgeliefert:

```
NSURL *xmlURL = [NSURL URLWithString:URL];
```

7.4 Erzeugen des XML-Parsers

Nachdem nun die URL als NSURL-Instanz vorliegt, kann mit der Erzeugung des Parsers fortgefahren werden. Die Instanz von NSXMLParser wird standardgemäß mit alloc erzeugt. Die Initialisierung erfolgt mit der Methode initWithContentsOfURL:, der die zuvor erzeugte URL übergeben wird. Beim Aufruf der Methode wird der Inhalt, der hinter der URL steht, in ein internes Array geschrieben.[7] Falls der Inhalt nicht geladen werden kann, liefert diese Methode nil zurück:

```
rssParser = [[NSXMLParser alloc] initWithContentsOfURL:xmlURL];
```

Konfiguration des XML-Parsers

Der vorletzte Schritt ist nun die Konfiguration der erzeugten Parser-Instanz. Der wichtigste Aspekt hierbei ist sicherlich die Methode setDelegate, denn hier wird die Delegate-Instanz gesetzt. In diesem Beispiel agiert die Klasse RootViewController als Delegate. Der Delegate ist, wie schon gesagt, dafür verantwortlich, auf die Events, die beim Parsen auftreten, zu reagieren.

7. Das Einlesen mit initWithContentsOfURL: ist nicht das eigentliche Analysieren des XML-Dokuments. Hierbei wird nur der Inhalt geladen und in einem internen Array gespeichert.

```
[rssParser setDelegate:self];
[rssParser setShouldProcessNamespaces:NO];
[rssParser setShouldReportNamespacePrefixes:NO];
[rssParser setShouldResolveExternalEntities:NO];
```

Listing 7–4
Konfiguration des XML-Parsers

Nach der Konfiguration kann nun über die Methode `parse` das Analysieren (Parsen) des XML-Dokuments gestartet werden. Die Methode liefert `YES`, falls das Analysieren erfolgreich abgeschlossen werden konnte.

```
[rssParser parse];
```

Anzeige von Fehlern mit UIAlertView

Während der Verarbeitung des XML-Dokumentes oder auch bei anderen Situationen (wie z.B. beim Zugriff auf das Internet) können Fehler auftreten, die dem Anwender mitgeteilt werden sollten. Da in einem solchen Fall die Verarbeitung der Anwendung meistens unterbrochen werden muss, sollte der Anwender über den Fehler informiert werden, damit er ggf. eingreifen kann. Dies erfolgt beispielsweise über eine View, die sich über allen anderen Elementen zeigt. Um die Arbeit für die Erstellung zu sparen, wird eine solche View bereits vom Framework UIKit mitgeliefert. Es handelt sich hierbei um die sogenannte `UIAlertView`.

Abb. 7–3
Einfache UIAlertView *mit einer Schaltfläche*

Für die Initialisierung von `UIAlertView` stehen unterschiedliche Methoden zur Verfügung. Damit können Sie diese Ansicht sehr weit anpassen.[8] Wenn während der Analyse des XML-Dokumentes ein Fehler auftritt, wird die Delegate-Methode `parseErrorOccurred` aufgerufen. In dieser Methode können Sie auf den Fehler reagieren. Der Fehler kommt dabei als Instanz von `NSError` vor. Aus dieser Instanz können Sie über die Methode `code` den Fehlercode ermitteln. Neben einer Ausgabe auf der Konsole über `NSLog` wird ein einfacher Dialog mittels `UIAlertView` (mit einer Schaltfläche) dargestellt.

8. Um die unterschiedlichen Oberflächenelemente (inklusive der Varianten von `UIAlertView`) am einfachsten zu sehen und zu testen, steht das Beispiel UICatalog unter http://developer.apple.com/iphone/library/samplecode/UICatalog/index.html zur Verfügung. Dieses Beispiel enthält die meisten Oberflächenelemente aus UIKit in unterschiedlichen Varianten. In dem Beispiel können Sie auch gut eigene Tests durchführen.

Listing 7–5
Implementierung der Methode parseErrorOccured

```
- (void)parser:(NSXMLParser *)parser parseErrorOccurred:(NSError
*)parseError {
 NSString * errorString = [NSString stringWithFormat:@"Unable to
download story feed from web site (Error code %i )", [parseError
code]];
 NSLog(@"error parsing XML: %@", errorString);
 UIAlertView * errorAlert = [[UIAlertView alloc]
initWithTitle:@"Error loading content" message:errorString
delegate:self cancelButtonTitle:@"OK" otherButtonTitles:nil];
 [errorAlert show];
}
```

Die initialisierte Instanz von `UIAlertView` wird über die Instanzmethode `show` angezeigt. Diese zeigt den Fehlertext inklusive Fehlercode an.

Auswertung des XML

Fünf Methoden des Parsers sind relevant.

Wie bereits erwähnt, müssen nicht alle Methoden des Delegate-Protokolls implementiert werden. Für unser Beispiel sind fünf Methoden von Bedeutung, die in Tabelle 7–1 beschrieben sind. Die Methode `parseErrorOccurred` ist dabei nicht nochmals aufgeführt, denn diese wurde bereits erläutert. Die Fehlerbehandlung sollten Sie auf alle Fälle immer implementieren, sei es auch nur, um eine Ausgabe mittels `NSLog` auf der Konsole abzusetzen.

Tab. 7–1
Für das Beispiel relevante Delegate-Methoden von NSXMLParser

Name der Methode	Beschreibung
parserDidStartDocument	Diese Methode wird aufgerufen, wenn mit dem Parsen des Dokumentes begonnen wird.
didStartElement	Wird aufgerufen, wenn der Parser im Dokument ein Start-Tag eines Elementes gefunden hat. Über den Parameter `elementName` kann der Name des Elementes ausgewertet werden.
didEndElement	Wird aufgerufen, wenn der Parser im Dokument ein End-Tag eines Elementes gefunden hat. Über den Parameter `elementName` kann der Name des Elementes ausgewertet werden.
foundCharacters	Diese Methode wird aufgerufen, wenn Zeichen des aktuellen Elementes eingelesen wurden. Diese Methode kann auch mehrfach für ein Element aufgerufen werden.
parserDidEndDocument	Diese Methode wird aufgerufen, wenn das Parsen des Dokumentes abgeschlossen wurde.

Der erste Schritt für das Parsen des XML ist die Methode `parserDidStartDocument`. In dieser Methode wird nur eine einzelne Lognachricht ausgegeben. Im Prinzip könnten Sie auf das Implementieren dieser

Methode verzichten – allerdings hilft sie zu erkennen, ob mit dem Parsen auch tatsächlich begonnen wurde.

```
- (void)parserDidStartDocument:(NSXMLParser *)parser{
 NSLog(@"Beginn mit dem Parsen");
}
```

Weitere Instanzvariablen sind notwendig.

Die einzelnen Elemente des RSS-Feed werden in Form einer Map vom Typ `NSMutableDictionary` in dem Array `newsStories` gespeichert. Während des Parsens wird ein einzelnes Element in der Instanzvariablen `item` zwischengespeichert. Von den einzelnen Elementen werden der Titel (Variable `currentTitle`), das Datum (Variable `currentDate`), die Zusammenfassung (Variable `currentSummary`) und der Link (Variable `currentLink`) in Instanzvariablen zwischengespeichert. Diese Elemente sind vom Typ `NSMutableString`, denn sie werden während des Parsens verändert. Das `currentElement` wird hingegen immer am Anfang des Elementes gesetzt und ändert sich danach nicht mehr. Der Tag-Name des aktuellen Elementes wird in der Instanzvariablen `currentElement` in Form eines `NSString` zwischengespeichert.

Listing 7–6
Instanzvariablen für die Zwischenspeicherung der Daten

```
NSMutableDictionary * item;
NSString * currentElement;
NSMutableString * currentTitle, * currentDate, * currentSummary, *
currentLink;
```

Methode didStartElement

Mit den beschriebenen Instanzvariablen, die in der Datei `MasterViewController.h` hinzugefügt wurden, kann nun die Analyse des XML-Dokumentes voranschreiten. Sobald ein Element im XML-Dokument gefunden wird, ist die Methode `didStartElement` an der Reihe.

```
- (void)parser:(NSXMLParser *)parser didStartElement:(NSString
*)elementName namespaceURI:(NSString *)namespaceURI
qualifiedName:(NSString *)qName attributes:(NSDictionary
*)attributeDict
{
}
```

Nur Elemente vom Typ item *sind interessant.*

Aus dem ankommenden RSS-Feed interessieren nur die Elemente, die mit dem Tag `item` beginnen. Um diese herauszufiltern, wird zunächst der Name des Elementes über die copy-Methode von `NSString` in die Instanzvariable `currentElement` kopiert.

```
currentElement = [elementName copy];
```

Danach wird über die Instanzmethode `isEqualToString` von `NSString` geprüft, ob es sich um ein Element mit dem Tag-Namen `item` handelt.

```
if ([elementName isEqualToString:@"item"]) {
}
```

Instanzvariablen initialisieren

Im Falle der positiven Prüfung des Elementnamens werden die Instanzvariablen der Klasse mittels `alloc` und `init` initialisiert. Mehr ist in dieser Methode nicht zu tun.

Listing 7–7
Initialisierung der Instanzvariablen

```
item = [[NSMutableDictionary alloc] init];
currentTitle = [[NSMutableString alloc] init];
currentDate = [[NSMutableString alloc] init];
currentSummary = [[NSMutableString alloc] init];
currentLink = [[NSMutableString alloc] init];
```

Die Methode `foundCharacters` wird innerhalb eines Elementes aufgerufen, und zwar jedes Mal, wenn Zeichen eines Elementes eingelesen wurden.

```
- (void)parser:(NSXMLParser *)parser foundCharacters:(NSString
*)string{
}
```

`foundCharacters` *implementieren*

Bei der Implementierung der Methode `foundCharacters` wird mithilfe der Instanzvariablen `currentElement` geprüft, welches Element gerade bearbeitet wird. Anhand des Wertes von `currentElement` wird der jeweiligen Instanzvariablen mit der Methode `appendString` von `NSString` der übergebene Text in Form des Parameters `string` angehängt.

Listing 7–8
Speicherung der Zeichen in selektierten Instanzvariablen

```
if ([currentElement isEqualToString:@"title"]) {
 [currentTitle appendString:string];
} else if ([currentElement isEqualToString:@"link"]) {
 [currentLink appendString:string];
} else if ([currentElement isEqualToString:@"description"]) {
 [currentSummary appendString:string];
} else if ([currentElement isEqualToString:@"pubDate"]) {
 [currentDate appendString:string];
}
```

Einlesen des Elementes beendet

Nachdem alle Zeichen des Elementes eingelesen wurden, wird die Methode `didEndElement` aufgerufen. Sie signalisiert, dass das aktuelle Element komplett eingelesen wurde.

```
- (void)parser:(NSXMLParser *)parser didEndElement:(NSString
*)elementName namespaceURI:(NSString *)namespaceURI
qualifiedName:(NSString *)qName{
}
```

Die Methode `didEndElement` wird nur verarbeitet, wenn es sich um das Element `item` handelt. Dies wird über den übergebenen Parameter `elementName` geprüft. Im positiven Fall werden die zwischengespeicherten Inhalte der einzelnen Instanzvariablen in `item` abgelegt. Über `forKey` wird der Key in der Map gesetzt. Das zusammengesetzte Element `item` wird über `addObject` in dem internen Array `newsStories` gespeichert.

```
if ([elementName isEqualToString:@"item"]) {
  [item setObject:currentTitle forKey:@"title"];
  [item setObject:currentLink forKey:@"link"];
  [item setObject:currentSummary forKey:@"summary"];
  [item setObject:currentDate forKey:@"date"];
  [newsStories addObject:[item copy]];
  NSLog(@"Hinzufuegen einer Nachricht: %@", currentTitle);
}
```

Listing 7-9
Speicherung der Instanzvariablen in dem Element `item`

Parsen des Dokumentes beendet

Den Abschluss der Verarbeitung des XML-Dokumentes bildet die Methode `parserDidEndDocument`. Diese Methode wird dazu verwendet, die Daten in der Tabelle über die Methode `reloadData` zu aktualisieren. Dadurch werden die eingelesenen Daten auch an der Oberfläche angezeigt.

```
- (void)parserDidEndDocument:(NSXMLParser *)parser {
  NSLog(@"Parsen beendet");
  NSLog(@"Anzahl eingelesener Elemente: %d ", [newsStories count]);
  [rssNewsTable reloadData];
}
```

Listing 7-10
Abschluss der Dokumentverarbeitung

7.5 Anzeige der Nachricht im Browser

Der letzte Schritt, bevor die Anwendung zum ersten Mal gestartet werden kann, besteht nun noch darin, eine Funktionalität einzubauen, damit auf das Berühren einer Tabellenzeile reagiert wird. Als Reaktion soll die Nachricht über die URL im Browser geöffnet werden. Die Methode, in der das implementiert wird, ist `didSelectRowAtIndexPath`.

```
- (void)tableView:(UITableView *)tableView
didSelectRowAtIndexPath:(NSIndexPath *)indexPath {
}
```

Listing 7-11
Methodenrumpf

Der erste Schritt hierbei ist nun, den Link der ausgewählten Nachricht zu ermitteln. Zuerst muss hier wie schon zuvor aus der übergebenen Instanz von `NSIndexPath` der Index der selektierten Zeile bestimmt werden. Damit wird über `objectAtIndex` aus dem internen Array der Link ermittelt. Der Link kommt letztendlich aus der Map über den zuvor beim Parsen abgelegten Schlüssel `link`.

```
int storyIndex = [indexPath indexAtPosition: [indexPath length] -
1];
NSString * storyLink = [[newsStories objectAtIndex: storyIndex]
objectForKey: @"link"];
```

Listing 7-12
Ermitteln der URL der selektierten Nachricht

Unnötige Zeichen entfernen

Die URL kann unnötige Zeichen, z.B. Leerzeichen, enthalten. Bevor die URL weiterverwendet wird, werden diese Zeichen mit der Methode `stringByReplacingOccurrencesOfString` entfernt.

Listing 7–13
Entfernen unnötiger Zeichen aus der URL

```
storyLink = [storyLink stringByReplacingOccurrencesOfString:@" "
withString:@""];
storyLink = [storyLink stringByReplacingOccurrencesOfString:@"\n"
withString:@""];
```

Um die Nachricht nun im Browser zu öffnen, wird die URL an die Methode `openURL` von `UIApplication` gesendet. Danach öffnet sich der Inhalt in einem neuen Browserfenster.

```
[[UIApplication sharedApplication] openURL:[NSURL
URLWithString:storyLink]];
```

Eine Anpassung der generierten Klasse `iRSSAppDelegate` ist nicht erforderlich. Somit kann die Anwendung nun über *Build and Run* in Xcode gestartet werden. Nach dem Start präsentiert sich zunächst die Tabelle mit den einzelnen Nachrichten. Beim Berühren einer Nachricht wird diese im internen Browser Safari geöffnet.

Abb. 7–4
Der RSS-Reader im Einsatz. Links ist die Auswahltabelle zu sehen, rechts die geöffnete Nachricht im Browser.

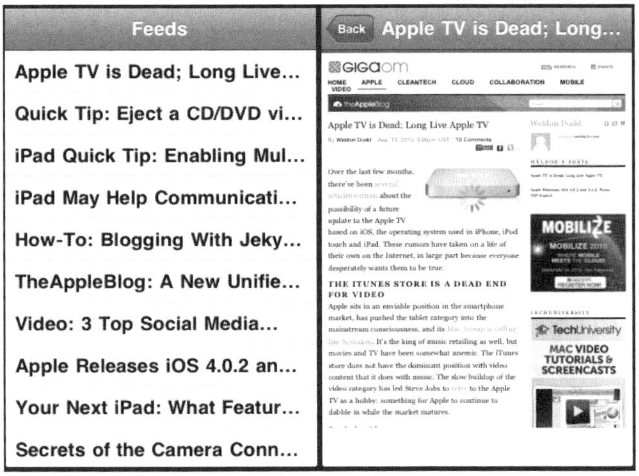

Wartezeit für den Anwender überbrücken

Das Laden und Verarbeiten des RSS-Feed kann etwas Zeit in Anspruch nehmen. In der bisher dargestellten Version von i.RSS wird während dieser Zeit nur die leere Tabelle angezeigt, und der Benutzer der Anwendung kann sich nicht sicher sein, ob die Anzeige sich noch ändern wird oder nicht. Um dies zu verbessern, soll dem Anwender in der Zwischenzeit durch einen Indikator signalisiert werden, dass noch etwas passieren wird. Für diesen Zweck werden vom UIKit Framework zwei Elemente zur Verfügung gestellt: die Klasse `UIProgressView` und die Klasse `UIActivityIndicatorView`. Die Klasse `UIProgressView` eignet sich vor allem, um den Fortschritt einer Aktion darzustellen, und zeigt hierzu auf der Benutzungsoberfläche den klassischen Fortschrittsbalken.

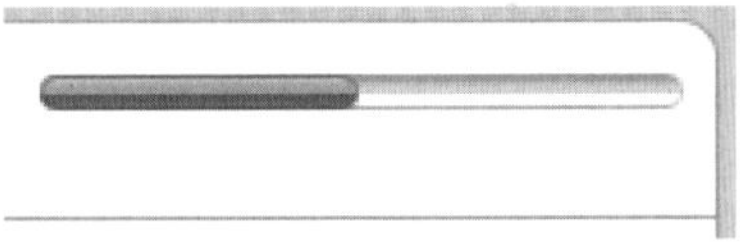

Abb. 7–5
Die Klasse UIProgressView *dient der Fortschrittsanzeige.*

Im vorliegenden Fall würde sich dieses Element nicht besonders gut eignen, denn um den Fortschrittsbalken effizient anzeigen zu können, muss man ihn auch mit einer ausreichenden Menge von Werten ausstatten. Das heißt, es müsste der tatsächliche Fortschritt beim Lesen und Verarbeiten des XML-Dokumentes zur Anzeige herangezogen werden. Insgesamt wäre der Fortschrittsbalken dadurch auch nicht sehr genau, denn der Fortschritt beim Parsen einer Datei lässt sich nicht so einfach berechnen.

Überbrückung der Wartezeit mit UIActivityIndicatorView

Die Klasse `UIActivityIndicatorView` hingegen eignet sich hervorragend für den vorliegenden Fall. Sie stellt das aus dem Mac OS X bekannte sich drehende Rädchen zur Verfügung, das dem Benutzer anzeigt, dass die Anwendung noch arbeitet. Da ein Zugriff auf mehrere Methoden der Klasse `RootViewController` notwendig ist, wird `UIActivityIndicatorView` als Instanzvariable definiert. Die Instanzvariable vom Typ `UIActivityIndicatorView*` wird wie gewohnt im Interface von `RootViewController` angelegt.

Suchen der richtigen Methode

Der erste Schritt für die Ergänzung von `UIActivityIndicatorView` in unserer Anwendung besteht darin, die richtige Methode in `RootViewController` zu identifizieren. Der richtige Platz ist eine der Delegate-Methoden von `UIViewTableViewController`. In diesem Fall ist es die Methode `viewWillAppear`.

```
- (void)viewWillAppear:(BOOL)animated {
}
```

Elternklasse nicht vergessen!

Beim Überschreiben einer Methode, wie in diesem Fall der Methode `viewWillAppear`, sollten Sie nicht vergessen, auch die Elternmethode aufzurufen. Die folgende Zeile ist somit die erste in der implementierten Methode:

```
[super viewWillAppear:animated];
```

Nun kann eine Instanz von `UIActivityIndicatorView` über `alloc` erzeugt werden. Die Initialisierung erfolgt mit der Methode `initWithActivityIndicatorStyle`. Dieser Methode wird eine Konstante übergeben, die die Farbe der Aktivitätsanzeige angibt. Im Widerspuch zur Dokumentation[9] werden in der aktuellen Version nur die Konstanten `UIActivity-`

9. Die Dokumentation enthält in diesem Fall Konstanten, die vom iOS nicht unterstützt werden.

IndicatorViewStyleWhiteLarge, UIActivityIndicatorViewStyleWhite und UIActivityIndicatorViewStyleGray unterstützt. Welche Konstanten unterstützt werden, sehen Sie am schnellsten, wenn Sie in die jeweilige Header-Datei schauen.

Da die Tabelle einen weißen Hintergrund besitzt, eignet sich für diesen Fall die graue Variante, d.h. die Konstante UIActivityIndicatorViewStyleGray.

```
activityIndicator = [[UIActivityIndicatorView alloc]
initWithActivityIndicatorStyle:UIActivityIndicatorViewStyleGray];
```

Positionierung über ein CGRect

Der nächste Schritt ist nun die Festlegung der Position und Größe der Aktivitätsanzeige. Dies kann über die Property view der Oberklasse UIView geschehen. Die Angabe erfolgt dabei in Form einer Instanz von CGRect. Ein einfacher Weg, um eine Instanz von CGRect zu erzeugen, ist die Methode CGRectMake. Position und Größe von UIActivityIndicatorView werden hierbei durch die Property frame gesteuert. Die letzten beiden Parameter von CGRectMake (Breite und Höhe) beeinflussen die Größe des dargestellten Bildes.

```
activityIndicator.frame = CGRectMake(140.0f, 140.0f, 30.0f, 30.0f);
```

Nachdem Größe und Position der Anzeige festgelegt wurden, muss die initialisierte Instanz noch der Tabelle hinzugefügt werden. Dies wird mit der Methode addSubview von UIView umgesetzt.

```
[[self tableView] addSubview: activityIndicator];
```

Der letzte Schritt in dieser Methode viewWillAppear ist die Aktivierung der Animation. Hierfür steht die Methode startAnimating von UIActivityIndicatorView zur Verfügung. Ist diese implementiert, läuft die Animation, sobald die Tabelle für den Anwender sichtbar ist.

Listing 7–14
Starten der Animation

```
[activityIndicator startAnimating];
```

Nach dem Übersetzen und Starten der Anwendung über *Build and Run* von Xcode ist der Aktivitätsindikator zu sehen.

Abb. 7–6
Während des Ladens und Verarbeitens des RSS-Feed wird nun eine UIActivityIndicatorView angezeigt.

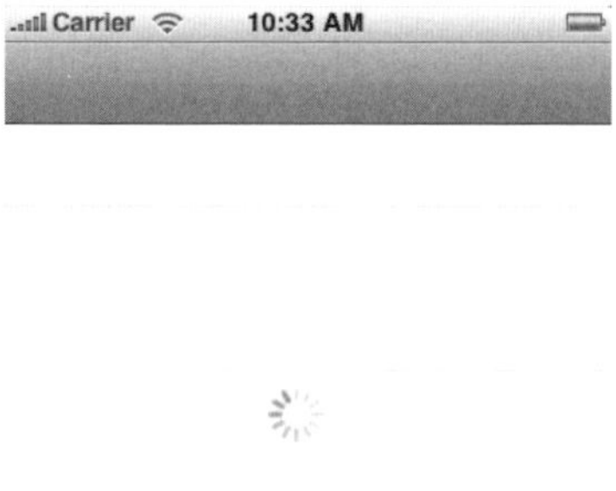

Beenden des Aktivitätsindikators

Natürlich soll der Aktivitätsindikator nach dem Laden der Daten nicht weiterhin sichtbar sein, da dies unschön und auch störend wäre. Das erreichen Sie, indem Sie im `UIActivityIndicatorView` die Methode `stopAnimating` implementieren. Bei Aufruf dieser Methode endet die Animation und der Indikator verschwindet. Für ein sauberes Aufräumen fehlt noch dessen Entfernung aus der View-Hierarchie über die Methode `removeFromSuperview` der Klasse `UIView`.

```
[activityIndicator stopAnimating];
[activityIndicator removeFromSuperview];
```

Bei einem erneuten Start der Anwendung über die Schaltfläche *Build and Run* in Xcode wird der Aktivitätsindikator verschwinden, sobald die Tabelle mit den Nachrichten geladen ist.

7.6 Zellen der Tabelle anpassen

Auch wenn die Anwendung schon funktioniert, soll nun eine weitere Ausbaustufe vorgenommen werden: Die Zeilen der Tabelle sollen jeweils in zwei Zeilen pro Nachricht unterteilt werden, eine Zeile für das Datum der eingelesenen Nachricht und eine weitere darunter für den Titel.[10] Die Zellen werden in der Methode `cellForRowAtIndexPath` in der Datei `RootViewController.m` erzeugt. Zur Wiederholung nochmals kurz die relevanten Zeilen für diese Erweiterung:

Listing 7–15
Erzeugen einer Instanz von UITableViewCell

```
UITableViewCell *cell = [tableView
dequeueReusableCellWithIdentifier:MyIdentifier];
if (cell == nil) {
  cell = [[[UITableViewCell alloc] initWithFrame:CGRectZero
reuseIdentifier:MyIdentifier] autorelease];
}
```

Um die Zeilen anzupassen, muss eine Ableitung von `UITableViewCell` erzeugt werden.

Ableitung von UITableViewCell *nach Vorlage*

Über den Menüpunkt *File/New File...* wird hierfür die Vorlage *Objective-C class* mit dem Wert `UITableViewCell subclass` in der Auswahlliste (Beschriftung: *Subclass of*) ausgewählt. Als Name für die Unterklasse wird `NewsCell` verwendet. Das Interface wird um zwei Instanzvariablen für die Anzeige des Datums und der Nachrichtenüberschrift ergänzt. Zusätzlich soll eine Instanzmethode dazu dienen, dass die Daten für diese beiden Variablen in einem Schritt gesetzt werden können.

---

10. Das Beispiel basiert auf dem Quellcode des Blogs *iPhone Nobb*. Der Eintrag ist unter der URL http://iphone.zcentric.com/2008/08/05/custom-uitableviewcell/ abrufbar.

Listing 7–16
Interface der neuen Klasse NewsCell

```
@interface NewsCell : UITableViewCell {
  UILabel *dateLabel;
  UILabel *newsHeaderLabel;
}

-(void)setDate:(NSString *)date andNewsHeader:(NSString
*)newsHeader;

@end
```

Die Implementierung der besagten Methode zum Setzen von Datum und Nachrichtenkopf besteht lediglich aus dem Setzen des Textes über `setText` bei den beiden Beschriftungen.

Listing 7–17
Implementierung von setDateAndNewsHeader

```
-(void)setDate:(NSString *)date andNewsHeader:(NSString
*)newsHeader {
  if (date != nil) {
    [dateLabel setText:date];
  }
  if (newsHeader != nil) {
    [newsHeaderLabel setText:newsHeader];
  }
}
```

Unterschiedliche Formatierung der Beschriftungen

Da die Nachrichtenüberschrift und das Datum eine unterschiedliche Priorität für den Anwender haben, sollen sie auch unterschiedlich formatiert werden. Zu diesem Zweck wird eine Hilfsmethode zur Erzeugung der Beschriftungen implementiert. Als Parameter werden Farbe, Farbe bei Selektion, Schriftgröße und die Angabe, ob die Formatierung »Fett« verwendet werden soll, mitgegeben.

Listing 7–18
Methodenrumpf der Methode zum Erzeugen einer neuen Beschriftung

```
- (UILabel *)createLabelWithPrimaryColor:(UIColor *)primaryColor
selectedColor:(UIColor *)selectedColor fontSize:(CGFloat)fontSize
bold:(BOOL)bold
{
}
```

Schriften werden intern über die Instanz `UIFont` repräsentiert. Abhängig vom Parameter `bold` wird nun die Systemschriftart mit oder ohne Formatierung auf »Fett« erzeugt. Als Parameter für die Erzeugung fließt die Schriftgröße in Form des Parameters `fontSize` mit ein.

Listing 7–19
Erzeugen einer Instanz von UIFont *mit der Systemschriftart als Basis*

```
UIFont *font;
if (bold) {
  font = [UIFont boldSystemFontOfSize:fontSize];
} else {
  font = [UIFont systemFontOfSize:fontSize];
}
```

Nun kann die Instanz von `UILabel`, die später in der Tabellenzelle für die Anzeige verwendet wird, mit den übergebenen Parametern und der Instanz von `UIFont` erstellt werden.

```
UILabel *label = [[UILabel alloc] initWithFrame:CGRectZero];
label.backgroundColor = [UIColor whiteColor];
label.opaque = YES;
label.textColor = primaryColor;
label.highlightedTextColor = selectedColor;
label.font = font;
```

Listing 7–20
Erzeugung der Instanz von UILabel

Die Methode wird mit der Rückgabe der erzeugten Instanz von `UILabel` beendet. Nun fehlt noch das Anlegen und Positionieren der Elemente. Hierfür wird zunächst die Methode `initWithFrame` überschrieben, die bei der Initialisierung der `UITableCell` in der Methode `cellForRowAtIndexPath` von `RootViewController` zum Einsatz kommt:

```
- (id)initWithFrame:(CGRect)frame reuseIdentifier:(NSString
*)reuseIdentifier {
}
```

Wie schon häufig zuvor, wird auch hier zunächst die Methode der Elternklasse aufgerufen. Nur wenn diese ohne Fehler ausgeführt werden konnte, wird die Initialisierung in der Klasse `NewsCell` fortgeführt:

```
if (self = [super initWithFrame:frame
reuseIdentifier:reuseIdentifier]) {
}
```

Nach dem Durchlaufen der Elternmethode kann nun zuerst die Beschriftung für das Datum erzeugt werden. Hierfür wird die zuvor definierte Methode `createLabelWithPrimaryColor` intern verwendet. Diese Beschriftung wird über `addSubview` zur View der Zelle hinzugefügt.

```
dateLabel = [self createLabelWithPrimaryColor:[UIColor blackColor]
selectedColor:[UIColor whiteColor] fontSize:10.0 useBold:NO];
[dateLabel setTextAlignment:UITextAlignmentLeft];
[self.contentView addSubview:dateLabel];
[dateLabel release];
```

Listing 7–21
Beschriftung für Datum konfigurieren und zuweisen

Der nächste Schritt ist die Erzeugung der Beschriftung für den Nachrichtenkopf. Diese unterscheidet sich in der Schriftgröße (Parameter `fontSize`) und in der Formatierung (Parameter `useBold`) von der des Datums, wird aber darüber hinaus analog dazu erzeugt.

Listing 7–22 Beschriftung für Überschrift konfigurieren und zuweisen

```
newsHeaderLabel = [self createLabelWithPrimaryColor:[UIColor
blackColor] selectedColor:[UIColor lightGrayColor] fontSize:14.0
useBold:YES];
[newsHeaderLabel setTextAlignment:UITextAlignmentLeft];
[self.contentView addSubview:newsHeaderLabel];
[newsHeaderLabel release];
```

Für die Positionierung der Elemente ist letztendlich die Methode layoutSubviews zuständig. Diese Methode von UIView muss überschrieben werden, wenn Sie auf die Anordnung von eingebundenen Views Einfluss nehmen möchten. Somit ist der nächste Schritt die Implementierung dieser Methode.

```
- (void)layoutSubviews {
}
```

Die Größe der View wird für die Positionierung benötigt.

Für die Ausrichtung der beiden Beschriftungen werden Informationen über die Größe des Anzeigefensters benötigt. Diese können über die Property bounds ermittelt werden.

```
CGRect contentRect = self.contentView.bounds;
```

Nun kann mit der Ausrichtung der Beschriftungen begonnen werden (Listing 7–23). Die Ausrichtung wird nur vorgenommen, wenn die Zelle sich nicht im Editiermodus (❶) befindet. Der Editiermodus hat eine besondere Darstellung, auf die hier aber keine Rücksicht genommen wird, denn die Anwendung unterstützt diesen Modus nicht. Dieses if-Statement wurde aber trotzdem implementiert, damit Sie sich angewöhnen, immer darauf zu prüfen. Position und Größe der Beschriftungen werden als CGRect über die Methode setFrame (❷) gesetzt.

Listing 7–23 Ausrichtung der einzelnen Beschriftungen

```
if (!self.editing) { ❶
  CGFloat boundsX = contentRect.origin.x;
  CGRect frame;
  frame = CGRectMake(boundsX + 10, 4, 250, 10);
  [dateLabel setFrame:frame];
  frame = CGRectMake(boundsX + 10, 24, 250, 16);
  [newsHeaderLabel setFrame:frame]; ❷
}
```

Verwendung der NewsCell

Nun geht es noch darum, die implementierte Klasse NewsCell in RootViewController zu verwenden. Hierfür muss die Methode cellForRowAtIndexPath angepasst werden. Wie im nachfolgenden Quelltext zu erkennen, wird die zuvor in NewsCell implementierte Initialisierungsmethode initWithFrame aufgerufen. Die Methode cellForRowAtIndexPath erzeugt nun direkt eine Instanz von NewsCell und keine UITableCell mehr.

```
NewsCell *cell = (NewsCell *)[tableView
dequeueReusableCellWithIdentifier:CellIdentifier];
if (cell == nil) {
  cell = [[[NewsCell alloc] initWithFrame:CGRectZero
reuseIdentifier:CellIdentifier] autorelease];
}
```

Der letzte Schritt besteht darin, die Daten für die erzeugte Instanz der Klasse `NewsCell` zu setzen. Dies erfolgt über die im Interface von `NewsCell` zur Verfügung gestellte Methode `setDate:andNewsHeader:`.

Listing 7–24
Setzen der Daten für das Datum und die Nachrichtenüberschrift

```
int storyIndex = [indexPath indexAtPosition: [indexPath length] -
1];
[cell setDate:[[newsStories objectAtIndex: storyIndex]
objectForKey: @"date"] andNewsHeader:[[newsStories objectAtIndex:
storyIndex] objectForKey: @"title"]];
```

Nun kann die Anwendung wie üblich über die Schaltfläche *Build and Run* in Xcode im iOS Simulator gestartet werden. Die eingelesenen Nachrichten werden in der Tabelle mit den neuen Zellen visualisiert.

Abb. 7–7
Die Tabelle mit den eingesetzten Instanzen von NewsCell

7.7 Öffnen der Nachrichten im angepassten Browser

Nach der Selektion einer Nachricht aus der Übersichtstabelle wird diese im integrierten Browser geöffnet. Um eine andere Nachricht zu öffnen, muss der Benutzer zurück ins Hauptmenü wechseln und die Anwendung i.RSS erneut aufrufen.

Anforderung an den Browser

Da dies nicht besonders benutzerfreundlich ist, wollen wir die Browseransicht mit einer Schaltfläche *Back* ausstatten. Beim Betätigen dieser Schaltfläche soll die Übersichtsliste mit den Nachrichten angezeigt werden. Da für die Anwendung keine Adresszeile benötigt wird, werden wir diese auch nicht anzeigen.

Bisher haben wir den Browser als eigene Anwendung gestartet. Um aber die Schaltfläche hinzuzufügen und auch die Adresszeile auszublenden, benötigen wir den Browser als eigene View. Die passende Komponente hierfür ist `UIWebView` aus `UIKit`. Die Erstellung eines eigenen Browsers setzen wir in folgenden fünf Schritten um:

- Schritt 1: Eigenen Browser auf Basis von UIWebView erstellen
- Schritt 2: Eine Initialisierungsmethode erstellen
- Schritt 3: Die Browserinstanz erzeugen
- Schritt 4: Eine eigene Zurück-Schaltfläche erstellen
- Schritt 5: Den eigenen Browser verwenden

Schritt 1: Eigenen Browser auf Basis von UIWebView erstellen

Den eigenen Browser entwickeln wir als Unterklasse von `UIViewController`. Diese Klasse erzeugen Sie am schnellsten über die Vorlage *UIViewController subclass*, die Sie über *File/New File...* erreichen. Als Namen für die Klasse wählen wir `WebViewController`.

Listing 7–25
Header von
WebViewController

```
@interface WebViewController : UIViewController
<UITextFieldDelegate, UIWebViewDelegate>
{
  UIWebView* myWebView;
  NSString* urlForBrowser;
  UIActivityIndicatorView* activityIndicator;
}

-(id)init:(NSString* )url withTitle:(NSString*)theTitle; ❶

@property (nonatomic, retain) NSString* urlForBrowser;

@end
```

Schritt 2: Eine Initialisierungsmethode erstellen

Innerhalb der Anwendung soll der Browser immer direkt mit einer zu öffnenden URL initialisiert werden. Dafür existiert die Methode `init:withTitle:` (❶). Während der Ladezeit der Nachricht im Browser werden wir `UIActivityIndicatorView` einsetzen. Bei der Methode `init:withTitle:` ist es wichtig, die Methode `init` (❶) der Oberklasse aufzurufen (siehe Listing 7–26). Die Instanzvariable `title` (❷) wird verwendet, um einen Titel für die View des Browsers anzuzeigen.

Listing 7–26
Methode für die Initialisierung

```
- (id)init:(NSString *)url withTitle:(NSString *)theTitle{
  self = [super init]; ❶
  if (self) {
   self.title = theTitle; ❷
   self.urlForBrowser = url;
  }
  return self;
}
```

Damit Sie eine eigene View für den View Controller verwenden können, müssen Sie die Methode `loadView` überschreiben, um die Property `view` des `UIViewController` zu setzen. Wenn Sie diese Methode nicht überschreiben, erzeugt die Standardimplementierung lediglich eine Instanz von `UIView`.

```
- (void)loadView {
}
```

Schritt 3: Die Browserinstanz erzeugen

Die Instanz von `UIWebView` wird mit der Methode `initWithFrame` (❶) erzeugt. Nach der Konfiguration der View erfolgt die Zuweisung an die Property `view` (❷). Nun fehlt noch das Laden der Nachricht mit der übergebenen URL `urlForBrowser`. Hierfür verwenden wir die Methode `loadRequest` (❸).

Listing 7–27
Erzeugung von UIWebView

```
CGRect webFrame = [[UIScreen mainScreen] applicationFrame];
webFrame.size.height = 40.0;
myWebView = [[UIWebView alloc] initWithFrame:webFrame]; ❶
myWebView.backgroundColor = [UIColor whiteColor];
myWebView.scalesPageToFit = YES;
myWebView.autoresizingMask = (UIViewAutoresizingFlexibleWidth |
UIViewAutoresizingFlexibleHeight);
myWebView.delegate = self;
[self.view addSubview: myWebView]; ❷
[myWebView loadRequest:[NSURLRequest requestWithURL:[NSURL
URLWithString:self.urlForBrowser]]]; ❸
```

Schritt 4: Eine eigene Zurück-Schaltfläche erstellen

Nun ist noch die Zurück-Schaltfläche zu erstellen. Diese wird realisiert durch den NavigationController der Klasse RootViewController. Standardmäßig ist der Name der Schaltfläche der Titel der vorhergehenden View (in unserem Fall also der Zusammenfassungsliste). Bisher hat diese View noch keinen Titel – somit könnten Sie zwar bereits auf die Schaltfläche klicken, aber Sie sehen sie noch nicht aufgrund des fehlenden Titels. Eine Stelle zum Setzen des Titels ist die Methode viewDidLoad in der Klasse RootViewController.

```
self.title = @"Feeds";
```

Die Schaltfläche hat bisher den Titel *Feeds*. Dieses Standardverhalten können Sie aber überschreiben, indem Sie in der genannten Methode viewDidLoad eine Instanz von UIBarButtonItem (❶) erzeugen (siehe Listing 7–28). Über die Methode initWithTitle setzen Sie den Titel auf den Wert Back. Diese Instanz setzen wir nun als backBarButtonItem (❷).

Listing 7–28
Methode viewDidLoad
von RootViewController

```
- (void)viewDidLoad
{
  self.title = @"Feeds";
  UIBarButtonItem *backButton = [[UIBarButtonItem alloc]
initWithTitle:@"Back" style:UIBarButtonItemStylePlain target:nil
action:nil]; ❶
  self.navigationItem.backBarButtonItem = backButton; ❷
  [backButton release];
}
```

Schritt 5: Den eigenen Browser verwenden

Der abschließende Schritt 5 besteht darin, den Aufruf des Browsers in der Klasse RootViewController durch die Verwendung des WebViewController zu ersetzen.

Listing 7–29
Verwendung von
WebViewController

```
WebViewController *webViewController = [[WebViewController alloc]
init:storyLink withTitle:[[newsStories objectAtIndex: storyIndex]
objectForKey: @"title"]];
[[self navigationController] pushViewController:webViewController
animated:NO];
```

Nach einem Neustart der Anwendung über *Build and Run* können Sie die Änderungen begutachten (siehe Abb. 7–8).

Abb. 7–8
Der WebViewController *im Einsatz*

Mehr Platz durch Ausschalten der Statuszeile

Wenn Sie den Inhaltsbereich für Ihre Anwendung vergrößern wollen, können Sie die Statuszeile, die standardmäßig am oberen Rand angezeigt wird, ausblenden. Hierfür fügen Sie in der Methode `applicationDidFinishLaunching` folgende Zeile hinzu:

```
[[UIApplication sharedApplication] setStatusBarHidden:YES
animated:NO];
```

Alternativ können Sie in der Datei `Info.plist` den Schlüssel `UIStatusBarHidden` auf `true` setzen:

```
<key>UIStatusBarHidden</key>
<true />
```

7.8 Zusammenfassung

In diesem Kapitel haben wir eine Anwendung für das Einlesen von RSS-Nachrichten erstellt, die Anwendung *i.RSS*. Hier haben Sie gelernt, wie Sie den XML-Parser konfigurieren und damit XML-Daten auswerten können. Zum Abschluss dieses Beispiels habe ich Ihnen gezeigt, wie Sie einen eigenen angepassten Browser mit der Klasse `UIWebView` entwickeln.

Im folgenden Kapitel werden Sie ein weiteres umfangreiches Beispiel kennenlernen. Hier werden wir uns mit der Implementierung einer Aufgabenliste für das iPhone beschäftigen.

8 Eine Aufgabenliste entwickeln

In diesem Kapitel werden wir eine Anwendung entwickeln, mit der Sie Ihre Aufgaben verwalten können. Für das Erfassen einer neuen Aufgabe werden wir eine Oberfläche mit dem Interface Builder erstellen. Die vorhandenen Aufgaben werden in einer Tabelle angezeigt. Für die Darstellung einer einzelnen Zeile werden wir eine eigene Tabellenzelle mit dem Interface Builder gestalten und diese im Quellcode verwenden. Die Anwendung wird außerdem um eine Toolbar ergänzt. Darüber werden Sie die Aufgaben sortieren und löschen können. Der Abschluss des Kapitels zeigt einen Überblick über Praxisthemen, die in diesem Buch aus Platzgründen nicht mehr behandelt werden konnten.

8.1 Rahmen der Anwendung

Wie in den vorigen Beispielen wird auch dieses Projekt über eine Vorlage in Xcode erzeugt. Für *just.do* wählen wir die Vorlage *Master-Detail Application.*

Vor dem Starten an das Aufräumen denken

Bei der Entwicklung einer neuen iOS-App ist zu empfehlen, den iOS Simulator auf den Ausgangszustand zurückzusetzen. Damit werden Einflüsse durch frühere Entwicklungen ausgeschlossen. Das Zurücksetzen können Sie direkt über den Simulator machen. Hierfür starten Sie den iOS Simulator – am besten über den Finder – und rufen die Option *iOS-Simulator/Inhalte und Einstellungen zurücksetzen...* auf.

Speicherung über Core Data

Die Aufgaben sollen dauerhaft gespeichert werden. Dies werden wir mit dem Framework Core Data umsetzen. Somit lassen Sie die Option *Use Core Data* aktiv. Zusätzlich aktivieren wir auch die Option `Use Automatic Reference Counting`. Als `Device Familiy` wählen wir `iPhone` aus. Der Name des Projektes ist *justdo*. Bevor wir mit der Implementierung starten, werden wir die Anwendung über *Run* im iOS Simulator starten.

Als ersten Schritt passen Sie den Namen und das Starticon[1] der Anwendung an. Beide Änderungen können Sie in der Einstellungsdatei `justdo-Info.plist` vornehmen. Diese Datei finden Sie im logischen Ordner *Supporting Files* (Unterordner von *justdo*) innerhalb des Projektnavigators in Xcode (siehe Abb. 8–1).

Abb. 8–1
justdo-Info.plist im Editor

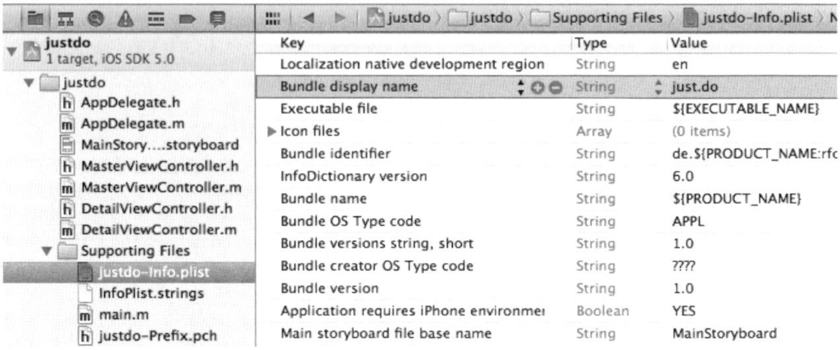

Wert einem Array hinzufügen

Um das Icon der Anwendung anzupassen, selektieren Sie die Zeile *Icon Files*. Bei diesem Schlüssel handelt es sich um ein Array. Deswegen müssen Sie beim Hinzufügen eines Wertes gesondert vorgehen. Neben der Zeile *Icon Files* ist ein grauer Pfeil, dieser symbolisiert, dass es sich um eine Wertesammlung handelt. Diesen Pfeil müssen Sie per Klick aufmachen – der Pfeil zeigt nach unten. Nun wählen Sie im Kontextmenü *Add Row* und können den Namen des Icons in der neuen Zeile angeben (siehe Abb. 8–2).

Abb. 8–2
Icon festlegen

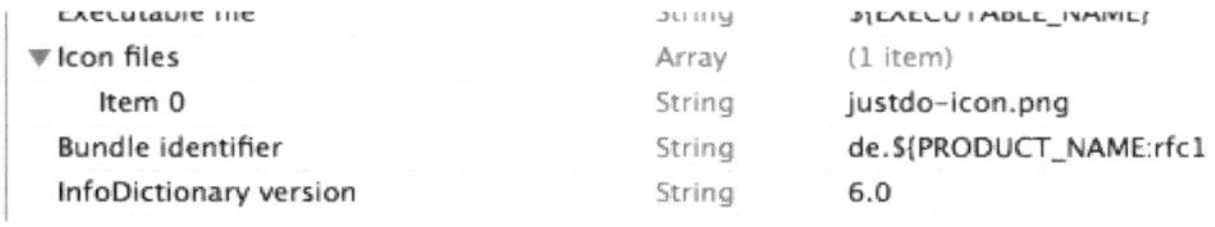

Alternativ können Sie als Iconnamen auch *Icon.png* verwenden. Dann müssen Sie keine Änderung vornehmen. Wichtig ist, dass Sie das Icon dem Projekt hinzufügen. Über das Kontextmenü auf dem Projekt wählen Sie die Option *Add Files to »justdo«* ... aus und selektieren das entsprechende Icon.

Den Namen der Anwendung setzen Sie mit dem Schlüssel *Bundle display name* auf den Wert *just.do*. Um die Änderungen zu testen, löschen Sie über *Product/Clean* das bisherige Kompilat und starten die

1. Die Datei justdo-icon.png finden Sie im Downloadbereich der Buchwebseite.

Anwendung über *Run*. Bei Klick auf den Homebutton sehen Sie das geänderte Symbol und den angepassten Namen (siehe Abb. 8–3).

Abb. 8–3
just.do mit angepasstem Namen und Symbol

8.2 Datenmodell erstellen

Bei der Erstellung der Vorlage haben wir Core Data ausgewählt. Dadurch wurde gleich ein Managed Object Model erzeugt. Gespeichert ist dieses Modell in der Datei `justdo.xcdatamodeld`. Diese befindet sich innerhalb des logischen Ordners *justdo* (siehe Abb. 8–4) im Projektnavigator.

Abb. 8–4
Datenmodell innerhalb des Projektnavigators

Nach einem Klick auf die Datei `justdo.xcdatamodeld` öffnet sich diese im Modelleditor (siehe Abb. 8–5) innerhalb von Xcode. Da Sie das Projekt mit einer Vorlage erzeugt haben, existiert bereits eine Entität mit dem Namen *Event*. Diese Entität wird für unsere Beispielanwendung nicht benötigt, deshalb löschen Sie diese durch Markieren und anschließendes Betätigen der Backspace-Taste. Nun ist das Datenmodell zunächst leer und kann für eigene Zwecke weiterverwendet werden.

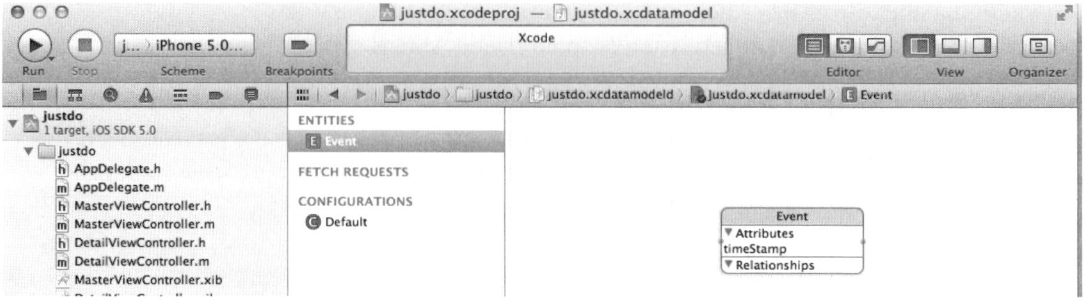

Abb. 8–5
Aus der Vorlage erzeugtes Datenmodell

Der Modelleditor hat am unteren Rand eine Leiste mit Schaltflächen. Darüber können Sie den Editor bedienen. Für das Hinzufügen einer neuen Entität existiert die Schaltfläche *Add Entity*. Bei längerem Klick auf die Schaltfläche öffnet sich ein Menü mit weiteren Aktionen (siehe Abb. 8–6).

Abb. 8–6
Hinzufügen einer Entität

Durch den Klick auf die Schaltfläche *Add Entity* fügen Sie eine neue Entität hinzu. Diese trägt standardmäßig den Namen *Entity*. Über einen Doppelklick auf den Namen der Entität können Sie diese umbennen. Für unser Beispiel ist der Name *ToDoItem* passend. Der nächste Schritt soll sein, die Entität mit weiteren Attributen auszustatten. Hierfür wechseln Sie in die Tabellenansicht des Modelleditors. Die Ansicht wird über die zwei Schaltflächen bei der Überschrift `Editor Style` (ganz rechts in Abb. 8–6) umgeschaltet. In der Tabellenansicht ist nun die gewünschte Entität zu selektieren, in diesem Fall *ToDoItem* und über *Add Attribute* können nun Attribute hinzugefügt werden. Folgende Attribute soll die Entität *ToDoItem* bekommen:

- `shortDesc` (Titel der Aufgabe), Datentyp: String
- `longDesc` (Beschreibung), Datentyp: String
- `priority` (Priorität), Datentyp: Integer 16
- `until` (Fälligkeit), Datentyp: Date
- `done` (Status), Datentyp: Boolean

Der Datentyp des jeweiligen Attributes kann im Feld *Attributes* und dort in der Spalte *Type* geändert werden (siehe Abb. 8–7).

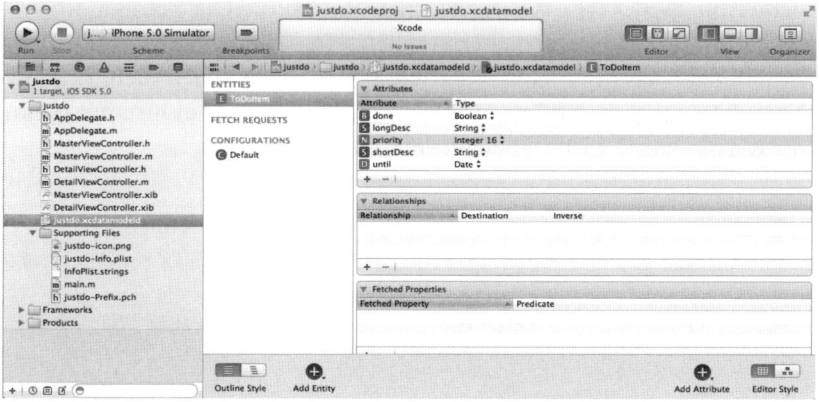

Abb. 8-7
Hinzufügen einer Entität

Neben dem Typ können Sie bestimmte Datentypen auch mit weiteren Bedingungen versehen, wie z.B. dem Standardwert (Feld *Default Value*). Um diese Bedingungen zu editieren, muss der Data Model Inspector eingeblendet werden. Dies geht über den Menüpunkt *View/Utilities/Show Data Model Inspector*. Das Fenster erscheint im rechten Bereich von Xcode.

Abb. 8-8
Xcode mit eingeblendetem Data

Klasse generieren

Aus der modellierten Entität wird nun direkt eine Klasse für den Einsatz in der Anwendung erzeugt. Hierfür selektieren Sie die Entität *ToDoItem* in der Tabellenansicht des Modelleditors und wählen den Menüpunkt *File/New/New File...* innerhalb von Xcode. Innerhalb der Kategorie *Core Data* existiert die Vorlage *NSManagedObject subclass* (siehe Abb. 8–9). Diese wählen Sie aus. Nun werden Sie gefragt, an welchem Ort Sie die Datei speichern wollen. Hier können Sie die Standardeinstellung belassen. Nach Betätigung von *Create* befinden sich die Dateien `ToDoItem.h` und `ToDoItem.m` (siehe Listing 8–1) in Ihrem Projekt. Der Klassenname wird dabei automatisch vorgegeben.

Abb. 8–9
Vorlage NSManaged Object subclass

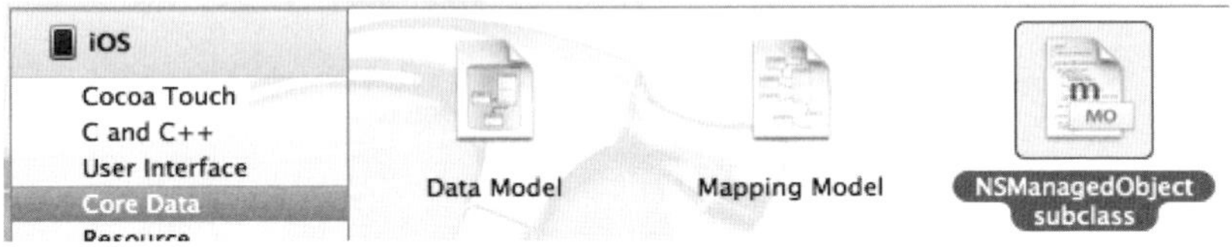

In der Datei `ToDoItem.m` sind die Properties (z.B. `shortDesc`) mit `@dynamic` markiert. Dies bedeutet, dass diese nicht vom Laufzeitsystem generiert werden sollen. Die Methoden dafür werden von Core Data zur Verfügung gestellt.

Listing 8–1
Generierte ToDoItem.m

```
#import "ToDoItem.h"

@implementation ToDoItem

@dynamic done;
@dynamic shortDesc;
@dynamic until;
@dynamic priority;
@dynamic longDesc;

@end
```

Zwischenstand mit Run

Generell bei der Entwicklung ist es lohnend, sich immer wieder einen Zwischenstand vor Augen zu führen. Bei der Entwicklung für das iOS gilt dieser Grundsatz genauso. Über *Run* starten Sie den iOS Simulator – die App wird hierbei aber abstürzen.

Dem Absturz auf der Spur

Der erste Schritt in solch einem Fall ist es, den Simulator auf den Ausgangszustand zurückzusetzen. Dies erreichen Sie über den Menüpunkt *iOS-Simulator/Inhalte und Einstellungen zurücksetzen...* innerhalb des iOS Simulator. Nach einem Neustart des iOS Simulator lässt sich die Anwendung immer noch nicht starten: Der Grund dafür ist, dass innerhalb des Quellcodes, der durch Xcode generiert wurde, noch auf die zuvor gelöschte Entität *Event* zugegriffen wird. Hierfür löschen Sie zunächst den kompletten Methodeninhalt der Methode `fetchedResultsController` in der Klasse `RootViewController.m`. Die betreffende Methode ist in Listing 8–2 abgebildet.

```
- (NSFetchedResultsController *)fetchedResultsController {

    if (fetchedResultsController_ != nil) {
        return fetchedResultsController_;
    }
  return fetchedResultsController_;
}
```

Listing 8–2
Angepasste Methode fetchedResultsController

Nun starten Sie den Simulator neu und setzen diesen über *iOS-Simulator/Inhalte und Einstellungen zurücksetzen...* auf den Ausgangszustand zurück. Nach erneutem Start wird der Simulator nicht mehr abstürzen, sondern eine leere Liste anzeigen.

Abb. 8–10
Die gestartete justdo-App

8.3 Oberfläche für eine Aufgabe

Der nächste Schritt für die Anwendung ist das Erstellen der Benutzeroberfläche für das Erfassen einer Aufgabe. Über den Menüpunkt *File/New/New File...* in Xcode öffnet sich der Vorlagendialog. Innerhalb der Kategorie *Cocoa Touch* wählen Sie die Vorlage *UIViewController subclass* (siehe Abb. 8–11). Um die Oberfläche auch mit dem Interface Builder gestalten zu können, wird eine Oberflächendefinitionsdatei benötigt. Diese erzeugen Sie durch Aktivierung der Option *With XIB for user interface* innerhalb des Auswahldialogs. Da die App für das iPhone entwickelt wird, deaktivieren Sie die Option *Targeted for iPad*. Als Klassennamen geben Sie im Feld *Class* den Begriff *AddToDoItemViewController* ein.

Jetzt können Sie noch den Speicherort für die zu erzeugenden Dateien festlegen. Wählen Sie hierfür den Ordner *justdo*. Nach Betätigung der Schaltfläche *Create* werden nun insgesamt drei Dateien: `AddToDoItemViewController.h`, `AddToDoItemViewController.m` und `AddToDoItemViewController.xib` erzeugt.

Abb. 8–11
Vorlage für UIViewController

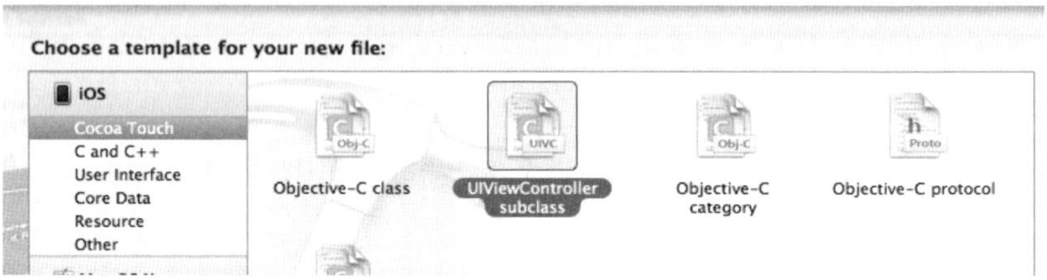

Per Klick auf die Datei `AddToDoItemViewController.xib` öffnet sich diese im Interface Builder. Sollte die bisher leere Oberfläche nicht geöffnet sein, können Sie diese per Klick auf das Symbol *View* innerhalb des Projektfensters – direkt neben dem Projektnavigator von Xcode – des Interface Builder öffnen.

Oberflächenbibliothek öffnen

Für die Anreicherung der Oberflächen mit Elementen wird die Oberflächenbibliothek benötigt. Diese öffnen Sie über den Menüpunkt *View/Utilities/Show Object Library*.

Zeile Titel

In der ersten Zeile werden ein Label und ein Textfeld benötigt. Beide Elemente fügen Sie hinzu, indem Sie sie aus der Oberflächenbibliothek auf die Oberfläche ziehen. Die Beschriftung des Labels ändern Sie per Doppelklick zu *Titel*.

Zeile ToDo

Die zweite Zeile ist für die Beschreibung der Aufgabe vorgesehen. Hierzu fügen Sie ein Label hinzu und ändern den Text in *ToDo*. Nun fügen Sie eine View hinzu und setzen den Hintergrund auf die Farbe Orange. Um ein Attribut eines Oberflächenelementes zu ändern, steht der Attributes Inspector zur Verfügung. Über den Menüpunkt *View/Utilities/Show Attributes Inspector* gelangen Sie direkt zur richtigen Ansicht im Inspector. Im Feld *Background* (siehe Abb. 8–12) öffnen Sie das Fenster zur Auswahl der Farbe. Die Änderung der Farbe wird sofort auf der Oberfläche angezeigt. Innerhalb des gefärbten Bereichs fügen Sie das Element *Text View* hinzu. Standardmäßig ist dieses Element mit Text vorbelegt. Um diesen Text zu löschen, klicken Sie in das Feld und entfernen ihn. Damit haben Sie nun ein Textfeld mit einem farbigen Rahmen erstellt, was ohne die zusätzliche View nicht möglich gewesen wäre.

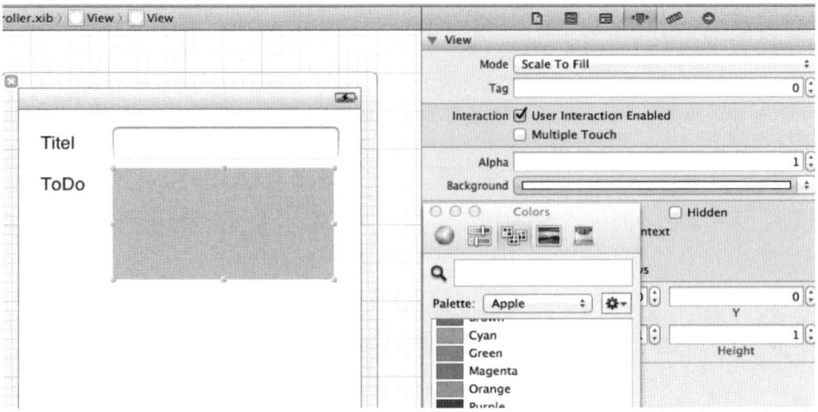

Abb. 8–12
Hintergrundfarbe über Attributes Inspector setzen

Zeile Priorität

Für die nun folgende dritte Zeile sind ein Label und ein Segmented Control erforderlich. Ein Segmented Control ist ein einzeiliges Element mit mehreren Schaltflächen. Dabei kann eine Schaltfläche aktiv sein.

Das Label trägt den Namen *Priorität*. Über das Element *Segmented Control* soll die Priorität der Aufgabe eingestellt werden. Die Eigenschaften des *Segmented Control* werden über den Inspector gesetzt. Solch ein *Segmented Control* steht in mehreren Varianten zur Verfügung. Diese Varianten werden über das Attribut *Style* eingestellt. In unserem Beispiel setzen wir *Style* auf den Wert *Bar*. Die Anzahl der Segmente wird über die Zeile *Segments* auf 3 gesetzt. Über die Auswahlliste (siehe Abb. 8–13) kann ein einzelnes Segment ausgewählt und konfiguriert werden. Damit werden die Werte der drei Segmente auf 1, 2 und 3 gesetzt. Über die Checkbox *Selected* kann markiert werden, dass ein bestimmtes Segment selektiert ist. Für diese App wird das Segment mit dem Wert 2 (siehe Abb. 8–13) als »Selected« markiert.

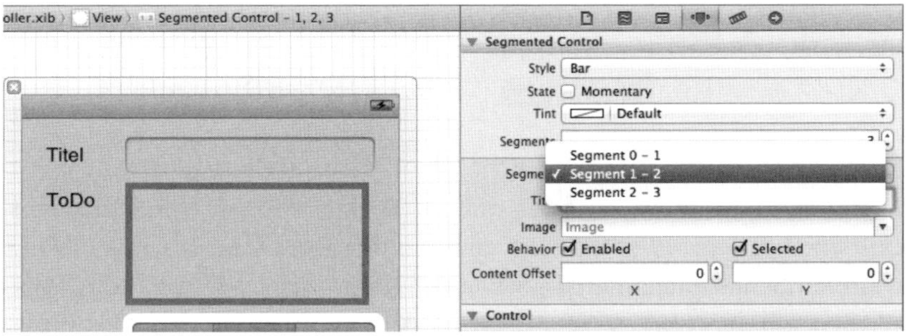

Abb. 8–13
Eigenschaften des Segmented Control

Zeile Datum

Die letzte Zeile enthält ein Label und einen Round Rect Button. Das *Label* erhält die Bezeichnung »Datum«. Der *Round Rect Button* wird mit einem Standardwert von *01/01/2012* vorbelegt. Mit dieser Zeile ist die Oberfläche für das Hinzufügen der Aufgabe abgeschlossen. Die komplette Oberfläche ist in Abbildung 8–14 dargestellt.

Abb. 8–14
Vollständige Oberfläche

Date Picker hinzufügen

Bei Betätigung der Datums-Schaltfläche soll ein *Date Picker* erscheinen, um das Datum auszuwählen. Dieser soll nicht direkt beim Öffnen der Oberfläche sichtbar sein. Deshalb wird er nicht der Oberfläche, sondern lediglich der Oberflächendefinitionsdatei hinzugefügt. Wichtig ist, dass der Date Picker nicht der View, sondern der Oberflächendefinitionsdatei hinzugefügt wird. Dies erreichen Sie durch Ziehen des Date Picker neben die Oberfläche (siehe Abb. 8–15). Für einen ersten Test kann die Oberfläche direkt im Interface Builder über den Menüpunkt *File/Simulate Interface* aufgerufen werden.

Abb. 8–15
Datumsauswahl in der xib-Datei

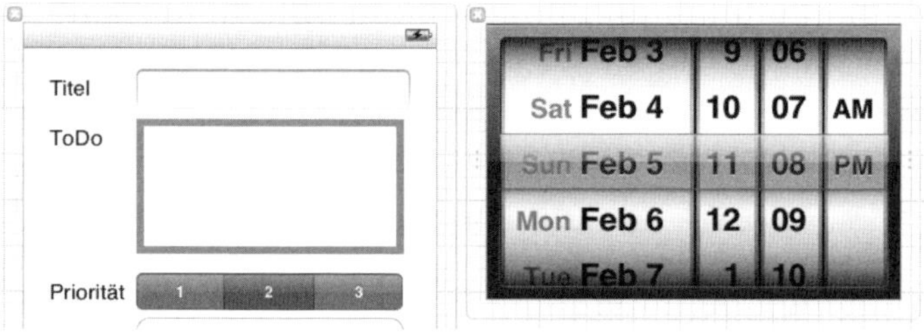

Dadurch, dass die Anwendung mit der Vorlage *Master-Detail Application* erzeugt wurde, enthält sie eine Navigationsleiste, die einfach mit weiteren Schaltflächen ergänzt werden kann. Beim Klick auf das Pluszeichen soll die gerade erzeugte Oberfläche geöffnet werden. Hierfür ist die Methode `viewDidLoad` in der Datei `MasterViewController.m` anzupassen. In dieser Methode muss die Definition des `addButton` (siehe Listing 8–3) geändert werden. Zu ändern ist der Name der Methode, die bei

Betätigung des Pluszeichens aufgerufen wird. Die aufzurufende Methode (❶) trägt den Namen add_Clicked:.

```
UIBarButtonItem *addButton = [[UIBarButtonItem alloc]
 initWithBarButtonSystemItem:UIBarButtonSystemItemAdd
 target:self action:@selector(add_Clicked:)]; ❶
```

Listing 8–3
Definition des UIBarButtonItem

In der besagten Methode (siehe Listing 8–4) wird eine Instanz von AddToDoItemViewController (❶) erzeugt. Für die Erzeugung wird die Oberfläche aus der zuvor erstellten Oberflächendefinitionsdatei geladen.

```
- (void) add_Clicked:(id)sender {
 if(addController == nil) {
  addController = [[AddToDoItemViewController alloc]
initWithNibName:@"AddToDoItemViewController" bundle:nil]; ❶
 }
 if(addNavigationController == nil) {
  addNavigationController = [[UINavigationController alloc]
initWithRootViewController:addController];
 }
[self.navigationController
presentModalViewController:addNavigationController animated:YES];
}
```

Listing 8–4
Anzeige der Oberfläche in add_Clicked:

Für die Verwendung des *AddToDoItemViewController* ist die Header-Datei AddToDoItemViewController.h in MasterViewController.m einzubinden. Zusätzlich sind notwendige Instanzvariablen in MasterViewController.h zu definieren.

```
@class AddToDoItemViewController;
@interface MasterViewController : UITableViewController
<NSFetchedResultsControllerDelegate> {
 AddToDoItemViewController* addController;
 UINavigationController *addNavigationController;
```

Listing 8–5
Neue Instanzvariablen für MasterViewController.h

Über den Menüpunkt *Run* können Sie die Änderungen überprüfen. Bei der Betätigung der Schaltfläche mit dem Pluszeichen innerhalb der Anwendung wird sich die Oberfläche für das Hinzufügen einer Aufgabe öffnen. Dieser Oberfläche fehlen noch ein Titel und zwei Schaltflächen zum Speichern und Abbrechen der Eingabe.

Outlets für die Datenspeicherung

Um die Daten einer Aufgabe zu speichern, werden die einzelnen Oberflächenelemente im Quellcode benötigt. Die Verbindung zwischen Definition und Quellcode wird über Outlets hergestellt. Hierfür fügen wir der Datei AddToDoItemViewController.h (siehe Listing 8–6) die Outlets hinzu. Als Wert für die Schaltfläche (❶) soll ein formatiertes Datum ausgegeben werden. Hierfür wird ein NSDateFormatter (❷) definiert.

Listing 8–6
Outlets in AddToDoItemView Controller.h

```
@interface AddToDoItemViewController : UIViewController {
 IBOutlet UIButton *dateLabel; ❶
 IBOutlet UIDatePicker *pickerView;
 IBOutlet UISegmentedControl *priorityField;
 IBOutlet UITextField *todoNameField;
 IBOutlet UITextView *longDescriptionField;

@private
 ToDoItem *todoItem;
 NSDateFormatter *dateFormatter; ❷
}

 @property (nonatomic, strong) NSDateFormatter *dateFormatter;
 @property (nonatomic, strong) ToDoItem *todoItem; ❸
 @property (nonatomic, strong) UITextView *longDescriptionField;
 @property (nonatomic, strong) UITextField *todoNameField;
 @property (nonatomic, strong) UIButton *dateLabel;
 @property (nonatomic, strong) UISegmentedControl *priorityField;
 @property (nonatomic, strong) UIDatePicker *pickerView;
 - (IBAction)showDatePicker:(id)sender;
@end
```

In der zuvor dargestellten Header-Datei haben Sie über @property einige Properties definiert (z.B. ❸). Das Laufzeitsystem muss wissen, wie mit den Properties verfahren werden soll. In unserem Fall sollen die dazugehörigen Methoden automatisch generiert werden. Hier sind die Properties über `@synthesize` in der Datei `AddTodoItemViewController.m` zu definieren. Die vollständige Defintion lautet:

```
@synthesize longDescriptionField, todoNameField, dateLabel,
dateFormatter, priorityField, pickerView, todoItem;
```

Verbindung zur Oberfläche herstellen

Nun gilt es, die definierten Outlets mit der Oberflächendefinition zu verbinden. Hierfür ist die Datei `AddToDoItemViewController.xib` per Klick aus Xcode heraus im Interface Builder zu öffnen. Die definierten Outlets werden per Kontextmenü auf dem Symbol *File's Owner* angezeigt. Die leeren Kreise (siehe Abb. 8–16) zeigen, dass noch keine Verbindung hergestellt ist. Mit gedrückter Maustaste auf einen leeren Kreis können Sie die blaue Linie auf das entsprechende Oberflächenelement ziehen. Durch Loslassen der Maustaste wird die Verbindung erstellt. Der Kreis ist nun ausgefüllt. Diese Aktion führen Sie nacheinander für alle Elemente aus.

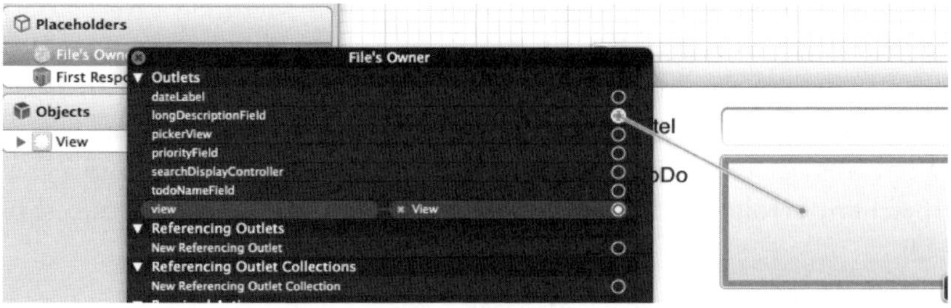

Abb. 8–16
Herstellung der Verbindungen

Titel für die Oberfläche

Beim Anzeigen der Oberfläche werden Sie feststellen, dass noch grundlegende Bestandteile wie der Titel und Schaltflächen für das Abbrechen und das Speichern fehlen. Diese drei Dinge werden am schnellsten über den Quellcode hinzugefügt. Die passende Methode ist `viewDidLoad` (siehe Listing 8–7) in der Datei `AddToDoItemViewController.m`. Den Titel (❶) setzen Sie einfach über die Property `title`. Die Klasse `AddToDoItemViewController` leitet von `UIViewController` ab. Der `UIViewController` kann direkt Schaltflächen am oberen Rand besitzen. Diese können über die Property `navigationItem` (❷) gesetzt werden. Für die Darstellung des Datums wird der `NSDateFormatter` in Form der Instanz `dateFormatter` (❺) initialisiert. Für das Abbrechen wird die Methode `cancel_Clicked` (❸) und für das Speichern `save_Clicked` (❹) definiert. Für die beiden Schaltflächen werden Systemschaltflächen verwendet. Für einen Abbruch (Beschriftung: *Cancel*[2]) verwenden Sie die Konstante `UIBarButtonSystemItemCancel`, für das Speichern (Beschriftung: *Save*) die Konstante `UIBarButtonSystemItemSave`.

Listing 8–7
Titel und Schaltflächen initialisieren

```
- (void)viewDidLoad {
 [super viewDidLoad];
 self.title = @"Neue Aufgabe"; ❶
 self.navigationItem.leftBarButtonItem ❷   = [[UIBarButtonItem
alloc]     initWithBarButtonSystemItem:UIBarButtonSystemItemCancel
target:self action:@selector(cancel_Clicked: ❸)]];

 self.navigationItem.rightBarButtonItem = [[UIBarButtonItem alloc]
initWithBarButtonSystemItem:UIBarButtonSystemItemSave target:self
action:@selector(save_Clicked: ❹)] ;

 self.dateFormatter = [[NSDateFormatter alloc] init];
 [self.dateFormatter setDateStyle:NSDateFormatterShortStyle];❺
}
```

2. Die Beschriftung hängt von der eingestellten Sprache ab. Standardmäßig ist Englisch eingestellt. Dies können Sie im Simulator unter *Settings/General/International* abändern.

Für das Abspeichern wurde in viewDidLoad die Methode save_Clicked (siehe Listing 8–8) definiert. Diese ist nun auch zu implementieren. Der erste Schritt in der Methode ist die Erzeugung einer Instanz von ToDoItem. Dies geschieht mittels Core Data (❶). Nun werden die einzelnen Werte aus der Oberfläche in die Instanz übertragen (z.B. Titel (❷). Das Speichern erfolgt im *ManagedObjectContext* über die Methode save (❸).

Listing 8–8
Datensatz speichern

```
- (void) save_Clicked:(id)sender {
 AppDelegate *appDelegate = (AppDelegate *)[[UIApplication
sharedApplication] delegate];

 if (todoItem == nil) {
  //Erzeugung neues ManagedObject
  todoItem = (ToDoItem *)[NSEntityDescription
insertNewObjectForEntityForName:@"ToDoItem"
inManagedObjectContext:appDelegate.managedObjectContext]; ❶
 }

 todoItem.shortDesc = todoNameField.text; ❷
 todoItem.priority = [NSNumber
numberWithInt:priorityField.selectedSegmentIndex+1];
 todoItem.until = [self.dateFormatter
dateFromString:dateLabel.titleLabel.text];
 todoItem.longDesc = longDescriptionField.text;
 NSError *error;
 if (![appDelegate.managedObjectContext save:&error]) { ❸
  NSLog(@"Fehler beim Speichern der Aufgabe");
 }

 [self.navigationController
dismissModalViewControllerAnimated:YES];
 todoItem = nil;
}
```

Für das Abbrechen fehlt noch die Implementierung der Methode cancel_Clicked (siehe Listing 8–9). Hier wird lediglich die Instanz todoItem zurückgesetzt und die Oberfläche wieder vom Navigation Controller (❶) entfernt.

Listing 8–9
Eingabe abbrechen

```
- (void) cancel_Clicked:(id)sender {
 todoItem = nil;
 [self.navigationController
dismissModalViewControllerAnimated:YES]; ❶
}
```

Die Datumsauswahl soll bei Betätigung der Datums-Schaltfläche erscheinen und hierbei von unten heraufgleiten. Die vorgesehene Methode ist showDatePicker (siehe Listing 8–10). Die Datumsauswahl wird zunächst zur Oberfläche hinzugefügt (❶) und die vorhandene

Größe wird festgelegt (❷). Das Gleiten wird über eine Animationsdefinition (❸) realisiert. Zusätzlich werden die Schaltflächen der Oberfläche (❹) abgeändert. Damit kann das Datum auch übernommen werden. Hier wird wieder mit einer Systemschaltfläche gearbeitet. Als Konstante kommt `UIBarButtonSystemItemDone` (❺) zum Einsatz.

Listing 8–10
Anzeige der Datumsauswahl

```
- (IBAction)showDatePicker:(id)sender {
 [self.view.window addSubview: self.pickerView]; ❶
 CGRect screenRect = [[UIScreen mainScreen] applicationFrame];
 CGSize pickerSize = [self.pickerView sizeThatFits:CGSizeZero];
 CGRect startRect = CGRectMake(0.0, screenRect.origin.y +
screenRect.size.height,  pickerSize.width, pickerSize.height);
 self.pickerView.frame = startRect; ❷
 CGRect pickerRect = CGRectMake(0.0, screenRect.origin.y +
screenRect.size.height - pickerSize.height, pickerSize.width,
pickerSize.height);

//Animation beginnen ❸
 [UIView beginAnimations:nil context:NULL];
 [UIView setAnimationDuration:0.3];
 [UIView setAnimationDelegate:self];
 self.pickerView.frame = pickerRect;

 CGRect newFrame = self.view.frame;
 newFrame.size.height -= self.pickerView.frame.size.height;
 self.view.frame = newFrame;
 [UIView commitAnimations];

 //Buttons aendern ❹
 self.navigationItem.rightBarButtonItem = [[[UIBarButtonItem alloc]
initWithBarButtonSystemItem:UIBarButtonSystemItemDone ❺
 target:self action:@selector(save_date:)] autorelease];
 self.navigationItem.leftBarButtonItem = nil;
}
```

Beim Klick auf die Schaltfläche *Done* wird die Methode `save_date` (siehe Listing 8–11) aufgerufen. Diese Methode soll das ausgewählte Datum als Beschriftung für die Schaltfläche setzen (❶). Zusätzlich ist die Datumsauswahl auch auszublenden. Dies geschieht wieder über die Definition einer Animation (❷). Der Abschluss der Animation erfolgt über die Methode `commitAnimations` (❸). Zuletzt werden die ursprünglichen Schaltflächen (*Abbrechen* bzw. *Cancel* und *Speichern* bzw. *Save*) am oberen Rand der Oberfläche wiederhergestellt (❹).

Listing 8–11
Datum speichern und Datumsauswahl ausblenden

```
- (void) save_date:(id)sender {
 self.dateLabel.titleLabel.text = [self.dateFormatter
stringFromDate:self.pickerView.date]; ❶

 CGRect screenRect = [[UIScreen mainScreen] applicationFrame];
 CGRect endFrame = self.pickerView.frame;
```

```
endFrame.origin.y = screenRect.origin.y + screenRect.size.height;

//Ausblenden als Animation ❷
[UIView beginAnimations:nil context:NULL];
[UIView setAnimationDuration:0.3];
[UIView setAnimationDelegate:self];
[UIView setAnimationDidStopSelector:@selector(slideDownDidStop)];
self.pickerView.frame = endFrame;
[UIView commitAnimations]; ❸

CGRect newFrame = self.view.frame;
newFrame.size.height += self.pickerView.frame.size.height;
self.view.frame = newFrame;

// Urspruengliche Buttons wieder anzeigen ❹

self.navigationItem.rightBarButtonItem = [[UIBarButtonItem alloc]
initWithBarButtonSystemItem:UIBarButtonSystemItemSave
target:self action:@selector(save_Clicked:)]];

self.navigationItem.leftBarButtonItem = [[UIBarButtonItem alloc]
initWithBarButtonSystemItem:UIBarButtonSystemItemCancel
target:self action:@selector(cancel_Clicked:)];

}
```

Tastatur verschwinden lassen

Damit der Anwender einen Text eingeben kann, wird vom iOS eine Tastatur eingeblendet. Nach dem Ende der Eingabe erwartet der Anwender, dass diese Tastatur ausgeblendet wird – dies müssen Sie programmieren. Hierfür steht für das *UITextField* und *UITextView* jeweils ein Delegate zur Verfügung, der *UITextFieldDelegate* und der *UITextViewDelegate*. Für unsere Anwendung werden beide Protokolle vom AddToDoItemViewController implementiert. Das Ende der Eingabe soll durch die Eingabetaste signalisiert werden. Zunächst ist das Interface `AddToDoItemViewController.h` zu markieren:

```
@interface AddToDoItemViewController : UIViewController
<UITextViewDelegate, UITextFieldDelegate>
```

Die Protokolle erwarten jeweils eine Methode. Zunächst wollen wir uns der Methode des `UITextViewDelegate` widmen:

Listing 8–12
Beendigung durch Eingabetaste im UITextViewDelegate

```
-(BOOL)textView:(UITextView *)textView
shouldChangeTextInRange:(NSRange)range replacementText:(NSString
*)text
{
 if([text isEqualToString:@"\n"]) {
  [textView resignFirstResponder];
  return NO;
 }
 return YES;
}
```

Im Gegensatz zum `UITextView` kann das `UITextField` nur eine Zeile enthalten. Deshalb ist hier das Abfangen der Eingabetaste einfacher. Dies ist in Listing 8–13 umgesetzt.

```
- (BOOL)textFieldShouldReturn:(UITextField *)textField {
  [textField resignFirstResponder];
  return YES;
}
```

Listing 8–13
Beendigung durch Eingabetaste

Zum Schluss ist in der Methode `viewDidLoad` noch die Property `delegate` bei den beiden Oberflächenelementen zu setzen:

```
self.longDescriptionField.delegate=self;
self.todoNameField.delegate=self;
```

8.4 Eigene Tabellenzelle gestalten

Die Aufgaben sollen in der bereits vorhandenen Tabelle dargestellt werden. Um dem Anwender möglichst viele Informationen anzuzeigen, wird eine eigene Tabellenzelle erzeugt. Hierfür stellt Xcode bereits eine Vorlage zur Verfügung. Über den Menüpunkt *File/New/New File...* wählen Sie die Vorlage *Objective-C class* innerhalb der Kategorie *Cocoa Touch* (Abb. 8–17). Wichtig hierbei ist, dass im nächsten Fenster (nach Klick auf *Next*) in der Unterauswahl *Subclass of* (Abb. 8–18) der Wert *UITableViewCell* ausgewählt ist. Als Name für die Klasse ist *ToDoItemCell* passend. Xcode erstellt nach Betätigung der Schaltfläche *Finish* die zwei Dateien `ToDoItemCell.h` und `ToDoItemCell.m`.

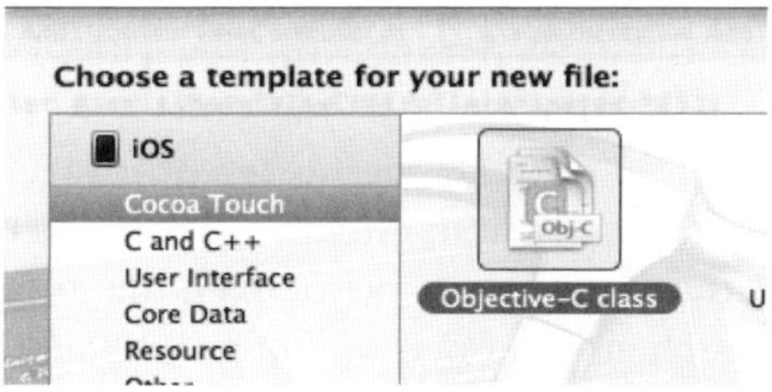

Abb. 8–17
Vorlage zur Erstellung der Tabellenzelle

Abb. 8–18
Oberklasse festlegen

Die Oberfläche der Tabellenzelle soll mit dem Interface Builder erstellt werden. Hierfür wird eine Oberflächendefinitionsdatei benötigt. Diese kann ebenfalls mit einer Vorlage in Xcode erstellt werden. Über *File/New/New File...* wird der Dialog gestartet. Die Vorlage *Empty* (siehe Abb. 8–19) befindet sich innerhalb der Kategorie *User Interface*. Die `Device Family` wird auf `iPhone` festgesetzt. Als Name ist `ToDoItem-Cell.xib` passend.

Abb. 8–19
Erzeugen einer leeren Oberflächendatei

Oberfläche im Interface Builder gestalten

Per Doppelklick auf `ToDoItemCell.xib` öffnet sich die Oberflächendefinitionsdatei im Interface Builder. Sie enthält bisher noch keine Elemente. Aus der Oberflächenbibliothek (Menüpunkt: *View/Utilities/Show Object Library*) ziehen Sie das Element *Table View Cell* auf das Projektfenster (siehe Abb. 8–20).

Abb. 8–20
Table View Cell in Oberflächendefinitionsdatei

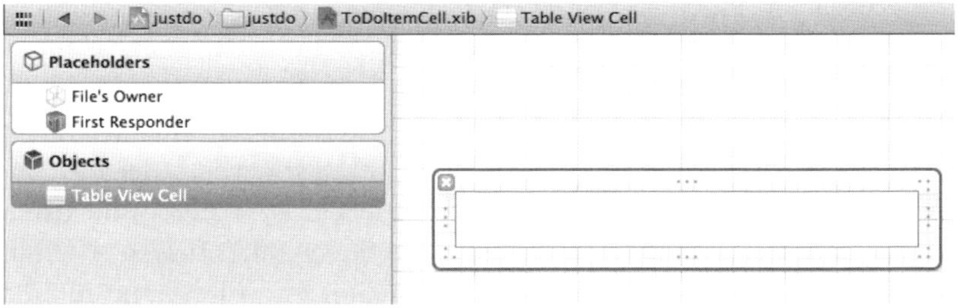

Der Tabellenzelle (siehe Abb. 8–21) fügen Sie nun drei Label-Elemente hinzu. Zwei nebeneinander im oberen Teil, die Priorität und Datum der Aufgabe anzeigen, und eines darunter für den Titel. Die Priorität wird dabei als einfache Zahl angezeigt. Im Quellcode wird zur jeweiligen Priorität noch eine Farbe gesetzt. Damit die Beschriftungen gut zugeordnet werden können, sollten Sie diese direkt mit konkreten Werten (z.B. 1 für die Priorität) füllen. Dadurch bekommen Sie auch ein Gefühl für das endgültige Aussehen. Über den Menüpunkt *File/Simulate Interface* können Sie die gestaltete Tabellenzelle direkt im iOS Simulator betrachten.

Abb. 8–21
Die fertige Tabellenzelle

Damit die Felder der Tabellenzelle auch mit Daten gefüllt werden können, muss die Datei `ToDoItemCell.h` (siehe Listing 8–14) um Outlets ergänzt werden.

```
@interface ToDoItemCell : UITableViewCell {
 IBOutlet UILabel *dateLabel;
 IBOutlet UILabel *priorityLabel;
 IBOutlet UILabel *titleLabel;
}

@property (nonatomic, strong) UILabel *dateLabel; ❶
@property (nonatomic, strong) UILabel *priorityLabel;
@property (nonatomic, strong) UILabel *titleLabel;

@end
```

Listing 8–14
Tabellenzelle mit Outlets erweitert

Die Felder der Tabellenzelle wurden als Properties definiert (❶). Damit mit den Methoden auch gearbeitet werden kann, müssen diese noch in `ToDoItemCell.m` über `@synthesize` zur Generierung markiert werden:

```
@synthesize dateLabel, priorityLabel, titleLabel;
```

Um die Oberfläche mit den definierten Outlets zu verbinden, ist zunächst die Klasse `ToDoItemCell` auch als Klasse für die *Table View Cell* zu definieren. Hierfür markieren Sie das Symbol *Table View Cell* im Projektfenster des Interface Builder und wählen den Menüpunkt *View/Utilities/Show Identity Inspector* aus. Im Bereich *Custom Class* (siehe Abb. 8–22) wählen Sie die Klasse `ToDoItemCell` aus. Nun können Sie über das Kontextmenü der *Table View Cell* die Outlets sehen und diese mit den entsprechenden Elementen der Oberfläche verbinden.

Abb. 8–22
Klasse für Table View festlegen

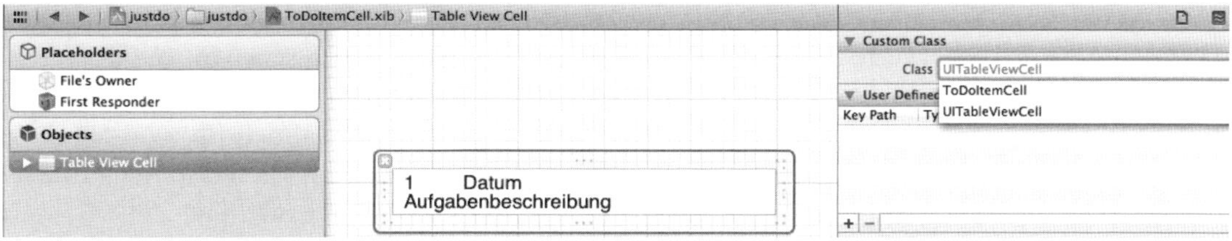

Zusätzlich ist die Klasse für *File's Owner* festzulegen. Durch Klick auf das Symbol *File's Owner* öffnet sich der Identity Inspector. Hier ist die Klasse `MasterViewController` auszuwählen.

Zusätzliche Instanzvariablen für Anzeige

In der Datei `MasterViewController.h` wird ein Outlet für eine `ToDoItemCell` definiert. Zusätzlich wird ein Array vom Datentyp `NSMutableArray`[3] deklariert. Dieses dient zur Ablage der Aufgaben im Speicher. Zusätzlich wird ein `NSDateFormatter` definiert, um das Datum der Erledigung für die Ausgabe zu formatieren:

3. Einen guten Einstieg in die Programmierung mit Arrays und Listen bekommen Sie durch die Dokumentation unter: http://developer.apple.com/library/mac/#documentation/Cocoa/Conceptual/Collections.

```
IBOutlet ToDoItemCell* cell;
NSMutableArray* todoItemsArray;
NSDateFormatter* dateFormatter;
```

Nach Definition des betreffenden Outlet in der Datei `MasterViewController.h` kann nun die Verbindung zwischen Oberflächenelement und Quellcode hergestellt werden. Über das Kontextmenü auf *File's Owner* ist nun das zuvor definierte Outlet *cell* zu sehen. Dieses ziehen Sie auf die *To Do Item Cell* im selbigen Projektfenster.

Verwendung der Tabellenzelle

Im nächsten Schritt soll nun die erstellte Tabellenzelle verwendet werden, um damit die einzelnen Aufgaben darzustellen. Die anzupassende Methode `tableView:cellForRowAtIndexPath:` befindet sich in der Datei `MasterViewController.m`. Die Methode ist bereits durch die verwendete Vorlage gefüllt. Der erste Schritt besteht darin, den Code der Methode komplett zu löschen. In Listing 8–15 ist die fertige Methode abgebildet. Zunächst wird in der Methode geprüft, ob bereits eine Instanz der Tabellenzelle vorhanden ist (❶) . Dies wird gemacht, um Speicherressourcen zu schonen. Wenn keine Zelle zur Wiederverwendung zur Verfügung steht, wird eine aus der Oberflächendefinitionsdatei über die Methode `loadNibNamed:owner:options:` (❷) geladen. Als Parameter für die genannte Methode ist der Name der Oberflächendefinitionsdatei, ohne Dateiendung, anzugegeben. In diesem Fall also `ToDoItemCell`. Die Methode gibt über den Parameter `indexPath` den Index der betreffenden Zeile mit. Darüber wird auf das Array `todoItemsArray`, das die Aufgaben enthält, zugegriffen (❸). Damit können die einzelnen Werte gefüllt werden. Wie der Titel gesetzt wird, sehen Sie in (❹).

Die Priorität zu setzen ist etwas schwieriger: Zunächst muss sie von einem Integer in den Datentyp `int` umgewandelt (❺) werden. Erst dann kann sie als Text (❻) ausgegeben werden. Die Hintergrundfarbe wird über die Property `backgroundColor` gesetzt (❼). Die Zelle ist nun fertig initialisiert und kann zurückgegeben werden (❽).

Listing 8–15
Zelle mit Daten einer Aufgabe füllen

```
- (UITableViewCell *)tableView:(UITableView *)tableView
cellForRowAtIndexPath:(NSIndexPath *)indexPath {
 static NSString *CellIdentifier = @"ToDoItemCell";
 cell = (ToDoItemCell*) [tableView
dequeueReusableCellWithIdentifier:CellIdentifier]; ❶
 if (cell == nil) {
  [[NSBundle mainBundle] loadNibNamed:@"ToDoItemCell" owner:self
options:nil]; ❷
 }

 ToDoItem *todoItem = [todoItemsArray objectAtIndex:indexPath.row];❸

 cell.titleLabel.text =todoItem.shortDesc; ❹
 cell.dateLabel.text = [self.dateFormatter
stringFromDate:todoItem.until];
```

```
  int priority=[todoItem.priority intValue]; ❺
  cell.priorityLabel.text = [NSString stringWithFormat:@"%d",
 priority]; ❻

  // Setzen der Farbe fuer das Feld Prioritaet
  switch (priority) { ❼
   case 1:
    cell.priorityLabel.backgroundColor= [UIColor redColor];
    break;
   case 2:
    cell.priorityLabel.backgroundColor= [UIColor yellowColor];
    break;
   default:
    cell.priorityLabel.backgroundColor= [UIColor greenColor];
    break;
  }
  return cell; ❽
 }
```

Um die Tabelle korrekt anzuzeigen, müssen Sie die Methode `tableView:numberOfRowsInSection:` implementieren. Diese Methode dient dazu, die Anzahl der Tabellenzeilen zurückzuliefern. Der einfachste Weg hierfür ist die Größe des Arrays `todoItemsArray` (Methode: `count`) zurückzugeben (siehe Listing 8–16).

Listing 8–16
Anzahl der Zeilen zurückliefern

```
- (NSInteger)tableView:(UITableView *)tableView
numberOfRowsInSection:(NSInteger)section {
return [todoItemsArray count];
}
```

Beim Öffnen der Tabelle wird die vom `UIViewController` stammende Methode `viewWillAppear` (siehe Listing 8–17) aufgerufen. Diese Methode lädt die Aufgaben aus der Datenbank über das Framework Core Data. Dieses Laden erfolgt über einen `NSFetchRequest` (❶). Die zu ladende Entität wird über eine `NSEntityDescription` spezifiziert (❷). Zusätzlich kann eine Sortierung angegeben werden (❸). Diese Sortierung wird als Attribut des `NSFetchRequest` gesetzt (❹). Über die Methode `executeFetchRequest:error:` (❺) wird das Laden ausgeführt. Das zurückgelieferte Ergebnis wird in der Instanz des `MasterViewController` (❻) gespeichert.

Listing 8–17
Aufgaben laden

```
- (void)viewWillAppear:(BOOL)animated {
 [super viewWillAppear:animated];
 NSError *error;

 NSFetchRequest *request = [[NSFetchRequest alloc] init]; ❶
 NSEntityDescription *entity = [NSEntityDescription
entityForName:@"ToDoItem"
inManagedObjectContext:managedObjectContext_]; ❷
 [request setEntity:entity];
```

```
 NSSortDescriptor *sortDescriptor = [[NSSortDescriptor alloc]
initWithKey:@"priority" ascending:YES]; ❸
 NSArray *sortDescriptors = [[NSArray alloc]
initWithObjects:sortDescriptor, nil];
 [request setSortDescriptors:sortDescriptors]; ❹

 NSMutableArray *mutableFetchResults = [[managedObjectContext_
executeFetchRequest:request error:&error] mutableCopy]; ❺
 if (mutableFetchResults == nil) {
  NSLog(@"Fehler beim Laden der Daten");
 }

 [self setTodoItemsArray:mutableFetchResults]; ❻
 [mutableFetchResults release];
 [sortDescriptor release];
 [sortDescriptors release];
}
```

Damit eine Aufgabe sofort sichtbar wird, nachdem sie erstellt und gespeichert wurde, ist zusätzlich die Methode `viewDidAppear:` (siehe Listing 8–18) anzupassen. Durch die Methode `reloadData` (❶) wird der Aufbau der Tabelle neu gestartet und dadurch sehen Sie die gerade erstellte Aufgabe.

Listing 8–18
Tabelle aktualisieren

```
- (void)viewDidAppear:(BOOL)animated {
 [super viewDidAppear:animated];
 [self.tableView reloadData]; ❶
}
```

Nun sind alle Voraussetzungen für die Anwendung gegeben. Über *Run* in Xcode können Sie nun Aufgaben erstellen und diese werden in der Tabelle mit den selbst gestalteten Tabellenzellen angezeigt (siehe Abb. 8–23).

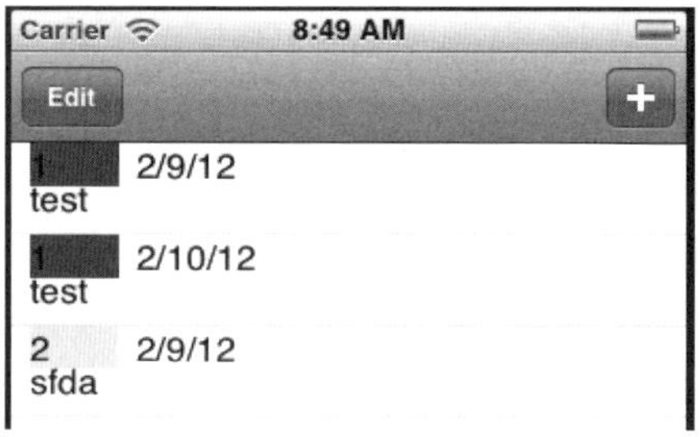

Abb. 8–23
Aufgabenliste mit selbst gestalteter Tabellenzelle

8.5 Anzeigen und Ändern einer Aufgabe

Bis zu diesem Zeitpunkt können Sie mit der aktuellen Version von *just.do* Aufgaben anlegen und diese in der Liste anzeigen. In der Liste sehen Sie lediglich die Attribute Priorität, Datum und Titel. Die wichtige Beschreibung der Aufgabe wird nicht angezeigt. Auch fehlt die Möglichkeit, eine Aufgabe nachträglich zu verändern. Diese Funktionen wollen wir in diesem und dem nächsten Abschnitt der Anwendung hinzufügen.

Für das Anzeigen und Ändern einer Aufgabe kann die schon vorhandene Oberfläche für das Anlegen einer Aufgabe weiterverwendet werden. Für das Öffnen der Oberfläche wird die Aktion `update_Clicked:` für die Schaltfläche *Edit* eingehängt. Dies erfolgt in der Methode `viewDidLoad` (siehe Listing 8–19) der Datei `MasterViewController.m`.

Listing 8–19
Angepasste Schaltfläche

```
self.navigationItem.leftBarButtonItem = [[UIBarButtonItem alloc]
 initWithBarButtonSystemItem:UIBarButtonSystemItemEdit
 target:self action:@selector(update_Clicked:)];
```

Nun gilt es, die Methode `update_Clicked:` (siehe Listing 8–20) zu implementieren. Da die Schaltfläche zu jedem Zeitpunkt betätigt werden kann, ist es wichtig, zu prüfen, ob überhaupt eine Zeile ausgewählt (❶) ist. Ist das der Fall, wird die entsprechende Aufgabe aus dem Array (❷) ermittelt. Falls noch nicht geschehen, wird zu diesem Zweck zunächst ein `AddToDoItemViewController` (❸) erzeugt. In diesen wird das ermittelte `ToDoItem` gesetzt (❹). Zum Abschluss der Methode wird die Oberfläche für die Aufgaben dargestellt (❺).

Listing 8–20
Umsetzung der Methode update_Clicked:

```
- (void) update_Clicked:(id)sender {
 NSIndexPath* path = [self.tableView indexPathForSelectedRow];
 if (path != nil && path.row >= 0) { ❶
  ToDoItem* todoItem = [todoItemsArray objectAtIndex:path.row]; ❷
  if(addController == nil) { ❸
   addController = [[AddToDoItemViewController alloc]
   initWithNibName:@"AddToDoItemViewController" bundle:nil];
  }
  [addController setTodoItem:todoItem]; ❹
  if(addNavigationController == nil) {
   addNavigationController = [[UINavigationController alloc]
   initWithRootViewController:addController];
  }
  [self.navigationController
presentModalViewController:addNavigationController
    animated:YES]; ❺
 }
}
```

In der Datei `AddToDoItemViewController.m` muss nun noch das gesetzte ToDoItem ausgewertet werden. Dies erfolgt in der Methode `viewDidAppear:` (siehe Listing 8–21), denn diese Methode wird jedes Mal beim Erscheinen der Oberfläche dargestellt. In dieser Methode wird geprüft, ob kein `ToDoItem` gesetzt ist (❶) oder ob eines gesetzt ist (❷). Im ersten Fall werden alle Felder der Maske zurückgesetzt. Im zweiten Fall werden die Werte der gesetzten Instanz `todoItem` ausgelesen und in die Oberflächenelemente geschrieben.

Listing 8–21
Auswertung des gesetzten ToDoItem

```
- (void)viewDidAppear:(BOOL)animated {
 [super viewDidAppear:animated];
 if (todoItem == nil) { ❶
  self.dateLabel.titleLabel.text = [self.dateFormatter
stringFromDate:[NSDate date]];
  self.todoNameField.text=nil;
  self.longDescriptionField.text=nil;
 } else { ❷
  todoNameField.text = todoItem.shortDesc;
  priorityField.selectedSegmentIndex = [todoItem.priority
intValue]-1;
  dateLabel.titleLabel.text = [self.dateFormatter
stringFromDate:todoItem.until];
  longDescriptionField.text = todoItem.longDesc;
 }
}
```

Die Änderung ist nun umgesetzt und kann wie gewohnt über die Schaltfläche *Run* im iOS Simulator getestet werden.

8.6 Aufgaben sortieren und löschen

Es fehlt noch die Möglichkeit, eine Aufgabe zu löschen. Zusätzlich soll die Aufgabenliste um eine Sortierung erweitert werden. Diese Aktionen sollen über eine Toolbar innerhalb der Liste der Aufgaben angesteuert werden können.

Die Toolbar wird im Interface Builder gestaltet. Hierfür wird die Datei `MasterViewController.xib` mittels Klick im Projektnavigator von Xcode im Interface Builder geöffnet. Die Toolbar wird direkt ins Projektfenster (siehe Abb. 8–24) des Interface Builder eingefügt, und zwar neben der bereits vorhandenen *Table View*. Sie enthält schon eine Schaltfläche, die in *Priorität* umzubenennen ist. Diese Umbenennung wird per Doppelklick auf die Schaltfläche gestartet. Der Toolbar werden nun zwei weitere *Bar Button Items* hinzugefügt und mit der Beschriftung *Datum* und *Name* ausgestattet. Ein weiterer *Bar Button Item* kommt für das Löschen hinzu. Im *Attributes Inspector* (Menüpunkt:

Tools/Attributes Inspector) wird der Identifier auf »Trash« gesetzt. Dadurch wird ein Mülleimer auf der Schaltfläche angezeigt. Damit die Schaltfläche auch am rechten Rand der Toolbar zu sehen ist, wird vor der Schaltfläche ein *Flexible Space Bar Button Item* hinzugefügt.

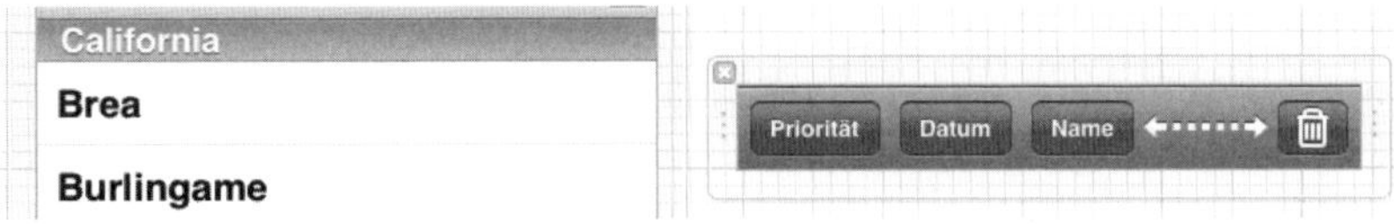

Abb. 8–24
Toolbar im Interface Builder gestalten

Bevor die Schaltflächen der Toolbar mit einer Aktion verbunden werden, soll zuerst die erstellte Toolbar angezeigt werden. Diese Anzeige muss programmiert werden. Dafür wird die Toolbar im Quellcode benötigt. In der Datei `MasterViewController.h` wird ein Outlet erstellt:

```
IBOutlet UIToolbar *toolbar;
```

Das Einblenden der Toolbar (siehe Listing 8–22) erfolgt in der Methode `viewWillAppear:` in der Datei `MasterViewController.m`. Zuerst wird die Größe der Toolbar festgelegt (❶) und danach wird sie als Oberflächenelement zur vorhandenen Oberfläche hinzugefügt (❷).

Listing 8–22
Anzeige der Toolbar

```
[toolbar sizeToFit];
CGFloat toolbarHeight = [toolbar frame].size.height;
CGRect rootViewBounds = self.parentViewController.view.bounds;
CGFloat rootViewHeight = CGRectGetHeight(rootViewBounds);
CGFloat rootViewWidth = CGRectGetWidth(rootViewBounds);
CGRect rectArea = CGRectMake(0, rootViewHeight - toolbarHeight,
rootViewWidth, toolbarHeight);
[toolbar setFrame:rectArea]; ❶
[self.navigationController.view addSubview:toolbar]; ❷
```

Um die definierten Schaltflächen in der Toolbar mit einer Aktion zu verbinden, werden vier Outlets in der Datei `MasterViewController.h` definiert:

```
- (IBAction)sortByDate:(id)sender;
- (IBAction)sortByPriority:(id)sender;
- (IBAction)sortByShortDesc:(id)sender;
- (IBAction)delete_Clicked:(id)sender;
```

Die Implementierung der Sortierfunktionen unterscheidet sich nur in dem Attribut, das zur Sortierung verwendet wird. Somit müssen an dieser Stelle nicht drei Implementierungen erzeugt werden, sondern es reicht eine allgemeine Methode in der Datei `MasterViewController.h`:

```
- (void) sortTableView:(NSString*)descriptor
ascending:(Boolean)ascending;
```

Bevor es an die Implementierung der Methoden geht, müssen zuerst die Outlets im Interface Builder verbunden werden. Hierfür öffnen Sie die Datei `MasterViewController.xib` im Interface Builder und verbinden wie schon gehabt die zuvor definierten Outlets.

Aufgabe löschen

Für das Löschen einer Aufgabe wird die Methode `delete_Clicked:` in der Datei `MasterViewController.m` definiert. Diese ist in Listing 8–23 dargestellt. Zuerst wird der Index der selektierten Zeile (❶) ermittelt. Wichtig dabei ist die Überprüfung, ob überhaupt eine Zeile selektiert ist (❷). Denn ansonsten würden auch nicht selektierte Zeilen gelöscht oder das Programm könnte komplett abstürzen. Wenn ein korrekter Index zurückgeliefert wurde, wird zuerst das Element aus dem Array `todoItemsArray` (❸) gelöscht. Danach wird das Element aus dem ManagedObjectContext (❹) gelöscht. Über die Methode `save` (❺) wird die Instanz auch aus der Datenbank entfernt. Zum Abschluss wird die Zeile aus der Tabelle gelöscht (❻) und die Markierung entfernt (❼).

Listing 8–23
Methode zum Löschen einer Aufgabe

```
- (void) delete_Clicked:(id)sender {
 NSIndexPath* path = [self.tableView indexPathForSelectedRow]; ❶
 if (path != nil && path.row >= 0) { ❷
  ToDoItem* todoItem = [todoItemsArray objectAtIndex:path.row];
  [todoItemsArray removeObject:todoItem]; ❸
  [managedObjectContext_ deleteObject:todoItem]; ❹
  NSError* error;
  if (![managedObjectContext_ save:&error]) {} ❺
  [self.tableView deleteRowsAtIndexPaths:[NSArray
arrayWithObject:path]
   withRowAnimation:UITableViewRowAnimationFade]; ❻
  //Selektion zuruecksetzen
  [self.tableView deselectRowAtIndexPath:path animated:NO]; ❼
  [path release];
 }
}
```

Aufgaben sortieren

Die Aufgaben sollen zusätzlich nach Priorität, Name und Datum sortierbar sein. Hierfür wird die Methode `sortTableView:ascending:` definiert. Als erster Parameter wird der Name des Attributes angegeben, nach dem sortiert werden soll, und als zweiter Parameter wird angegeben, ob auf- oder absteigend sortiert werden soll. Zuerst wird die Suchanfrage mit der Entität `ToDoItem` (❶) initialisiert. Danach wird die Suche beschrieben, indem der Schlüssel für die Suche übergeben wird (❷). Die Suche wird über `executeFetchRequest:error:` (❸) ausgeführt und in einem Array gespeichert. Das Ergebnis wird in der Instanzvariablen `todoItemsArray` gespeichert (❹). Danach wird die Tabelle mit demselben Array erneut dargestellt.

```
- (void) sortTableView:(NSString*)descriptor
ascending:(Boolean)ascending {
 NSError *error;
 NSFetchRequest *request = [[NSFetchRequest alloc] init];
 NSEntityDescription *entity = [NSEntityDescription
entityForName:@"ToDoItem"
inManagedObjectContext:managedObjectContext_];
 [request setEntity:entity]; ❶

 NSSortDescriptor *sortDescriptor = [[NSSortDescriptor alloc]
  initWithKey:descriptor ascending:ascending]; ❷
 NSArray *sortDescriptors = [[NSArray alloc]
initWithObjects:sortDescriptor, nil];
 [request setSortDescriptors:sortDescriptors];

 NSMutableArray *mutableFetchResults = [[managedObjectContext_
  executeFetchRequest:request error:&error] mutableCopy]; ❸
 if (mutableFetchResults == nil) {}
 [self setTodoItemsArray:mutableFetchResults]; ❹
 [self.tableView reloadData]; ❺

 //Allokierte Objekte aufraeumen
 [request release];
 [sortDescriptor release];
 [sortDescriptors release];
 [mutableFetchResults release];
}
```

Listing 8–24
Generelle Methode zum Sortieren

Die in Listing 8–24 beschriebene Methode wird nun durch die drei spezifischen Methoden `sortByDate:` (siehe Listing 8–25), `sortByPriority:` (siehe Listing 8–26) und `sortByShortDesc:` (siehe Listing 8–27) ergänzt. Diese Methoden rufen jeweils die generische Methode `sortTableView:ascending:` auf.

```
- (IBAction)sortByDate:(id)sender {
 [self sortTableView:@"until" ascending:dateAscending];
 dateAscending = !dateAscending;
 priorityAscending = YES;
 nameAscending = YES;
}
```

Listing 8–25
Sortieren nach Datum

```
- (IBAction)sortByPriority:(id)sender {
 [self sortTableView:@"priority" ascending:priorityAscending];
 priorityAscending = !priorityAscending;
 dateAscending = YES;
 nameAscending = YES;
}
```

Listing 8–26
Sortieren nach Priorität

Listing 8–27
Sortieren nach Titel

```
- (IBAction)sortByShortDesc:(id)sender {
 [self sortTableView:@"shortDesc" ascending:nameAscending];
 nameAscending = !nameAscending;
 dateAscending = YES;
 priorityAscending = YES;
}
```

8.7 Weitere interessante Themenbereiche

Es gibt eine immense Anzahl von Anwendungstypen, die man für das iPhone und das iPad schreiben kann. In diesem und den vorangegangenen zwei Kapiteln habe ich versucht, Ihnen einige spannende Anwendungsgebiete aufzuzeigen, wobei ich aus Platzgründen natürlich eine Auswahl treffen musste und bestimmte Bereiche deshalb nicht behandeln konnte. Dieser Abschnitt soll Ihnen nun kurz noch einige wichtige weitere Bereiche aufzeigen und Hinweise geben, wo Sie nähere Informationen dazu finden.

Datenaustausch mit anderen Geräten

Um Daten mit einem anderen Gerät im Netzwerk auszutauschen, können Sie die Klasse *NSNNetworking* oder *CFNetworking* verwenden. Für weitere Informationen ziehen Sie den Stream Programming Guide for Cocoa[4] zurate. Auch das Beispiel *WiTap*[5] wird Ihnen beim Einstieg in dieses Gebiet helfen.

Peer-to-Peer

Eine sehr interessante Funktionalität, die mit dem Game Kit Framework mitgeliefert wird, ist Peer-to-Peer. Hiermit können Sie schnell eine Kommunikation zwischen zwei Geräten etablieren. Für einen Einstieg sollten Sie sich das Beispiel *GKTank*[6] ansehen. Ein weiteres interessantes Beispiel für das Game Kit Framework ist *GKRocket*[7]. Auch dieses Beispiel zeigt die Verwendung der Klasse *GKSession* zum Aufbau einer Verbindung zwischen zwei Geräten.

Game Center

Mit iOS 4.1 wurde das Spielenetzwerk Game Center für die Allgemeinheit veröffentlicht. Die zugehörigen Klassen sind in das Game Kit Framework integriert. Für den Einstieg bietet sich das Beispiel *GKTapper*[8] an.

iAd

Wenn Sie die Werbeplattform iAd in Ihrer eigenen Anwendung nutzen möchten, steht als Einstieg das Beispiel *iAdSuite*[9] zur Verfügung.

---

4. http://developer.apple.com/iphone/library/documentation/Cocoa/Conceptual/Streams/Streams.html.
5. http://developer.apple.com/iphone/library/samplecode/WiTap/index.html.
6. http://developer.apple.com/iphone/library/samplecode/GKTank/index.html.
7. http://developer.apple.com/library/ios/#samplecode/GKRocket/Introduction/Intro.html.
8. http://developer.apple.com/library/ios/#samplecode/GKTapper/Introduction/Intro.html.

Die Audiowiedergabe erfolgt im iOS mit der *Open Audio Library* (OpenAL). Als Einstieg in diesen Bereich eignet sich das Beispiel *oalTouch*[10].

Audiowiedergabe

Für die Wiedergabe von Videos in eigenen Anwendungen bietet Ihnen das Media Player Framework Methoden an. Die Klasse *MPMoviePlayerController* stellt Ihnen die drei Methoden *play, stop* und *initWithContentURL* zur Verfügung. Für den Einstieg eignet sich hierfür das Beispiel *MoviePlayer*[11].

Videowiedergabe

Mit dem iOS 4 können Sie nun endlich auch auf den Kalender zugreifen. Hierfür stellt Apple das Framework Event Kit bereit. Als Einstieg dient das Quellcodebeispiel *SimpleEKDemo*[12].

Event Kit

Aus Sicht der Qualitätssicherung ist das Thema Unit Tests ein wichtiger Aspekt. Unit Tests sind auch in iOS-SDK-Projekten möglich. Als Einführung sollten Sie sich mit dem Beispiel *iPhoneUnitTests*[13] beschäftigen.

Unit Tests

8.8 Zusammenfassung

In diesem Kapitel haben Sie eine Anwendung für die Verwaltung von Aufgaben erstellt. Dabei haben Sie intensiv den Interface Builder eingesetzt. Die Aufgaben werden in der internen SQLite-Datenbank abgespeichert, wofür das Framework Core Data verwendet wurde. Die Aufgabe haben Sie dabei als Entität im grafischen Modelleditor erstellt. Weiterhin haben Sie gelernt, wie Sie eine eigene Tabellenzelle mit dem Interface Builder gestalten und diese im Quellcode verwenden. Als Abschluss des Beispiels wurde Ihnen gezeigt, wie eine Toolbar einzusetzen ist.

Bisher haben wir alle Beispielanwendungen nur auf dem iOS Simulator laufen lassen – im nächsten Kapitel sollen Sie nun lernen, wie Sie Anwendungen auf Ihrem Endgerät testen können.

9. http://developer.apple.com/library/ios/#samplecode/iAdSuitet/Introduction/Intro.html.
10. http://developer.apple.com/iphone/library/samplecode/oalTouch/index.html.
11. http://developer.apple.com/iphone/library/samplecode/MoviePlayer_iPhone/index.html.
12. http://developer.apple.com/library/ios/#samplecode/SimpleEKDemo/Introduction/Intro.html.
13. http://developer.apple.com/iphone/library/samplecode/iPhoneUnitTests/index.html.

9 Testen auf dem Endgerät

Nachdem Sie in den bisherigen Kapiteln dieses Buches einiges an Theorie und Praxis über die Anwendungsentwicklung für das iOS gelernt haben, fehlt nun noch der letzte Schritt, nämlich der Test auf dem Endgerät. Bisher haben Sie nur gesehen, wie Sie eine Anwendung mit dem im iOS SDK mitgelieferten iOS Simulator testen können. In diesem Kapitel steht der Test auf dem Endgerät (iPad, iPhone oder iPod touch) im Vordergrund. Hierfür wird zunächst das iOS Developer Program vorgestellt, um Ihnen darauf aufbauend zu zeigen, wie die in Kapitel 7 entwickelte Anwendung i.RSS auf einem iPhone, iPad oder iPod touch installiert werden kann. Sie werden auch lernen, wie Sie Ihren Bekannten oder Kollegen die Anwendung für einen Test zur Verfügung stellen können.

9.1 Das iOS Developer Program

Um eine Anwendung auf einem realen Endgerät, also dem iPad, iPhone oder iPod touch, zu testen, ist eine Anmeldung zum *iOS Developer Program* erforderlich. Diese Anmeldung benötigen Sie auch, wenn Sie Ihre Anwendung während der Entwicklungszeit lediglich auf Ihrem eigenen iPad, iPhone oder iPod touch testen möchten.

Anmeldung ist kostenpflichtig und erfolgt online.

Wie schon bei der Anmeldung zur Apple Developer Connection erfolgt auch die Anmeldung zum *iOS Developer Program* im Internet. Als Adresse für die Anmeldung verwenden Sie `http://developer.apple.com/programs/ios/`. Im Gegensatz zur Anmeldung zur Apple Developer Connection ist diese Anmeldung jedoch kostenpflichtig.

9.1.1 Die Varianten des iOS Developer Program

Standard und Enterprise

Das iOS Developer Program wird in zwei Kategorien angeboten: *Standard* und *Enterprise*. Die genauen Unterschiede zwischen den beiden Angeboten können Sie der Tabelle 9–1 entnehmen. Die Kosten sind 99 $ für die Variante Standard und 299 $ für die Variante Enterprise. Die Kosten fallen jährlich an und das Abonnement verlängert sich automatisch, wenn Sie es nicht vorher kündigen. Der Kauf erfolgt dabei online über den Apple Store. Nach der Anmeldung wird Ihnen der Zugangsschlüssel zugeschickt.

University

Neben den beiden kostenpflichtigen Varianten Standard und Enterprise existiert auch die kostenfreie Variante *University* für Universitäten.

iOS Developer University Program

Neben den beiden aufgeführten Varianten Standard Program und Enterprise Program existiert auch das University Program.

Mit dem iOS Developer University Program kann das angemeldete Entwicklungsteam aus bis zu 200 Studenten bestehen, d.h., Sie können die Anwendung auf bis zu 200 Endgeräten installieren. Eine Verteilung der App ist mit diesem Account aber nicht möglich.

Diese Variante des iPhone Developer Program wird für Universitäten kostenlos zur Verfügung gestellt. Eine Anmeldung ist über http://developer.apple.com/programs/ios/university/ möglich.

Verteilung über App Store

Die Standardvariante richtet sich an Entwickler, die freie und kostenpflichtige Anwendungen für das iPhone oder den iPod touch über den *App Store*, einen gesonderten Bereich innerhalb von *iTunes*, vertreiben möchten. Da iTunes schon vielen Anwendern durch Musik und Filme bekannt ist, setzt Apple hier auf einen bewährten Vertriebsweg.

Beim Vertrieb über den App Store gehen 30% des Verkaufspreises Ihrer Anwendung an Apple. Den Verkaufspreis können Sie selbst festlegen. Es ist auch möglich, einen Preis von 0 € für eine Anwendung festzulegen und sie dadurch kostenlos zu verteilen.

Verteilung einer Anwendung ohne App Store

Für die ersten Testläufe einer Anwendung ist die Verteilung über den App Store eher ungeeignet. Besser eignet sich hierfür die Variante der *Ad-hoc-Distribution*, die im weiteren Verlauf dieses Kapitels Schritt für Schritt erläutert wird.

Durch die *Ad-hoc-Distribution* haben Sie die Möglichkeit, Ihre Anwendung auf maximal 100 Endgeräten zu testen, ohne sie in den App Store zu laden. Hierfür müssen Sie die einzelnen Endgeräte registrieren. Die Beschränkung auf die 100 Endgeräte gilt sowohl bei der Standard- als auch bei der Enterprise-Variante.

Anmeldung zum iOS Developer Program unausweichlich

Um die Anwendung auch nur ansatzweise unter realen Bedingungen testen zu können, kommen Sie um eine Anmeldung zum iOS Developer Program nicht herum. Denn nur mit der Anmeldung haben Sie die Möglichkeit, Ihre Anwendung auch auf einem Endgerät zu testen.

iOS Developer Program Enterprise für interne Unternehmensanwendungen

Mit der Version 2.0 des iOS wurden explizit Funktionen für Anwendungen innerhalb eines Unternehmens aufgenommen wie z.B. die Unterstützung von Microsoft ActiveSync, um hiermit Push-Dienste für E-Mail oder Kalender zur Verfügung zu stellen. Viele Unternehmen haben aber über diese Funktionen hinaus auch den Wunsch, eigene Anwendungen auf den Geräten ihrer Mitarbeiter zu installieren. Um dies ohne den Umweg über den App Store zu erreichen, existiert das *iOS Developer Program Enterprise*. Diese Variante ist verfügbar für Unternehmen, die eine DUNS-Nummer (Dun & Breadstreet) besitzen.

Verteilung interner Unternehmensanwendungen

Mit dem iOS Developer Enterprise Program haben Sie die Möglichkeit, eine App ohne den App Store an Ihre Mitarbeiter zu verteilen. Hierfür erhalten Sie ein spezielles Enterprise-Zertifikat, mit dem Sie Ihre Anwendungen signieren können. Mit diesem Zertifikat signierte Apps können Sie auf beliebigen Endgeräten installieren.

In-house-Distribution zur internen Verteilung der Anwendungen

In der Variante Enterprise wird die sogenannte *In-house-Distribution* angeboten. Dadurch können Sie innerhalb eines Unternehmens Anwendungen ohne App Store verteilen und sind dabei nicht an die 100-Endgeräte-Beschränkung der Ad-hoc-Distribution gebunden.

Tab. 9–1 *Übersicht über die Inhalte der beiden kostenpflichtigen Varianten des iOS Developer Program*

	Standard Program	**Enterprise Program**
iOS SDK[a]	X	X
Zugang zum iOS Dev Center[b]	X	X
Test auf dem iPhone und dem iPod touch	X	X
Technischer Support auf Quellcodeebene	X	X
Zugang zu *Apple Developer Forums Beta*	X	X
Veröffentlichung/Vertrieb einer eigenen Anwendung über den App Store	X	–

	Standard Program	Enterprise Program
Ad-hoc-Distribution	X	X
In-house-Distribution	–	X

a. Wie bereits in Kapitel 2 erwähnt, müssen Sie sich für den Download des iOS SDK nicht beim kostenpflichtigen iOS Developer Program anmelden. Eine kostenlose Mitgliedschaft bei der Apple Developer Connection ist ausreichend.
b. Auch der Zugriff auf das iOS Dev Center ist bereits durch die kostenlose Mitgliedschaft bei der Apple Developer Connection möglich.

Wie Sie der Tabelle 9–1 entnehmen können, benötigen Sie für die Veröffentlichung der Anwendung im App Store das Standard Program. Damit auch Unternehmen im App Store eigene Anwendungen veröffentlichen können, gibt es noch eine spezielle Company-Variante des Standard Program. Diese unterscheidet sich nicht vom normalen Standard Program (auch nicht im Preis), ist aber für den Fall gedacht, dass Unternehmen eigene Anwendungen über den App Store vertreiben wollen.

9.1.2 Das erweiterte iOS Dev Center

Das iOS Dev Center haben Sie bereits als zentrale Informationsquelle für die Anwendungsentwicklung für das iOS kennengelernt. Nach einer erfolgreichen Registrierung zum iOS Developer Program enthält dieses Portal einige zusätzliche Elemente.

Apple Developer Forums

Unter dem Bereich *Sample Code* befindet sich eine Sektion mit dem Zugriff auf die *Apple Developer Forums* (siehe Abb. 9–1). Die Benutzung und Gepflogenheiten der Foren werden in den *Apple Developer Forums FAQs* erläutert. Beim ersten Betreten der Foren werden Sie dazu aufgefordert, einen Forumszugang anzulegen, um an den Foren teilnehmen zu können.

Abb. 9–1
Bereich zum Zugriff auf die Apple Developer Forums

Neben dem speziell ausgewiesenen Bereich für die Foren steht in der rechten Seitenleiste ein Bereich mit der Überschrift *iOS Developer Program* zur Verfügung. Unterhalb dieses Bereiches werden vier Schaltflächen bzw. Links angeboten:

iOS Developer Program

- iOS Provisioning Portal
- iTunes Connect
- Apple Developer Forums
- Developer Support Center

Über die Schaltfläche *iOS Provisioning Portal* gelangen Sie in das spezielle Portal (siehe Abb. 9–2) für registrierte iOS-Entwickler. Falls Sie nicht den kleinen Umweg über das iOS Dev Center nehmen möchten, können Sie über eine URL (http://developer.apple.com/ios/manage/overview/index.action) auch direkt (nach erfolgtem Login) auf das Portal zugreifen.

Abb. 9–2
Startseite des iOS Provisioning Portal nach der Anmeldung

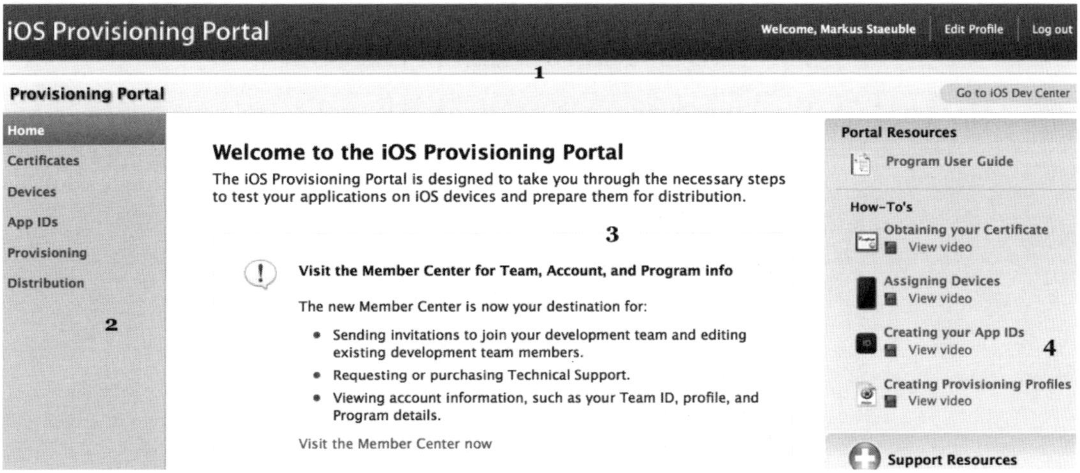

Das iOS Provisioning Portal kann in insgesamt vier Bereiche aufgeteilt werden. Für eine erste Orientierung sind diese Bereiche in der Tabelle 9–2 erläutert.

Tab. 9–2
Die einzelnen Bereiche des iOS Provisioning Portal

Bereich	Erläuterung der einzelnen Bereiche
1	Dieser Bereich ermöglicht Ihnen, sich über *Log out* abzumelden. Damit werden Sie auch aus dem iOS Dev Center abgemeldet, falls Sie sich darüber angemeldet haben. Wenn Sie die Schaltfläche *Go to iOS Dev Center* betätigen, verlassen Sie das iOS Provisioning Portal und werden zum iOS Dev Center weitergeleitet. Über *Edit Profile* können Sie Ihr hinterlegtes Profil verändern.
2	Über die linke Seitenleiste erreichen Sie durch Anklicken der Menüpunkte die einzelnen Funktionen des iOS Provisioning Portal.
3	Der mittlere und größte Bereich ist der Inhaltsbereich. Direkt nach der Anmeldung werden hier hilfreiche Informationen rund um das Member Center angezeigt.
4	Die rechte Seitenleiste bietet Ihnen Hilfen für die Verwendung des iOS Provisioning Portal.

Abgesehen vom Bereich *Home* sind die Inhaltsbereiche (z.B. *Team* oder *Certificates*) zur besseren Übersicht mit Reitern unterteilt.

9.2 Installation auf einem Endgerät

Die Anmeldung zum iOS Developer Program erfolgt hauptsächlich mit der Intention, eine eigene Anwendung auf einem iPad, iPhone oder iPod touch zu installieren. Bei der erstmaligen Verwendung des Portals sind dabei folgende Schritte notwendig:

- Das Team definieren
- Das Entwicklungszertifikat erstellen
- Zertifikat von Apple installieren
- Die Geräte, auf denen getestet werden soll, anmelden
- Die App ID erstellen
- Das Provisioning Profile erzeugen
- Auf dem Endgerät über Xcode installieren

9.2.1 Das Team definieren

Die Funktionen des iOS Provisioning Portal können nicht nur von der angemeldeten Person benutzt werden, sondern auch von mehreren Personen. Dieser Personenkreis wird als Team (Entwicklungsteam) bezeichnet. Für diese Festlegung steht das Member Center zur Verfügung. Dies erreichen Sie aus dem iOS Provisioning Portal oder direkt über den Link https://developer.apple.com/membercenter/index.action. In diesem Portal können Sie die Mitglieder des Entwicklungsteams festlegen. Weiterhin ist dies die Stelle, in der Sie Ihre Accountdaten verwalten.

Abkürzung über den Assistenten möglich

In diesem Unterkapitel 9.2 werden alle Schritte für die Installation einer Anwendung auf einem Endgerät (iPad, iPhone oder iPod touch) in Einzelschritten beschrieben. Neben dieser Vorgehensweise, die Ihnen zahlreiche Einstellungsmöglichkeiten bietet, gibt es zusätzlich einen Assistenten für die Erzeugung eines Provisioning Profile für die Entwicklung. Die Möglichkeiten dieses Assistenten werde ich am Ende dieses Kapitels in Abschnitt 9.4 beschreiben. Daneben existiert seit iOS 4 die Möglichkeit zur Erzeugung des Provisioning Profile direkt aus dem Organizer heraus. Diese Variante werde ich Ihnen in Abschnitt 9.5 vorstellen. Sollten Sie den Assistenten oder den Organizer vorziehen, empfehle ich Ihnen, trotzdem die Einzelschritte einmalig durchzuführen, damit Sie auch die im Assistenten verwendeten Begriffe einordnen können.

Die Möglichkeit zur Festlegung des Entwicklungsteams steht Ihnen aber nur bei Firmenaccounts zur Verfügung. Bei Einzelaccounts können Sie keine weiteren Personen definieren. In diesem Fall ist das Member Center für Einzelpersonen nur für die Verwaltung der Accountdaten relevant.

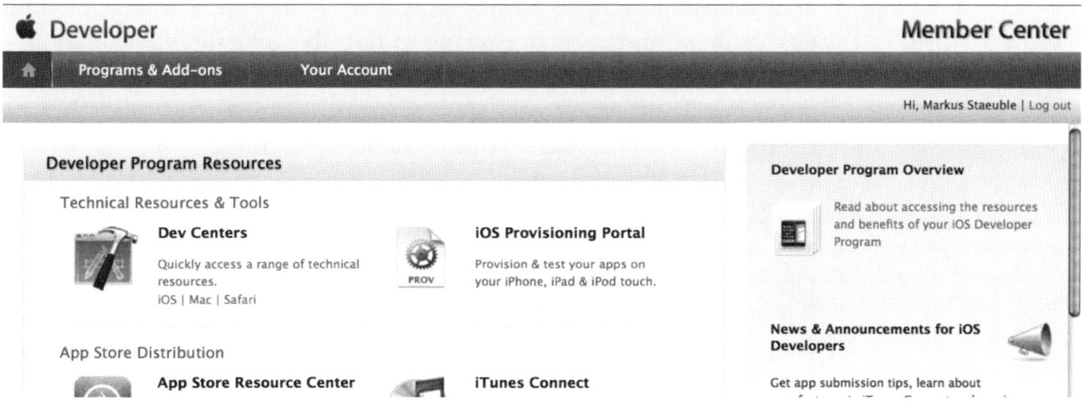

Abb. 9–3
Startseite des Member Center

Für ein Entwicklungsteam stehen die folgenden Rollen zur Verfügung:

- Team Agent
- Team Admin
- Team Member

Die nachfolgende Tabelle 9–3 beschreibt die Rechte der einzelnen Rollen innerhalb eines Teams. Details der einzelnen Funktionen folgen im weiteren Verlauf dieses Kapitels.

Tab. 9–3 Übersicht über die Rechte der einzelnen Teammitglieder

Rechte	Team Agent	Team Admin	Team Member
Anforderung und Herunterladen von Entwicklungszertifikaten	X	X	X
Einladen von neuen Mitgliedern in das Team als Team Admin oder Team Member	X	X	–
Annahme/Freigabe von Zertifikatsanfragen	X	X	–
Registrierung eines Gerätes, das in der Ad-hoc-Distribution eingesetzt werden soll	X	X	–
Erzeugung einer ID (genannt App ID) für eine Anwendung	X	X	–
Erzeugung eines Provisioning Profile für die Entwicklung (Ad-hoc-Distribution)	X	X	–
Einholen eines *iOS Distribution Certificate*	X	–	–
Erzeugung eines Provisioning Profile für die Verteilung über den App Store	X	–	–
Zustimmung zu (lizenz)rechtlichen Bedingungen	X	–	–

Der Zugang, mit dem die Anmeldung zum iOS Developer Program abgeschlossen wurde, ist automatisch der Team Agent. Eine Änderung des Team Agent für einen Zugang ist nur über eine direkte Kontaktanfrage bei Apple möglich. Dieser Umweg ist notwendig, da die Daten des neuen Team Agent von Apple überprüft werden, wie schon bereits bei der Anmeldung zum iPhone Developer Program.

9.2.2 Das Entwicklungszertifikat erstellen

Der nächste Schritt besteht nun darin, ein Entwicklungszertifikat über das iOS Provisioning Portal zu erstellen. Dies ist notwendig, denn nur, wenn Sie Ihre Anwendung mit einem gültigen digitalen Zertifikat signieren, kann die Anwendung auf einem Endgerät installiert werden. Für die Erstellung eines Entwicklungszertifikates sind folgende Schritte notwendig:

- Schritt 1: Erstellung eines Certificate Signing Request (CSR)
- Schritt 2: Den CSR hochladen
- Schritt 3: Herunterladen und Installation des Zertifikates

Signierung von Programmcode

Die Grundvoraussetzung für den Ablauf einer Anwendung auf einem iPad, iPhone oder iPod touch ist signierter Programmcode für die Anwendung. Durch die Signierung von Programmcode werden hauptsächlich *Authentizität* und *Integrität* sichergestellt:

- *Authentizität:* Die Herkunft des signierten Programmcodes kann anhand der Signierung geprüft werden. Dadurch kann sichergestellt werden, dass das Programm auch wirklich von der erwarteten Quelle kommt.
- *Integrität:* Signierter Programmcode kann nicht ohne Bruch des Zertifizierungssiegels geändert werden.

Die Signierung des Programmcodes erfolgt dabei mit einem gültigen Zertifikat und einem privaten Schlüssel (*Private Key*). Die Kombination aus Zertifikat und Schlüssel wird als *Identität* bezeichnet. Das Zertifikat enthält den öffentlichen Schlüssel (*Public Key*) und den Prüfalgorithmus, um die Signatur des Programmcodes zu prüfen.

Schritt 1: Erstellung eines Certificate Signing Request

Um solch ein Zertifikat zu erhalten, müssen Sie zunächst einen sogenannten *Certificate Signing Request (CSR)* erzeugen. Für die Erstellung des CSR dient das in Mac OS X mitgelieferte Dienstprogramm *Schlüsselbundverwaltung* (engl. *Keychain Access*). Nach dem Start prüfen Sie zunächst die Einstellungen der Schlüsselbundverwaltung (siehe Abb. 9–4). Die Einstellungen erreichen Sie über den Menüpunkt *Schlüsselbundverwaltung/Einstellungen...* innerhalb der Schlüsselbundverwaltung.

In den Einstellungen unter dem Reiter *Zertifikate* sollten sowohl *OCSP (Online Certificate Status Protocol)* als auch *CRL (Certificate Revocation List)* deaktiviert sein (Auswahl: *Aus*).

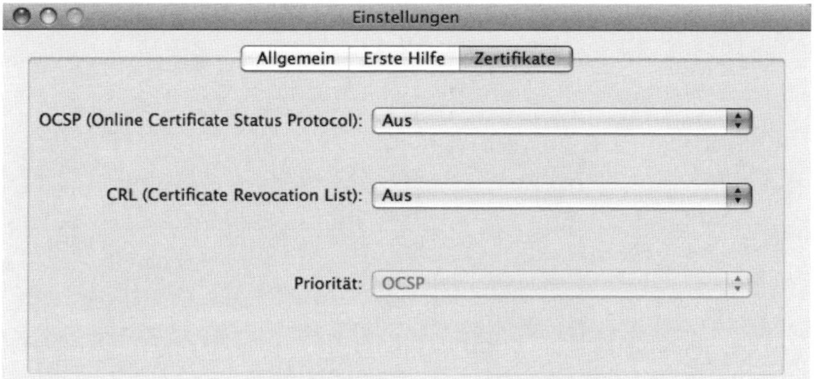

Abb. 9–4
Einstellungen für die Erstellung des CSR

Nach der Prüfung bzw. Anpassung der Einstellungen können Sie über den Menüpunkt *Schlüsselbundverwaltung/Zertifikatsassistent/Zertifikat einer Zertifizierungsinstanz anfordern* ... die Erstellung eines CSR starten.

Abb. 9–5
Menüpunkt für die Erstellung des CSR

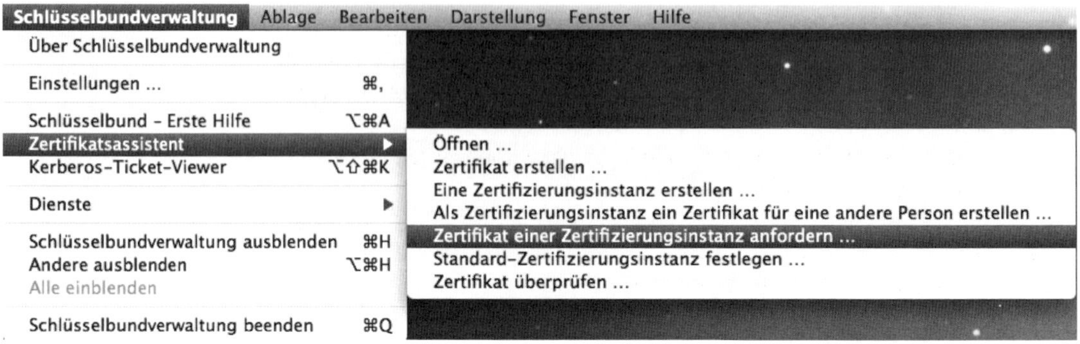

In dem erscheinenden Dialogfenster (siehe Abb. 9–6) müssen Sie nun die Informationen, die für das Zertifikat verwendet werden, angeben.

E-Mail-Adressen müssen übereinstimmen.

Wichtig ist, dass Sie bei der E-Mail-Adresse die gleiche Adresse angeben, die Sie auch schon für die Anmeldung zum iOS Developer Program verwendet haben. Da der CSR im weiteren Verlauf hochgeladen wird, ist die Option *Auf der Festplatte sichern* auszuwählen. Beim Betätigen der Schaltfläche *Fortfahren* (siehe Abb. 9–6) werden Sie nun aufgefordert, den Namen des CSR und den Speicherort auszuwählen.

Abb. 9–6
Informationen für den CSR

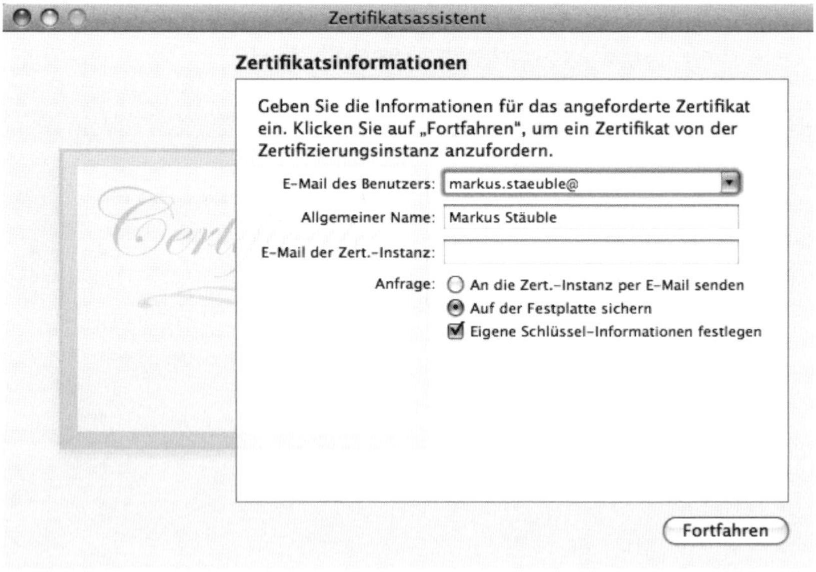

Zuletzt müssen Sie noch die Parameter für das Zertifikat festlegen. Standardmäßig wird hier für die Schlüssellänge *2048 Bit* vorbelegt, beim Algorithmus lautet die Voreinstellung *RSA* (Abkürzung für die drei Erfinder: Ronald L. Rivest, Adi Shamir und Leonard Adleman). Bei dieser Vorbelegung können Sie es belassen. Nach erneutem Betätigen von *Fortfahren* wird der CSR erzeugt.

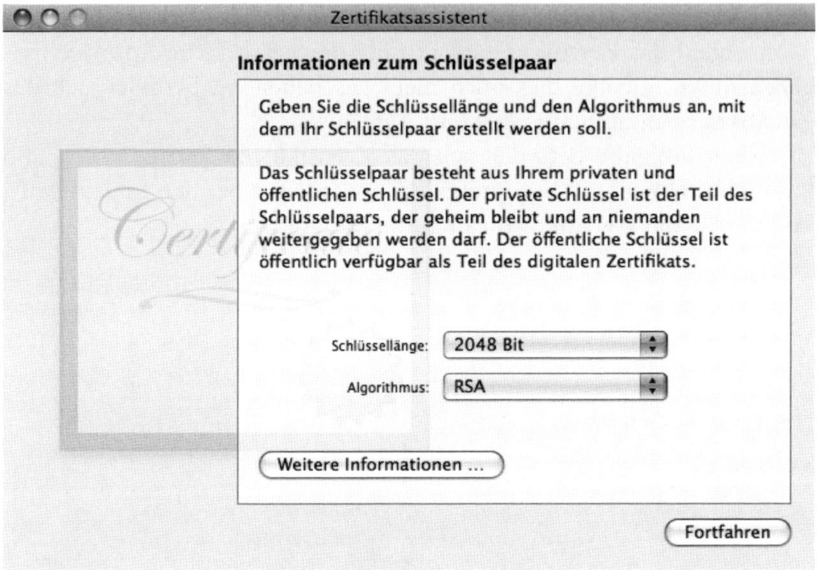

Abb. 9–7
Parameter für das Zertifikat

Schritt 2: Den CSR hochladen

Nach der Erzeugung des CSR muss ein Zertifikat erstellt werden. Dafür müssen Sie den CSR über das iOS Developer Program hochladen.

Beim Hochladen des CSR müssen Sie entscheiden, ob Sie ein Zertifikat für die Entwicklung (Development) oder den Vertrieb (Distribution) erstellen wollen. Für einen ersten Test aus Xcode heraus reicht ein Entwicklungszertifikat völlig aus.

Für das Hochladen wählen Sie zunächst in der linken Seitenleiste den Menüpunkt *Certificates* aus.

Abb. 9–8
Bereich Certificates im iOS Provisioning Portal

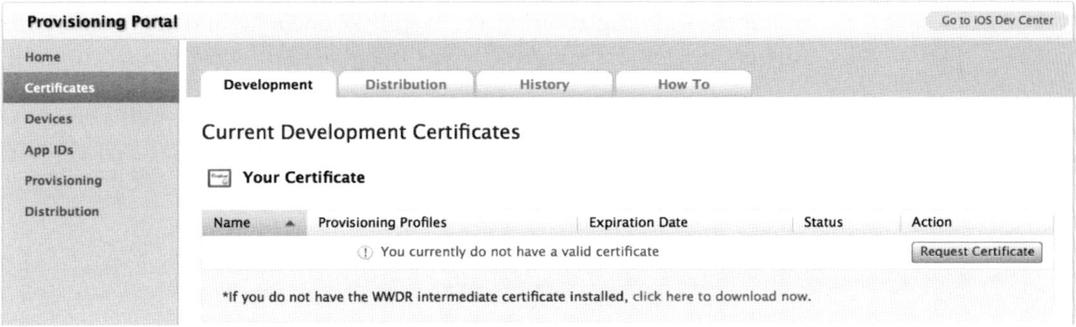

Standardmäßig ist der Reiter *Development* aktiviert. Über die Schaltfläche *Request Certificate* können Sie nun den CSR für ein Entwicklungszertifikat hochladen. Da Sie zu einem gegebenen Zeitpunkt maximal ein gültiges Entwicklungszertifikat aktiviert haben können, ist die Schaltfläche nur dann vorhanden, wenn Sie noch kein gültiges Entwicklungszertifikat aktiviert haben.

Nach dem Hochladen erhält der Team Agent per E-Mail die Anweisung, den CSR zu prüfen. Die Prüfung besteht darin, dass der Team Agent das Zertifikat explizit über die Schaltfläche *Approve* freigeben muss. Solange dies noch nicht geschehen ist, befindet sich das Zertifikat noch im Status *Pending Approval*.

Nach Freigabe befindet sich das Zertifikat im Status *Issued* und kann über Download heruntergeladen werden. Über den Link *Revoke* können Sie das Zertifikat für ungültig erklären.

Abb. 9–9 *Löschen eines Zertifikates über die Schaltfläche Revoke*

Schritt 3: Herunterladen und Installation des Zertifikates

Mittels Doppelklick auf das Zertifikat wird das Dienstprogramm *Schlüsselbundverwaltung* gestartet. Das Zertifikat wird direkt im Schlüsselbund *Anmeldung* hinzugefügt.

Das Entwicklungszertifikat ist mit einem Ablaufdatum (Spalte *Expiration Date*) versehen. Nach Ablauf dieses Datums ist das Zertifikat nicht mehr gültig und Anwendungen, die damit zertifiziert wurden, sind nicht mehr verwendbar. Auch vor dem Verstreichen dieses Datums haben Sie aber die Möglichkeit, über die Schaltfläche *Revoke* das Zertifikat für ungültig zu erklären. Damit können Sie in einem Schritt alle Anwendungen, die mit diesem Zertifikat signiert wurden, deaktivieren.

Nach der erfolgreichen Installation des Zertifikates in der Schlüsselbundverwaltung sehen Sie das installierte Zertifikat in der Übersicht. Der Name des installierten Zertifikates beginnt dabei mit *iPhone Developer:* (Abb. 9–10).

Abb. 9–10
Installiertes Zertifikat in der Schlüsselbundverwaltung

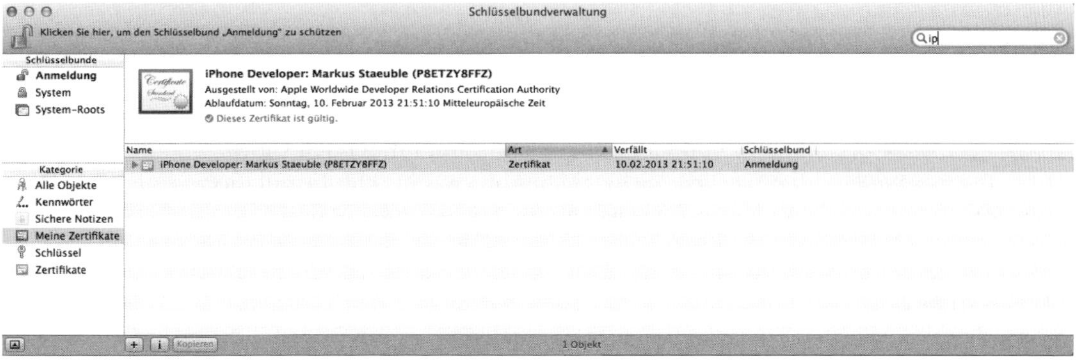

Bei der Erstellung eines CSR mithilfe des Dienstprogramms Schlüsselbundverwaltung wird automatisch ein privater Schlüssel erzeugt, mit dem u.a. auch der CSR signiert wurde. Dieser private Schlüssel wird im Schlüsselbund *Anmeldung* abgespeichert. Das Zertifikat wird direkt am Schlüssel angezeigt (siehe auch Abb. 9–11).

Sichern Sie Ihren privaten Schlüssel!

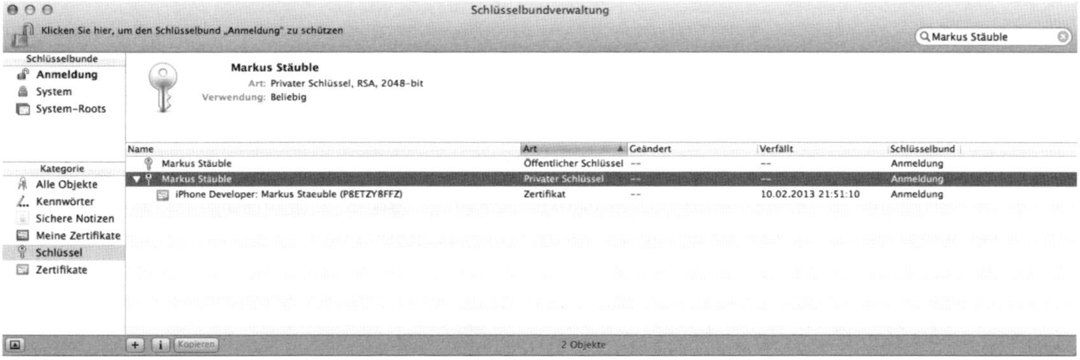

Abb. 9–11
Zu einem Zertifikat gehört immer ein privater Schlüssel.

Diesen privaten Schlüssel (in Verbindung mit dem Zertifikat) benötigen Sie, um den Programmcode zu signieren. Im Gegensatz zum Zertifikat können Sie den privaten Schlüssel nicht einfach herunterladen, falls Sie ihn verlieren sollten (z.B. beim Neuaufsetzen Ihres Rechners). Aus diesem Grund ist es zu empfehlen, den privaten Schlüssel zu sichern.

Selektieren Sie hierfür den Schlüssel in der Schlüsselbundverwaltung. Den ausgewählten privaten Schlüssel speichern Sie dann mittels der im Kontextmenü befindlichen Funktion *Exportieren* im Format

Personal Information Exchange (.p12). Nun können Sie den Schlüssel z.B. auf andere Rechner importieren und damit Anwendungen (in Verbindung mit dem Zertifikat) signieren.

9.2.3 Zertifikat von Apple

Ihr eigenes Zertifikat reicht jedoch für die erfolgreiche Signierung nicht aus: Sie müssen zusätzlich auch ein von Apple zur Verfügung gestelltes Zertifikat installieren. Es trägt den Namen *WWDR*[1] *Intermediate Certificate* und kann über einen Link im Bereich *Certificates* heruntergeladen werden (siehe auch Abb. 9–12). Die Installation erfolgt per Doppelklick auf das heruntergeladene Zertifikat.

Abb. 9–12
Link zum WWDR Intermediate Certificate

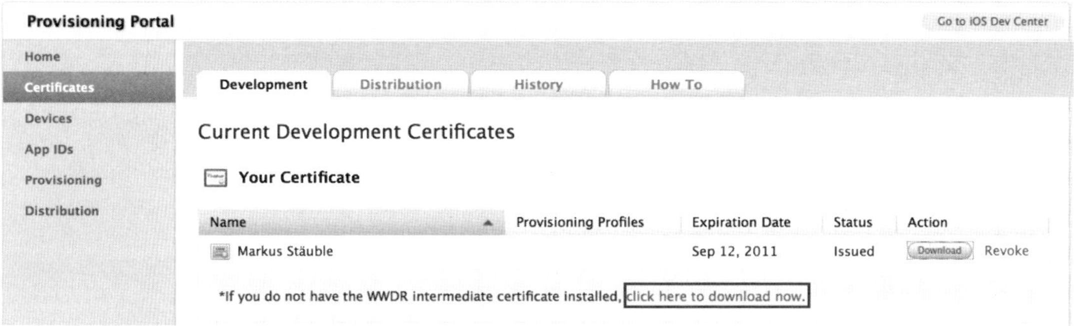

Um sicherzugehen, dass das WWDR Intermediate Certificate erfolgreich installiert wurde, prüfen Sie, ob dieses Zertifikat in der Schlüsselbundverwaltung aufgeführt wird. Es sollte sich im Schlüsselbund *Anmeldung* in der Kategorie *Zertifikate* (siehe auch Abb. 9–13) befinden und dort unter dem Namen *Apple Worldwide Developer Relations Certification Authority* angegeben sein.

Abb. 9–13
WWDR Intermediate Certificate in der Schlüsselbundverwaltung

1. Worldwide Developer Relations.

Der »kill switch«

In einem Artikel von Aidan Malley ist von einem sogenannten »*kill switch*« zu lesen.[a] Damit soll es möglich sein, eine einzelne Anwendung zu sperren statt alle Anwendungen desselben Accounts auf einmal. Ein Indiz dafür, dass der »kill switch« existiert, ist ein Verweis auf die Seite https://iphone-services.apple.com/clbl/unauthorizedApps im Core Location Framework, der auch in der iPod-touch-Firmware auftaucht. Diese Seite enthält eine Liste von nicht autorisierten Anwendungen, die bis jetzt noch leer ist.

Damit stehen Apple zwei Möglichkeiten zur Verfügung, um die vorhandene Plattform vor unerwünschten Anwendungen zu schützen (der »kill switch« und ein Zertifikat als ungültig zu markieren). Solche Mechanismen sind für eine mobile Plattform nicht ungewöhnlich, denn auch Google Android besitzt z.B. einen solchen »kill switch«.[b]

a. http://www.appleinsider.com/articles/08/08/06/researcher_discovers_long_publicized_iphone_app_kill_switch.html.

b. Nachzulesen unter http://www.engadget.com/2008/10/16/google-implemented-an-android-kill-switch-those-rascals/.

9.2.4 Anmeldung der Geräte, auf denen getestet werden soll

Um eine Anwendung, die mit einem Entwicklungszertifikat signiert ist, zu installieren, müssen Sie das Zielgerät innerhalb des iOS Provisioning Portal registrieren. Die Registrierung eines Gerätes erfolgt im Bereich *Devices* (siehe auch Abb. 9–14).

Denken Sie bitte daran, dass die Anmeldungen in der Variante Standard des iOS Developer Program auf 100 Geräte beschränkt sind. Im Bereich über der Tabelle wird Ihnen angezeigt, wie viele Geräte Sie maximal noch anmelden können.

Abb. 9–14

Der Bereich Devices

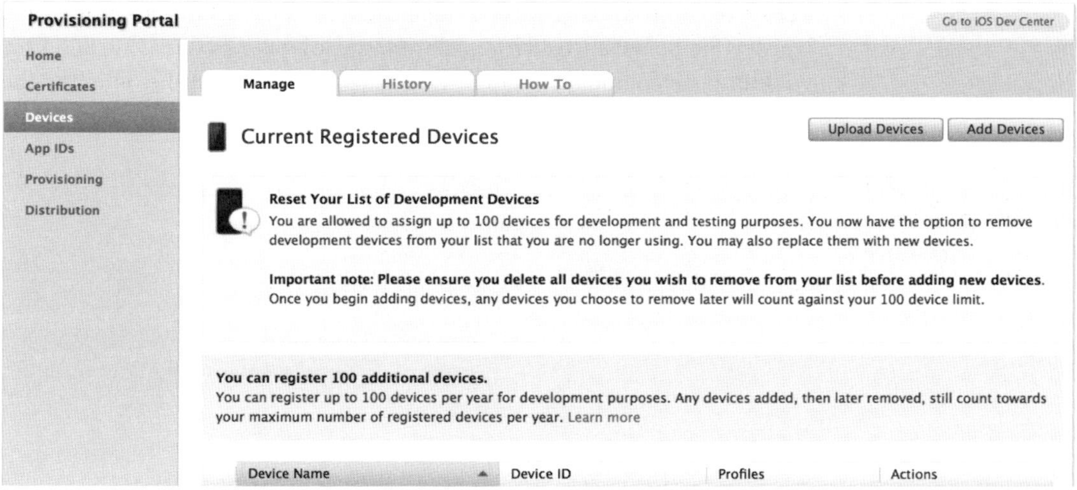

Über die Schaltfläche *Add Devices* können Sie ein einzelnes Gerät innerhalb des Portals registrieren. Für die Registrierung benötigen Sie einen aussagekräftigen Namen für das Gerät und die eindeutige ID des Gerätes. Für die Ermittlung der ID können Sie entweder iTunes (siehe Abb. 9–15) oder das im iOS SDK mitgelieferte Werkzeug *Organizer* (siehe Abb. 9–17) verwenden.

Im Übersichtsbereich von iTunes sehen Sie Daten wie z.B. den Namen des Gerätes und die installierte Softwareversion. Darunter steht standardmäßig die Seriennummer, die aber nicht die notwendige ID für die Registrierung ist. Die eindeutige ID bekommen Sie zu Gesicht, indem Sie auf die Beschriftung *Seriennummer* klicken. Nun ändert sich die Beschriftung in *Identifizierung* und es wird die eindeutige ID des Gerätes angezeigt.

Abb. 9–15
Gerätedaten in iTunes

Eine andere Möglichkeit zur Ermittlung der ID ist das Werkzeug *Organizer*. Dieses Werkzeug müssen Sie über den Menüpunkt *Window/Organizer* aus der Entwicklungsumgebung Xcode starten. Bei der ersten Verbindung Ihres Endgerätes mit Ihrem Entwicklungs-Mac werden Sie bei gestartetem Xcode gefragt, ob Sie das Gerät für die Entwicklung verwenden möchten. Dies müssen Sie durch die Schaltfläche *Use for Development* positiv quittieren.

Abb. 9–16
Die erste Verbindung eines Gerätes

Nach dem Start von Organizer sehen Sie unter dem Punkt *Devices* nun Ihr verbundenes Gerät. Im Bereich *Summary* (siehe auch Abb. 9–17) befinden sich die notwendigen Gerätedaten. Die eindeutige ID wird dabei als *Identifier* aufgeführt.

Abb. 9–17
Gerätedaten im Organizer

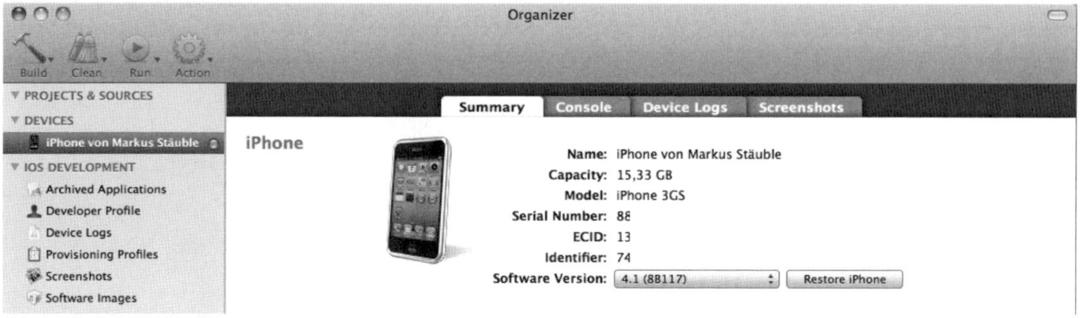

Mit der ID können Sie nun das Gerät im iOS Provisioning Portal registrieren. Das registrierte Gerät erscheint daraufhin mit den eingegebenen Daten in der Übersicht des Bereichs *Devices* (siehe Abb. 9–18).

Abb. 9–18
Registrierte Geräte im Bereich Devices

	Device Name	Device ID	Profiles	Actions
	Markus iPhone	74	0 (Details)	Edit

ID in Zwischenspeicher kopieren

Wie Sie wahrscheinlich selbst festgestellt haben, lässt sich die ID des Gerätes in iTunes nicht markieren und somit können Sie diese ID auch nicht in den Zwischenspeicher ablegen. Um die ID nicht mühsam abschreiben zu müssen, sollten Sie zum Organizer greifen. Diesen rufen Sie in Xcode über den Menüpunkt *Window/Organizer* auf. Im Reiter *Summary* finden Sie die ID Ihres Gerätes. Diese ID können Sie markieren und somit auch in die Zwischenablage kopieren. Alternativ gehen Sie im Bereich *Devices* innerhalb des Organizer auf das Gerät und wählen aus dem Kontextmenü den Punkt *Copy Device Identifier.* Mit diesen beiden Optionen ersparen Sie sich das mühsame Abschreiben der ID.

Falls Sie mehr als ein Gerät auf einmal registrieren möchten, können Sie diesen Vorgang über die Betätigung der Schaltfläche *Upload Devices* im iOS Provisioning Portal starten. Hierfür benötigen Sie die Daten in einem bestimmten Format. Mit dem Dienstprogramm *iPhone-Konfigurationsprogramm*[2] (engl. *iPhone Configuration Utility*) kann dieses

2. Kostenlos erhältlich unter http://support.apple.com/kb/DL851?viewlocale=de_DE.

Format über die Schaltfläche *Exportieren* erzeugt werden (siehe auch Abb. 9–19). Dabei werden alle im iPhone-Konfigurationsprogramm verwalteten Geräte exportiert.

Die erzeugte Datei können Sie nun im iOS Provisioning Portal hochladen. Bei dieser Datei handelt es sich um eine sogenannte Property-Liste, die Sie auch mit einem beliebigen Texteditor erzeugen können. Das nachfolgende Listing enthält beispielhaft eine solche Datei.

Listing 9–1
Beispieldatei für die Registrierung von zwei Geräten

```
<?xml version="1.0" encoding="UTF-8"?>
<!DOCTYPE plist PUBLIC "-//Apple//DTD PLIST 1.0//EN"
"http://www.apple.com/DTDs/PropertyList-1.0.dtd">
<plist version="1.0">
 <dict>
  <key>Device UDIDs</key>
<array>
   <dict>
    <key>deviceIdentifier</key>
    <string>18fc</string>
    <key>deviceName</key>
    <string>markuss iPod 2</string>
   </dict>
   <dict>
    <key>deviceIdentifier</key>
    <string>18fd</string>
    <key>deviceName</key>
    <string>markuss iPod 3</string>
   </dict>
  </array>
</dict>
</plist>
```

iOS: Denken Sie an das Update

Wenn Sie Ihr Endgerät für die Entwicklung verwenden möchten, ist es wichtig, dass auch die richtige Version des iOS auf Ihrem Gerät läuft. Das heißt, bei der Entwicklung mit dem aktuellen SDK benötigen Sie auch die gleiche Version von iOS 4.1 auf dem Endgerät.

Wenn Sie ein aktuelles iPhone besitzen, ist dieses Update für Sie kostenlos. Das Update selbst ist über iTunes durchzuführen. Nach Auswahl Ihres Gerätes müssen Sie nur die Schaltfläche *Nach Update suchen* betätigen und ggf. wird Ihnen ein entsprechendes Update angeboten.

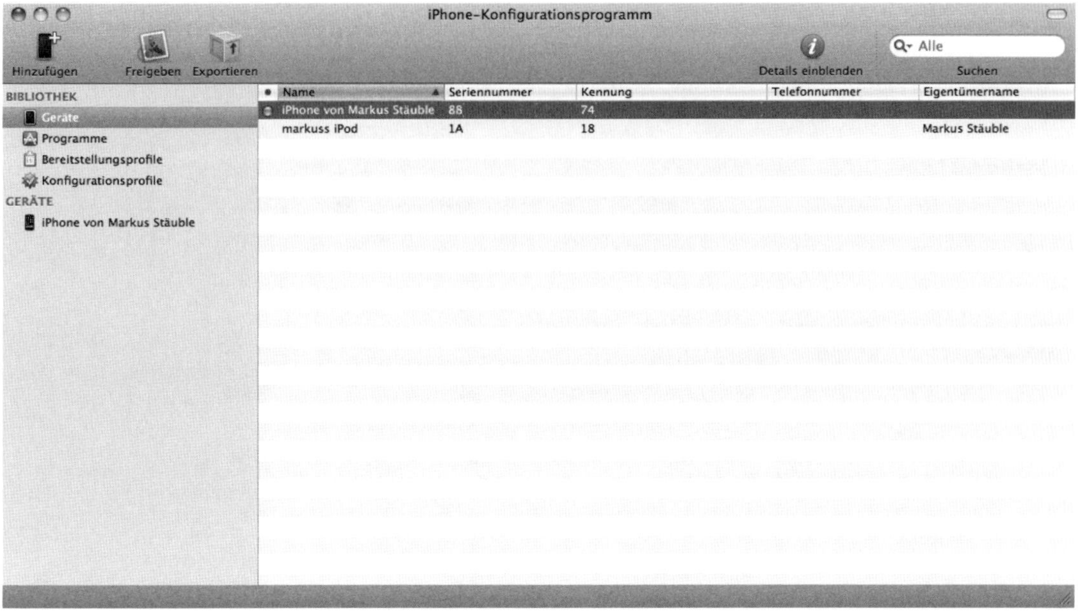

Abb. 9–19
Übersicht der verwalteten Geräte

9.2.5 Die App ID erstellen

Die bisher aufgezeigten Schritte im iOS Provisioning Portal waren unabhängig von einer zu installierenden Anwendung. In diesem Schritt geht es nun darum, eine ID für die zu installierende Anwendung zu erzeugen. Diese ID – auch *App ID* genannt – ist eindeutig und Ihre Anwendung kann darüber sofort identifiziert werden.

Die Erstellung einer App ID können Sie im Bereich *App IDs* (siehe auch Abb. 9–21) über die Schaltfläche *New App ID* starten.

App ID = Bundle Seed ID und Bundle Identifier

Die App ID besteht aus zwei Bestandteilen:

- *Bundle Seed ID* als Präfix
- *Bundle Identifier* als Suffix

Das Präfix der App ID (Bundle Seed ID) wird bei ihrer Erstellung direkt im Hintergrund erzeugt und kann nicht von Ihnen beeinflusst werden. Da die Bundle Seed ID über einen Dienst von Apple generiert wird, kann die Eindeutigkeit der App ID über alle Anwendungen hinweg gewährleistet werden.

Vorhandene Bundle Seed ID wiederverwenden

Über ein Auswahlfeld in der Eingabemaske (siehe Abb. 9–20) können Sie auswählen, ob Sie eine neue Bundle Seed ID erzeugen oder eine bereits vorhandene aus den von Ihnen erzeugten Bundle Seed IDs auswählen und verwenden möchten. Die Wiederverwendung ist dann sinnvoll, wenn Sie von der Funktionalität des Datenaustauschs aus dem Schlüsselbund Gebrauch machen möchten. Denn hierfür ist es erforderlich, dass die Anwendungen die gleiche Bundle Seed ID besitzen.

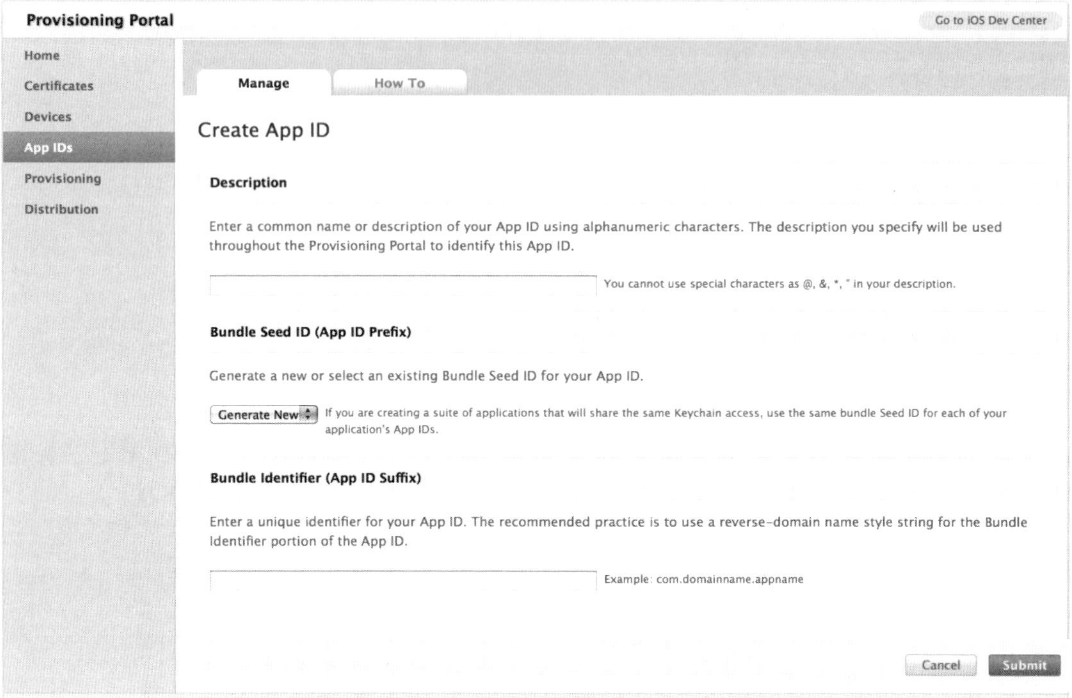

Abb. 9–20 *Eingabemaske zur Erzeugung einer App ID*

Für die Erstellung der App ID müssen Sie folgende Informationen angeben (siehe auch Abb. 9–20):

- Bezeichnung (*Description*) der Anwendung. Diese wird innerhalb des iOS Provisioning Portal für die Identifizierung der App ID verwendet.
- Angabe, ob Sie eine neue Bundle Seed ID erzeugen möchten (Auswahl: *Generate New*) oder eine vorhandene wiederverwenden.
- Suffix für die App ID (Bundle Identifier). Die empfohlene Vorgehensweise für die Benennung ist der umgekehrte Domainname (wie beispielsweise bei Paketnamen in Java), z.B. `com.domain.anwendungsname`.

Für die Beispielanwendung i.RSS aus Kapitel 7 wählen wir als Bundle Identifier de.staeuble.iRSS, als Name bietet sich iRSS an. Nach Eingabe der Informationen und Bestätigung über die Schaltfläche Submit wird die erzeugte App ID in der Übersichtstabelle im Bereich App IDs des iOS Provisioning Portal aufgeführt. Sehen Sie hierzu auch Abbildung 9–21. In dieser Abbildung sehen Sie drei App IDs. Die ersten beiden App IDs (neuertest und MyDo) habe ich über den Assistenten (siehe Abschnitt 9.4) erzeugt und die dritte (MapKitSample) habe ich entsprechend der bisherigen Beschreibung in diesem Kapitel eingerichtet.

Abb. 9–21
Erzeugte App ID im Bereich App IDs

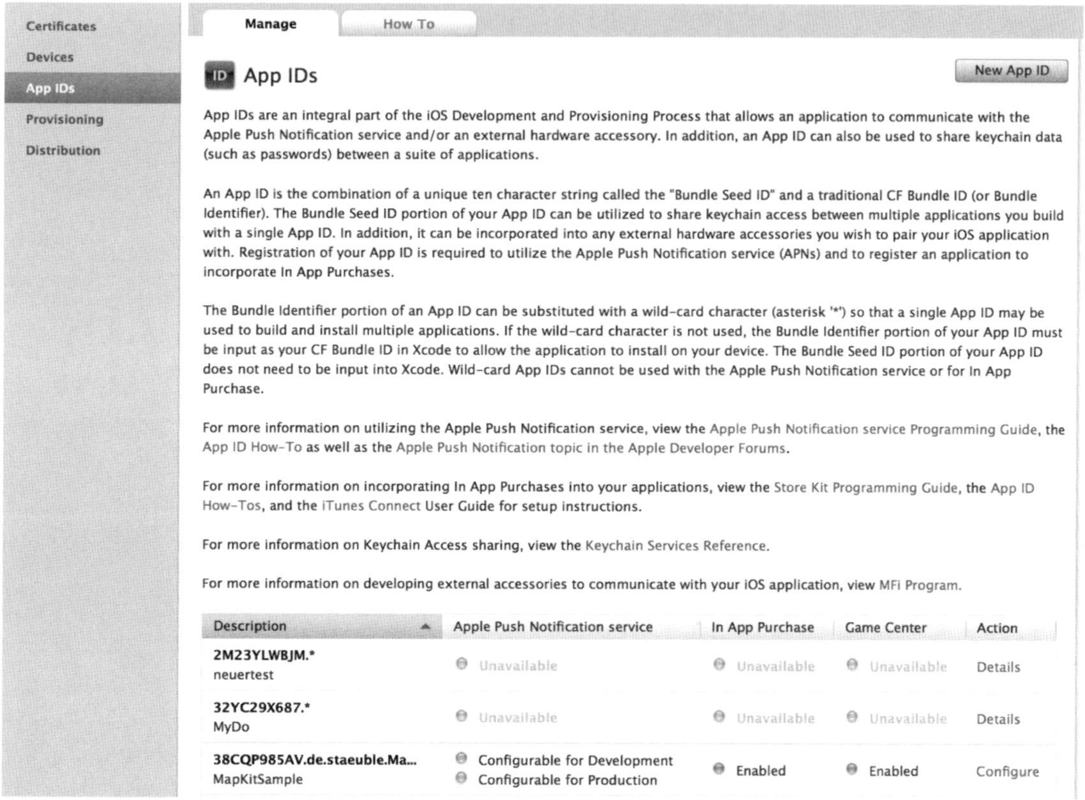

Der Unterschied zwischen den drei App IDs in Abbildung 9–21 besteht darin, dass die ersten beiden App IDs keinen Bundle Identifier besitzen, die dritte hingegen schon. Bei Anwendungen mit Bundle Identifier erscheint in der Spalte *Action* die Möglichkeit, die Funktionalitäten des *Apple Push Notification Service* zu konfigurieren. Dies können Sie durch Betätigen der Schaltfläche *Configure* in der jeweiligen Spalte erreichen. Danach erscheint eine Maske wie in Abbildung 9–22.

Die beiden Funktionalitäten *In App Purchase* und *Game Center* sind bei jeder App mit eindeutiger Bezeichnung (d.h. mit Bundle Identifier) freigeschaltet. Im Gegensatz zu früheren Versionen ist keine spezielle Freischaltung mehr notwendig.

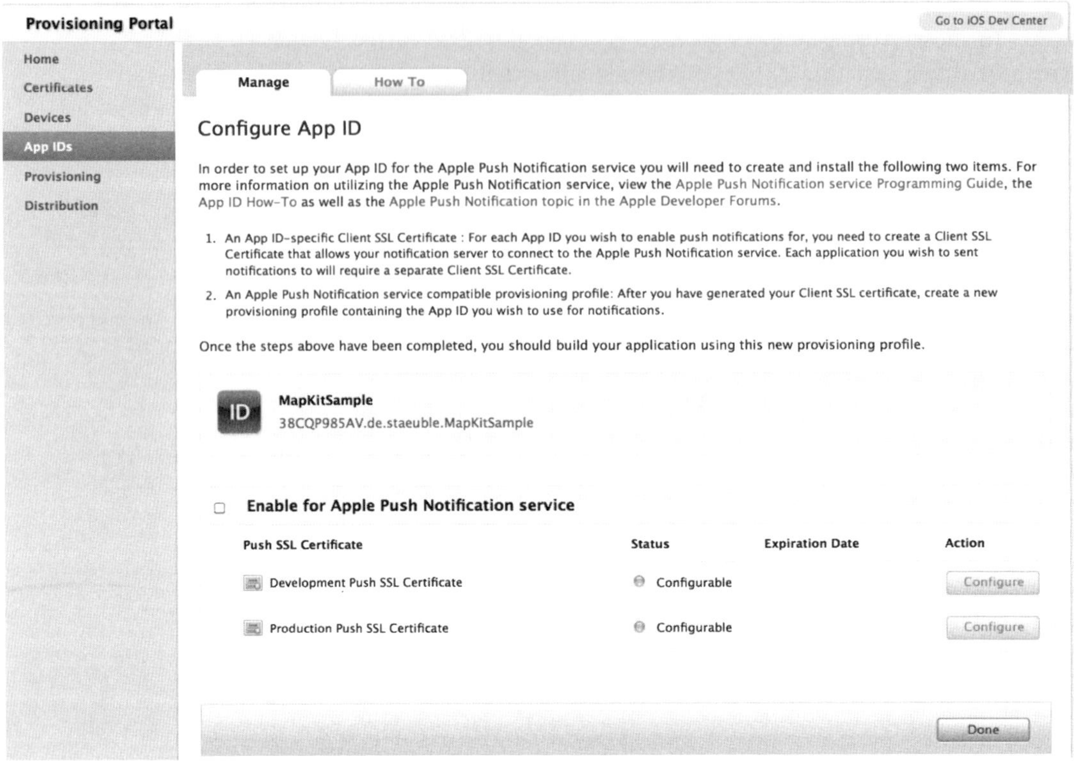

Abb. 9–22
Konfiguration einer Anwendung (App ID)

9.2.6 Das Provisioning Profile erzeugen

Der letzte Schritt, bevor die Anwendung auf dem Endgerät installiert werden kann, ist die Erstellung eines sogenannten *Provisioning Profile.*

Unter einem Provisioning Profile können Sie sich eine Art Behälter vorstellen, der alle notwendigen Informationen zu einer zu installierenden Anwendung enthält. Hierzu gehören u.a. die erzeugten Zertifikate, die App ID und die eindeutigen IDs der Geräte, auf denen die Anwendung installiert werden soll. Die Geräte-IDs sind aber nur in einem Provisioning Profile für die Entwicklung bzw. für die Ad-hoc-Distribution enthalten.

Vor der Erstellung eines Provisioning Profile müssen Sie sich entscheiden, ob Sie ein Profil für die Entwicklung oder für die Distribution erzeugen wollen. Die Auswahl treffen Sie über die zur Verfügung stehenden Reiter *(Development* oder *Distribution)*. Über die Schaltfläche *New Profile* (siehe Abb. 9–24) im Bereich *Provisioning* können Sie ein neues Provisioning Profile erzeugen. Für unseren Test wählen wir den Reiter *Development,* der bereits standardmäßig selektiert ist.

Nach Betätigung der Schaltfläche *New Profile* erscheint die Eingabemaske für das Profil (siehe Abb. 9–23). Dem Profil geben Sie einen Namen, dann wählen Sie die Zertifikate aus, die im Profil enthalten sein sollen. Über eine Auswahlliste können Sie die gewünschte App ID auswählen. Zum Schluss sind noch die Geräte zu selektieren, auf denen die Anwendung in Verbindung mit dem Provisioning Profile installiert werden soll. Wichtig ist, dass hier jedes Gerät ausgewählt werden muss, auf dem Sie die Anwendung installieren möchten. Denn nur auf Geräten, deren ID sich im Profil befindet, kann die Anwendung installiert werden. Es besteht aber die Möglichkeit, später noch weitere Geräte zum Profil hinzuzufügen.

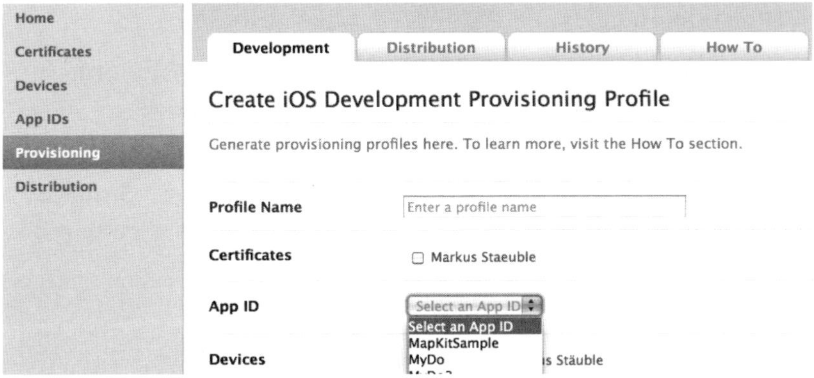

Abb. 9–23
Dateneingabe für ein Provisioning Profile

Abb. 9–24
Übersicht der vorhandenen Provisioning Profile

Nach der Betätigung der Schaltfläche *Submit* gelangen Sie zur Übersichtsseite des Bereichs *Provisioning* zurück (siehe Abb. 9–24), auf der Sie nun das erstellte Provisioning Profile sehen können.

> **Protokoll der Aktivitäten**
>
> Die meisten mit Reiter unterteilten Bereiche (so auch *Provisioning*) enthalten einen Reiter mit der Beschriftung *History*. In diesem werden die in den einzelnen Bereichen durchgeführten Aktionen protokolliert. Damit können die Aktionen (z.B. das Hinzufügen eines Gerätes) auch zu einem späteren Zeitpunkt nachvollzogen werden.

9.2.7 Auf dem Endgerät über Xcode installieren

Schritt 1: Download und Installation des Provisioning Profile

Nachdem wir nun alle vorbereitenden Arbeiten ausgeführt haben, steht der Installation der Anwendung *i.RSS* auf einem Endgerät wie dem iPhone nichts mehr im Wege. Für die Installation sind folgende Schritte notwendig:

- Schritt 1: Download und Installation des Provisioning Profile
- Schritt 2: Zuweisung des Provisioning Profile in Xcode
- Schritt 3: Anwendung übersetzen und auf dem Endgerät starten

Das erstellte Provisioning Profile (vgl. Abschnitt 9.2.6) wird hierzu zunächst über die Schaltfläche *Download* heruntergeladen (Abb. 9–25). Die Datei hat den Namen `iRSS_Profile.mobileprovision`.

Abb. 9–25 *Download-Schaltfläche*

Die heruntergeladene Datei können Sie auf folgende Arten installieren:

- Datei auf das Xcode-Programmicon ziehen
- Datei auf das offene Organizer-Fenster ziehen
- Datei auf das iTunes-Programmicon ziehen
- Datei nach `~/Library/MobileDevice/Provisioning Profiles` kopieren

Die erste Prüfung, ob das Provisioning Profile erfolgreich installiert wurde, können Sie z.B. im Organizer durchführen. Hier sollte nun im Bereich *Provisioning Profiles* (siehe Abb. 9–27) das installierte Profil sichtbar sein.

Schritt 2: Zuweisung des Provisioning Profile in Xcode

Nach der erfolgreichen Installation des Provisioning Profile muss die Anwendung in Xcode für die Installation auf dem Endgerät vorbereitet werden. Zunächst wird das Projekt über den Menüpunkt *File/Open...* in Xcode geöffnet. Bevor jedoch das Projekt übersetzt werden kann, muss das Provisioning Profile mit dem zu erzeugenden Target verbunden werden. Selektieren Sie hierzu das Target *iRSS* unter dem Menüpunkt *Targets* (siehe Abb. 9–26).

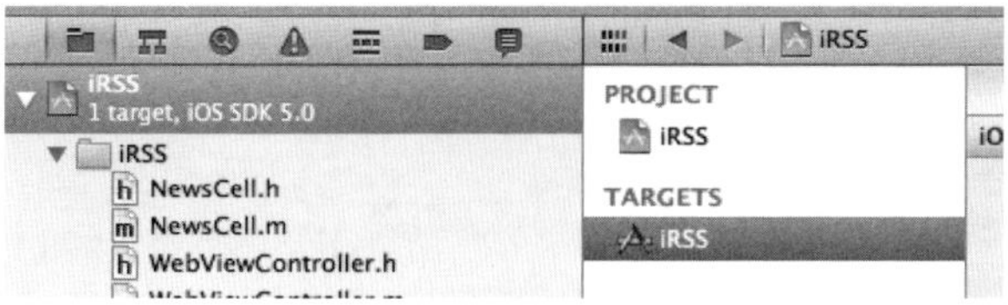

Abb. 9–26
Einstellung direkt am Target vornehmen

Über die Option *Get Info* im Kontextmenü zum selektierten Target gelangen Sie zu einem Dialogfeld *Target Info*, in dem Sie Einstellungen zum Target vornehmen können (siehe Abb. 9–28).

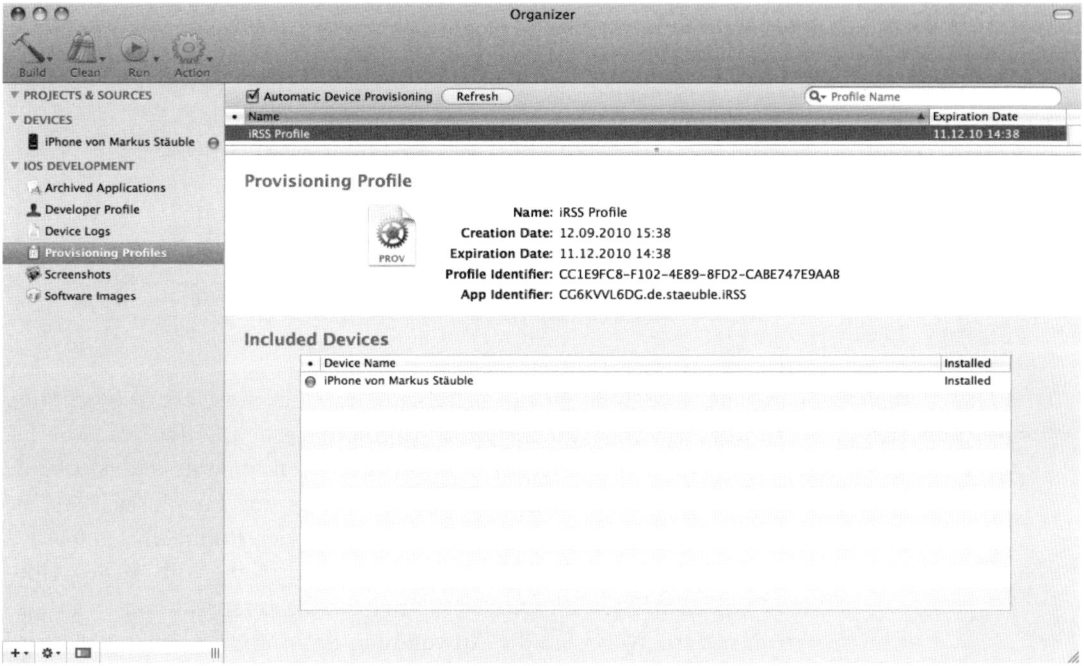

Abb. 9–27
Provisioning Profile für iRSS im Organizer

Die Zuweisung des Provisioning Profile erfolgt über die sogenannte *Code Signing Identity*. Hierfür müssen Sie im Bereich *Code Signing/Debug/Any iOS SDK* den Wert `iPhone Developer: Vorname Nachname` eintragen (Abb. 9–28) – sollten Sie die App unter der Release-Konfiguration laufen lassen, müssen Sie den Eintrag *Code Signing/Release/Any iOS SDK* anpassen. Ganz wichtig ist, nach dem Doppelpunkt ein Leerzeichen einzufügen. Der Name muss der gleiche sein, der auch bei der Anmeldung zum iOS Developer Program verwendet wurde und der im zuvor erstellten Zertifikat steht.

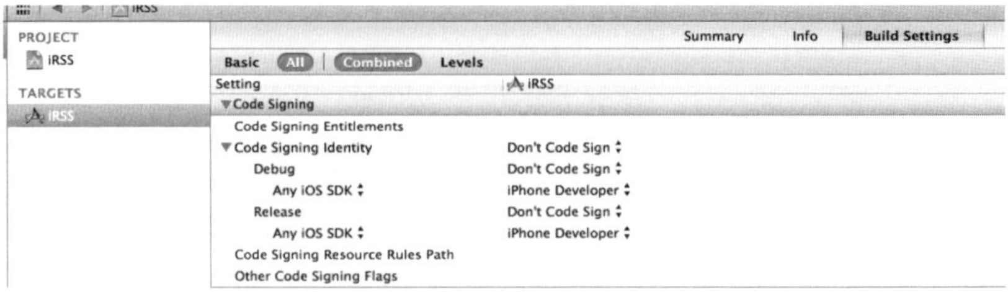

Abb. 9–28
Zuordnung des Provisioning Profile im Bereich Code Signing

Überprüfung des Bundle Identifier in der Konfigurationsdatei Info.plist

Nachdem Sie die Einstellungen für das Target angepasst haben, müssen Sie nun in der Datei `Info.plist` (siehe Abb. 9–29) ggf. den Bundle Identifier so ändern, dass er mit dem in der App ID angegebenen Bundle Identifier übereinstimmt.

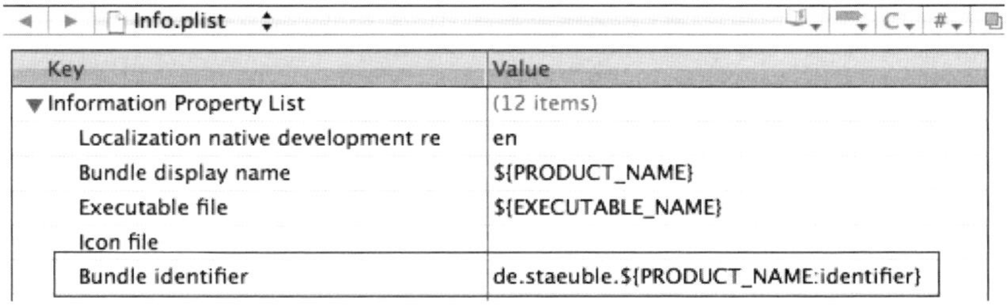

Abb. 9–29
Der Bundle Identifier in der Datei Info.plist

Schritt 3: Anwendung übersetzen und auf dem Endgerät starten

Nun sind alle Konfigurationsschritte erledigt und die Anwendung kann über die Schaltfläche *Run* installiert werden. Zuvor müssen Sie allerdings die richtige Konfiguration aktivieren, indem Sie das Scheme editieren und die richtige Konfiguration setzen. Hierzu wählen Sie über die oberste linke Schaltfläche in *Scheme* den Punkt *Edit Scheme...* aus und es erscheint das Konfigurationsfenster (siehe Abb. 9–30). Über den Punkt *Build Configuration* können Sie die entsprechende Konfiguration setzen. Wenn Sie die Anwendung dann über *Run* starten, wird sie nach kurzer Zeit auf dem mit Ihrem Mac verbundenen Endgerät gestartet.

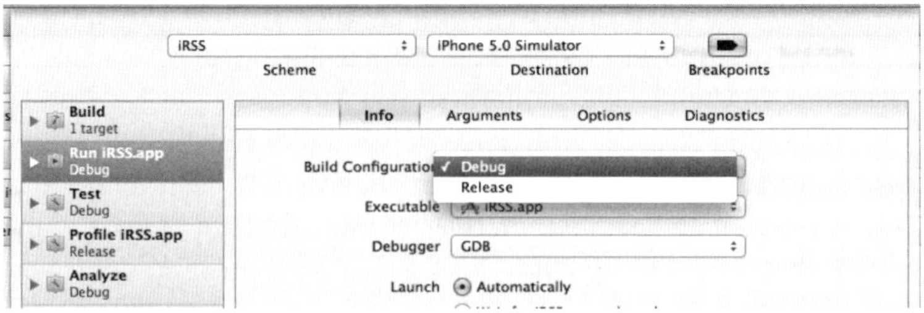

Abb. 9–30
Auswahl der Konfiguration

9.3 Distribution der Anwendung

Nun haben Sie gesehen, wie eine Anwendung über Xcode auf einem Endgerät installiert werden kann. Für die Verteilung der Anwendung an ein größeres Publikum ist dies natürlich nicht besonders zielführend. Wie bereits erwähnt, bestehen in diesem Fall für die Verteilung die Möglichkeiten der *Ad Hoc Distribution* und der *App Store Distribution*.

In diesem Abschnitt soll vor allem auf die Ad-hoc-Distribution näher eingegangen werden. An dieser Stelle werde ich jedoch nicht mehr alle Details erläutern, sondern nur solche, die im vorigen Abschnitt noch keine Erwähnung gefunden haben.

- Schritt 1: Zertifikat erstellen
- Schritt 2: Provisioning Profile erstellen
- Schritt 3: Erzeugung der Anwendung in Xcode
- Schritt 4: Hinzufügen eines Entitlements
- Schritt 5: Über iTunes installieren
- Schritt 6: Verteilung über den App Store
- Schritt 7: Hochladen über iTunes Connect

Schritt 1: Zertifikat erstellen

Für beide genannten Arten der Verteilung der Anwendung muss ein eigenes *Distribution Certificate* erstellt werden. Dies erledigen Sie im Bereich *Distribution* innerhalb von *Certificates*. Über die Schaltfläche *Request Certificate* können Sie das Zertifikat anfordern. Hier müssen Sie wie schon im Bereich *Development* den CSR hochladen.

Abb. 9–31
Bereich Distribution

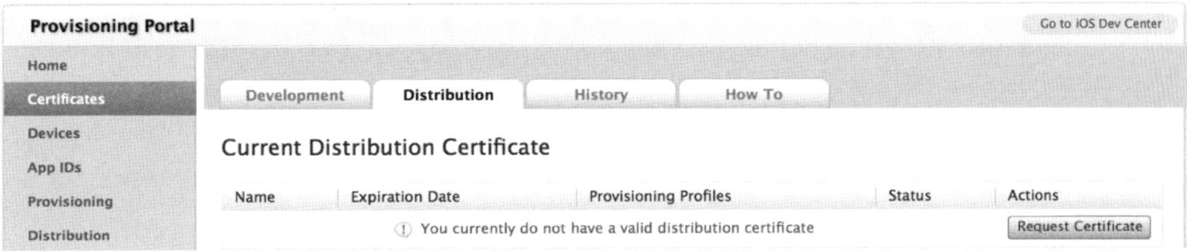

Nach der Bestätigung des Zertifikats (über die Schaltfläche *Approve*) müssen Sie es herunterladen und per Doppelklick in der Schlüsselbundverwaltung installieren. Falls noch nicht geschehen, müssen Sie das *WWDR Intermediate Certificate* wie zuvor beschrieben installieren.

Schritt 2: Provisioning Profile erstellen

Die Erstellung eines Provisioning Profile für die Distribution erfolgt im Bereich *Distribution* innerhalb von *Provisioning*. Die Art der Distribution (App Store oder Ad Hoc) legen Sie in der Eingabemaske (siehe Abb. 9–32) für das Provisioning Profile fest. Für die Ad-hoc-Distribution müssen Sie noch die Geräte auswählen, auf denen die Anwendung laufen soll.

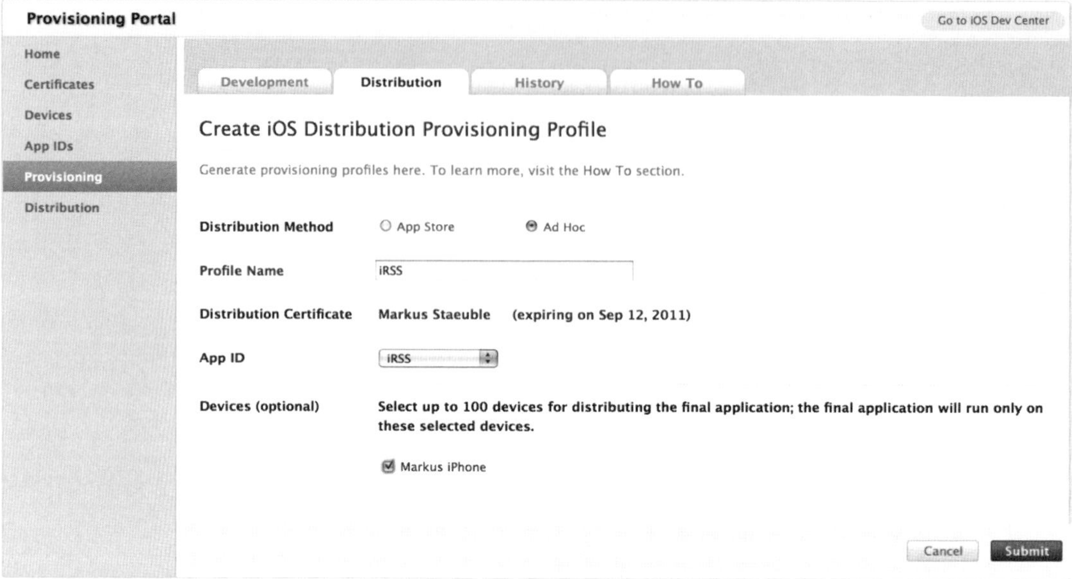

Abb. 9–32
Eingabemaske für ein Provisioning Profile

Nach der Freigabe des Provisioning Profile müssen Sie es herunterladen. Wie zuvor wird es per Ziehen auf den Organizer in Ihrer Entwicklungsumgebung installiert.

Bevor die Anwendung für die Distribution in Xcode vorbereitet wird, soll kurz die bisherige Installation überprüft werden. Der erste Blick gilt den installierten Zertifikaten in der Schlüsselbundverwaltung (siehe Abb. 9–33). Im Bereich *Zertifikate* innerhalb des Schlüsselbunds »Anmeldung« sollten nun die drei installierten Zertifikate auftauchen.

Abb. 9–33
Installierte Zertifikate in der Schlüsselbund-verwaltung

Im Organizer (siehe Abb. 9–34) gilt es zu überprüfen, ob auch beide installierten Provisioning Profiles vorhanden sind.

Zuvor haben wir die Anwendung mit einem Provisioning Profile für die Entwicklung erzeugt. Dafür haben wir die Konfiguration für die Anwendung beim Target angepasst. Nun muss die Anwendung aber mit einem Provisioning Profile für die Distribution ausgestattet werden.

Schritt 3: Erzeugung der Anwendung in Xcode

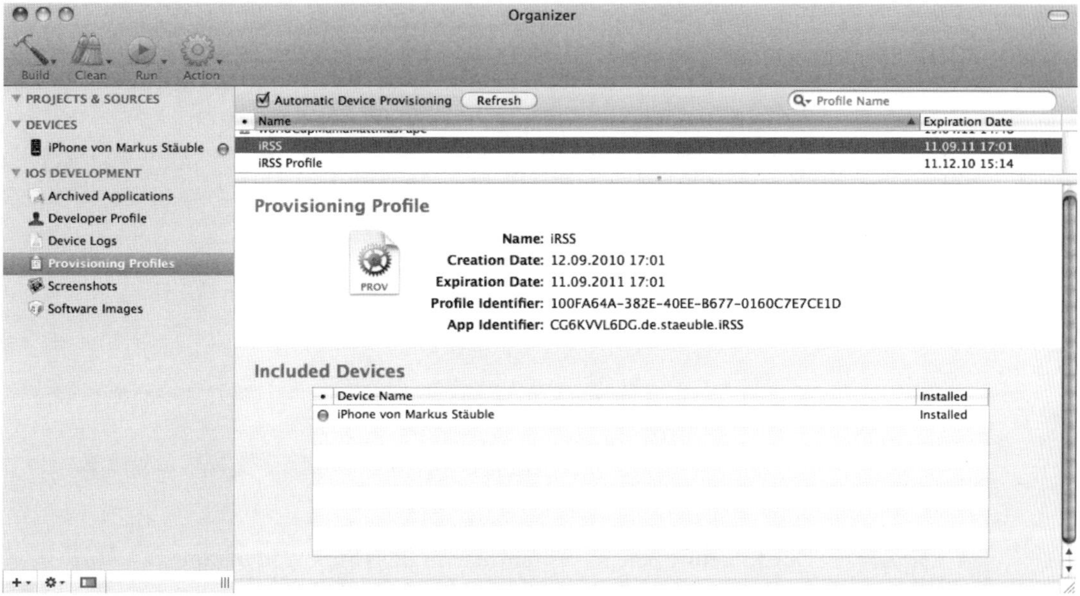

Abb. 9–34
Installierte Provisioning Profiles innerhalb von Organizer

Für die Verwendung dieses Profils müssen wir die Konfiguration anpassen. Um nun nicht die bestehende Laufzeitkonfiguration *(Release)* in Xcode zu überschreiben, wird eine neue Konfiguration erstellt. Hierfür öffnen Sie beim geöffneten Projekt über den Menüpunkt *Project/Edit Project Settings* die Projekteinstellungen. Im Bereich *Configurations* kopieren Sie über *Duplicate* die Konfiguration *Release* und bezeichnen sie als *Distribution* (siehe Abb. 9–35). Die Bezeichnung der Konfiguration kann übrigens frei gewählt werden und hat keinen Einfluss auf die erzeugte Anwendung.

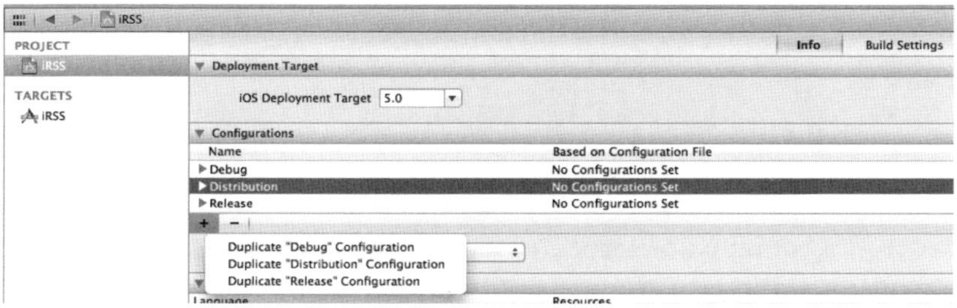

Abb. 9–35
Projektkonfigurationen des Projektes iRSS

Als Nächstes geht es darum, diese Konfiguration anzupassen. Hierfür selektieren Sie das Target und öffnen über die bekannte Option *Get Info* im Kontextmenü die Einstellungen für das Target (siehe Abb. 9–36). Zuerst gilt es, die *Code Signing Identity* anzupassen. Denn für den Fall der Distribution muss auch das Provisioning Profile für die Distribution zugewiesen werden.

Wenn Sie rechts neben *Any iOS SDK* unterhalb von *Code Signing Identity* klicken, öffnet sich eine Auswahlliste, aus der Sie das richtige Profil auswählen können (siehe Abb. 9–36). Das Profil beginnt mit der Beschriftung *iPhone Distribution:* (im Gegensatz dazu beginnt das Entwicklungsprofil mit *iPhone Developer:*).

Abb. 9–36 *Zuweisung des Provisioning Profile*

Schritt 4: Hinzufügen eines Entitlements

Der folgende Schritt besteht darin, dass Sie ein sogenanntes *Entitlement* zu Ihrem Projekt hinzufügen, hierbei handelt es sich um eine Property-Liste, diese wird automatisch von Xcode erzeugt. Hierfür müssen Sie die Option *Enable Entitlements* innerhalb des Summary-Reiters vom Target selektieren.

Abb. 9–37 *Erzeugen eines Entitlements*

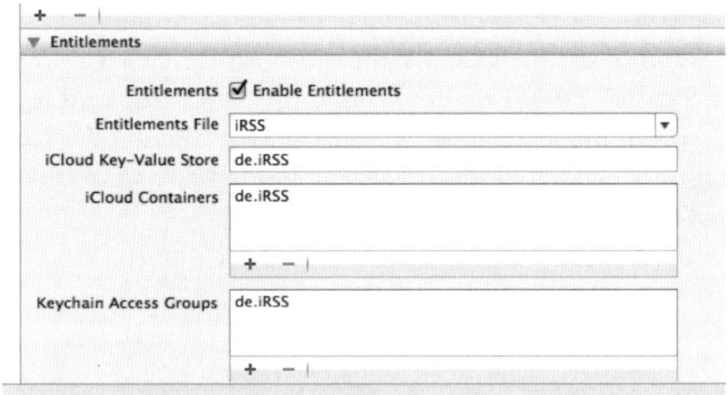

Der Wert get-task-allow muss auf false *gesetzt werden.*

Ein Entitlement ist eine Property-Liste. Es muss in diese eine neue Zeile per *Add Row* im Kontextmenü mit dem Wert *get-task-allow* hinzugefügt werden. Dieser Wert muss auf `NO` gesetzt werden (siehe Abb. 9–38).

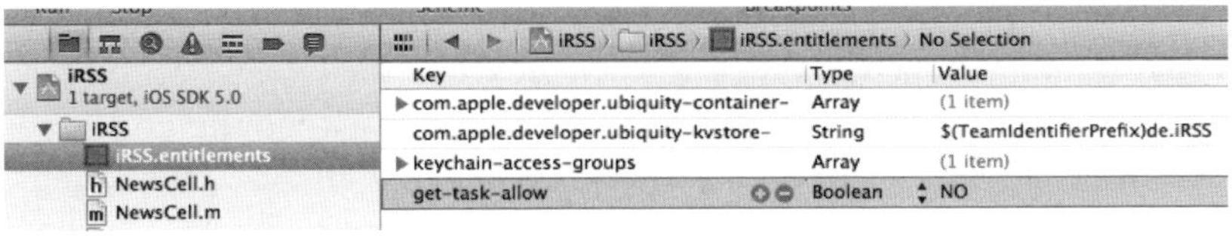

Abb. 9–38
Anpassung der Voreinstellung von get-task-allow

Konfiguration der Verwendung von Entitlements.plist

In den Projekteinstellungen ist das Entitlement nun automatisch gesetzt. Dies können Sie im Bereich *Code Signing* innerhalb des Targets überprüfen (siehe Abb. 9–39).

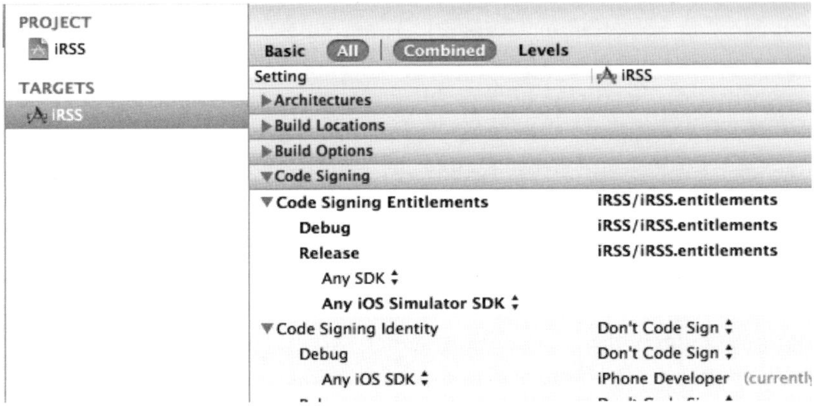

Abb. 9–39
Zuweisung des erzeugten Entitlements

Schritt 5: Über iTunes installieren

Nun können Sie die Anwendung mit der Konfiguration *Distribution* mittels *Run* erzeugen. Der nächste Schritt ist die Installation der Anwendung über iTunes. Hierfür müssen Sie in den Ordner der fertigen Anwendung wechseln. Am einfachsten geht dies, indem Sie die Anwendung unter *Products* selektieren (in unserem Fall `iRSS.app`) und aus dem Kontextmenü die Option *Show in Finder* auswählen (siehe Abb. 9–40). Nun öffnet sich der Finder mit dem Ordner der Anwendung.

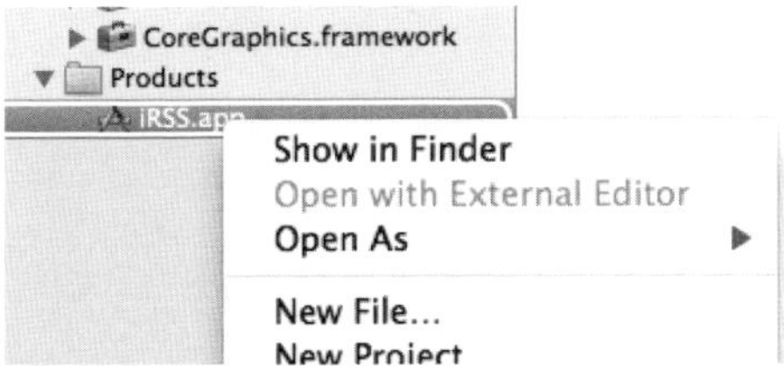

Abb. 9–40
Öffnen der erzeugten Anwendung im Finder

Die Datei mit der Endung `.app` (in diesem Fall `iRSS.app`) ist die eigentliche Anwendung. Um die Anwendung zu installieren, öffnen Sie iTunes und ziehen die Datei `iRSS.app` auf das iTunes-Fenster. Nach kurzer Zeit befindet sich die Anwendung im Ordner *Apps* innerhalb von iTunes.

Zusätzlich zur Anwendung installieren Sie noch das verwendete Provisioning Profile in iTunes. Ziehen Sie dafür die Datei *iRSS.mobileprovision* auf das iTunes-Fenster. Wenn Sie die Anwendung an jemanden weitergeben möchten, müssen Sie immer sowohl die Anwendungsdatei als auch das Provisioning Profile weitergeben. Für die Ad-hoc-Distribution müssen Sie zudem unbedingt beachten, dass im Provisioning Profile auch die ID des Gerätes enthalten sein muss, auf dem die Anwendung installiert werden soll.

Nach der Installation der Anwendung und des Provisioning Profile können Sie die Anwendung auf dem Gerät aufspielen. Hierfür selektieren Sie das betreffende Gerät in iTunes und wechseln in den Reiter *Apps*. Hier können Sie die zu synchronisierenden Apps wählen und diese über die Schaltfläche *Synchronisieren* auf das Gerät aufspielen.

Nach Betätigung von *Synchronisieren* sollte sich die Anwendung nach kurzer Zeit auf dem Display des installierten Gerätes befinden.

Schritt 6: Verteilung über den App Store

Neben der Verteilung der Anwendung über die Ad-hoc-Distribution existiert zusätzlich der Weg über den App Store. Der App Store ist ein spezieller Bereich innerhalb von iTunes. Über den App Store haben Sie die Möglichkeit, die Anwendung auch kommerziell zu vertreiben. Beim Erzeugen der Anwendung über Xcode bestehen keine Unterschiede im Vergleich zur Ad-hoc-Distribution. Lediglich bei der Erstellung des Provisioning Profile wählen Sie die Option *App Store* aus. In diesem Fall können Sie keine Geräte auswählen, auf denen die Anwendung installiert werden soll.

Schritt 7: Hochladen über iTunes Connect

Die Anwendung wird über das Webportal *iTunes Connect* (https://itunesconnect.apple.com) hochgeladen. Neben dem Link ist dieses Portal u.a. auch direkt über einen Link aus dem iOS Dev Center zugänglich. Über *iTunes Connect* werden Ihnen Funktionen zur Verwaltung Ihrer Anwendung im App Store angeboten.

Um eine Anwendung auch kostenpflichtig anzubieten, müssen Sie einen sogenannten *Paid Applications contract*[3] ausfüllen. Hier können Sie u.a. Informationen wie Steuer und Bankinformationen angeben.

---

3. Mehr zum Paid Applications contract finden Sie hier: http://forums.macrumors.com/showthread.php?t=584149.

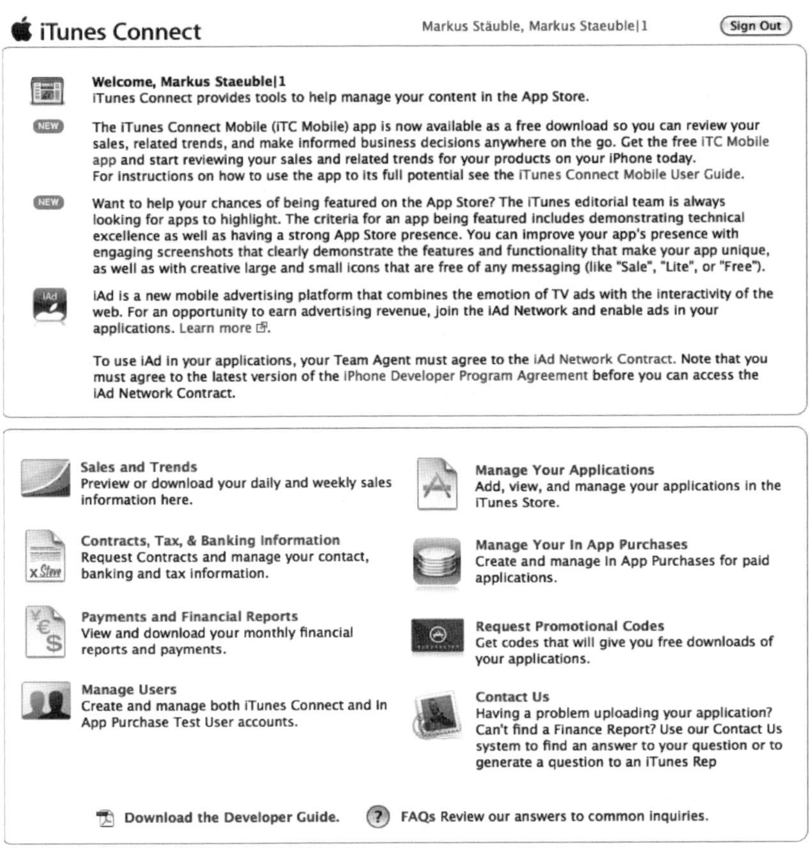

Abb. 9–41
Startseite von iTunes Connect

9.4 Erzeugung des Development Provisioning Profile über einen Assistenten

Development Provisioning Assistant

Für die Erzeugung des Provisioning Profile steht neben dem dargestellten Verfahren auch ein Assistent zur Verfügung, der den Namen Development Provisioning Assistant trägt. Wie der Name schon ausdrückt, kann mit dem Assistenten ein Provisioning Profile für die Entwicklung erzeugt werden, nicht aber für den Vertrieb (Distribution).

Der Assistent bietet nicht alle Möglichkeiten an

Ein Ziel des Assistenten ist es, Sie schnell zur Erzeugung eines Provisioning Profile zu führen. Dies ist in der Regel eine sehr nützliche Hilfestellung. Der Assistent bietet Ihnen allerdings weniger Einstellungsmöglichkeiten, als wenn Sie das Provisioning Profile selbst in Einzelschritten anlegen. Dies kommt vor allem dann zum Tragen, wenn Sie die App ID über den Assistenten anlegen, denn hierbei können Sie keinen Bundle Identifier angeben. Dies hat den Nachteil, dass Sie für die Anwendung nicht die Funktionalitäten *Apple Push Notification Service* und *App In Purchase* freischalten können. Dieses Problem können Sie jedoch umgehen, indem Sie bei der Verwendung des Assistenten die App ID außerhalb des Assistenten anlegen und danach im Assistenten aus den vorhandenen App IDs die entsprechende auswählen.

Der Assistent befindet sich auf der Startseite des iOS Provisioning Portal und wird über die Schaltfläche *Launch Assistant* gestartet (siehe Abb. 9–42). Die Navigation innerhalb des Assistenten erfolgt über die drei Schaltflächen *Cancel* (Abbruch des Assistenten), *Go Back* und *Continue*.

Abb. 9–42
Starten des Assistenten über die Schaltfläche Launch Assistant

Der Assistent ist in vier Bereiche strukturiert:

- Setup
- Configure
- Download & Install
- Build & Go

Setup Nach einer Willkommensmaske stehen Sie zunächst vor der Wahl, ob Sie eine vorhandene App ID verwenden (Option: *Use an existing App ID*) oder eine neue erzeugen wollen (Option: *Create a new App ID*). Sollten Sie die Option zur Erzeugung einer neuen App ID auswählen, werden Sie zur Eingabe der Bezeichnung (*App ID Description*) aufgefordert. Als Nächstes steht die Auswahl des zu verwendenden Endgerätes an (siehe Abb. 9–43) bzw. bei einem neu hinzukommenden Gerät die Angabe der zugehörigen Daten: Beschreibung (*Device Description*) und ID des Gerätes (*Device ID*).

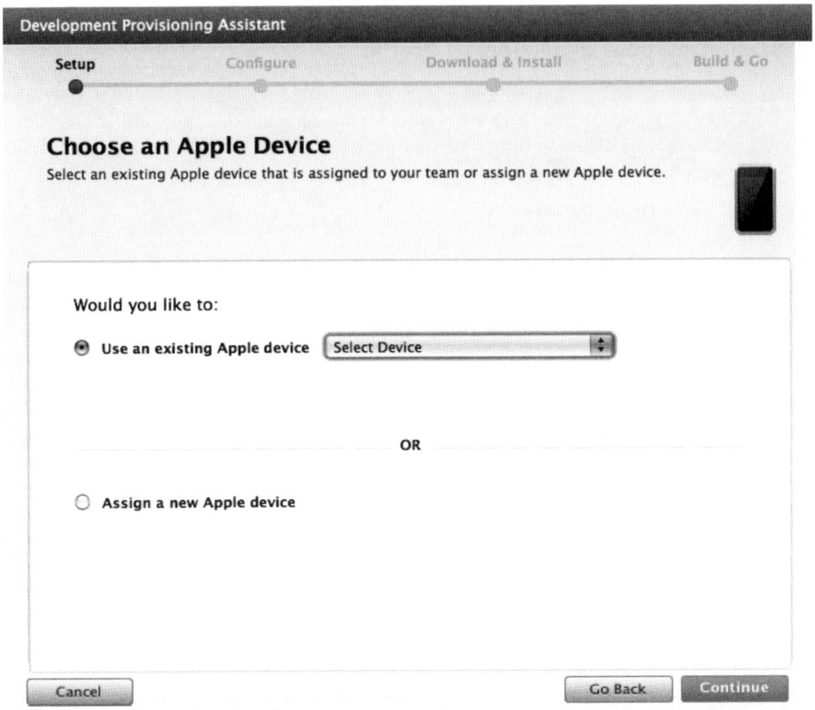

Abb. 9–43
Festlegen des zu verwendenden Gerätes

In der darauf folgenden Maske wird Ihnen das verwendete Entwicklungszertifikat angezeigt. Nun müssen Sie noch einen Namen für das Profil (*Profile Description*) angeben.

Configure

Mit Betätigung der Schaltfläche *Generate* wird das Provisioning Profile erzeugt. Im Erfolgsfall wird dies mit einem grünen Haken quittiert (siehe Abb. 9–44). Mit der Darstellung der Ergebnismaske haben Sie sich in den Bereich *Configure* weiterbewegt.

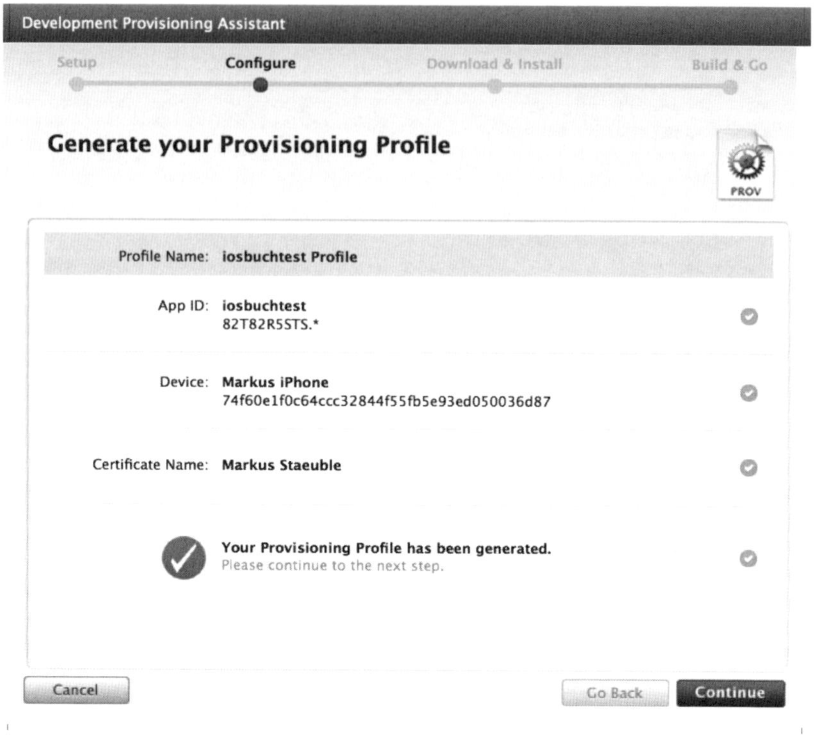

Abb. 9–44
Erfolgreiche Erzeugung eines Provisioning Profile

Download & Install

Bei erfolgreicher Erzeugung des Development Provisioning Profile gelangen Sie über die Schaltfläche *Continue* in den Bereich *Download & Install*. Hier können Sie über die Schaltfläche *Download Now* das Provisioning Profile herunterladen. Der Bereich *Install* besteht lediglich aus einer kurzen Beschreibung des Installationsprozesses des Profils. Auf der nächsten Maske wird Ihnen visualisiert, wie Sie die Installation überprüfen. Nun können Sie über die Schaltfläche *Download Now* das Entwicklungszertifikat herunterladen und auf Ihrem Mac installieren, falls noch nicht geschehen.

Build & Go

Der Bereich *Build & Go* besteht lediglich aus einer bebilderten Beschreibung, wie Sie Ihre Anwendung mittels Xcode auf Ihrem Endgerät installieren. Über die Schaltfläche *Continue* gelangen Sie zur Abschlussmaske, die Ihnen das Bild einer laufenden Anwendung auf einem iPod touch präsentiert.

9.5 Erzeugung des Development Provisioning Profile über den Organizer

Neben den beiden gezeigten Möglichkeiten zur Installation einer Anwendung auf einem iOS-Gerät existiert seit iOS 4 noch die Möglichkeit, direkt über den Organizer die Installation vorzunehmen. Bei eingestecktem Gerät erscheint dieses unterhalb des Punktes *Devices*. Das Kontextmenü enthält den Punkt *Add Device to Provisioning Portal...* (siehe Abb. 9–45). Bei Klick auf diesen Punkt werden Sie zur Eingabe der Logindaten für das iOS Provisioning Portal aufgefordert. Danach erledigt der Organizer den Rest für Sie: Das Gerät wird hinzugefügt, das Provisioning Profile wird erzeugt und heruntergeladen und auf Ihrem Rechner installiert.

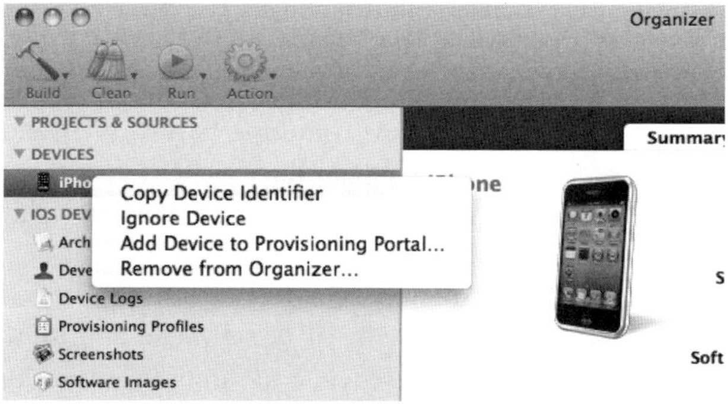

Abb. 9–45
Kontextmenü im Organizer

Beim Start der Anwendung werden Sie aufgefordert, die Installation des Provisioning Profile auf Ihrem Gerät freizugegeben (siehe Abb. 9–46).

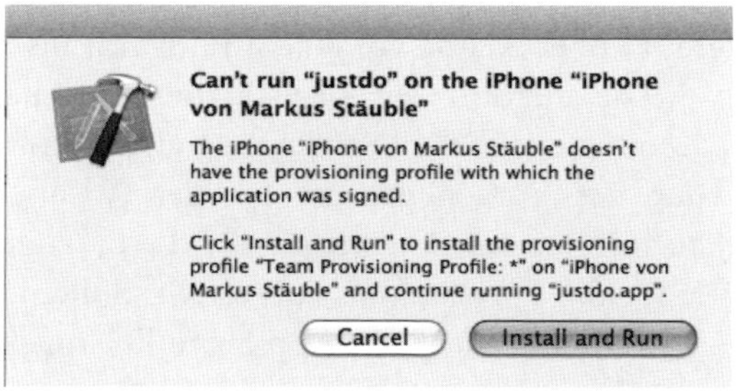

Abb. 9–46
Dialog zur Installation auf dem Gerät

Im iOS Provisioning Portal wird das erzeugte Provisioning Profile im Statusfeld mit *Managed by Xcode* (siehe Abb. 9–47) markiert. Dieses Provisioning Profile kann für jede App verwendet werden. Das funktioniert deshalb, weil kein Bundle Identifier angegeben wurde. Der

Nachteil an diesem Vorgehen ist, dass dieses Profil nicht für die Funktionalitäten *In App Purchase*, *Game Center* und *Apple Push Notification Service* eingesetzt werden kann.

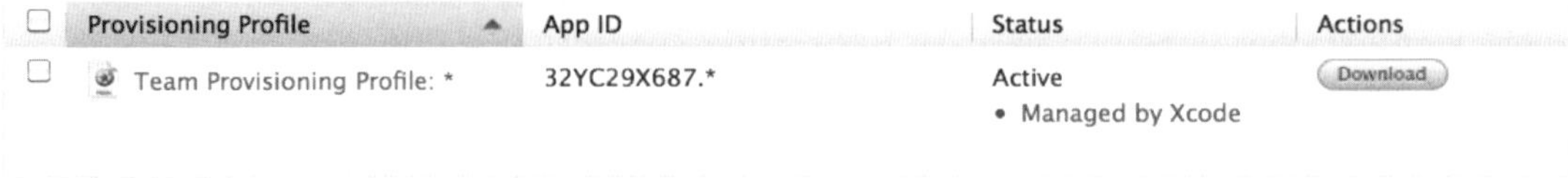

Abb. 9–47 *Ansicht im iOS Provisioning Portal*

9.6 Zusammenfassung

In den bisherigen Kapiteln haben Sie sowohl theoretisches als auch praktisches Wissen zur Anwendungsentwicklung für das iOS erlangt. In den Kapiteln 5 bis 7 wurde anhand einiger Beispiele beschrieben, wie Sie mit dem iOS SDK Anwendungen entwickeln und diese mit dem mitgelieferten iOS Simulator testen können. Dies ist mit Sicherheit ein schneller und einfacher Weg, die Anwendung bereits während der Entwicklung auszuprobieren. Aber letztendlich besteht das Ziel darin, die Anwendung auf einem Endgerät zu installieren. Dies war Hauptthema in diesem neunten Kapitel.

Hierfür habe ich Ihnen zunächst die grundlegenden Funktionen des iOS Developer Program vorgestellt. In der Tabelle 9–1 sind die vom iOS Developer Program angebotenen Nutzungsvarianten aufgeführt. Die Variante Enterprise zielt dabei auf Unternehmen ab, während sich für einzelne Entwickler die Variante Standard eignet.

Außerdem haben Sie das iOS Provisioning Portal kennengelernt, den Dreh- und Angelpunkt, wenn es darum geht, Ihre Anwendung auf einem iPad, iPhone oder iPod touch zu installieren. In einer Schritt-für-Schritt-Anleitung habe ich Ihnen gezeigt, wie die Beispielanwendung iRSS (aus Kapitel 7) über Xcode auf einem Endgerät installiert werden kann. Da sich die Installation der entwickelten Anwendung auf dem Endgerät über Xcode nur für die Entwicklung eignet, folgte die schrittweise Erläuterung der Vorgehensweise bei der Ad-hoc-Distribution. Zusätzlich habe ich Ihnen den Assistenten für die Erzeugung eines Provisioning Profile für die Entwicklung vorgestellt. Sollten Sie mit einem Vertrieb Ihrer Anwendung über den App Store liebäugeln, müssen Sie sich außerdem mit dem Webportal iTunes Connect auseinandersetzen.

Zu guter Letzt haben Sie noch gesehen, wie Sie aus dem Organizer heraus ein Provisioning Profile erzeugen – ein schneller Weg, um eine Anwendung direkt auf dem Endgerät zu testen.

Mit dem Wissen in diesem Kapitel sollten Sie nun in der Lage sein, Ihre eigene Anwendung auf einem Endgerät zu installieren und über den App Store zu vertreiben.

Anhang

A Einführung in die Programmiersprache Objective-C

Für die Entwicklung einer Anwendung für das iOS wird neben dem Verständnis der Funktionen und Werkzeuge des iOS SDK vor allem die Kenntnis der Programmiersprache Objective-C (abgekürzt ObjC) benötigt. In iOS kommt Version 2.0 von Objective-C zum Einsatz. Dieser Anhang soll und kann keine Kompletteinführung[1] in Objective-C sein – er hat aber den Anspruch, einem in einer anderen Sprache erfahrenen[2] Entwickler die notwendigen Hilfen für einen schnellen Einstieg zu liefern. Wenn Sie diesen Anhang gelesen haben, sollten Ihnen die wichtigsten Sprachmittel vertraut sein, um die Beispiele im iOS Dev Center nachzuvollziehen und auch eigene Anwendungen mit dem iOS SDK zu entwickeln.

A.1 Grundlagen

Wie Sie sicherlich schon durch den Namen vermuten, liegt der Ursprung von Objective-C in der Programmiersprache C. Als C-Dialekt wird hierbei auf dem offiziellen Standard, dem sogenannten ANSI-C, aufgesetzt.

C wurde dabei um Sprachmittel zur objektorientierten Programmierung erweitert. Die Syntax und Konzepte erinnern an die objektorientierte Sprache *Smalltalk*.

---

1. Für eine tiefer greifende Einführung können Sie auch die Referenz im iPhone Dev Center zurate ziehen. Das betreffende Dokument trägt den Namen »The Objective-C 2.0 Programming Language« und ist online abrufbar unter http://developer.apple.com/iphone/library/documentation/Cocoa/Conceptual/ObjectiveC.
2. Als kurzen Schnelleinstieg in Objective-C stellt das iOS Dev Center das Dokument »Learning Objective-C: A Primer« unter der Adresse http://developer.apple.com/iphone/library/referencelibrary/GettingStarted/Learning_Objective-C_A_Primer zur Verfügung.

Historie von Objective-C

Ihren Ursprung hat die Programmiersprache Objective-C in den 1980er-Jahren. Damals entwickelte Brad Cox[3] die Sprache bei der Firma PPI (Productivity Products International, später *Stepstone*). Im weiteren Verlauf wurde die Programmiersprache von *NeXT* in die GNU Compiler Collection[4] integriert und als Basis für *NextStep* verwendet.

Unterschiedliche Dateiendungen in Objective-C

Die Trennung der öffentlichen Definition von der Implementierung wird durch die Verwendung von Header-Dateien (wie z.B. in der Programmiersprache C) erreicht. Um solche Dateien direkt am Namen zu erkennen, werden in Objective-C gewöhnlich drei verschiedene Dateiendungen eingesetzt.

Tab. A–1 *Die typischen Dateiendungen in Objective-C*

Dateiendung	Beschreibung des Dateitypes
`.h`	Header-Datei Header – als öffentliche Schnittstellen – enthalten Deklarationen von z.B. Klassen oder Funktionen.
`.m`	Implementierungsdatei Dateien mit der Endung `.m` sind typischerweise Implementierungsdateien, die sowohl Objective-C als auch reines C enthalten können.
`.mm`	Implementierungsdatei Dateien mit der Endung `.mm` sind typischerweise Implementierungsdateien, die neben C++ sowohl Objective-C als auch reines C enthalten können. Diese Endung sollten Sie auch wirklich nur verwenden, wenn Sie auf C++-Funktionalität in der besagten Datei zurückgreifen.

Trennung von Interface und Implementierung nicht erforderlich, aber ratsam

Die beschriebene Trennung zwischen Interface (Definition) und Implementierung ist nicht zwingend vom Compiler erforderlich, entspricht aber der objektorientierten Denkweise – weshalb Sie gar nicht erst in Versuchung kommen sollten, auf die Trennung zu verzichten.

Eine einzelne Datei kann übrigens auch mehr als eine Klasse definieren, obwohl es üblich ist, für jede Klassendefinition auch genau eine eigene Datei zu haben.

Vorsicht bei der Einbindung von externen Dateien

Um in einer Implementierungsdatei auch externe Definitionen verwenden zu können, müssen diese eingebunden werden. Dafür stehen grundsätzlich die beiden Möglichkeiten `#include` und `#import` zur Ver-

3. Die URL seiner Webseite ist http://www.virtualschool.edu/cox/.
4. Die Adresse der Webseite der GNU Compiler Collection lautet http://gcc.gnu.org.

fügung. Diese sind bis auf eine wichtige Feinheit identisch: Der Unterschied besteht darin, dass `#import` sicherstellt, dass eine Datei nur einmalig inkludiert wird. Verwenden Sie deshalb immer `#import`. Die Möglichkeit `#include` existiert aufgrund der C-Vergangenheit von Objective-C.

Generelle Syntax als Einstieg

Bevor Sie mit den ersten Zeilen in Objective-C-Quellcode in diesem Kapitel konfrontiert werden, soll hier ganz kurz auf eine wichtige syntaktische Eigenheit von Objective-C eingegangen werden. In der Objektorientierung geht es häufig um das Senden von Nachrichten. Dabei gibt es einen Empfänger und die Nachricht selbst. Das Ausführen einer Methode entspricht somit dem Senden einer Nachricht.

```
[Empfänger Nachricht]
```

Listing A–1
Pseudocode zum Aufruf einer Methode

Ein einfaches Beispiel soll die Methode `length` auf der Instanz `rectangle` einer Klasse sein.

```
int length = [rectangle length];
```

Alternative für Zugriffsmethoden

Um Zugriffsmethoden (Getter/Setter-Methoden zum Abruf und Setzen einer Variablen) aufzurufen, kann neben der zuvor erwähnten Schreibweise mit den eckigen Klammern auch der Punkt-Operator eingesetzt werden. Der Aufruf der Methode `length` einer Instanz `rectangle` kann damit auch folgendermaßen formuliert werden:

```
int length = rectangle.length;
```

Der Punkt-Operator ist dabei nur eine verkürzte Schreibweise,[5] die während des Übersetzungsvorgangs in die Klammerschreibweise transformiert wird. Das heißt, bei Verwendung des Punkt-Operators ist es wichtig, dass beim Benennen der Variablen und deren Zugriffsmethoden auch Konventionen eingehalten werden. Die Methode zum Setzen muss dabei z.B. immer mit dem Schlüsselwort `set` beginnen – eine Methode zum Setzen der Länge würde als `setLength` benannt werden.

A.2 Strukturierung des Quellcodes

Bevor ich Ihnen die wichtigsten Bereiche von Objective-C – in Zusammenhang mit der Programmierung für iOS – in diesem Kapitel näherbringe, wollen wir zuerst einen Blick auf die Strukturierung des Quellcodes werfen. Dadurch werden Sie die einzelnen Quelltexte besser nachvollziehen können.

Einbindung des Interface

Jede Datei, die auf einem bestimmten Interface basiert, muss dieses Interface über `#import` einbinden:

5. Auch als »syntactic sugar« bezeichnet.

```
#import "MyInterface.h"
```

Die Konvention von `#import` besagt, dass eine Datei, die ein Interface von einer anderen Datei importiert, auch alle anderen Definitionen dieser Datei importiert. Das heißt, es steht die komplette Hierarchie zur Verfügung. Alternativ ist es auch möglich, nur eine Klasse zu referenzieren. Dies ist vor allem in Interface-Dateien selbst hilfreich. Denn in den Interface-Dateien werden Klassen häufig nur als Typ eines Parameters benötigt. Somit reicht es aus, wenn Sie auf eine Klasse verweisen (Forward-Deklaration) und nicht gleich eine Datei importieren. Dadurch verringern Sie auch den Quellcode, der vom Compiler und Linker gesehen wird.

```
@class Rectangle;
```

Mehrere Klassen werden bei der `@class`-Direktive einfach mit einem Komma voneinander getrennt, wie z.B. `@class Rectangle, Circle;`.

A.3 Klassen

Die Objektorientierung lebt von den definierten Klassen. Somit wird der Typus von Elementen, den Sie am häufigsten implementieren, eine Klasse sein.

Eine Klasse in Objective-C besteht aus zwei Teilen, aus einem Interface und einer dazugehörigen Implementierung. Das Interface definiert Methoden und Instanzvariablen der Klasse. Zusätzlich wird auch die Oberklasse aufgeführt. Das nachfolgende Listing zeigt ein Interface im Pseudocode:

```
@interface Klassenname : Oberklasse
{
    Definition von Instanzvariablen
}
Definition von Methoden
@end
```

Aufträge (Direktiven) an den Compiler werden per @ gesendet.

Wie Sie aus dem Pseudocode sehen, beginnt ein Interface mit der Direktive `@interface` und endet mit `@end`. Grundsätzlich beginnen Direktiven an den Compiler mit dem Zeichen `@`.

Rivale oder Untergebener

Nach dem Namen der Klasse können Sie durch einen Doppelpunkt getrennt den Namen der Oberklasse angeben. Ohne Angabe einer Unterklasse wird die Klasse automatisch zu einer sogenannten Root-Klasse. In diesem Falle würde die Klasse auf gleicher Ebene wie `NSObject` rangieren.

Wie im Pseudocode zu erkennen, werden die Instanzvariablen (falls vorhanden) zwischen den beiden geschweiften Klammern definiert.

```
@interface Klassenname : Oberklasse
{
  int index;
}
@end
```

Listing A–2
Definition der Instanzvariablen index

Sichtbarkeit von Instanzvariablen

In Instanzmethoden kann auf die Instanzvariablen auch ohne zusätzlichen Operator direkt zugegriffen werden. Bei verschachtelten Instanzen muss der Strukturzeiger (in der Dokumentation als structure pointer operator bezeichnet) -> eingesetzt werden, z.B. `person->name`.

Um die Sichtbarkeit von Instanzvariablen zu steuern, stehen insgesamt vier Direktiven für den Compiler zur Verfügung.

Tab. A–2
Übersicht über die verschiedenen Direktiven zur Markierung der Sichtbarkeit einer Instanzvariablen

Direktive	Beschreibung der Auswirkung der Direktive
`@private`	Auf die Instanzvariablen kann nur innerhalb von der Klasse zugegriffen werden, in der sie definiert wurden.
`@protected`	Auf die Instanzvariablen kann innerhalb der Klasse und innerhalb von allen Unterklassen dieser Klasse zugegriffen werden. Ohne Angabe einer Direktive ist diese Direktive der Standard.
`@public`	Auf die Instanzvariable kann von überall zugegriffen werden.
`@package`	Prinzip bei `@package` ist, dass eine Instanzvariable nur innerhalb eines Implementierungspaketes sichtbar ist. Dies ist vor allem bei Frameworks interessant, bei denen `@private` zu wenig ist und `@protected` oder `@public` schon zu viel.

Die Direktiven werden einfach über einen Block von Instanzvariablen geschrieben. Solange keine neue Direktive im Quellcode auftaucht, gilt diese Direktive. Das heißt, alle Variablen unter dieser Direktive haben die eingestellte Sichtbarkeit. Das nachfolgende Beispiel zeigt die Verwendung von drei Direktiven.

```
@interface Sample : NSObject
{
  int counter;
@private
  int anotherCounter;
  int n;
@protected
  float length;
@public
  floath width;
}
@end
```

Listing A–3
Beispielhaftes Interface mit drei Sichtbarkeiten für die Instanzvariablen

Da im obigen Beispiel für `counter` keine Direktive angegeben wurde, ist diese Variable automatisch `protected`. Die Variablen `anotherCounter` und `n` sind beide `private`, denn beide stehen nach `@private`, aber vor `@protected`.

Methodendefinition

Nach der schließenden geschweiften Klammer (und vor `@end`) folgt die Definition der Methoden. Es gibt grundsätzlich zwei Arten von Methoden in Objective-C: die Klassenmethode und die Instanzmethode.

Eine Klassenmethode wird dabei mit dem Pluszeichen »+« markiert und auf der Klasse (z.B. `NSObject`) angewendet, d.h., für die Verwendung muss keine separate Instanz erzeugt werden. Eine Instanzmethode mit dem Minuszeichen »-« wird auf die Instanz einer Klasse angewendet. Nachfolgend ist ein Beispiel einer Klassen- und einer Instanzmethode aufgeführt.

Listing A–4
Beispiel einer Klassen- und einer Instanzmethode

```
// Klassenmethode
+ (void)do;
//Instanzmethode
- (void)check;
```

Es ist möglich, den gleichen Namen sowohl für eine Klassen- als auch für eine Instanzmethode zu verwenden. Ebenfalls ist es möglich, eine Methode mit dem gleichen Namen wie eine Instanzvariable[6] zu definieren.

Rückgabewert einer Methode

Der Rückgabewert einer Methode wird in runden Klammern[7] vor den Methodennamen geschrieben.

```
- (float)length;
```

Sie können auch Methoden ohne Angabe eines Rückgabewertes definieren:

```
+ alloc
```

Wenn Sie keinen Rückgabewert angeben, wird der Standardrückgabetyp `id` genommen.

Schwache und starke Typisierung

Es gibt zwei Arten von Typreferenzen: stark typisierte (in der Dokumentation als »strongly typed pointer« bezeichnet) und schwach typisierte (in der Dokumentation als »weakly typed pointer« bezeichnet). Im ersteren Fall wird der Klassenname verwendet, im zweiten Fall lediglich der Datentyp `id`. Die schwach typisierten Referenzen finden vor allem Einsatz bei Listen (Collections), bei denen der Rückgabewert nicht genau bekannt ist. Durch den Einsatz schwach typisierter Referenzen wird eine enorme Flexibilität erreicht, die aber auch für Fehler anfällig sein kann.

---

6. Dies ist eine häufige Praxis, wenn eine Methode die entsprechende Instanzvariable zurückliefert.
7. Dies ist die C-Syntax für die Typumwandlung eines Datentypes, wird häufig als Casting bezeichnet.

Argumente für die Methoden

Argumente werden auf eine ähnliche Weise definiert wie die Rückgabewerte. Bei einem Argument wird dieses einfach hinter den Methodennamen geschrieben. Das Trennzeichen dafür ist der Doppelpunkt.

```
- (void)setLength:(float)theLength;
```

Falls eine Methode mehrere Parameter hat, wird der Name der Methode in mehrere Bereiche aufgeteilt. Im folgenden Beispiel wird das Setzen des zweiten Parameters über `andHeight` eingeleitet:

```
- (void)setLength:(float)length andHeight:(float)height;
```

Auch eine variable Parameteranzahl ist möglich.

Es ist auch möglich, eine Methode mit einer variablen Anzahl von Parametern zu definieren. Dies wird durch drei aufeinanderfolgende Punkte symbolisiert:

```
- do:parameters, ...;
```

Implementierung der Methoden

Die Syntax für die Implementierung der Methoden ist der C-Syntax sehr ähnlich (geschweifte Klammern).

```
- (void)setLength:(float)theLength
{
}
```

Implementierung des Interface

Nach der Erstellung des Interface einer Klasse erfolgt die Implementierung in der Implementierungsdatei. Der Start der Implementierung wird mit der Direktive `@implementation` eingeleitet. Der Aufbau der Implementierungsdatei ist dabei dem des Interface sehr ähnlich.

```
@implementation Klassenname : Oberklasse
{
    Definition von Instanzvariablen
}
Definition von Methoden
@end
```

Es ist zwingend erforderlich, dass eine Implementierungsdatei das Interface mittels `#import` einbindet. Dadurch ist es möglich, sowohl den Namen der Oberklasse als auch die Instanzvariablen wegzulassen. Dies verschlankt die Definition der Klasse in der Implementierungsdatei.

```
#import "Klassenname.h"
@implementation Klassenname
Definition von Methoden
@end
```

Einzelne Zeichen und Zeichenketten

Es würde zu weit führen, an dieser Stelle einzelne Klassen näher zu betrachten, aber auf Zeichen und Zeichenketten (und deren Klassenrepräsentation) soll kurz eingegangen werden, denn diese werden Sie sehr häufig einsetzen. Die Konventionen für Zeichen und Zeichenketten (*Strings*) sind die gleichen wie in der Programmiersprache C. Das heißt, einzelne Zeichen werden in Hochkommas eingeschlossen und mehrere Zeichen in doppelten Hochkommas. Die meisten Frameworks in Objective-C verwenden aber nicht die C-Strings, sondern setzen direkt auf die Klasse `NSString` aus dem Foundation Framework auf. Diese Klasse ist ein Wrapper für Zeichenketten; `NSString` bietet ein eingebautes Speichermanagement und weitere Annehmlichkeiten wie z.B. die Unterstützung von Unicode. Da sehr oft Instanzen vom Typ `NSString` erzeugt werden, wurde dafür eine Abkürzung über das Zeichen `@` eingeführt. Um eine Instanz zu erzeugen, wird mit dem Zeichen `@` die Zeichenkette in doppelten Anführungszeichen eingeschlossen.

```
NSString* testString = @"Ein einfacher Test\n";
```

Für die Erzeugung einer Instanz von `NSString` aus einem C-String steht die Klassenmethode `stringWithCString` zur Verfügung.

```
NSString* fromCString = [NSString stringWithCString:"Ein C-String"
encoding:NSASCIIStringEncoding];
```

A.4 Erzeugung von Instanzen

Um mehr als eine Klassenmethode aufzurufen, muss von einer Klasse eine Instanz erzeugt werden. Die Erzeugung einer Instanz ist nicht in die Syntax von Objective-C integriert, sondern ist Bestandteil des jeweiligen Frameworks, aus dem die Root-Klasse stammt. Sollte der Entwickler eine eigene Root-Klasse (Klassendefinition ohne Oberklasse) definieren, muss er auch selbstständig die Methoden zur Erzeugung der Instanz anbieten. Bei Ableitung von der Klasse `NSObject` (Foundation Framework) werden dem Entwickler für die Erzeugung von Instanzen die Methoden zur Verfügung gestellt. Viele Klassen leiten von `NSObject` ab. Deswegen ist es wichtig, den Erzeugungsmechanismus von `NSObject` zu kennen. Die Erzeugung von `NSObject` oder einer Unterklasse davon ist zweistufig. Zunächst wird über die Klassenmethode `alloc` der Speicher für die anzulegende Instanz reserviert. Die Rückgabe dieser Instanz ist vom Typ `id` und stellt lediglich den reservierten, aber noch nicht initialisierten Speicher dar. Mit diesem Rückgabewert kann noch nicht gearbeitet werden. Für die letztendliche Initialisierung der Instanz ist nun noch die Instanzmethode `init` (siehe Abb. A–1) aufzurufen.

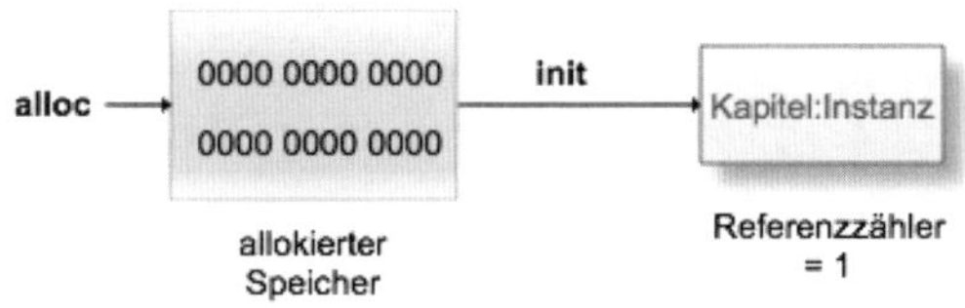

Abb. A-1
Erzeugung der Instanz einer Klasse

In Listing A–5 ist die Erzeugung einer `NSObject`-Instanz abgebildet.

Listing A-5
Erzeugung einer Instanz

```
//Erst alloc, danach init
NSObject *dasObjekt = [[NSObject alloc] init];
```

Neben der Methode `init` hat der Entwickler auch die Möglichkeit, eigene Initialisierungsmethoden mit Parametern zu erzeugen. Ein Beispiel für eine typische Initialisierung zeigt Listing A–6. Per Konvention beginnen alle Methoden zur Initialisierung einer Instanz mit dem Wort `init`. Auch der Rückgabewert ist per Konvention auf den Typ `id` festgelegt.

Bei der Implementierung einer eigenen `init`-Methode ist zunächst die `init`-Methode der Objektklasse, in diesem Fall also `NSObject`, aufzurufen. Wenn diese Methode erfolgreich ausgeführt werden konnte, kann der Entwickler die Variablen für die Instanz entsprechend setzen. Wenn die Erzeugung nicht erfolgreich war, liefert die `init`-Methode den Wert `nil` zurück. Aus diesem Grund ist der Aufruf der Oberklasse in Listing A–6 in eine `if`-Abfrage eingebunden.

Listing A-6
Erzeugung einer Instanz mit Parameter

```
//Initialisierung mit Name
- (id) initWithName:(NSString*) theName {
 if (self = [super init]) {
  name = theName;
 }
 return self;
}
```

Neben der Implementierung einer `init`-Methode mit Parametern hat der Entwickler natürlich auch die Möglichkeit, die `init`-Methode direkt zu überschreiben. Auch diese Variante entspricht dem Schema in Listing A–6, d.h., zuerst ist die `init`-Methode der Oberklasse aufzurufen.

Häufig kommt es vor, dass Instanzen, damit Sie überhaupt damit arbeiten können, bestimmte initialisierte Werte benötigen. Dann ist eine Initialisierung über `init` nicht zielführend, denn damit können die notwendigen Parameter nicht übergeben werden. In diesem Fall muss der Aufruf von `init` unterbunden werden. Der Weg dorthin ist die Überschreibung der `init`-Methode und die Rückgabe von `nil` (siehe Listing A–7). Wie zuvor erwähnt, signalisiert ein `nil` in der Initialisierung einen Fehler.

Listing A–7
Sperren der Methode init

```
//init-Methode mit Rueckgabe von nil
- (id) init {
 //Referenzzaehler von self verringern und Speicher somit freigeben
 [self release];
 //Rueckgabe von nil
 return nil;
}
```

Neben der zweistufigen Anlage von Instanzen werden häufig auch Methoden angeboten, die die Reservierung des Speichers und die Initialisierung in einer einzigen Methode umsetzen. Solche Methoden, die auch als Convenience-Konstruktoren bezeichnet werden, rufen intern zunächst ein alloc und danach die entsprechende init-Methode auf. In Listing A–8 ist eine beispielhafte Umsetzung einer solchen Methode dargestellt.

Listing A–8
Methode zur Erzeugung einer Instanz der Klasse Kapitel

```
//Erzeugen einer Kapitel-Instanz mit Name ueber eine Methode
+(id) createKapitelWithName:(NSString*) theName{
 return [[[self alloc] initWithName:theName] autorelease];
}
```

Solche Convenience-Konstruktoren sind als Klassenmethode definiert, denn erst nach der Erzeugung hat der Entwickler auch eine entsprechende Instanz zur Hand. Der Aufruf der in Listing A–8 definierten Methode ist in Listing A–9 abgebildet.

Listing A–9
Einsatz von createKapitelWithName

```
//Verwendung der Methode createKapitelWithName zur Erzeugung
Kapitel* kapitel = [Kapitel createKapitelWithName:@"Erstes
Beispiel"];
```

Am Anfang mag es zwar gewöhnungsbedürftig sein, dass die Objekterzeugung kein eingebautes Sprachmittel ist. Der Vorteil wird aber schnell deutlich. Der Entwickler hat hierdurch, falls notwendig, vollen Einfluss auf die Erzeugung von Instanzen.

A.5 Speicherverwaltung

Da Hauptspeicher begrenzt ist (vor allem beim iPhone), gilt es, angelegte Instanzen wieder aufzuräumen. Hierfür ist jedoch ein Mechanismus nötig, um herauszufinden, wann ein Objekt nicht mehr benötigt wird.

Reference Counting und Garbage Collection

Dem Entwickler stehen sogar zwei Mechanismen zur Verfügung: Reference Counting und Garbage Collection (nicht für iOS). Mit dem Cocoa/Cocoa Touch Framework hat Apple das Reference Counting eingeführt. Zusätzlich wurde mit Xcode 4.2[8]das Prinzip des Automatic Reference Counting (ARC) eingeführt.

Das Grundprinzip bei Reference Counting besteht darin, dass jedes Objekt die Anzahl der von ihm abhängigen Objekte zählt. Die Root-Klasse `NSObject` definiert zur Abfrage des Referenzzählers die Methode `retainCount`. Sobald eine Instanz einen `retainCount` von 0 besitzt, kann diese Instanz aufgeräumt werden. Neben `retainCount` definiert die Klasse `NSObject` die Methoden `retain` und `release`. Über `retain` wird der Referenzzähler erhöht und mittels `release` verringert. Bei der Anlage einer neuen Instanz mittels `alloc` wird der Referenzzähler auf eins gesetzt. Die Aufgabe des Entwicklers ist es, die Referenz an den entsprechenden Stellen zu erhöhen bzw. zu verringern.

Besitz eines Objekts

Hierbei hilft der Begriff des Besitzes eines Objekts. Der Besitzer eines Objekts ist letztendlich für das Aufräumen (Verringern des Referenzzählers) verantwortlich. Um den Besitz eines Objekts zu bestimmen, gibt Apple dem Entwickler einige Konventionen mit.

Erzeugende Methoden

Der Erzeuger eines Objekts ist auch dessen Besitzer. Hierfür gelten alle Methoden, die mit `alloc` oder `new` beginnen oder das Wort `copy` enthalten, als erzeugende Methoden. Die Instanz muss am Ende der Verwendung somit durch einen Aufruf der Methode `release` freigegeben werden (siehe Listing A–10).

Listing A–10
Freigabe einer Instanz mittels release

```
//Reservierung und Initialisierung
id einBeispiel = [[MySampleClass alloc] init];
//Arbeiten mit der Instanz
[einBeispiel tueEtwas];
//Freigabe, da Besitzer der Instanz einBeispiel
[einBeispiel release];
```

Um ein Objekt vor der zu frühen Speicherfreigabe zu schützen, ist die Methode `retain` nützlich. Dies ist wichtig bei Setter-Methoden (siehe Listing A–11). Auch im Falle, dass ein anderer Thread ein `release` auf der Instanz aufrufen könnte, ist ein `retain` notwendig. Ein `retain` hat aber auch zur Folge, dass am Ende der Verwendung der Instanz ein `release` aufgerufen werden muss.

Listing A–11
Implementierung einer Setter-Methode

```
- (void) setBook: (Book*) theBook {
  [theBook retain];
  [book release];
  book = theBook;
}
```

8. ARC ist eine Compiler-Eigenschaft des LLVM-3-Compilers. Dieser ist mit Xcode 4.2 integriert und deswegen kann diese Eigenschaft verwendet werden.

Als Schlussfolgerung ergibt sich, dass auf Instanzen, die man nicht besitzt, auch kein `release` aufgerufen wird. Neben den beschriebenen Methoden `release` und `retain` stellt die Klasse `NSObject` für die Speicherverwaltung noch die Methode `autorelease` zur Verfügung.

Autorelease-Pool

Das Prinzip dabei ist, dass alle Instanzen, an die die Nachricht `autorelease` gesendet wird, in einem Autorelease-Pool gespeichert werden. Der Pool selbst wird von der Klasse `NSAutoreleasePool` repräsentiert. Dieser Pool wird in einer Cocoa/Cocoa-Touch-Anwendung automatisch am Anfang erzeugt. Sobald die Referenz auf dem Autorelease-Pool entfernt wurde, werden alle gespeicherten release-Nachrichten an die Objekte gesendet. Die Freigabe des Pools erfolgt über die Nachricht `drain`. In einer Cocoa/Cocoa-Touch-Anwendung wird diese Nachricht zum Ende der Anwendung automatisch gesendet. Alternativ kann ein Autorelease-Pool auch mittels `alloc` und `init` selbst erzeugt werden (siehe Listing A–12).

Listing A–12
Erzeugung eines
Autorelease-Pools

```
//Autorelease Pool erzeugen
NSAutoreleasePool* pool = [[NSAutoreleasePool alloc] init];
//Autorelease Pool freigeben
[pool drain];
```

In einer iOS-App existiert nicht ein Autorelease-Pool pro Anwendung, sondern pro Thread. Sobald ein neuer Thread erzeugt wird, ist auch ein neuer Autorelease-Pool zu erzeugen. Beim Verlassen des Threads ist es wichtig, durch Aufruf der Instanzmethode `drain` der Klasse `NSAutoreleasePool` den Speicher freizugeben. Ansonsten kann es schnell zu Speicherlöchern kommen. Die unterschiedlichen Autorelease-Pools sind wie Zwiebelschalen ineinander geschachtelt. Beim Aufruf der Methode `autorelease` auf einer Instanz wird diese in den »innersten« Autorelease-Pool eingetragen. Die erlangte Bequemlichkeit hat aber einen Nachteil: erhöhter Speicherverbrauch. Denn der Speicher wird erst bei Beendigung des Threads oder sogar erst bei Beendigung der App freigegeben. Deswegen sollte der Autorelease-Pool nicht als kompletter Ersatz für die manuelle Speicherverwaltung mit dem Referenzzähler eingesetzt werden.

Für die letztendliche Freigabe des Speichers ist die Methode `dealloc`, definiert durch die Root-Klasse `NSObject`, zuständig. Diese Methode wird aufgerufen, sobald der Referenzzähler einer Instanz auf `0` steht. Wenn eine Klasse aufgeräumt wird, werden die in ihr enthaltenen Referenzen auch nicht mehr benötigt. Um diese auch aufzuräumen, kann die Methode `dealloc` überschrieben werden (siehe Listing A–13). Wichtig beim Überschreiben ist, dass weiterhin die Implementierung der `dealloc`-Methode von `NSObject` aufgerufen wird. Denn in dieser Methode wird der belegte Speicherbereich freigegeben. Zu beachten ist auch, dass die Methode dealloc niemals vom Entwickler selbst aufgerufen wird. Denn dadurch könnten Instanzen aufgeräumt werden, die eventuell noch benötigt werden. Dies würde zu einem Speicherfehler oder auch zu einem nicht deterministischen Programmverlauf führen.

```
- (void) dealloc {
  [sampleObject release];
  [super dealloc];
}
```

Listing A-13
Aufräumen in der Methode dealloc

Automatic Reference Counting (ARC)

Um das manuelle Verwalten der Referenzen zu vermeiden, existiert seit Xcode 4.2 das Automatic Reference Counting (ARC). Wie das Wort, Automatic Reference Counting, schon sagt, bietet der Mechanismus einen Automatismus. Dieser besteht darin, dass an den richtigen Stellen vom Compiler die entsprechenden Aufrufe von `retain`, `release` und `autorelease` auf den jeweiligen Instanzen eingefügt werden. Wichtig an der Stelle ist, dass dies während der Übersetzung passiert und nicht zur Laufzeit. Somit ist ARC kein neues Modell für das Speichermanagement während der Laufzeit, sondern vereinfacht den Quellcode, indem der notwendige Code zum Speichermanagement automatisch hinzugefügt wird. Für C-basierte Elemente ist ARC keine Hilfe, denn der Einsatz ist auf Objective-C-Objekte begrenzt. Für Variablen wurden dafür die Attribute *__strong* (starke Referenz) und *__weak* (schwache Referenz eingeführt).

Regeln für ARC

Zusammengefasst gelten folgende Regeln für den Einsatz von ARC:

- Der Aufruf von Methoden wie `retain`, `release`, `autorelease` und `dealloc` zur Speichverwaltung ist in eigenem Quellcode untersagt. Die Implementierung von angepassten `retain`- oder `release`-Methoden ist nicht möglich. Da ein eigener Aufruf von `release` nicht erfolgt, ist die Implementierung von `dealloc` meist nicht möglich – erlaubt ist diese aber schon.
- Objektzeiger dürfen nicht in C-struct-Typen gespeichert werden. Sollte dies notwendig sein, müssen die C-struct-Typen in Objekte umgewandelt werden.
- Die Umwandlung zwischen Objekttypen (`id`) und Nicht-Objekttypen (`void*`) ist nicht erlaubt. Für diesen Zweck müssen spezielle Funktionen eingesetzt werden. Der Name dieser Funktionen ist `__bridge`, `__bridge_retained` und `__brigde_transfer`.
- Die Verwendung von `NSAutoreleasePool` ist nicht möglich. Dafür ist das Konstrukt `@autoreleasepool` einzusetzen.

- Die Konvention, dass Methoden die mit `alloc`, `copy`, `init` oder `new` beginnen, erzeugende Methoden sind, wird verpflichtend. Diese Methoden müssen Instanzen mit einem Referenzzähler von eins zurückliefern.

Unterstützung von Automatic Reference Counting

ARC wird mit Xcode 4.2 (und höher) für iOS 4 und IOS 5 unterstützt. Unter iOS 4 werden die sogenannten Weak-Referenzen nicht unterstützt. Die Funktionalität wird dabei nicht direkt von Xcode 4.2 (und höher) realisiert, sondern von dem eingesetzten LLVM-Compiler in Version 3.

A.6 Kategorien

Um eine Klasse zu erweitern, steht Ihnen der klassische Weg der Ableitung einer Klasse zur Verfügung. Ein weiterer Weg, den Objective-C anbietet, ist die Definition einer Kategorie (*Category*). Über eine Kategorie ist es möglich, einer Klasse Methoden hinzuzufügen, ohne den Quellcode der Klasse zu verändern oder diese Klasse abzuleiten. Die Definition erfolgt dabei sehr ähnlich wie bei einem Interface. Der Unterschied ist nur, dass keine Oberklasse angegeben wird und dass der Name der Kategorie in Klammern hinter dem Namen der Klasse steht, zu der die Kategorie hinzugefügt werden soll.

Keine weiteren Variablen möglich

Wichtig zu erwähnen ist, dass mit einer Kategorie keine weiteren Instanzvariablen der Klasse hinzugefügt werden können. Dies ist den Unterklassen vorbehalten.

```
#import "Klassenname.h"
@interface Klassenname ( Kategoriename )
// Implementierung der Methoden
@end
```

Als Namenskonvention der Interfacedatei hat sich `Klassenname+Kategorie.h` eingebürgert, z.B. `NSString+MeineKategorie.h`. In der Implementierungsdatei wird die Kategorie nochmals mit aufgeführt.

```
#import "Klassenname+Kategorie.h"
@implementation Klassenname ( Kategoriename )
// Implementierung der Methoden
@end
```

Bei der Verwendung der Klasse ist es nun wichtig, dass die richtige Header-Datei eingebunden wird. Bei der Einführung einer Kategorie auf Root-Ebene[9] steht diese Änderung auch automatisch allen Unterklas-

9. Dies sollten Sie allerdings vermeiden, da aufgrund der Tatsache, dass viele Klassen betroffen sind, die Auswirkungen nicht immer absehbar sind.

sen zur Verfügung. Das heißt, wenn Sie eine Kategorie auf `NSObject` anlegen, wird fast jede Klasse Ihrer Anwendung um diese Funktionalität erweitert.

Zugriff auf die privaten Instanzvariablen

Der große Unterschied einer Kategorie zu einer Unterklasse ist die Einordnung in der Hierarchie. Die Kategorie steht auf gleicher Ebene wie die Klasse selbst. Eine Kategorie hat somit die gleichen Zugriffsrechte wie eine Klasse selbst. Das heißt, eine Kategorie kann auch auf Instanzvariablen zugreifen, die mit `@private` markiert sind.

Gleiche Methodennamen sind möglich.

Es ist möglich, dass Sie Methoden mit den gleichen Namen definieren wie in der Klasse, für die die Kategorie definiert wird. Sie überschreiben damit die Methode der Klasse. Allerdings können Sie nicht mittels `super` die originäre Klasse aufrufen, denn die Kategorie hat nicht die Klasse als Oberklasse. Das heißt, an dieser Stelle können Sie nicht direkt von implementierten Funktionalitäten der eigentlichen Klasse profitieren.

Kategorien eignen sich auch für die Gruppierung.

Mittels Kategorien ist es möglich, eine Klasse in mehrere kleine Dateien aufzuteilen bzw. auch zusammenhängende Methoden in einer Kategorie zu implementieren. Dadurch können Sie in großen Projekten einen besseren Überblick behalten.

Kategorien können auch als Klassenkonfiguration angesehen werden.

Ein Einsatzgebiet für Kategorien kann auch die Konfiguration von Klassen sein. Hierdurch müssen Sie für unterschiedliche Anwendungen nicht mehrmals eine Klasse in unterschiedlichen Versionen vorhalten.[10]

Anonyme Kategorien

Eine besondere Art von Kategorien ist die anonyme Kategorie. Diese wird auch als *Extension* (oder *Class Extension*) bezeichnet. Der Unterschied zu einer herkömmlichen Kategorie ist, dass durch die Definition einer Extension von einer Klasse die Implementierung bestimmter Methoden verlangt wird.

Unterschied und Auswirkung an einem Beispiel erläutert

Um den Unterschied besser zu verstehen, soll dies kurz an beispielhaften Quellcodestücken erläutert werden. Zunächst eine einfache Kategorie:

```
@interface MyObject (Setter)
- (void)setWidth:(float)width;
@end
```

Die Implementierung der Klasse `MyObject` ist leer. Die Methode `setWidth` muss nicht implementiert werden. Bei Aufruf der Methode wird der Fehler erst zur Laufzeit festgestellt.

10. Bei Ableitung müssten Sie mit unterschiedlichen Namen der Klasse arbeiten, dies ist bei Kategorien nicht der Fall. Hier unterscheidet sich nur der Name der Datei, die eingebunden wird.

```
@implementation MyObject (Setter)
@end
```

Eine anonyme Kategorie wird wie eine »normale« Kategorie definiert. Ein Unterschied besteht aber darin, dass in den Klammern kein Name für die Kategorie angegeben ist.

```
@interface MyObject ()
- (void)setWidth:(float)width;
@end
```

Die Methode selbst muss nun in der Implementierungsklasse enthalten sein und nicht in einer Kategorie. Das heißt, über eine Extension ist es möglich, eine erweiterte API anzubieten, aber nicht (wie bei der »normalen« Kategorie) zusätzliche Methoden hinzuzufügen.

```
@implementation MyObject
- (void)setWidth:(float)width
{
}
@end
```

Wenn Sie die Methode der anonymen Kategorie nicht implementiert haben, wird während des Übersetzungsvorgangs vom Compiler eine Warnung ausgegeben. Das heißt, im Gegensatz zur »normalen« Kategorie haben Sie an dieser Stelle bereits eine Überprüfung zur Übersetzungszeit.

A.7 Properties

Ein wichtiges Prinzip der objektorientieren Programmierung ist die Kapselung. Hierzu gehört auch, dass interne Zustände nicht direkt nach außen sichtbar und änderbar sind. Um dies zu gewährleisten, wird der Zugriff auf Instanzvariablen über Methoden, sogenannte Getter-/Setter-Methoden, realisiert. Die Erstellung dieser Methoden verläuft immer nach einem einheitlichen Muster – und Muster in der Informatik lassen sich sehr gut über generative Ansätze automatisiert erzeugen.

Declared Properties

Objective-C bietet einen Mechanismus zur Erzeugung dieser Methoden. Dieser Mechanismus wird als `Declared Properties` bezeichnet. Hierfür steht die Direktive `@property` zur Verfügung.

Definition im Interface einer Klasse

Der erste Schritt, um Getter-/Setter-Methoden zu erzeugen, ist die Definition der Property im Interface über die Direktive `@property`. Durch diese Direktive wird festgelegt, dass für die betreffende Instanzvariable die Zugriffsmethoden von außen sichtbar bzw. aufrufbar sind. Neben der Direktive `@property` ist auch die Definition der dazugehörigen Instanzvariablen erforderlich.

```
@interface SimpleClass : NSObject
{
    float length;
}
@property float length;
@end
```

Listing A–14
Einfaches Interface der Klasse SimpleClass *mit der Property length*

Im nächsten Schritt erzeugen Sie das zugehörige Getter-/Setter-Paar über die Direktive `@synthesize` innerhalb der Implementierungsdatei.

```
@implementation SimpleClass
@synthesize length;
@end
```

Durch die erwähnte Direktive `@synthesize` entfällt die Implementierung der beiden Zugriffsmethoden. Im obigen Beispiel wird als Instanzvariable der Name der Property, in diesem Falle `length`, genommen. Zur Verwendung einer anderen Variablen geben Sie stattdessen deren Namen ein:

```
@implementation SimpleClass
@synthesize length=theMaximum;
@end
```

Eine Instanzvariable wird für eine Property nicht unbedingt benötigt.

In den bisherigen Beispielen wurde immer auch eine Instanzvariable für eine Property im Interface definiert. Es ist aber auch möglich, dass die Direktive `@synthesize` ohne direkt definierte Instanzvariable arbeitet. Diese Variante wird aber nur von der sogenannten *modern runtime* unterstützt. Das Gegenstück ist die *legacy runtime,* die in Objective-C der Version 1 zum Einsatz kommt. Das Betriebssystem iOS setzt Objective-C in der Version 2 ein und somit die *modern runtime*, d.h., hier kann die genannte Variante ohne Instanzvariable verwendet werden (dies wird in der Dokumentation als »instance variable synthesis« bezeichnet).

Aufräumen in der Methode dealloc

Bei der Verwendung von `@synthesize` wird einiges durch den Objective-C-Compiler abgenommen. Wichtig dabei ist, dass das Aufräumen[11] in der Methode `dealloc` nicht vergessen wird. Alle definierten Properties, die nicht das Attribut `assign` besitzen, müssen in der Methode `dealloc` aufgeräumt werden.

Ohne Instanzvariable im Interface kein Zugriff in der Implementierung

Für den Fall, dass keine Instanzvariable für eine Property definiert wurde, besteht auch keine Zugriffsmöglichkeit auf die Variable in der Implementierungsdatei. Das heißt, im Falle von `dealloc` müssen Sie über die Setter-Methode gehen.

11. Ein Aufräumen muss nur erfolgen wenn nicht Automatic Reference Counting eingesetzt wird. In diesem Fall ist die Implementierung der Methode `dealloc` in den meisten Fällen nicht notwendig.

```
- (void)dealloc{
    [self setProperty:nil];
    [super dealloc];
}
```

Parameter für die Definition von Properties

Für die Definition von Properties über die Direktive `@property` können Sie Attribute angeben, die die Erzeugung der Property beeinflussen.

```
@property(Attribute) Datentyp Name;
```

Wie im oberen Beispiel zu sehen ist, werden die Attribute in einer runden Klammer direkt nach der Direktive angegeben. Mehrere Attribute werden dabei durch ein Komma voneinander getrennt. Diese Attribute können in nachfolgende drei Kategorien unterteilt werden:

- Block A: Name der Zugriffsmethoden
- Block B: Schreibbarkeit
- Block C: Verhalten bei Verwendung der set-Methode

Block A: Name der Zugriffsmethoden

Auch wenn es für die Zugriffsmethoden Namenskonventionen gibt, ist es möglich, diese Konvention über Attribute zu durchbrechen.

Tab. A–3 *Attribute zur Umbenennung der erzeugten Zugriffsmethoden*

Attribut	Beschreibung
`getter=getterName`	Über das Attribut `getter` gefolgt vom Namen der Getter-Methode wird der Name der Methode festgelegt. Wenn hier keine Eingabe erfolgt, wird der Standardname[a] verwendet.
`setter=setterName`	Über das Attribut `setter` gefolgt vom Namen der Setter-Methode wird der Name der Methode festgelegt. Wenn hier keine Eingabe erfolgt, wird der Standardname[b] genommen.

a. Der Standard für die Getter-Methode ist der Name der Property (der Instanzvariablen).

b. Der Standard für die Setter-Methode ist das Schlüsselwort *set* gefolgt vom Namen der Property (der Instanzvariablen). Der erste Buchstabe der Property wird dabei in Großbuchstaben geschrieben, z.B. `setLength`.

Block B: Schreibbarkeit

Ob eine Property schreibbar ist oder nicht, kann auch über Attribute gesteuert werden. Hierfür stehen zwei Attribute zur Verfügung. Es kann jeweils nur eines dieser Attribute verwendet werden.

Tab. A–4 *Attribute zur Festlegung des Lese-/Schreibzugriffes auf eine Property*

Attribut	Beschreibung
`readwrite`	Über das Attribut `readwrite` wird angegeben, dass die Property schreib- und lesbar sein soll. Das heißt, es sind beide Zugriffsmethoden nach außen sichtbar. Dieses Attribut ist der Standard.
`readonly`	Über das Attribut `readonly` wird angegeben, dass auf die Property nur lesend zugegriffen werden kann. Das heißt, in der Implementierungsdatei müssen Sie auch nur die get-Methode implementieren.

Auch die Vorgehensweise/Arbeitsweise einer Setter-Methode kann über Attribute festgelegt werden. Beim Setzen einer Variablen kommt direkt das Thema Speichermanagement ins Spiel. Mit der Einführung von Automatic Reference Counting (ARC, siehe auch Seite 345 ff.) muss immer unterschieden werden, ob ein Projekt mit ARC oder ohne ARC umgesetzt wird. Dies gilt im besonderen Maße für die Attribute für das Setzen einer Variablen. Deshalb werden diese beiden Varianten nun getrennt voneinander dargestellt.

Block C: Verhalten bei Verwendung der set-Methode

Für ein auf iOS 5 basierendes Projekt sollte grundsätzlich aber ARC eingesetzt werden – als Entwickler sollte man sich die Vorteile nicht entgehen lassen. Trotzdem ist das Wissen, wie es ohne ARC funktioniert, für Entwickler unabdingbar.

Kein ARC

Insgesamt stehen hierzu drei unterschiedliche Varianten zur Verfügung. Die Attribute schließen sich gegenseitig aus, d.h., es kann jeweils nur ein Attribut dieser Art pro Property verwendet werden.

Tab. A–5
Attribute für die @property-Direktive zur Beeinflussung der Umsetzung der Setter-Methode

Attribut	Beschreibung
assign	Über das Attribut `assign` wird festgelegt, dass innerhalb der Setter-Methode eine simple Zuweisung verwendet wird. Dieses Attribut ist das Standardverhalten, das angewendet wird, falls keines der zwei anderen Attribute angegeben wird. Ein Aufruf von `release` ist nicht erforderlich.
retain	Bei der Zuweisung der Instanz wird zunächst `retain`[a] auf der Instanz aufgerufen. An den alten Wert wird die Nachricht `release` gesendet. Dies wird natürlich gemacht, bevor die Zuweisung erfolgt. Das Attribut `retain` kann nur bei Objective-C-Datentypen eingesetzt werden. Elemente aus Core Foundation[b] sind hier nicht zulässig.
copy	Anstatt einer einfachen Zuweisung wird hier das Objekt kopiert, d.h., es entsteht eine neue Instanz. An die alte Instanz wird eine `release`-Nachricht gesendet. Der Kopiervorgang wird über die Methode `copy` durchgeführt. Hierfür muss die kopierende Klasse das Protokoll `NSCopying` implementieren.

a. Über die Nachricht (Methode) `retain` wird der interne Referenzzähler für eine Instanz erhöht. Der Speicher für eine Instanz wird nur dann freigegeben, wenn der Referenzzähler bei 0 ist. Weiterführende Informationen zur Speicherverwaltung in Objective-C liefert der Memory Management Guide for Cocoa. Dieser ist verfügbar unter http://developer.apple.com/iphone/library/documentation/Cocoa/Conceptual/MemoryMgmt.

b. Klassen aus diesem Framework beginnen mit `CF`.

Näheres zum Attribut copy

Wie zuvor erwähnt, wird beim Einsatz des Attributes `copy` die betreffende Instanz kopiert. Bei der Verwendung von `@synthesize` wird die Methode `copy` für das Kopieren eingesetzt. Dies ist besonders sinnvoll bei Parametern, die eine veränderbare Instanz repräsentieren, z.B. `NSMutableString`. In diesem Fall muss aber sichergestellt sein, dass die Instanz eine eigene private Instanz hat, die nicht von außen veränderbar ist. Dieses Verfahren funktioniert nicht bei Listen (Collections), wie einem Array oder einem Set: Hierbei wird eine unveränderbare Kopie erzeugt, d.h., in dieser Kopie können keine neuen Werte hinzugefügt werden. Für diesen Fall müssen Sie eine eigene Implementierung zur Verfügung stellen. Deshalb ist es besser, anstatt der Methode `copy` die Methode `mutableCopy` zu verwenden.

Mit ARC

Beim Einsatz von Automatic Reference Counting stehen für Properties insgesamt vier unterschiedliche Varianten für das Setzen von Variablen zur Verfügung – somit also eine Variante mehr als im Falle ohne ARC. Die Attribute schließen sich gegenseitig aus, d.h., es kann jeweils nur ein Attribut dieser Art pro Property verwendet werden.

Tab. A–6
Attribute für die @property-Direktive im Falle von Automatic Reference Counting

Attribut	Beschreibung
copy	Das Attribut `copy` unterscheidet sich in der Variante ARC nicht von der Variante ohne ARC.
strong	Das Verhalten von `strong` ist mit dem Verhalten von `retain` bei Projekten ohne ARC gleichzusetzen.
unsafe_retained	Dieses Attribut hat die gleiche Bedeutung wie das Attribut `assign`. Diese Bezeichnung drückt nur stärker die genaue Bedeutung des Attributes `assign` aus – nämlich das Gegenteil von `retain`.
weak	Im Kontext von iOS steht das Attribut `weak` erst ab iOS 5 und Xcode 4.2 zur Verfügung. Über das Attribut `weak` wird festgelegt, dass die zugrunde liegende Variable eine `weak`-Referenz ist. Das bedeutet, dass die Variable nicht in den Besitzt übergeht (Referenzzähler wird nicht erhöht). Nach Freigabe des referenzierten Objektes wird die Referenz auf `nil` gesetzt.

Weitere Attribute

Neben den bereits beschriebenen Attributen ist noch das Attribut `nonatomic` aufzuführen. Standardmäßig sind die Zugriffsmethoden atomar. Um dies zu ändern, muss das Attribut `nonatomic` gesetzt werden.

Zusätzlich zu `@synthesize` gibt es noch die Direktive `@dynamic`. In der Implementierungsdatei kann neben `@synthesize` auch `@dynamic` verwendet werden. Bei `@dynamic` wird dem Compiler mitgeteilt, dass die Zugriffsmethoden nicht erzeugt werden sollen, sondern zur Verfügung gestellt werden, z.B. durch eine Implementierung (siehe Listing A–15) in der jeweiligen Klasse selbst. Dies kann direkt in der Implementierungsdatei der Klasse erfolgen. Es ist aber auch möglich, diese Methoden dynamisch zur Laufzeit zur Verfügung zu stellen. Das nachfolgende Beispiel zeigt die Verwendung der Direktive `@dynamic`:

Listing A–15
Verwendung der Direktive @dynamic

```
@implementation SimpleClass
@dynamic length;
- (float)length {
  return length;
}
- (void)setLength:(float)newLength {
  length = [newLength copy]
}
@end
```

Überschreiben von readonly

Es ist möglich, dass eine Property, die mit `readonly` markiert ist, von einer Unterklasse zu `readwrite` gemacht wird. Hierfür muss einfach in der Unterklasse die Property mit dem Attribut `readwrite` definiert werden. In der Implementierung müssen zunächst die Direktive `@dynamic` aufgeführt und die Setter-Methode implementiert werden.

A.8 Protocols

Zwei Möglichkeiten zur Definition von Interfaces wurden bereits aufgezeigt: Neben dem Interface einer Klasse selbst stellen Kategorien eine Möglichkeit zur Definition von Interfaces dar. Die zwei genannten Varianten sind dabei immer mit einer Klasse verbunden. Schnittstellen (Interfaces) können Sie in Objective-C jedoch auch durch Protokolle (Protocols) definieren.

Protokoll: Begriffserklärung

Ein Protokoll ist im engsten Sinne eine Liste von Methoden. Das heißt, Sie können über ein Protokoll Methoden für bestimmte Aufgabengebiete gruppieren. Hierdurch können also Klassen unterschiedlichster Herkunft angesprochen werden. Ein Beispiel hierfür ist ein Protokoll, das Methoden für den Zugriff auf Fehlermeldungen definiert. Protokolle sind nicht in eine herkömmliche Klassenhierarchie eingebunden. Es gibt dabei zwei unterschiedliche Arten von Protokollen: *formelle Protokolle* und *informelle Protokolle*.

Das formelle Protokoll

Für die Definition eines formellen Protokolls stellt Objective-C ein Sprachkonstrukt zur Verfügung, nämlich die Direktive `@protocol`.

```
@protocol ProtokollName
Definition der Methoden
@end
```

Erwähnenswert an dieser Stelle ist, dass ein Protokoll zwar keine Instanzvariablen definieren kann, die Definition einer Property hingegen schon möglich ist.

```
@protocol MeinProtokoll
- (void)do:(NSString* )text;
@property (NSString*) name;
@end
```

Aufteilung der Methoden zwischen notwendig und optional

Standardmäßig muss eine Klasse, die ein bestimmtes Protokoll implementiert, alle Methoden dieses Protokolls implementieren, um das Protokoll zu erfüllen. Bei der Definition eines Protokolls ist es aber möglich, Methoden als optional zu definieren. Dies geben Sie durch die Direktive `@optional` an. Neben dieser Direktive gibt es noch die Direktive `@required`. Über diese Direktive kann explizit definiert werden, welche Methoden notwendig sind, um das Protokoll zu erfüllen. Standardmäßig sind alle Methoden `@required`. Sobald eine Direktive erscheint, sind alle Methoden darunter mit dieser Direktive markiert. Dies gilt so lange, bis eine neue Direktive erscheint.

```
@protocol MeinProtokoll
- (void)eineNotwendigeMethode1;

@optional
- (void) optionaleMethode1;
- (void) optionaleMethode2;

@required
- (void)eineNotwendigeMethode2;
@end
```

Das informelle Protokoll

Informelle Protokolle werden als Kategorie von `NSObject` realisiert. Aufgrund der Tatsache, dass eigentlich alle Klassen sich von der Root-Klasse `NSObject` ableiten, sind hier keine Grenzen in Bezug auf die Hierarchie gesetzt. Bei einem informellen Protokoll haben Sie, unabhängig davon, ob eine Methode implementiert ist oder nicht, keine direkte Unterstützung vom Compiler oder der Laufzeitumgebung. Daher rührt auch der Name.

```
@interface NSObject (MeinProtokoll)
- (void)do:(NSString* )text;
@property (NSString*) name;
@end
```

Repräsentation eines Protokolls zur Laufzeit

So wie Klassen zur Laufzeit von Klassenobjekten repräsentiert werden, existiert für formelle Protokolle auch ein Typus. Letztere werden nämlich als Instanzen der `Protocol`-Klasse repräsentiert. Für die Erzeugung einer solchen Instanz steht die Direktive `@protocol` zur Verfügung.

```
Protocol *myProtocol = @protocol(MeinProtokoll);
```

Annahme eines formellen Protokolls durch eine Klasse

In Zusammenhang mit einem formellen Protokoll spricht man davon, dass eine Klasse solch ein Protokoll annimmt (in der Dokumentation wird der Begriff »adopt« verwendet). Angenommene Protokolle werden bei der Definition des Interface einer Klasse in spitzen Klammern angegeben.

```
@interface Klassenname : Oberklasse <Liste der Protokolle>
```

Auch bei einer Kategorie ist es möglich, formelle Protokolle anzugeben. Diese werden ebenfalls in spitze Klammern gesetzt.

```
@interface Klassenname (Kategoriename) <Liste der Protokolle>
```

Eine Klasse kann mehr als ein Protokoll unterstützen. Mehrere Protokolle werden dabei durch ein Komma voneinander getrennt.

```
@interface MyClass : NSObject <MeinProtokoll1, MeinProtokoll2>
```

Hilfsmittel zur Überprüfung, ob ein Protokoll eingehalten wird

Es besteht die Möglichkeit, zur Laufzeit zu überprüfen, ob eine Klasse ein bestimmtes Protokoll unterstützt oder nicht. Hierbei hilft die zuvor gezeigte Direktive `@protocol`. Über das `NSObject Protocol`[12] wird die Methode[13] `conformsToProtocol` zur Verfügung gestellt, die überprüft, ob eine Instanz ein bestimmtes Protokoll unterstützt. Sie liefert `YES` zurück, wenn alle Methoden des Protokolls von der betreffenden Klasse implementiert werden.

```
if (![receiver conformsToProtocol: @protocol(MeinProtocol)]) {
}
```

Auch das Vorhandensein einer einzelnen Methode kann geprüft werden.

Neben der Prüfung, ob ein komplettes Protokoll unterstützt wird, kann über die Methode `respondsToSelector` geprüft werden, ob eine einzelne Methode von einer Klasse angeboten wird oder nicht.[14] Methoden werden dabei über die Direktive `@selector` beschrieben.

```
if (![receiver respondsToSelector: @selector(length:)]) {
}
```

Protokolle können wiederum andere Protokolle unterstützen.

Ein Protokoll kann so definiert werden, dass es andere Protokolle unterstützt. Die Syntax dafür ist dieselbe wie bei Interfaces: In spitzen Klammern werden hierbei die Protokolle genannt, die unterstützt werden.

```
@protocol Protokollname <Liste der Protokolle>
```

12. Die Klasse `NSObject` bietet das `NSObject Protocol` an.
13. Die Klasse `NSObject` bietet auch die Klassenmethode `conformsToProtocol` mit der gleichen Funktionalität an.
14. Dies wird vor allem bei Delegates eingesetzt bzw. bei informellen Protokollen.

Wie bei den Klassen auch schon werden mehrere Protokolle innerhalb der spitzen Klammern mit einem Komma voneinander getrennt.

```
@interface MeinProtokoll <Protokoll1, Protokoll2>
```

Protokolle als Rückgabewert

Beim Rückgabewert einer Methode (bzw. auch beim Parameter) kann angegeben werden, dass dieser ein bestimmtes Protokoll unterstützt. Das unterstützte Protokoll wird dabei auch wieder in spitzen Klammern genannt. Als Typ wird dabei der untypisierte Wert `id` genommen.[15]

```
- (id <MeinProtokoll>)service;
```

Vorwärtsdefinition von Protokollen ist auch möglich.

Bei der Definition eines Protokolls können als Parameter bzw. Rückgabewerte auch andere Protokolle verwendet werden. Hierfür muss das Protokoll über `#import` eingebunden werden.

```
#import "Zwei.h"
@protocol Eins
- methodOne:(id <Zwei>)theParam;
@end
```

Es ist aber auch denkbar, dass dieses referenzierte Protokoll ebenfalls Zugriff auf das zuerst definierte Protokoll benötigt. Beim herkömmlichen Weg über `#import` entsteht aber eine zyklische Abhängigkeit, die der Compiler nicht auflösen kann.

```
#import "Eins.h"
@protocol Zwei
- methodTwo:(id <Eins>)theParam;
@end
```

Wie auch bei Klassen besteht jedoch bei Protokollen die Möglichkeit zur Vorwärtsdefinition. Diese erfolgt auch hier über die Direktive `@protocol`. Dadurch kann besagte zyklische Abhängigkeit aufgelöst werden und der Compiler kann die Protokolle ohne Fehler übersetzen.

```
@protocol Zwei;
@protocol Eins
- methodOne:(id <Zwei>)theParam;
@end
```

15. Es ist nicht zwingend erforderlich, dass `id` als Rückgabewert verwendet wird. Auch eine abstrakte Klasse mit Angabe eines Protokolls ist sicher eine sinnvolle Variante.

A.9 Fast Enumeration mittels for...in

In Objective-C existiert das Konzept der *Fast*[16] *Enumeration* für das Durchlaufen (Iterieren) von Listen (Collections) wie z.B. NSArray. Das zur Verfügung gestellte Sprachkonstrukt ist for...in.

```
for (Datentyp neuerVariablenname in Liste) { anweisungen }
```

Bei der Implementierung des NSFastEnumeration Protocol haben Sie die Möglichkeit, die einzelnen Elemente des Datentyps über das Konstrukt for...in abzurufen. Ein kleines Beispiel hierfür ist die Verwendung bei einem NSArray:

```
NSArray *zahlen = [NSArray arrayWithObjects:
@"Eins", @"Zwei", @"Drei", @"Vier"];

for (NSString *zahl in zahlen) {
    NSLog(@"Elementname: %@", zahl);

}
```

Das Sprachmittel for...in kann auch bei einem NSEnumerator eingesetzt werden. Der folgende Quellcodeausschnitt ist ein Beispiel, wie dieser angewendet wird:

```
NSArray *zahlen = [NSArray arrayWithObjects:
@"Eins", @"Zwei", @"Drei", @"Vier"];

NSEnumerator *enumerator = [array reverseObjectEnumerator];

for (NSString *zahl in enumerator) {
    NSLog(@"Elementname: %@", zahl);
}
```

A.10 Behandlung von Exceptions

Objective-C hat einen eingebauten Mechanismus zur Behandlung von Exceptions.[17] Dieser Mechanismus ist dem entsprechenden Mechanismus in den Sprachen Java und C++ sehr ähnlich. Zum Einsatz kommen dabei die vier Direktiven @try, @catch, @throw und @finally. Das folgende Quellcodestück zeigt beispielhaft die Behandlung einer Exception. Über die Methoden name und reason kann auf die Details der

16. Der Begriff Fast wird hier verwendet, weil es um eine verkürzte Schreibweise geht. Die andere Möglichkeit zur Iteration über eine Liste ist über den herkömmlichen Indexzugriff.
17. Mehr Informationen zum Umgang mit Exceptions liefert das Dokument *Exceptions Programming Topics for Cocoa*. Dieses Dokument ist abrufbar unter http://developer.apple.com/iphone/library/documentation/Cocoa/Conceptual/ErrorHandlingCocoa.

Exception zugegriffen werden. Der Block `finally` wird hierbei auf alle Fälle ausgeführt, unabhängig davon, ob eine Exception aufgetreten ist oder nicht.

```
@try {
  [sample executeMethod];
}
@catch (NSException *exception) {
  NSLog(@"Exception ist aufgetreten, %@: %@", [exception name],
[exception  reason]);
}
@finally {
  [sample release];
}
```

Über die Direktive `@throw` ist es möglich, eine eigene Exception zu werfen. Die Klasse `NSException` stellt dabei eine Methode zur Verfügung, um eine Exception zu erzeugen.

```
NSException *exception = [NSException
exceptionWithName:@"HotTeaException" reason:@"The tea is too hot"
userInfo:nil];

@throw exception;
```

Sie können auch mehrere `catch`-Blöcke (mit unterschiedlichen Exceptions) definieren. Die Exception wird in dem Block abgearbeitet, der zuerst zutrifft. Das heißt, bei solch einem Verfahren muss immer zuerst die feingranulare Exception behandelt werden.

```
@try {
// Aktionen ausfuehren
}

@catch (CustomException *ce) {
// Behandlung der Exception CustomException
}

@catch (NSException *ne) {
// Behandlung von NSException
}
```

Error oder Exception

In Objective-C existieren Exceptions (in Form einer Instanz von `NSException`) und Errors (in Form von `NSError`[a]) zur Fehlerreaktion in Ihrer Anwendung.

Exceptions setzen Sie dabei hauptsächlich für programmatische Fehler, wie z.B. einen falschen Methodenparameter oder die klassische Division durch null, ein. Errors werden hingegen bei Fehlern verwendet, die während der Laufzeit durchaus auftreten können, wie z.B., dass ein Text für eine bestimmte Sprache nicht dargestellt werden kann.

Ihr Ziel sollte sein, Exceptions weitgehend vor der Auslieferung zu beseitigen. Trotzdem können Exceptions noch auftreten, z.B. das Problem, dass nicht genügend Speicher *(out of memory)* vorhanden ist.

Für die Fehlerbehandlung sollten Sie somit einen Mix von `NSException` und `NSError` einsetzen.

a. Mehr Informationen zum Umgang mit Errors liefert der *Error Handling Guide for Cocoa*. Dieser ist abrufbar unter http://developer.apple.com/iphone/library/ documentation/Cocoa/Conceptual/ErrorHandlingCocoa.

A.11 Zusammenfassung

In diesem Anhang haben Sie eine kurze Einführung in die Programmiersprache Objective-C Version 2.0 erhalten. Den Anfang hat dabei eine Auflistung der unterschiedlichen Dateitypen gebildet. Hier wurde gezeigt, dass das Interface (`.h`) und die Implementierung (`.m` oder `.mm`) einer Klasse in unterschiedlichen Dateien abgelegt werden. Dies sollten Sie für die bessere Übersicht auch einhalten. Der nächste Schritt war die Darstellung des Begriffs der Klassen und der Instanziierung. Hier wurde auch die Definition von Methoden gezeigt und dargestellt, wie mit Direktiven (z.B. `@private`) die Sichtbarkeit nach außen beeinflusst werden kann. Der besondere Datentyp `id` als Repräsentation des untypisierten Datentyps wurde ebenfalls aufgezeigt. Da eine Anwendung eigentlich nicht ohne Text auskommt, wurde noch kurz auf `NSString` eingegangen. Im Anschluss haben Sie das wichtige Thema der Speicherverwaltung kennengelernt – besonders auch das mit Xcode 4.2 unterstützte Automatic Reference Counting (ARC). Der nächste Schritt bestand in der Darstellung der Kategorien, die auch in Form von anonymen Kategorien auftreten können. Für den Zugriff auf Instanzvariablen wurden die Properties und deren Verwendung vorgestellt. Vor allem das Konzept der *Declared Properties* hat hier Beachtung gefunden. Die unterschiedlichen Direktiven wie `@synthesize` u.a. wurden aufgezeigt. Diese können Ihnen einiges an Tipparbeit ersparen; Sie sollten hierbei jedoch darauf achten, dass Sie z.B. Attribute bei `@synthesize` bewusst einsetzen. Vergessen Sie aber bei aller Ersparnis durch die Generierung nicht die Ausimplementierung der Methode `dealloc`.

Des Weiteren wurden Ihnen formelle und informelle Protokolle vorgestellt, die eine Alternative zur Gruppierung von Methoden, unabhängig von jeglicher Hierarchie, bilden. Zum Ende dieses Anhangs haben Sie noch das Konzept der *Fast Enumeration* über das Sprachmittel `for...in` kennengelernt.

Abschließend wurde der Mechanismus zum Umgang mit Exceptions beschrieben. Hier wurde auch ein kurzer Blick auf den wichtigen Unterschied zwischen Error und Exception geworfen. Machen Sie sich diesen Unterschied bewusst und setzen Sie `NSError` und `NSException` gezielt ein. Bei noch offenen Fragen im Alltag der Programmierung einer Anwendung für das iOS sollten Sie das Dokument *The Objective-C 2.0 Programming Language*[18] zurate ziehen.

18. http://developer.apple.com/iphone/library/documentation/Cocoa/Conceptual/ObjectiveC.

B Quelltext der Beispiele

Bei den Beispielen in Kapitel 2, 5, 6 und 7 des vorliegenden Buches habe ich wegen der Übersichtlichkeit auf die komplette Darstellung des Quelltextes verzichtet und nur die relevanten Quellcodeabschnitte gezeigt. Um diese zu vervollständigen, enthält dieses Kapitel die kompletten Quelltexte der Anwendungen fast.calc, my.address, web.address, Einkaufsliste, CDEinkaufsliste sowie MapKitSample, i.RSS und just.do. Sie können die Texte außerdem von der Buchwebseite herunterladen: http://www.dpunkt.de/iphone, Link »Quelltexte (4. Auflage)«.

B.1 Quelltext fast.calc

Das Beispiel in Kapitel 2 befasst sich mit der Erweiterung eines einfachen Taschenrechners. Die Erweiterung umfasst die Änderung der Oberfläche und die Implementierung der Grundrechenart Subtraktion. Vor der Aufführung des kompletten Programmcodes erhalten Sie in Tabelle B–1 zunächst eine Übersicht über die einzelnen Quelltextdateien.

Tab. B–1
Quelltexte von fast.calc im Überblick

Dateiname	Kurzbeschreibung
main.m	Standard-main-Funktion, die durch die Entwicklungsumgebung Xcode automatisch erzeugt wurde.
my_calculatorAppDelegate.h my_calculatorAppDelegate.m	Der Application Delegate der Anwendung
my_calculatorViewController.h my_calculatorViewController.m	Diese Klasse repräsentiert die View zur Ein- und Ausgabe.

Listing B–1
main.m

```
#import <UIKit/UIKit.h>
int main(int argc, char *argv[]) {
        int retVal = UIApplicationMain(argc, argv, nil, nil);
    return retVal;
}
```

Listing B–2
my_calculator-AppDelegate.h

```
#import <UIKit/UIKit.h>
@class my_calculatorViewController;

@interface my_calculatorAppDelegate : NSObject
<UIApplicationDelegate> {
    UIWindow *window;
    my_calculatorViewController *viewController;
}

@property (nonatomic, retain) IBOutlet UIWindow *window;
@property (nonatomic, retain) IBOutlet my_calculatorViewController
*viewController;
@end
```

Listing B–3
my_calculator-AppDelegate.m

```
#import "my_calculatorAppDelegate.h"
#import "my_calculatorViewController.h"

@implementation my_calculatorAppDelegate

@synthesize window;
@synthesize viewController;

#pragma mark -
#pragma mark Application lifecycle

- (BOOL)application:(UIApplication *)application
didFinishLaunchingWithOptions:(NSDictionary *)launchOptions {
    // Add the view controller's view to the window and display.
    [window addSubview:viewController.view];
    [window makeKeyAndVisible];
    return YES;
}

- (void)applicationWillResignActive:(UIApplication *)application {
 }

- (void)applicationDidEnterBackground:(UIApplication *)application
{
}

- (void)applicationWillEnterForeground:(UIApplication *)application
{
}

- (void)applicationDidBecomeActive:(UIApplication *)application {
    }

- (void)applicationWillTerminate:(UIApplication *)application {
}

#pragma mark -
#pragma mark Memory management

- (void)applicationDidReceiveMemoryWarning:(UIApplication
*)application {
```

```
}
@end
```

Listing B-4
my_calculator-ViewController.h

```
#import <UIKit/UIKit.h>
#import <Foundation/Foundation.h>

@interface my_calculatorViewController : UIViewController {
 IBOutlet UITextField *displayField;
 BOOL plusPressed;
 BOOL minusPressed;
 int value;
}

- (void) input:(int)theInput;

- (IBAction)pressPlus:(id)sender;
- (IBAction)press0:(id)sender;
- (IBAction)press1:(id)sender;
- (IBAction)press2:(id)sender;
- (IBAction)press3:(id)sender;
- (IBAction)press4:(id)sender;
- (IBAction)press5:(id)sender;
- (IBAction)press6:(id)sender;
- (IBAction)press7:(id)sender;
- (IBAction)press8:(id)sender;
- (IBAction)press9:(id)sender;
- (IBAction)pressClear:(id)sender;
- (IBAction)pressMinus:(id)sender;
@end
```

Listing B-5
my_calculator-ViewController.m

```
#import "my_calculatorViewController.h"

@implementation my_calculatorViewController
- (IBAction)pressPlus:(id)sender {
 plusPressed = YES;
 minusPressed = NO;
}

- (IBAction)press0:(id)sender {
 [self input:0];
}

- (IBAction)press1:(id)sender {
 [self input:1];
}

- (IBAction)press2:(id)sender {
 [self input:2];
}

- (IBAction)press3:(id)sender {
 [self input:3];
```

```
}

- (IBAction)press4:(id)sender {
 [self input:4];
}

- (IBAction)press5:(id)sender {
 [self input:5];
}

- (IBAction)press6:(id)sender {
 [self input:6];
}

- (IBAction)press7:(id)sender {
  [self input:7];
}

- (IBAction)press8:(id)sender {
 [self input:8];
}

- (IBAction)press9:(id)sender {
 [self input:9];
}

- (IBAction)pressClear:(id)sender {
 value = 0;
 [self input:0];
}

- (IBAction)pressMinus:(id)sender {
 minusPressed = YES;
 plusPressed = NO;
}

- (void) input:(int)theInput {
 if (plusPressed) {
  value = value + theInput;
  [displayField setText:[[NSNumber numberWithInt:value]
stringValue]];
  plusPressed = NO;
  minusPressed = NO;
 } else if (minusPressed) {
  value = value - theInput;
  [displayField setText:[[NSNumber numberWithInt:value]
stringValue]];
  plusPressed = NO;
  minusPressed = NO;
 } else {
  if (theInput != 0 || value != 0) {
   if (value >= 0) {
    value = value*10 + theInput;
   }
```

```
    else {
     value = value*10 - theInput;
    }
    [displayField setText:[[NSNumber numberWithInt:value]
stringValue]];
  } else {
    [displayField setText:@"0"];
  }
 }
}

- (void)viewDidLoad {
 [super viewDidLoad];
 plusPressed = NO;
 minusPressed = NO;
 value = 0;
 [displayField setText:@"0"];
}

- (void)didReceiveMemoryWarning {
 [super didReceiveMemoryWarning];
}

- (void)viewDidUnload {
}

@end
```

B.2 Quelltext my.address

Das erste Beispiel in Kapitel 6 – *my.address* in Abschnitt 6.1.2 – befasst sich mit dem lesenden Zugriff auf das Adressbuch. Bevor nachfolgend der komplett Programmcode aufgeführt wird, erhalten Sie in Tabelle B–2 zunächst eine Übersicht über die einzelnen Quelltextdateien.

Tab. B–2
Quelltexte von my.address *im Überblick*

Dateiname	Kurzbeschreibung
main.m	Standard-main-Funktion, die durch die Entwicklungsumgebung Xcode automatisch erzeugt wurde.
AppDelegate.h AppDelegate.m	Der Application Delegate der Anwendung
ViewController.h ViewController.m	Diese Klasse repräsentiert die View zur Eingabe eines Datensatzes.

Listing B–6
main.m

```
#import <UIKit/UIKit.h>
int main(int argc, char *argv[]) {
  int retVal = UIApplicationMain(argc, argv, nil, nil);
  return retVal;
}
```

Listing B-7
AppDelegate.h

```
#import <UIKit/UIKit.h>
@class ViewController;
@interface AppDelegate : UIResponder <UIApplicationDelegate>

@property (nonatomic, strong) UIWindow *window;
@property (nonatomic, strong)  ViewController *viewController;
@end
```

Listing B-8
AppDelegate.m

```
#import "MyAddressAppDelegate.h"
#import "MyAddressViewController.h"
@implementation MyAddressAppDelegate
@synthesize window;
@synthesize viewController;
- (void)applicationDidFinishLaunching:(UIApplication *)application
{
  [window addSubview:viewController.view];
  [window makeKeyAndVisible];
}

@end
```

Listing B-9
ViewController.h

```
#import <UIKit/UIKit.h>
#import <AddressBook/AddressBook.h>
#import <AddressBookUI/AddressBookUI.h>
@interface ViewController : UIViewController
<ABPeoplePickerNavigationControllerDelegate> {
  IBOutlet UILabel *firstName;
  IBOutlet UILabel *lastName;
  IBOutlet UILabel *email;
}
@property (nonatomic, strong) UILabel *firstName;
@property (nonatomic, strong) UILabel *lastName;
@property (nonatomic, strong) UILabel *email;
- (IBAction)showPicker:(id)sender;
@end
```

Listing B-10
ViewController.m

```
#import "ViewController.h"
@implementation ViewController

@synthesize firstName;
@synthesize lastName;
@synthesize email;
-
(BOOL)shouldAutorotateToInterfaceOrientation:(UIInterfaceOrientati
on)interfaceOrientation {
  return (interfaceOrientation == UIInterfaceOrientationPortrait);
}
- (void)didReceiveMemoryWarning {
  [super didReceiveMemoryWarning];
```

```
}
- (void)viewDidLoad {
  self.firstName.text = nil;
  self.lastName.text = nil;
  self.email.text = nil;
}

- (IBAction)showPicker:(id)sender {
  ABPeoplePickerNavigationController *picker =
[[ABPeoplePickerNavigationController alloc] init];
  picker.peoplePickerDelegate = self;
  [self presentModalViewController:picker animated:YES];

}
-
(void)peoplePickerNavigationControllerDidCancel:(ABPeoplePickerNav
igationController*)peoplePicker {
  [self dismissModalViewControllerAnimated:YES];
}
-
(BOOL)peoplePickerNavigationController:(ABPeoplePickerNavigationCo
ntroller *)peoplePicker
shouldContinueAfterSelectingPerson:(ABRecordRef)person {
  NSString* name = (__bridge NSString *)ABRecordCopyValue(person,
kABPersonFirstNameProperty);
  self.firstName.text = name;

  name = (__bridge NSString *)ABRecordCopyValue(person,
kABPersonLastNameProperty);
  self.lastName.text = name;

  ABMultiValueRef emails = ABRecordCopyValue(person,
kABPersonEmailProperty);
  if (emails != nil && ABMultiValueGetCount(emails) > 0){
   CFStringRef emailaddress = ABMultiValueCopyValueAtIndex(emails,
0);
   if (emailaddress != nil) {
    self.email.text = (__bridge NSString*) emailaddress;
    self.email.textColor = [UIColor blueColor];
    CFRelease(emailaddress);
   }
   CFRelease(emails);
  } else {
   self.email.text=@"E-Mail ist nicht gesetzt";
   self.email.textColor = [UIColor redColor];
  }
  [self dismissModalViewControllerAnimated:YES];
  return NO;
}
@end
```

B.3 Quelltext web.address

Das zweite Programmierbeispiel[1] in Kapitel 6 – *web.address* in Abschnitt 6.1.3 – befasst sich mit dem schreibenden Zugriff auf das Adressbuch. Bevor nachfolgend der komplette Programmcode aufgeführt wird, erhalten Sie in Tabelle B–3 zunächst eine Übersicht über die Quelltextdateien.

Tab. B–3 *Quelltexte von* web.address *im Überblick*

Dateiname	Kurzbeschreibung
main.m	Standard-main-Funktion, die durch die Entwicklungsumgebung Xcode automatisch erzeugt wurde.
WebAddressAppDelegate.h WebAddressAppDelegate.m	Der Application Delegate der Anwendung
RootViewController.h RootViewController.m	Diese Klasse repräsentiert die Tabelle für die Anzeige der Daten aus dem externen Dienst.
ExternalData.h ExternalData.m	Diese Klasse repräsentiert die Daten, die von einem externen Dienst für das Adressbuch angeliefert werden.
ExternalDataService.h ExternalDataService.m	Diese Klasse repräsentiert den Dienst, der die externen Daten anliefert. In Kapitel 6 wird auch von Testdienst (oder Mock-Object) gesprochen.
Localizable.strings	Diese Datei wird als Beispiel verwendet, um Ihnen zu zeigen, wie Sie Texte in einer externen Datei auslagern können. Dies können Sie für die Internationalisierung Ihrer Anwendung einsetzen.

Listing B–11 *main.m*

```
#import <UIKit/UIKit.h>
int main(int argc, char *argv[]) {
  NSAutoreleasePool * pool = [[NSAutoreleasePool alloc] init];
  int retVal = UIApplicationMain(argc, argv, nil, nil);
  [pool release];
  return retVal;
}
```

Listing B–12 *WebAddress-AppDelegate.h*

```
#import <UIKit/UIKit.h>
@interface WebAddressAppDelegate : NSObject <UIApplicationDelegate>
{
  UIWindow *window;
  UINavigationController *navigationController;
}
@property (nonatomic, retain) IBOutlet UIWindow *window;
```

1. Beispiel wurde ohne ARC umgesetzt.

```
@property (nonatomic, retain) UINavigationController
*navigationController;
@end
```

Listing B-13
WebAddress-AppDelegate.m

```
#import "WebAddressAppDelegate.h"
#import "RootViewController.h"
@implementation WebAddressAppDelegate
@synthesize window;
@synthesize navigationController;
- (void)applicationDidFinishLaunching:(UIApplication *)application
{
  RootViewController *viewController = [[RootViewController alloc]
init];
  navigationController = [[UINavigationController alloc]
initWithRootViewController:viewController];
  [viewController release];
  [window addSubview:[navigationController view]];
  [window makeKeyAndVisible];
}
- (void)dealloc {
  [navigationController release];
  [window release];
  [super dealloc];
}
@end
```

Listing B-14
RootViewController.h

```
#import <UIKit/UIKit.h>
#import <AddressBook/AddressBook.h>
@class ExternalDataService;
@interface RootViewController : UITableViewController {
  ABAddressBookRef addressBook;
  ExternalDataService *externalDataService;
  NSMutableArray *contacts;
}
@end
```

Listing B-15
RootViewController.m

```
#import "RootViewController.h"
#import "ExternalDataService.h"
#import "ExternalData.h"
#import <AddressBookUI/AddressBookUI.h>
@implementation RootViewController
- (id)initWithStyle:(UITableViewStyle)style {
  if (self = [super initWithStyle:style]) {
   addressBook = ABAddressBookCreate();
   externalDataService = [[ExternalDataService alloc] init];
  self.title = NSLocalizedString(@"tableViewController.title",
nil);
  }
```

```
  return self;
}
- (NSArray*)contacts {
  if (contacts == nil) {
   static CFStringRef emailLabel = CFSTR("work");
   static CFStringRef externalPortal = CFSTR("social-web");
   contacts = [[NSMutableArray alloc] init];
   NSArray *externalContacts = [externalDataService
externalContacts];
   for (ExternalData *externalContact in externalContacts) {
    NSString *fullName = [NSString stringWithFormat:@"%@ %@",
[externalContact firstName], [externalContact lastName]];
    CFArrayRef matches =
ABAddressBookCopyPeopleWithName(addressBook,
(CFStringRef)fullName);
    ABRecordRef person = NULL;
    if (matches && CFArrayGetCount(matches)) {
     person = (id)CFArrayGetValueAtIndex(matches, 0);
     ABMultiValueRef urls = ABRecordCopyValue(person,
kABPersonURLProperty);
     ABMutableMultiValueRef mutableURLs = NULL;
     if (urls) {
      mutableURLs = ABMultiValueCreateMutableCopy(urls);
      CFRelease(urls);
     } else {
      mutableURLs =
ABMultiValueCreateMutable(kABStringPropertyType);
     }
     ABMultiValueAddValueAndLabel(mutableURLs, [externalContact
urlToProfile], externalPortal, NULL);
     ABRecordSetValue(person, kABPersonURLProperty, mutableURLs,
NULL);
     CFRelease(mutableURLs);
     ABMultiValueRef emails = ABRecordCopyValue(person,
kABPersonEmailProperty);
     ABMutableMultiValueRef mutableEMails = NULL;
     if (emails) {
      mutableEMails = ABMultiValueCreateMutableCopy(urls);
      CFRelease(emails);
     } else {
      mutableEMails =
ABMultiValueCreateMutable(kABStringPropertyType);
     }
     ABMultiValueAddValueAndLabel(mutableEMails, [externalContact
emailAddress], emailLabel, NULL);
     ABRecordSetValue(person, kABPersonEmailProperty,
mutableEMails, NULL);
     CFRelease(mutableEMails);
    } else {
     person = ABPersonCreate();
```

```
     ABRecordSetValue(person, kABPersonFirstNameProperty,
[externalContact firstName], NULL);
     ABRecordSetValue(person, kABPersonLastNameProperty,
[externalContact lastName], NULL);
     ABMutableMultiValueRef urls =
ABMultiValueCreateMutable(kABMultiStringPropertyType);
     ABMultiValueAddValueAndLabel(urls, [externalContact
urlToProfile], externalPortal, NULL);
     ABRecordSetValue(person, kABPersonURLProperty, urls, NULL);
     CFRelease(urls);
     ABMutableMultiValueRef emails =
ABMultiValueCreateMutable(kABMultiStringPropertyType);
     ABMultiValueAddValueAndLabel(emails, [externalContact
emailAddress], emailLabel, NULL);
     ABRecordSetValue(person, kABPersonEmailProperty, emails,
NULL);
     CFRelease(emails);
     [(id)person autorelease];
    }
    if (person) {
     [contacts addObject:(id)person];
    }
    if (matches) CFRelease(matches);
   }
   [contacts sortUsingFunction:(NSInteger (*)(id, id, void
*))ABPersonComparePeopleByName
context:(void*)ABPersonGetSortOrdering()];
  }
  return contacts;
}
- (NSInteger)numberOfSectionsInTableView:(UITableView *)tableView {
  return 1;
}
- (NSInteger)tableView:(UITableView *)tableView
numberOfRowsInSection:(NSInteger)section {
  return [[self contacts] count];
}
- (UITableViewCell *)tableView:(UITableView *)tableView
cellForRowAtIndexPath:(NSIndexPath *)indexPath {
  static NSString *CellIdentifier =
@"WebAddressTableViewController";
  UITableViewCell *cell = [tableView
dequeueReusableCellWithIdentifier:CellIdentifier];
  if (cell == nil) {
   cell = [[[UITableViewCell alloc] initWithFrame:CGRectZero
reuseIdentifier:CellIdentifier] autorelease];
  }
  ABRecordRef person = (ABRecordRef)[[self contacts]
objectAtIndex:[indexPath row]];
  NSString *name = (NSString*)ABRecordCopyCompositeName(person);
```

```
  cell.textLabel.text = name;
  [name release];
  return cell;
}
- (UITableViewCellAccessoryType)tableView:(UITableView *)tableView
accessoryTypeForRowWithIndexPath:(NSIndexPath *)indexPath {
  return UITableViewCellAccessoryDetailDisclosureButton;
}
- (void)tableView:(UITableView *)tableView
accessoryButtonTappedForRowWithIndexPath:(NSIndexPath *)indexPath {
  ABRecordRef person = (ABRecordRef)[[self contacts]
objectAtIndex:[indexPath row]];
  if (ABRecordGetRecordID(person) != kABRecordInvalidID) {
   ABPersonViewController *personViewController =
[[ABPersonViewController alloc] init];
   personViewController.displayedPerson = person;
   personViewController.allowsEditing = YES;
   [self.navigationController
pushViewController:personViewController animated:YES];
   [personViewController release];
  } else {
   ABUnknownPersonViewController *unknownPersonViewController =
[[ABUnknownPersonViewController alloc] init];
   unknownPersonViewController.displayedPerson = person;
   unknownPersonViewController.allowsAddingToAddressBook = YES;
   [self.navigationController
pushViewController:unknownPersonViewController animated:YES];
   [unknownPersonViewController release];
  }
}
- (void)dealloc {
  [externalDataService release];
  [contacts release];
  CFRelease(addressBook);
  [super dealloc];
}
@end
```

Listing B–16
ExternalData.h

```
#import <UIKit/UIKit.h>
@interface ExternalData : NSObject {
  NSString *firstName;
  NSString *lastName;
  NSString *urlToProfile;
  NSString *emailAddress;
}
@property (nonatomic, copy) NSString *firstName;
@property (nonatomic, copy) NSString *lastName;
@property (nonatomic, copy) NSString *urlToProfile;
@property (nonatomic, copy) NSString *emailAddress;
@end
```

```
#import "ExternalData.h"
@implementation ExternalData
  @synthesize firstName;
  @synthesize lastName;
  @synthesize urlToProfile;
  @synthesize emailAddress;
@end
```

Listing B-17
ExternalData.m

```
#import <UIKit/UIKit.h>
@interface ExternalDataService : NSObject {
  NSMutableArray *contacts;
}
- (NSArray *)externalContacts;
@end
```

Listing B-18
ExternalDataService.h

```
#import "ExternalDataService.h"
#import "ExternalData.h"
@implementation ExternalDataService
+ (void)addContactWithFirst:(NSString*)first last:(NSString*)last
urlToProfile:(NSString*)urlToProfile
emailAddress:(NSString*)emailAddress
toArray:(NSMutableArray*)array
{
  ExternalData *data = [[ExternalData alloc] init];
  data.firstName = first;
  data.lastName = last;
  data.urlToProfile = urlToProfile;
  data.emailAddress = emailAddress;
  [array addObject:data];
  [data release];
}
- (id)init {
  if ((self = [super init])) {
   contacts = [[NSMutableArray alloc] init];
   [ExternalDataService addContactWithFirst:@"John" last:@"Doe"
urlToProfile:@"http://social-site/john-doe"
emailAddress:@"john.doe@tst.com" toArray:contacts];
   [ExternalDataService addContactWithFirst:@"Jane" last:@"Doe"
urlToProfile:@"http://social-site/jane-doe"
emailAddress:@"jane.doe@tst.com" toArray:contacts];
   [ExternalDataService addContactWithFirst:@"Karl" last:@"Mueller"
urlToProfile:@"http://social-site/karl-mueller"
emailAddress:@"karl.mueller@tst.com" toArray:contacts];
   [ExternalDataService addContactWithFirst:@"Fritz"
last:@"Schmidt" urlToProfile:@"http://social-site/fritz-schmidt"
emailAddress:@"fritz.schmidt@tst.com" toArray:contacts];
   [ExternalDataService addContactWithFirst:@"Maria" last:@"Meier"
urlToProfile:@"http://social-site/maria-meier"
emailAddress:@"maria.meier@tst.com" toArray:contacts];
```

Listing B-19
ExternalDataService.m

```
    }
    return self;
}
- (void)dealloc {
    [contacts release];
    [super dealloc];
}
- (NSArray*)externalContacts {
    return [[contacts copy] autorelease];
}
@end
```

Listing B–20
Localizable.strings

```
"tableViewController.title"="Adressen aus dem Web";
```

B.4 Quelltext Einkaufsliste

Die dritte Beispielanwendung[2] in Kapitel 6 – *Einkaufsliste* in Abschnitt 6.2.1 – befasst sich mit der Verwendung der internen relationalen Datenbank SQLite. Bevor nachfolgend der komplette Programmcode aufgeführt wird, erhalten Sie in Tabelle B–4 eine Übersicht über die Quelltextdateien.

Tab. B–4
Quelltexte von Einkaufsliste *im Überblick*

Dateiname	Kurzbeschreibung
main.m	Standard-main-Funktion, die durch die Entwicklungsumgebung Xcode automatisch erzeugt wurde.
EinkaufslisteAppDelegate.h EinkaufslisteAppDelegate.m	Der Application Delegate der Anwendung
AddProductViewController.h AddProductViewController.m	Diese Klasse repräsentiert den View Controller. Hiermit kann ein Produkt der Einkaufsliste und somit der Datenbank hinzugefügt werden.
Produkt.h Produkt.m	Diese Klasse repräsentiert ein Produkt der Einkaufsliste. In dieser Klasse wird auch der Zugriff auf die Datenbank SQLite durchgeführt.
RootViewController.h RootViewController.m	Diese Klasse repräsentiert den View Controller, der die einzelnen Produkte der Einkaufsliste in einer Tabelle darstellt. Hierfür wird diese Klasse von UITableViewController abgeleitet.
Einkaufsliste_Prefix.pch	Dieses Listing zeigt den sogenannten Precompiled-Header, der in jeder Datei der Anwendung Einkaufsliste eingebunden wird. Nur in der Anwendung Einkaufsliste wurde diese Datei angepasst. In den anderen Beispielen existiert diese Datei auch, wird aber komplett von Xcode erzeugt.

2. Beispiel wurde ohne ARC umgesetzt.

Listing B–21
main.m

```
#import <UIKit/UIKit.h>

int main(int argc, char *argv[]) {
 NSAutoreleasePool * pool = [[NSAutoreleasePool alloc] init];
    int retVal = UIApplicationMain(argc, argv, nil, nil);
    [pool release];
    return retVal;
}
```

Listing B–22
EinkaufslisteAppDelegate.h

```
#import <UIKit/UIKit.h>

@class Produkt;
@interface EinkaufslisteAppDelegate : NSObject
<UIApplicationDelegate> {
  UIWindow *window;
  UINavigationController *navigationController;
  NSMutableArray *productArray;
}

@property (nonatomic, retain) IBOutlet UIWindow *window;
@property (nonatomic, retain) IBOutlet UINavigationController
*navigationController;
@property (nonatomic, retain) NSMutableArray *productArray;
- (void) copyDatabaseIfNeeded;
- (NSString *) getDBPath;
- (void) addProdukt:(Produkt *)produktObj;
- (void) removeProdukt:(Produkt *)produktObj;
@end
```

Listing B–23
EinkaufslisteAppDelegate.m

```
#import "EinkaufslisteAppDelegate.h"
#import "RootViewController.h"
#import "Produkt.h"
@implementation EinkaufslisteAppDelegate
@synthesize window;
@synthesize navigationController;
@synthesize productArray;
- (void)applicationDidFinishLaunching:(UIApplication *)application
{
  [self copyDatabaseIfNeeded];
  NSMutableArray *tempArray = [[NSMutableArray alloc] init];
  self.productArray = tempArray;
  [tempArray release];
  [Produkt getInitialDataToDisplay:[self getDBPath]];
  [window addSubview:[navigationController view]];
  [window makeKeyAndVisible];
}
- (void)applicationWillTerminate:(UIApplication *)application {
  [Produkt finalizeStatements];
}
- (void)dealloc {
```

```
  [productArray release];
  [navigationController release];
  [window release];
  [super dealloc];
}

- (void) copyDatabaseIfNeeded {
  NSFileManager *fileManager = [NSFileManager defaultManager];
  NSError *error;
  NSString *dbPath = [self getDBPath];
  BOOL success = [fileManager fileExistsAtPath:dbPath];
  if(!success) {
   NSString *defaultDBPath = [[[NSBundle mainBundle] resourcePath]
stringByAppendingPathComponent:@"einkaufsliste.sqlite"];
   success = [fileManager copyItemAtPath:defaultDBPath
toPath:dbPath error:&error];
   if (!success) {
    NSAssert1(0, @"Failed to create writable database file with
message '%@'.", [error localizedDescription]);
   }
  }
}
- (NSString *) getDBPath {
  NSArray *paths =
NSSearchPathForDirectoriesInDomains(NSDocumentDirectory,
NSUserDomainMask, YES);
  NSString *documentsDir = [paths objectAtIndex:0];
  return [documentsDir
stringByAppendingPathComponent:@"einkaufsliste.sqlite"];
}
- (void) addProdukt:(Produkt *)produktObj {
  [produktObj addProdukt];
  [productArray addObject:produktObj];
}
- (void) removeProdukt:(Produkt *)produktObj {
  [produktObj deleteProdukt];
  [productArray removeObject:produktObj];
}
@end
```

Listing B–24
AddProduct-ViewController.h

```
@interface AddProductViewController : UIViewController{
  IBOutlet UITextField *txtName;
  IBOutlet UITextField *txtAnzahl;
}
@end
```

Listing B–25
AddProduct-ViewController.m

```
#import "AddProductViewController.h"
#import "Produkt.h"
@implementation AddProductViewController
```

```
- (void)viewWillAppear:(BOOL)animated {
  txtName.text = @"";
  txtAnzahl.text = @"";
  [txtName becomeFirstResponder];
}
- (void)viewDidLoad {
  [super viewDidLoad];
  self.title = @"Neues Produkt";
 self.navigationItem.leftBarButtonItem = [[[UIBarButtonItem alloc]

  initWithBarButtonSystemItem:UIBarButtonSystemItemCancel
  target:self action:@selector(cancel_Clicked:)] autorelease];
  self.navigationItem.rightBarButtonItem = [[[UIBarButtonItem
alloc]

  initWithBarButtonSystemItem:UIBarButtonSystemItemSave
  target:self action:@selector(save_Clicked:)] autorelease];
  self.view.backgroundColor = [UIColor
groupTableViewBackgroundColor];
}
- (void) save_Clicked:(id)sender {
 EinkaufslisteAppDelegate *appDelegate = (EinkaufslisteAppDelegate
*)[[UIApplication sharedApplication] delegate];
  Produkt *produktObj = [[Produkt alloc] initWithPrimaryKey:0];
  produktObj.name = txtName.text;
  NSDecimalNumber *temp = [[NSDecimalNumber alloc]
initWithString:txtAnzahl.text];
  produktObj.anzahl = temp;
  [temp release];
  produktObj.isDirty = NO;
  produktObj.isDetailViewHydrated = YES;
  [appDelegate addProdukt:produktObj];
  [self.navigationController
dismissModalViewControllerAnimated:YES];
}
- (void) cancel_Clicked:(id)sender {
  [self.navigationController
dismissModalViewControllerAnimated:YES];
}
- (void)didReceiveMemoryWarning {
  [super didReceiveMemoryWarning];
}
- (void)dealloc {
  [super dealloc];
}
@end
```

Listing B-26
Produkt.h

```
#import <UIKit/UIKit.h>
#import <sqlite3.h>
@interface Produkt : NSObject {
  NSInteger produktID;
  NSString *name;
  NSDecimalNumber *anzahl;
  BOOL isDirty;
  BOOL isDetailViewHydrated;
}
@property (nonatomic, readonly) NSInteger produktID;
@property (nonatomic, copy) NSString *name;
@property (nonatomic, copy) NSDecimalNumber *anzahl;

@property (nonatomic, readwrite) BOOL isDirty;
@property (nonatomic, readwrite) BOOL isDetailViewHydrated;
+ (void) getInitialDataToDisplay:(NSString *)dbPath;
+ (void) finalizeStatements;
- (id) initWithPrimaryKey:(NSInteger)pk;
- (void) addProdukt;
- (void) deleteProdukt;
@end
```

Listing B-27
Produkt.m

```
#import "Produkt.h"
static sqlite3 *database = nil;
static sqlite3_stmt *addStmt = nil;
static sqlite3_stmt *deleteStmt = nil;
@implementation Produkt
@synthesize produktID, name, anzahl, isDirty, isDetailViewHydrated;
+ (void) getInitialDataToDisplay:(NSString *)dbPath {
 EinkaufslisteAppDelegate *appDelegate = (EinkaufslisteAppDelegate
*)[[UIApplication sharedApplication] delegate];
  if (sqlite3_open([dbPath UTF8String], &database) == SQLITE_OK) {
   const char *sql = "select produktID, name, anzahl from produkt";
   sqlite3_stmt *selectstmt;
   if(sqlite3_prepare_v2(database, sql, -1, &selectstmt, NULL) ==
SQLITE_OK) {
    while(sqlite3_step(selectstmt) == SQLITE_ROW) {
     NSInteger primaryKey = sqlite3_column_int(selectstmt, 0);
     Produkt *produktObj = [[Produkt alloc]
initWithPrimaryKey:primaryKey];
     produktObj.name = [NSString stringWithUTF8String:(char
*)sqlite3_column_text(selectstmt, 1)];
     NSDecimalNumber *anzahlDN = [[NSDecimalNumber alloc]
initWithDouble:sqlite3_column_double(selectstmt,2)];
     produktObj.anzahl = anzahlDN;
     [anzahlDN release];
     produktObj.isDirty = NO;
     [appDelegate.productArray addObject:produktObj];
     [produktObj release];
    }
```

```
    }
  } else {
    sqlite3_close(database);
  }
}
- (void) addProdukt {
  if(addStmt == nil) {
    const char *sql = "insert into Produkt(Name, Anzahl) Values(?,
?)";
    if(sqlite3_prepare_v2(database, sql, -1, &addStmt, NULL) !=
SQLITE_OK) {
      NSAssert1(0, @"Error while creating add statement. '%s'",
sqlite3_errmsg(database));
    }
  }
  sqlite3_bind_text(addStmt, 1, [name UTF8String], -1,
SQLITE_TRANSIENT);
  sqlite3_bind_double(addStmt, 2, [anzahl doubleValue]);
  if(SQLITE_DONE != sqlite3_step(addStmt)) {
    NSAssert1(0, @"Error while inserting data. '%s'",
sqlite3_errmsg(database));
  } else {
    produktID = sqlite3_last_insert_rowid(database);
  }
  sqlite3_reset(addStmt);
}

- (void) deleteProdukt {
  if(deleteStmt == nil) {
    const char *sql = "delete from Produkt where produktID = ?";
    if(sqlite3_prepare_v2(database, sql, -1, &deleteStmt, NULL) !=
SQLITE_OK) {
      NSAssert1(0, @"Error while creating delete statement. '%s'",
sqlite3_errmsg(database));
    }
  }
  sqlite3_bind_int(deleteStmt, 1, produktID);
  if (SQLITE_DONE != sqlite3_step(deleteStmt)) {
    NSAssert1(0, @"Error while deleting. '%s'",
sqlite3_errmsg(database));
  }
  sqlite3_reset(deleteStmt);
}
+ (void) finalizeStatements {
  if(database) sqlite3_close(database);
}
- (id) initWithPrimaryKey:(NSInteger) pk {
  [super init];
  produktID = pk;
  isDetailViewHydrated = NO;
```

```
  return self;
}

- (void) dealloc {
  [anzahl release];
  [name release];
  [super dealloc];
}
@end
```

Listing B–28
RootViewController.h

```
#import <UIKit/UIKit.h>
@class AddProductViewController;
@interface RootViewController : UITableViewController {
  EinkaufslisteAppDelegate *appDelegate;
  AddProductViewController *avController;
  UINavigationController *addNavigationController;
}
@end
```

Listing B–29
RootViewController.m

```
#import "RootViewController.h"
#import "Produkt.h";
#import "AddProductViewController.h";
@implementation RootViewController
- (NSInteger)numberOfSectionsInTableView:(UITableView *)tableView {
  return 1;
}

- (NSInteger)tableView:(UITableView *)tableView
numberOfRowsInSection:(NSInteger)section {
  return [appDelegate.productArray count];
}
- (UITableViewCell *)tableView:(UITableView *)tableView
cellForRowAtIndexPath:(NSIndexPath *)indexPath {
  static NSString *CellIdentifier = @"Cell";
  UITableViewCell *cell = [tableView
dequeueReusableCellWithIdentifier:CellIdentifier];
  if (cell == nil) {
   cell = [[[UITableViewCell alloc] initWithFrame:CGRectZero
reuseIdentifier:CellIdentifier] autorelease];
  }
  Produkt *produktObj = [appDelegate.productArray
objectAtIndex:indexPath.row];
  cell.text = [[[produktObj.anzahl stringValue]
stringByAppendingString:@" "] stringByAppendingString:
produktObj.name];
  return cell;
}
- (void)tableView:(UITableView *)tableView
didSelectRowAtIndexPath:(NSIndexPath *)indexPath {
}
```

```
- (void)viewDidLoad {
  [super viewDidLoad];
  self.navigationItem.leftBarButtonItem = [[UIBarButtonItem alloc]
  initWithBarButtonSystemItem:UIBarButtonSystemItemAdd
  target:self action:@selector(add_Clicked:)];
 self.navigationItem.rightBarButtonItem = [[UIBarButtonItem alloc]

  initWithBarButtonSystemItem:UIBarButtonSystemItemTrash
  target:self action:@selector(delete_Clicked:)];
  appDelegate = (EinkaufslisteAppDelegate *)[[UIApplication
sharedApplication] delegate];
  self.title = @"Einkaufsliste";
}
- (void)viewWillAppear:(BOOL)animated {
  [super viewWillAppear:animated];
  [self.tableView reloadData];
}
-
(BOOL)shouldAutorotateToInterfaceOrientation:(UIInterfaceOrientati
on)interfaceOrientation {
  return (interfaceOrientation == UIInterfaceOrientationPortrait);
}
- (void)didReceiveMemoryWarning {
  [super didReceiveMemoryWarning];
}
- (void)dealloc {
  [super dealloc];
}
- (void) add_Clicked:(id)sender {
  if(avController == nil) {
   avController = [[AddProductViewController alloc]
initWithNibName:@"AddProductView" bundle:nil];
  }

  if(addNavigationController == nil) {
   addNavigationController = [[UINavigationController alloc]
initWithRootViewController:avController];
  }
  [self.navigationController
presentModalViewController:addNavigationController animated:YES];
}
- (void) delete_Clicked:(id)sender {
  NSIndexPath* path = [self.tableView indexPathForSelectedRow];
  if (path != nil && path.row >= 0) {
   Produkt* produkt = [appDelegate.productArray
objectAtIndex:path.row];
   [appDelegate removeProdukt:produkt];
   [self.tableView deleteRowsAtIndexPaths:[NSArray
arrayWithObject:path]
withRowAnimation:UITableViewRowAnimationFade];
```

```
    [path release];
  }
}
@end
```

Listing B-30
Einkaufsliste_Prefix.pch

```
#ifdef __OBJC__
  #import <Foundation/Foundation.h>
  #import <UIKit/UIKit.h>
  #import "EinkaufslisteAppDelegate.h"
#endif
#import <UIKit/UIKit.h>
```

B.5 Quelltext CDEinkaufsliste

Das vierte Anwendungsbeispiel[3] in Kapitel 6 – *CDEinkaufsliste* in Abschnitt 6.2.2 – befasst sich mit der Verwendung des Frameworks Core Data. Als Basis hierfür ziehen wir das schon zuvor entwickelte Beispiel *Einkaufsliste* heran.

Bevor nachfolgend der komplette Programmcode aufgeführt wird, erhalten Sie in Tabelle B–5 eine Übersicht über die einzelnen Quelltextdateien.

Tab. B-5
Quelltexte von CDEinkaufsliste *im Überblick*

Dateiname	Kurzbeschreibung
main.m	Standard-main-Funktion, die durch die Entwicklungsumgebung Xcode automatisch erzeugt wurde.
CDEinkaufslisteAppDelegate.h CDEinkaufslisteAppDelegate.m	Der Application Delegate der Anwendung
AddProductViewController.h AddProductViewController.m	Diese Klasse repräsentiert den View Controller. Hiermit kann ein Produkt der Einkaufsliste hinzugefügt und somit persistent gespeichert werden.
Produkt.h Produkt.m	Diese Klasse repräsentiert ein Produkt der Einkaufsliste. Diese Dateien wurden durch das Core Data Framework in Xcode generiert.
RootViewController.h RootViewController.m	Diese Klasse repräsentiert den View Controller, der die einzelnen Produkte der Einkaufsliste in einer Tabelle darstellt. Hierfür wird diese Klasse von UITableViewController abgeleitet.

Listing B-31
main.m

```
#import <UIKit/UIKit.h>

int main(int argc, char *argv[]) {
 NSAutoreleasePool * pool = [[NSAutoreleasePool alloc] init];
```

3. Beispiel wurde ohne ARC umgesetzt.

```
 int retVal = UIApplicationMain(argc, argv, nil, nil);
 [pool release];
 return retVal;
}
```

Listing B–32
CDEinkaufsliste-AppDelegate.h

```
@interface CDEinkaufslisteAppDelegate : NSObject
<UIApplicationDelegate> {
 NSManagedObjectModel *managedObjectModel;
 NSManagedObjectContext *managedObjectContext;
 NSPersistentStoreCoordinator *persistentStoreCoordinator;
 UIWindow *window;
 UINavigationController *navigationController;
}

- (IBAction)saveAction:sender;

@property (nonatomic, retain, readonly) NSManagedObjectModel
*managedObjectModel;
@property (nonatomic, retain, readonly) NSManagedObjectContext
*managedObjectContext;
@property (nonatomic, retain, readonly)
NSPersistentStoreCoordinator *persistentStoreCoordinator;

@property (nonatomic, readonly) NSString
*applicationDocumentsDirectory;

@property (nonatomic, retain) IBOutlet UIWindow *window;
@property (nonatomic, retain) IBOutlet UINavigationController
*navigationController;
@end
```

Listing B–33
CDEinkaufsListe-AppDelegate.m

```
#import "CDEinkaufslisteAppDelegate.h"
#import "RootViewController.h"
@implementation CDEinkaufslisteAppDelegate
@synthesize window;
@synthesize navigationController;
#pragma mark -
#pragma mark Application lifecycle
- (void)applicationDidFinishLaunching:(UIApplication *)application
{
 RootViewController *rootViewController = (RootViewController
*)[navigationController topViewController];
 rootViewController.managedObjectContext =
self.managedObjectContext;
 [window addSubview:[navigationController view]];
 [window makeKeyAndVisible];
}

- (void)applicationWillTerminate:(UIApplication *)application {
 NSError *error;
 if (managedObjectContext != nil) {
```

```
  if ([managedObjectContext hasChanges] && ![managedObjectContext
save:&error]) {
   NSLog(@"Unresolved error %@, %@", error, [error userInfo]);
   exit(-1);  // Fail
   }
  }
}

#pragma mark -
#pragma mark Saving

- (IBAction)saveAction:(id)sender {
 NSError *error;
 if (![[self managedObjectContext] save:&error]) {
  NSLog(@"Unresolved error %@, %@", error, [error userInfo]);
  exit(-1);  // Fail
 }
}

#pragma mark -
#pragma mark Core Data stack

- (NSManagedObjectContext *) managedObjectContext {
 if (managedObjectContext != nil) {
   return managedObjectContext;
 }
 NSPersistentStoreCoordinator *coordinator = [self
persistentStoreCoordinator];
 if (coordinator != nil) {
  managedObjectContext = [[NSManagedObjectContext alloc] init];
  [managedObjectContext setPersistentStoreCoordinator:
coordinator];
 }
 return managedObjectContext;
}
- (NSManagedObjectModel *)managedObjectModel {
 if (managedObjectModel != nil) {
  return managedObjectModel;
 }
 managedObjectModel = [[NSManagedObjectModel
mergedModelFromBundles:nil] retain];
 return managedObjectModel;
}
- (NSPersistentStoreCoordinator *)persistentStoreCoordinator {
 if (persistentStoreCoordinator != nil) {
  return persistentStoreCoordinator;
 }
 NSURL *storeUrl = [NSURL fileURLWithPath: [[self
applicationDocumentsDirectory] stringByAppendingPathComponent:
@"CDEinkaufsliste.sqlite"]];
 NSError *error;
```

```
 persistentStoreCoordinator = [[NSPersistentStoreCoordinator alloc]
initWithManagedObjectModel: [self managedObjectModel]];
 if (![persistentStoreCoordinator
addPersistentStoreWithType:NSSQLiteStoreType configuration:nil
URL:storeUrl options:nil error:&error]) {
        // Handle error
 }
 return persistentStoreCoordinator;
}

#pragma mark -
#pragma mark Application's documents directory
- (NSString *)applicationDocumentsDirectory {
 NSArray *paths =
NSSearchPathForDirectoriesInDomains(NSDocumentDirectory,
NSUserDomainMask, YES);
 NSString *basePath = ([paths count] > 0) ? [paths objectAtIndex:0]
: nil;
 return basePath;
}
#pragma mark -
#pragma mark Memory management

- (void)dealloc {
 [managedObjectContext release];
 [managedObjectModel release];
 [persistentStoreCoordinator release];
 [navigationController release];
 [window release];
 [super dealloc];
}
@end
```

Listing B–34
AddProductView-Controller.h

```
#import <UIKit/UIKit.h>

@interface AddProductViewController : UIViewController {
 IBOutlet UITextField *txtName;
 IBOutlet UITextField *txtAnzahl;
}
@end
```

Listing B–35
AddProductView-Controller.m

```
#import "AddProductViewController.h"
#import "Produkt.h"
#import "CDEinkaufslisteAppDelegate.h"
@implementation AddProductViewController

- (void)viewWillAppear:(BOOL)animated {
 txtName.text = @"";
 txtAnzahl.text = @"";
 [txtName becomeFirstResponder];
```

```
}

- (void)viewDidLoad {
 [super viewDidLoad];
 self.title = @"Neues Produkt";
 self.navigationItem.leftBarButtonItem = [[[UIBarButtonItem alloc]
initWithBarButtonSystemItem:UIBarButtonSystemItemCancel
 target:self action:@selector(cancel_Clicked:)] autorelease];
self.navigationItem.rightBarButtonItem = [[[UIBarButtonItem alloc]
 initWithBarButtonSystemItem:UIBarButtonSystemItemSave
target:self action:@selector(save_Clicked:)] autorelease];
 self.view.backgroundColor = [UIColor
groupTableViewBackgroundColor];
}



- (void) save_Clicked:(id)sender {
 CDEinkaufslisteAppDelegate *appDelegate =
(CDEinkaufslisteAppDelegate *)[[UIApplication sharedApplication]
delegate];
 Produkt *produktObj = (Produkt *)[NSEntityDescription
insertNewObjectForEntityForName:@"Produkt"
inManagedObjectContext:appDelegate.managedObjectContext];
 produktObj.name = txtName.text;
 NSDecimalNumber *temp = [[NSDecimalNumber alloc]
initWithString:txtAnzahl.text];
 produktObj.anzahl = temp;
[temp release];
 NSError *error;
if (![appDelegate.managedObjectContext save:&error]) {
 NSLog(@"error in storing product");
}
 [self.navigationController
dismissModalViewControllerAnimated:YES];
}

- (void) cancel_Clicked:(id)sender {
 [self.navigationController
dismissModalViewControllerAnimated:YES];
}
- (void)didReceiveMemoryWarning {
 [super didReceiveMemoryWarning]; // Releases the view if it doesn't
have a superview
 }
- (void)dealloc {
 [super dealloc];
}
@end
```

Listing B-36
Produkt.h

```
#import <CoreData/CoreData.h>
@interface Produkt :  NSManagedObject
{
}
@property (nonatomic, retain) NSString * name;
@property (nonatomic, retain) NSDecimalNumber * anzahl;
@end
```

Listing B-37
Produkt.m

```
#import "Produkt.h"
@implementation Produkt

@dynamic name;
@dynamic anzahl;
@end
```

Listing B-38
RootViewController.h

```
@class AddProductViewController;

@interface RootViewController : UITableViewController
<NSFetchedResultsControllerDelegate> {
 NSFetchedResultsController *fetchedResultsController;
 NSManagedObjectContext *managedObjectContext;
 AddProductViewController *avController;
 UINavigationController *addNavigationController;
 NSMutableArray *produktArray;
}
@property (nonatomic, retain) NSFetchedResultsController
*fetchedResultsController;
@property (nonatomic, retain) NSManagedObjectContext
*managedObjectContext;
@property (nonatomic, retain) NSMutableArray *produktArray;
@end
```

Listing B-39
RootViewController.m

```
#import "RootViewController.h"
#import "AddProductViewController.h"
#import "Produkt.h"
@implementation RootViewController
@synthesize fetchedResultsController, managedObjectContext,
produktArray;
- (void)viewDidLoad {
 [super viewDidLoad];
 self.title = @"CD-Einkaufsliste";
 self.navigationItem.leftBarButtonItem = [[UIBarButtonItem alloc]
 initWithBarButtonSystemItem:UIBarButtonSystemItemAdd
 target:self action:@selector(add_Clicked:)];
 self.navigationItem.rightBarButtonItem = [[UIBarButtonItem alloc]
 initWithBarButtonSystemItem:UIBarButtonSystemItemTrash
 target:self action:@selector(delete_Clicked:)];
}
- (void) add_Clicked:(id)sender {
```

```
 if(avController == nil)
  avController = [[AddProductViewController alloc]
initWithNibName:@"AddProductView" bundle:nil];
 if(addNavigationController == nil)
  addNavigationController = [[UINavigationController alloc]
initWithRootViewController:avController];
 [self.navigationController
presentModalViewController:addNavigationController animated:YES];
 [self.tableView reloadData];
}

- (void) delete_Clicked:(id)sender {
 NSIndexPath* path = [self.tableView indexPathForSelectedRow];
 if (path != nil && path.row >= 0) {
  Produkt* produkt = [produktArray objectAtIndex:path.row];
  [produktArray removeObject:produkt];
  [managedObjectContext deleteObject:produkt];
  NSError* error;
  if (![managedObjectContext save:&error]) {
  }
  [self.tableView deleteRowsAtIndexPaths:[NSArray
arrayWithObject:path]
withRowAnimation:UITableViewRowAnimationFade];
  [path release];
  }
}

- (void)insertNewObject {
 NSManagedObjectContext *context = [fetchedResultsController
managedObjectContext];
 NSEntityDescription *entity = [[fetchedResultsController
fetchRequest] entity];
 NSManagedObject *newManagedObject = [NSEntityDescription
insertNewObjectForEntityForName:[entity name]
inManagedObjectContext:context];
 [newManagedObject setValue:[NSDate date] forKey:@"timeStamp"];
 NSError *error;
 if (![context save:&error]) {
  // Handle the error...
 }
 [self.tableView reloadData];
}

- (void)viewWillAppear:(BOOL)animated {
 [super viewWillAppear:animated];
 NSError *error;
 NSFetchRequest *request = [[NSFetchRequest alloc] init];
 NSEntityDescription *entity = [NSEntityDescription
entityForName:@"Produkt"
inManagedObjectContext:managedObjectContext];
 [request setEntity:entity];
```

```
 NSSortDescriptor *sortDescriptor = [[NSSortDescriptor alloc]
initWithKey:@"name" ascending:YES];
 NSArray *sortDescriptors = [[NSArray alloc]
initWithObjects:sortDescriptor, nil];
 [request setSortDescriptors:sortDescriptors];

 NSMutableArray *mutableFetchResults = [[managedObjectContext
executeFetchRequest:request error:&error] mutableCopy];
 if (mutableFetchResults == nil) {
  // Handle the error.
 }
 [self setProduktArray:mutableFetchResults];
 [mutableFetchResults release];
 [sortDescriptor release];
 [sortDescriptors release];
}


- (void)viewDidAppear:(BOOL)animated {
 [super viewDidAppear:animated];
 [self.tableView reloadData];
}

- (void)didReceiveMemoryWarning {
 [super didReceiveMemoryWarning];
}

- (void)viewDidUnload {
}
#pragma mark Table view methods

- (NSInteger)tableView:(UITableView *)tableView
numberOfRowsInSection:(NSInteger)section {
 return [produktArray count];
}

- (UITableViewCell *)tableView:(UITableView *)tableView
cellForRowAtIndexPath:(NSIndexPath *)indexPath {
 static NSString *CellIdentifier = @"Cell";
 UITableViewCell *cell = [tableView
dequeueReusableCellWithIdentifier:CellIdentifier];
 if (cell == nil) {
  cell = [[[UITableViewCell alloc] initWithFrame:CGRectZero
reuseIdentifier:CellIdentifier] autorelease];
 }
 Produkt *produktObj = [produktArray objectAtIndex:indexPath.row];
 cell.text = [[[produktObj.anzahl stringValue]
stringByAppendingString:@" "] stringByAppendingString:
produktObj.name];
 return cell;
}
```

```
- (void)tableView:(UITableView *)tableView
didSelectRowAtIndexPath:(NSIndexPath *)indexPath {
}

- (void)tableView:(UITableView *)tableView
commitEditingStyle:(UITableViewCellEditingStyle)editingStyle
forRowAtIndexPath:(NSIndexPath *)indexPath {
 if (editingStyle == UITableViewCellEditingStyleDelete) {
  NSManagedObjectContext *context = [fetchedResultsController
managedObjectContext];
  [context deleteObject:[fetchedResultsController
objectAtIndexPath:indexPath]];
  NSError *error;
  if (![context save:&error]) {
   // Handle the error...
  }

  [tableView deleteRowsAtIndexPaths:[NSArray
arrayWithObject:indexPath]
withRowAnimation:UITableViewRowAnimationFade];
   }
}

- (BOOL)tableView:(UITableView *)tableView
canMoveRowAtIndexPath:(NSIndexPath *)indexPath {
 return NO;
}

- (NSFetchedResultsController *)fetchedResultsController {
 if (fetchedResultsController != nil) {
  return fetchedResultsController;
 }
 NSFetchRequest *fetchRequest = [[NSFetchRequest alloc] init];
 NSEntityDescription *entity = [NSEntityDescription
entityForName:@"Event"
inManagedObjectContext:managedObjectContext];
 [fetchRequest setEntity:entity];
 NSSortDescriptor *sortDescriptor = [[NSSortDescriptor alloc]
initWithKey:@"timeStamp" ascending:YES];
 NSArray *sortDescriptors = [[NSArray alloc]
initWithObjects:sortDescriptor, nil];
 [fetchRequest setSortDescriptors:sortDescriptors];
 NSFetchedResultsController *aFetchedResultsController =
[[NSFetchedResultsController alloc]
initWithFetchRequest:fetchRequest
managedObjectContext:managedObjectContext sectionNameKeyPath:nil
cacheName:@"Root"];
 aFetchedResultsController.delegate = self;
 self.fetchedResultsController = aFetchedResultsController;
 [aFetchedResultsController release];
 [fetchRequest release];
```

```
 [sortDescriptor release];
 [sortDescriptors release];
 return fetchedResultsController;
}

- (void)dealloc {
 [fetchedResultsController release];
 [managedObjectContext release];
 [super dealloc];
}
@end
```

B.6 Quelltext MapKitSample

Das letzte Beispiel in Kapitel 6 (*MapKitSample*[4]) zeigt den Einsatz der Frameworks MapKit und Core Location. Bevor nachfolgend die einzelnen kompletten Quelltexte aufgeführt werden, erhalten Sie in Tabelle B–6 eine Übersicht über die Quelltextdateien.

Tab. B–6
Quelltexte von MapKitSample *im Überblick*

Dateiname	Kurzbeschreibung
main.m	Standard-main-Funktion, die durch die Entwicklungsumgebung Xcode automatisch erzeugt wurde.
MapKitSampleAppDelegate.h MapKitSampleAppDelegate.m	Der Application Delegate der Anwendung
MapKitSampleViewController.h MapKitSampleViewController.m	Der View Controller der Anwendung. In dieser Klasse wird die Map dargestellt und die Position mittels Core Location ermittelt.

Listing B–40
main.m

```
#import <UIKit/UIKit.h>

int main(int argc, char *argv[]) {

    NSAutoreleasePool * pool = [[NSAutoreleasePool alloc] init];
    int retVal = UIApplicationMain(argc, argv, nil, nil);
    [pool release];
    return retVal;
}
```

Listing B–41
MapKitSampleApp-Delegate.h

```
#import <UIKit/UIKit.h>
@class MapKitSampleViewController;
@interface MapKitSampleAppDelegate : NSObject
<UIApplicationDelegate> {
 UIWindow *window;
 MapKitSampleViewController *viewController;
}
```

4. Beispiel wurde ohne ARC umgesetzt.

```
@property (nonatomic, retain) IBOutlet UIWindow *window;
@property (nonatomic, retain) IBOutlet MapKitSampleViewController
*viewController;
@end
```

Listing B–42
MapKitSampleApp-Delegate.m

```
#import "MapKitSampleAppDelegate.h"
#import "MapKitSampleViewController.h"

@implementation MapKitSampleAppDelegate
@synthesize window, viewController;
- (void)applicationDidFinishLaunching:(UIApplication *)application
{
 [window addSubview:viewController.view];
 [window makeKeyAndVisible];
}
- (void)dealloc {
 [viewController release];
 [window release];
 [super dealloc];
}
@end
```

Listing B–43
MapKitSampleView-Controller.h

```
#import <UIKit/UIKit.h>
#import <MapKit/MapKit.h>
#import <MapKit/MKAnnotation.h>
#import <MapKit/MKReverseGeocoder.h>
#import <CoreLocation/CoreLocation.h>

@interface MapKitSampleViewController : UIViewController
<MKReverseGeocoderDelegate, MKMapViewDelegate,
CLLocationManagerDelegate> {
 MKMapView* mapView;
 MKReverseGeocoder *geoCoder;
 MKPlacemark *mPlacemark;
 CLLocationCoordinate2D location;
 CLLocationManager *locationManager;
}
@end
```

Listing B–44
MapKitSampleView-Controller.m

```
#import "MapKitSampleViewController.h"
@implementation MapKitSampleViewController
- (id)initWithNibName:(NSString *)nibNameOrNil bundle:(NSBundle
*)nibBundleOrNil {
 if (self = [super initWithNibName:nibNameOrNil
bundle:nibBundleOrNil]) {
        // Custom initialization
 }
 return self;
}
```

```
- (void)viewDidLoad {
 [super viewDidLoad];
 mapView=[[MKMapView alloc] initWithFrame:self.view.frame];
 mapView.delegate=self;
 mapView.mapType=MKMapTypeHybrid;
 [self.view insertSubview:mapView atIndex:0];
 locationManager=[[CLLocationManager alloc] init];
 locationManager.delegate=self;

locationManager.desiredAccuracy=kCLLocationAccuracyNearestTenMeters;
 [locationManager startUpdatingLocation];
}

- (void)didReceiveMemoryWarning {
 [super didReceiveMemoryWarning];
}

- (void)viewDidUnload {
}

- (void)dealloc {
    [super dealloc];
}

- (void)reverseGeocoder:(MKReverseGeocoder *)geocoder
didFailWithError:(NSError *)error{
 NSLog(@"Geocoder nicht erfolgreich");
}

- (void)reverseGeocoder:(MKReverseGeocoder *)geocoder
didFindPlacemark:(MKPlacemark *)placemark{
 NSLog(@"Geocoder beendet");
 mPlacemark=placemark;
 [mapView addAnnotation:placemark];
}

- (MKAnnotationView *) mapView:(MKMapView *)mapView
viewForAnnotation:(id <MKAnnotation>) annotation{
 MKPinAnnotationView *annView=[[MKPinAnnotationView alloc]
initWithAnnotation:annotation reuseIdentifier:@"currentloc"];
 annView.animatesDrop=FALSE;
 annView.pinColor=MKPinAnnotationColorGreen;
 return annView;
}

- (void)locationManager:(CLLocationManager *)manager
didUpdateToLocation:(CLLocation *)newLocation
fromLocation:(CLLocation *)oldLocation{
 [locationManager stopUpdatingLocation];
 location=newLocation.coordinate;
 MKCoordinateRegion region;
 region.center=location;
 MKCoordinateSpan span;
```

```
    span.latitudeDelta=.005;
    span.longitudeDelta=.005;
    region.span=span;
    geoCoder=[[MKReverseGeocoder alloc] initWithCoordinate:location];
    geoCoder.delegate=self;
    [geoCoder start];
    [mapView setRegion:region animated:TRUE];
}

- (void)locationManager:(CLLocationManager *)manager
didFailWithError:(NSError *)error{
}
@end
```

B.7 Quelltext i.RSS

Kapitel 7[5] befasst sich mit der Verarbeitung von XML-Daten in Form von RSS-Nachrichten. In Tabelle B–7 erhalten Sie zunächst eine Übersicht über den Programmcode. Danach folgen in der gleichen Reihenfolge die kompletten Quelltextdateien.

Tab. B–7
Quelltexte von i.RSS im Überblick

Dateiname	Kurzbeschreibung
main.m	Standard-main-Funktion, die durch die Entwicklungsumgebung Xcode automatisch erzeugt wurde.
iRSSAppDelegate.h iRSSAppDelegate.m	Der Application Delegate der Anwendung
RootViewController.h RootViewController.m	Diese Klasse repräsentiert den View Controller, der die einzelnen RSS-Nachrichten in einer Tabelle darstellt. Hierfür ist diese Klasse von UITableViewController abgeleitet. In dieser Klasse wird auch die Verarbeitung der XML-Daten durchgeführt.
NewsCell.h NewsCell.m	Diese Tabelle repräsentiert eine einzelne Zelle in der Ergebnistabelle der RSS-Nachrichten. Über diese Klasse wird das Aussehen der Zellen implementiert.
WebViewController.h WebViewController.m	Diese Klasse repräsentiert den View Controller für den angepassten Browser. Dieser wird verwendet, um einzelne Nachrichten im integrierten Safari-Browser anzuzeigen.

Listing B–45
main.m

```
#import <UIKit/UIKit.h>
int main(int argc, char *argv[]) {
  NSAutoreleasePool * pool = [[NSAutoreleasePool alloc] init];
  int retVal = UIApplicationMain(argc, argv, nil, nil);
```

5. Bei Verwendung von ARC fallen der NSAutoreleasePool und die Aufrufe von release weg.

```
  [pool release];
  return retVal;
}
```

Listing B-46
iRSSAppDelegate.h

```
#import <UIKit/UIKit.h>

@interface iRSSAppDelegate : NSObject <UIApplicationDelegate> {
  UIWindow *window;
  UINavigationController *navigationController;
}
@property (nonatomic, retain) IBOutlet UIWindow *window;
@property (nonatomic, retain) IBOutlet UINavigationController
*navigationController;
@end
```

Listing B-47
iRSSAppDelegate.m

```
#import "iRSSAppDelegate.h"
#import "RootViewController.h"
@implementation iRSSAppDelegate
@synthesize window;
@synthesize navigationController;
- (void)applicationDidFinishLaunching:(UIApplication *)application
{
  [[UIApplication sharedApplication] setStatusBarHidden:YES
animated:NO];
  [window addSubview:[navigationController view]];
  [window makeKeyAndVisible];
}
- (void)applicationWillTerminate:(UIApplication *)application {
}
- (void)dealloc {
  [navigationController release];
  [window release];
  [super dealloc];
}
@end
```

Listing B-48
RootViewController.h

```
#import <UIKit/UIKit.h>
@interface RootViewController : UITableViewController {
  IBOutlet UITableView * rssNewsTable;
  NSMutableArray * newsStories;
  NSXMLParser * rssParser;
  UIActivityIndicatorView * activityIndicator;

  NSMutableDictionary * item;
  NSString * currentElement;
 NSMutableString * currentTitle, * currentDate, * currentSummary, *
currentLink;
}
@end
```

Listing B–49
RootViewController.m

```
#import "RootViewController.h"
#import "iRSSAppDelegate.h"
#import "NewsCell.h"
#import "WebViewController.h"
@implementation RootViewController
- (void)viewDidLoad {
  self.title = @"Feeds";
  UIBarButtonItem *backButton = [[UIBarButtonItem alloc]
initWithTitle:@"Back" style:UIBarButtonItemStylePlain target:nil
action:nil];
  self.navigationItem.backBarButtonItem = backButton;
  [backButton release];
}

- (NSInteger)numberOfSectionsInTableView:(UITableView *)tableView {
  return 1;
}
- (NSInteger)tableView:(UITableView *)tableView
numberOfRowsInSection:(NSInteger)section {
  return [newsStories count];
}
- (UITableViewCell *)tableView:(UITableView *)tableView
cellForRowAtIndexPath:(NSIndexPath *)indexPath {
  static NSString *CellIdentifier = @"iRSS.RootViewController";
  NewsCell *cell = (NewsCell *)[tableView
dequeueReusableCellWithIdentifier:CellIdentifier];
  if (cell == nil) {
   cell = [[[NewsCell alloc] initWithFrame:CGRectZero
reuseIdentifier:CellIdentifier] autorelease];
  }
  int storyIndex = [indexPath indexAtPosition: [indexPath length] -
1];
  [cell setDate:[[newsStories objectAtIndex: storyIndex]
objectForKey: @"date"] andNewsHeader:[[newsStories objectAtIndex:
storyIndex] objectForKey: @"title"]];
  return cell;
}

- (void)tableView:(UITableView *)tableView
didSelectRowAtIndexPath:(NSIndexPath *)indexPath {
  int storyIndex = [indexPath indexAtPosition: [indexPath length] -
1];
  NSString * storyLink = [[newsStories objectAtIndex: storyIndex]
objectForKey: @"link"];
  storyLink = [storyLink stringByReplacingOccurrencesOfString:@" "
withString:@""];
  storyLink = [storyLink stringByReplacingOccurrencesOfString:@"\n"
withString:@""];
  NSLog(@"link: %@", storyLink);
```

```
  WebViewController *webViewController = [[WebViewController alloc]
init:storyLink withTitle:[[newsStories objectAtIndex: storyIndex]
objectForKey: @"title"]];
  [[self navigationController] pushViewController:webViewController
animated:NO];
  [webViewController release];
}
- (void)parseXMLFileAtURL:(NSString *)URL {
  newsStories = [[NSMutableArray alloc] init];
  NSURL *xmlURL = [NSURL URLWithString:URL];
  rssParser = [[NSXMLParser alloc] initWithContentsOfURL:xmlURL];
  [rssParser setDelegate:self];
  [rssParser setShouldProcessNamespaces:NO];
  [rssParser setShouldReportNamespacePrefixes:NO];
  [rssParser setShouldResolveExternalEntities:NO];
  [rssParser parse];
}

//Wird im Fehlerfalle aufgerufen
- (void)parser:(NSXMLParser *)parser parseErrorOccurred:(NSError
*)parseError {
  NSString * errorString = [NSString stringWithFormat:@"Feed kann
nicht von Webseite geladen werden (Error code %i )", [parseError
code]];
  NSLog(@"Fehler beim Lesen der XML: %@", errorString);
  UIAlertView * errorAlert = [[UIAlertView alloc]
initWithTitle:@"Error loading content" message:errorString
delegate:self cancelButtonTitle:@"OK" otherButtonTitles:nil];
  [errorAlert show];
  [errorAlert release];
}
- (void)parserDidStartDocument:(NSXMLParser *)parser{
  NSLog(@"Beginn mit dem Parsen");
}

- (void)parser:(NSXMLParser *)parser didStartElement:(NSString
*)elementName namespaceURI:(NSString *)namespaceURI
qualifiedName:(NSString *)qName attributes:(NSDictionary
*)attributeDict{
  currentElement = [elementName copy];
  if ([elementName isEqualToString:@"item"]) {
   item = [[NSMutableDictionary alloc] init];
   currentTitle = [[NSMutableString alloc] init];
   currentDate = [[NSMutableString alloc] init];
   currentSummary = [[NSMutableString alloc] init];
   currentLink = [[NSMutableString alloc] init];
  }
}

- (void)parser:(NSXMLParser *)parser

foundCharacters:(NSString *)string{
```

```
  if ([currentElement isEqualToString:@"title"]) {
   [currentTitle appendString:string];
  } else if ([currentElement isEqualToString:@"link"]){
   [currentLink appendString:string];
  } else if ([currentElement isEqualToString:@"description"]) {
   [currentSummary appendString:string];
  } else if ([currentElement isEqualToString:@"pubDate"]) {
   [currentDate appendString:string];
  }
}

- (void)parser:(NSXMLParser *)parser didEndElement:(NSString
*)elementName namespaceURI:(NSString *)namespaceURI
qualifiedName:(NSString *)qName{
  if ([elementName isEqualToString:@"item"]) {
   [item setObject:currentTitle forKey:@"title"];
   [item setObject:currentLink forKey:@"link"];
   [item setObject:currentSummary forKey:@"summary"];
   [item setObject:currentDate forKey:@"date"];
   [newsStories addObject:[item copy]];
  }
}

- (void)parserDidEndDocument:(NSXMLParser *)parser {
  NSLog(@"Parsen beendet");
  NSLog(@"Anzahl eingelesener Elemente: %d ", [newsStories count]);
  [activityIndicator stopAnimating];
  [activityIndicator removeFromSuperview];
  [rssNewsTable reloadData];
}

-
(BOOL)shouldAutorotateToInterfaceOrientation:(UIInterfaceOrientati
on)interfaceOrientation {
  return (interfaceOrientation == UIInterfaceOrientationPortrait);
}

- (void)didReceiveMemoryWarning {
  [super didReceiveMemoryWarning]; // Releases the view if it
doesn't have a superview
}

- (void)viewWillAppear:(BOOL)animated {
  [super viewWillAppear:animated];
  activityIndicator = [[UIActivityIndicatorView alloc]
initWithActivityIndicatorStyle:UIActivityIndicatorViewStyleGray];
  activityIndicator.frame = CGRectMake(140.0f, 140.0f, 30.0f,
30.0f);
  [[self tableView] addSubview: activityIndicator];
  if ([newsStories count] == 0) {
   [activityIndicator startAnimating];
  }
```

```
}

- (void)viewDidAppear:(BOOL)animated {
  [super viewDidAppear:animated];
  if ([newsStories count] == 0) {
   NSString * path = @"http://feeds.feedburner.com/TheAppleBlog";
   [self parseXMLFileAtURL:path];
  }
}

- (void)dealloc {
    [super dealloc];
}
@end
```

Listing B-50
NewsCell.h

```
#import <UIKit/UIKit.h>
@interface NewsCell : UITableViewCell {
  UILabel *dateLabel;
  UILabel *newsHeaderLabel;
}
-(void)setDate:(NSString *)date andNewsHeader:(NSString
*)newsHeader;
@end
```

Listing B-51
NewsCell.m

```
#import "NewsCell.h"
@implementation NewsCell
- (UILabel *)createLabelWithPrimaryColor:(UIColor *)primaryColor
selectedColor:(UIColor *)selectedColor fontSize:(CGFloat)fontSize
useBold:(BOOL)bold
{
  UIFont *font;
  if (bold) {
   font = [UIFont boldSystemFontOfSize:fontSize];
  } else {
   font = [UIFont SystemFontOfSize:fontSize];
  }
  UILabel *label = [[UILabel alloc] initWithFrame:CGRectZero];
  label.backgroundColor = [UIColor whiteColor];
  label.opaque = YES;
  label.textColor = primaryColor;
  label.highlightedTextColor = selectedColor;
  label.font = font;
  return label;
}
- (id)initWithFrame:(CGRect)frame reuseIdentifier:(NSString
*)reuseIdentifier {
    if (self = [super initWithFrame:frame
reuseIdentifier:reuseIdentifier]) {
```

```
    dateLabel = [self createLabelWithPrimaryColor:[UIColor
blackColor] selectedColor:[UIColor whiteColor] fontSize:10.0
useBold:NO];
    [dateLabel setTextAlignment:UITextAlignmentLeft];
    [self.contentView addSubview:dateLabel];
    [dateLabel release];
    newsHeaderLabel = [self createLabelWithPrimaryColor:[UIColor
blackColor] selectedColor:[UIColor lightGrayColor] fontSize:14.0
useBold:YES];
    [newsHeaderLabel setTextAlignment:UITextAlignmentLeft]; //
default
    [self.contentView addSubview:newsHeaderLabel];
    [newsHeaderLabel release];
  }
  return self;
}
- (void)layoutSubviews {
  [super layoutSubviews];
  CGRect contentRect = self.contentView.bounds;
  if (!self.editing) {
   CGFloat boundsX = contentRect.origin.x;
   CGRect frame;
   frame = CGRectMake(boundsX + 10, 4, 250, 10);
   [dateLabel setFrame:frame];
   frame = CGRectMake(boundsX + 10, 24, 250, 16);
   [newsHeaderLabel setFrame:frame];
  }
}
- (void)setSelected:(BOOL)selected animated:(BOOL)animated {
  [super setSelected:selected animated:animated];
}
- (void)dealloc {
  [dateLabel dealloc];
  [newsHeaderLabel dealloc];
  [super dealloc];
}

-(void)setDate:(NSString *)date andNewsHeader:(NSString
*)newsHeader {
  if (date != nil) {
   [dateLabel setText:date];
  }
  if (newsHeader != nil) {
   [newsHeaderLabel setText:newsHeader];
  }
}
@end
```

```
#import <UIKit/UIKit.h>
@interface WebViewController : UIViewController
<UITextFieldDelegate, UIWebViewDelegate> {
  UIWebView* myWebView;
  NSString* urlForBrowser;
  UIActivityIndicatorView* activityIndicator;
}
-(id)init:(NSString* )url withTitle:(NSString*)theTitle;
@property (nonatomic, retain) NSString* urlForBrowser;
@end
```

Listing B-52

WebViewController.h

```
#import "RootViewController.h"
#import "iRSSAppDelegate.h"
#import "NewsCell.h"
#import "WebViewController.h"

@implementation RootViewController

- (void)viewDidLoad
{
 self.title = @"Feeds";
 UIBarButtonItem *backButton = [[UIBarButtonItem alloc]
initWithTitle:@"Back" style:UIBarButtonItemStylePlain target:nil
action:nil];
 self.navigationItem.backBarButtonItem = backButton;
 backButton release];

- (NSInteger)numberOfSectionsInTableView:(UITableView *)tableView {
    return 1;
}

- (NSInteger)tableView:(UITableView *)tableView
numberOfRowsInSection:(NSInteger)section {
 return [newsStories count];
}

- (UITableViewCell *)tableView:(UITableView *)tableView
cellForRowAtIndexPath:(NSIndexPath *)indexPath {
 static NSString *CellIdentifier = @"iRSS.RootViewController";
 NewsCell *cell = (NewsCell *)[tableView
dequeueReusableCellWithIdentifier:CellIdentifier];
 if (cell == nil) {
  cell = [[[NewsCell alloc] initWithFrame:CGRectZero
reuseIdentifier:CellIdentifier] autorelease];

 int storyIndex = [indexPath indexAtPosition: [indexPath length] -
1];
 [cell setDate:[[newsStories objectAtIndex: storyIndex]
objectForKey: @"date"] andNewsHeader:[[newsStories objectAtIndex:
storyIndex] objectForKey: @"title"]];
 return cell;
}
```

Listing B-53

WebViewController.m

```
- (void)tableView:(UITableView *)tableView
didSelectRowAtIndexPath:(NSIndexPath *)indexPath {
 int storyIndex = [indexPath indexAtPosition: [indexPath length] -
1];
 NSString * storyLink = [[newsStories objectAtIndex: storyIndex]
objectForKey: @"link"];

 storyLink = [storyLink stringByReplacingOccurrencesOfString:@" "
withString:@""];
 storyLink = [storyLink stringByReplacingOccurrencesOfString:@"\n"
withString:@""];

 NSLog(@"link: %@", storyLink);
 WebViewController *webViewController = [[WebViewController alloc]
init:storyLink withTitle:[[newsStories objectAtIndex: storyIndex]
objectForKey: @"title"]];
 [[self navigationController] pushViewController:webViewController
animated:NO];
 [webViewController release];
}


- (void)parseXMLFileAtURL:(NSString *)URL
{
 newsStories = [[NSMutableArray alloc] init];
 NSURL *xmlURL = [NSURL URLWithString:URL];
 rssParser = [[NSXMLParser alloc] initWithContentsOfURL:xmlURL];
 [rssParser setDelegate:self];
 [rssParser setShouldProcessNamespaces:NO];
 [rssParser setShouldReportNamespacePrefixes:NO];
 [rssParser setShouldResolveExternalEntities:NO];
 [rssParser parse];
}

//Wird im Fehlerfalle aufgerufen
- (void)parser:(NSXMLParser *)parser parseErrorOccurred:(NSError
*)parseError {
 NSString * errorString = [NSString stringWithFormat:@"Unable to
download story feed from web site (Error code %i )", [parseError
code]];
 NSLog(@"error parsing XML: %@", errorString);
 UIAlertView * errorAlert = [[UIAlertView alloc]
initWithTitle:@"Error loading content" message:errorString
delegate:self cancelButtonTitle:@"OK" otherButtonTitles:nil];
 [errorAlert show];
 [errorAlert release];
}

- (void)parserDidStartDocument:(NSXMLParser *)parser{
 NSLog(@"Beginn mit dem Parsen");
}
```

```
- (void)parser:(NSXMLParser *)parser didStartElement:(NSString
*)elementName namespaceURI:(NSString *)namespaceURI
qualifiedName:(NSString *)qName attributes:(NSDictionary
*)attributeDict{
 currentElement = [elementName copy];
 if ([elementName isEqualToString:@"item"]) {
  item = [[NSMutableDictionary alloc] init];
  currentTitle = [[NSMutableString alloc] init];
  currentDate = [[NSMutableString alloc] init];
  currentSummary = [[NSMutableString alloc] init];
  currentLink = [[NSMutableString alloc] init];
 }
}

- (void)parser:(NSXMLParser *)parser foundCharacters:(NSString
*)string{
 if ([currentElement isEqualToString:@"title"]) {
  [currentTitle appendString:string];
 } else if ([currentElement isEqualToString:@"link"]) {
  [currentLink appendString:string];
 } else if ([currentElement isEqualToString:@"description"]) {
  [currentSummary appendString:string];
 } else if ([currentElement isEqualToString:@"pubDate"]) {
  [currentDate appendString:string];
 }
}

- (void)parser:(NSXMLParser *)parser didEndElement:(NSString
*)elementName namespaceURI:(NSString *)namespaceURI
qualifiedName:(NSString *)qName{
 if ([elementName isEqualToString:@"item"]) {
  [item setObject:currentTitle forKey:@"title"];
  [item setObject:currentLink forKey:@"link"];
  [item setObject:currentSummary forKey:@"summary"];
  [item setObject:currentDate forKey:@"date"];
  [newsStories addObject:[item copy]];
  NSLog(@"hinzufuegen einer nachricht: %@", currentTitle);
 }
}

- (void)parserDidEndDocument:(NSXMLParser *)parser {
 NSLog(@"Parsen beendet");
 NSLog(@"Anzahl eingelesener Elemente: %d ", [newsStories count]);
 [activityIndicator stopAnimating];
 [activityIndicator removeFromSuperview];
[rssNewsTable reloadData];
}

-
(BOOL)shouldAutorotateToInterfaceOrientation:(UIInterfaceOrientati
on)interfaceOrientation {
    // Return YES for supported orientations
```

```
    return (interfaceOrientation ==
UIInterfaceOrientationPortrait);
}

- (void)didReceiveMemoryWarning {
    [super didReceiveMemoryWarning]; }

- (void)viewWillAppear:(BOOL)animated {
 [super viewWillAppear:animated];
 activityIndicator = [[UIActivityIndicatorView alloc]
initWithActivityIndicatorStyle:UIActivityIndicatorViewStyleGray];
 activityIndicator.frame = CGRectMake(140.0f, 140.0f, 30.0f,
30.0f);
[[self tableView] addSubview: activityIndicator];
 if ([newsStories count] == 0) {
  [activityIndicator startAnimating];
 }
}

- (void)viewDidAppear:(BOOL)animated {
 [super viewDidAppear:animated];
 if ([newsStories count] == 0) {
  NSString * path = @"http://feeds.feedburner.com/TheAppleBlog";
  [self parseXMLFileAtURL:path];
 }
}

- (void)dealloc {
 [super dealloc];
}
@end
```

B.8 Quelltext just.do

Kapitel 8 befasst sich mit der Erfassung, Darstellung und Speicherung von Daten in Form einer Aufgabenliste. Bevor nachfolgend der komplette Programmcode aufgeführt wird, erhalten Sie in Tabelle B–8 zunächst eine Übersicht über die einzelnen Quelltextdateien.

Tab. B–8
Quelltexte von just.do *im Überblick*

Dateiname	Kurzbeschreibung
main.m	Standard-main-Funktion, die durch die Entwicklungsumgebung Xcode automatisch erzeugt wurde.
AppDelegate.h AppDelegate.m	Der Application Delegate der Anwendung
DetailViewController.h DetailViewController.m	Diese Klasse repräsentiert die View zur Eingabe eines Datensatzes.

Dateiname	Kurzbeschreibung
AddToDoItemViewController.h AddToDoItemViewController.m	Controller zur Darstellung der Oberfläche für die Erstellung und Änderung einer Aufgabe
MasterViewController.h MasterViewController.m	Controller zur Darstellung der Listenansicht der Aufgaben.
ToDoItem.h ToDoItem.m	Datenklasse für eine einzelne Aufgabe. Die Klasse wurde durch Core Data erzeugt.
ToDoItemCell.h ToDoItemCell.m	Klasse zur Repräsentation einer einzelnen Aufgabe in der Übersichtsliste.

Listing B-54
main.m

```
#import <UIKit/UIKit.h>

int main(int argc, char *argv[]) {
 NSAutoreleasePool * pool = [[NSAutoreleasePool alloc] init];
 int retVal = UIApplicationMain(argc, argv, nil, nil);
 [pool release];
  return retVal;
}
```

Listing B-55
AppDelegate.h

```
#import <UIKit/UIKit.h>

@interface AppDelegate : UIResponder <UIApplicationDelegate>

@property (strong, nonatomic) UIWindow *window;
@property (readonly, strong, nonatomic) NSManagedObjectContext
*managedObjectContext;
@property (readonly, strong, nonatomic) NSManagedObjectModel
*managedObjectModel;
@property (readonly, strong, nonatomic)
NSPersistentStoreCoordinator *persistentStoreCoordinator;

- (void)saveContext;
- (NSURL *)applicationDocumentsDirectory;@property (strong,
nonatomic) UINavigationController *navigationController;
@end
```

Listing B-56
AppDelegate.m

```
#import "AppDelegate.h"
#import "MasterViewController.h"

@implementation AppDelegate

@synthesize window = _window;
@synthesize managedObjectContext = __managedObjectContext;
@synthesize managedObjectModel = __managedObjectModel;
```

```
@synthesize persistentStoreCoordinator =
__persistentStoreCoordinator;
@synthesize navigationController = _navigationController;

- (BOOL)application:(UIApplication *)application
didFinishLaunchingWithOptions:(NSDictionary *)launchOptions
{
    self.window = [[UIWindow alloc] initWithFrame:[[UIScreen
mainScreen] bounds]];
    // Override point for customization after application launch.

    MasterViewController *masterViewController =
[[MasterViewController alloc]
initWithNibName:@"MasterViewController" bundle:nil];
    self.navigationController = [[UINavigationController alloc]
initWithRootViewController:masterViewController];
    masterViewController.managedObjectContext =
self.managedObjectContext;
    self.window.rootViewController = self.navigationController;
    [self.window makeKeyAndVisible];
    return YES;
}

- (void)applicationWillResignActive:(UIApplication *)application
{
 }

- (void)applicationDidEnterBackground:(UIApplication *)application
{
}

- (void)applicationWillEnterForeground:(UIApplication *)application
{
}

- (void)applicationDidBecomeActive:(UIApplication *)application
{
}

- (void)applicationWillTerminate:(UIApplication *)application
{
    [self saveContext];
}

- (void)saveContext
{
    NSError *error = nil;
    NSManagedObjectContext *managedObjectContext =
self.managedObjectContext;
    if (managedObjectContext != nil)
```

```
    {
        if ([managedObjectContext hasChanges] &&
![managedObjectContext save:&error])
        {
            NSLog(@"Unresolved error %@, %@", error, [error
userInfo]);
            abort();
        }
    }
}

#pragma mark - Core Data stack

- (NSManagedObjectContext *)managedObjectContext
{
    if (__managedObjectContext != nil)
    {
        return __managedObjectContext;
    }

    NSPersistentStoreCoordinator *coordinator = [self
persistentStoreCoordinator];
    if (coordinator != nil)
    {
        __managedObjectContext = [[NSManagedObjectContext alloc]
init];
        [__managedObjectContext
setPersistentStoreCoordinator:coordinator];
    }
    return __managedObjectContext;
}

- (NSManagedObjectModel *)managedObjectModel
{
    if (__managedObjectModel != nil)
    {
        return __managedObjectModel;
    }
    NSURL *modelURL = [[NSBundle mainBundle]
URLForResource:@"justdo" withExtension:@"momd"];
    __managedObjectModel = [[NSManagedObjectModel alloc]
initWithContentsOfURL:modelURL];
    return __managedObjectModel;
}

- (NSPersistentStoreCoordinator *)persistentStoreCoordinator
{
    if (__persistentStoreCoordinator != nil)
    {
        return __persistentStoreCoordinator;
```

```
    }

    NSURL *storeURL = [[self applicationDocumentsDirectory]
URLByAppendingPathComponent:@"justdo.sqlite"];

    NSError *error = nil;
    __persistentStoreCoordinator = [[NSPersistentStoreCoordinator
alloc] initWithManagedObjectModel:[self managedObjectModel]];
    if (![__persistentStoreCoordinator
addPersistentStoreWithType:NSSQLiteStoreType configuration:nil
URL:storeURL options:nil error:&error])
    {
       NSLog(@"Unresolved error %@, %@", error, [error userInfo]);
        abort();
    }

    return __persistentStoreCoordinator;
}

#pragma mark - Application's Documents directory

- (NSURL *)applicationDocumentsDirectory
{
    return [[[NSFileManager defaultManager]
URLsForDirectory:NSDocumentDirectory inDomains:NSUserDomainMask]
lastObject];
}

@end
```

Listing B-57
Detail-ViewController.h

```
##import <UIKit/UIKit.h>

@interface DetailViewController : UIViewController

@property (strong, nonatomic) id detailItem;

@property (strong, nonatomic) IBOutlet UILabel
*detailDescriptionLabel;

@end
```

Listing B-58
DetailViewController.m

```
#import "DetailViewController.h"
@interface DetailViewController ()
- (void)configureView;
@end
@implementation DetailViewController
@synthesize detailItem = _detailItem;
@synthesize detailDescriptionLabel = _detailDescriptionLabel;
#pragma mark - Managing the detail item
- (void)setDetailItem:(id)newDetailItem
{
    if (_detailItem != newDetailItem) {
```

```
        _detailItem = newDetailItem;
 // Update the view.
        [self configureView];
    }
}
- (void)configureView
{
    // Update the user interface for the detail item.
    if (self.detailItem) {
        self.detailDescriptionLabel.text = [self.detailItem
description];
    }
}
- (void)didReceiveMemoryWarning
{
    [super didReceiveMemoryWarning];
    // Release any cached data, images, etc that aren't in use.
}
#pragma mark - View lifecycle
- (void)viewDidLoad
{
    [super viewDidLoad];
   // Do any additional setup after loading the view, typically from
a nib.
    [self configureView];
}
- (void)viewDidUnload
{
    [super viewDidUnload];
    // Release any retained subviews of the main view.
    // e.g. self.myOutlet = nil;
}
- (void)viewWillAppear:(BOOL)animated
{
    [super viewWillAppear:animated];
}
- (void)viewDidAppear:(BOOL)animated
{
    [super viewDidAppear:animated];
}
- (void)viewWillDisappear:(BOOL)animated
{
   [super viewWillDisappear:animated];
}
- (void)viewDidDisappear:(BOOL)animated
{
   [super viewDidDisappear:animated];
}
-
```

```
(BOOL)shouldAutorotateToInterfaceOrientation:(UIInterfaceOrientati
on)interfaceOrientation
{
    // Return YES for supported orientations
    return (interfaceOrientation !=
UIInterfaceOrientationPortraitUpsideDown);
}
- (id)initWithNibName:(NSString *)nibNameOrNil bundle:(NSBundle
*)nibBundleOrNil
{
    self = [super initWithNibName:nibNameOrNil
bundle:nibBundleOrNil];
    if (self) {
        self.title = NSLocalizedString(@"Detail", @"Detail");
    }
    return self;
}
@end
```

Listing B–59
AddToDoItem-ViewController.h

```
#import <UIKit/UIKit.h>
@class ToDoItem;

@interface AddToDoItemViewController : UIViewController
<UITextViewDelegate, UITextFieldDelegate> {
 IBOutlet UIButton *dateLabel;
 IBOutlet UIDatePicker *pickerView;
 IBOutlet UISegmentedControl *priorityField;
 IBOutlet UITextField *todoNameField;
 IBOutlet UITextView *longDescriptionField;
@private
 ToDoItem *todoItem;
 NSDateFormatter *dateFormatter;
}

@property (nonatomic, strong) NSDateFormatter *dateFormatter;
@property (nonatomic, strong) ToDoItem *todoItem;

@property (nonatomic, strong) UITextView *longDescriptionField;
@property (nonatomic, strong) UITextField *todoNameField;
@property (nonatomic, strong) UIButton *dateLabel;
@property (nonatomic, strong) UISegmentedControl *priorityField;
@property (nonatomic, strong) UIDatePicker *pickerView;

- (IBAction)showDatePicker:(id)sender;
@end
```

Listing B–60
AddToDoItem-ViewController.m

```
#import "AddToDoItemViewController.h"
#import "AppDelegate.h"
#import "ToDoItem.h"

@implementation AddToDoItemViewController
```

```
@synthesize longDescriptionField, todoNameField, dateLabel,
dateFormatter, priorityField, pickerView, todoItem;

- (id)initWithNibName:(NSString *)nibNameOrNil bundle:
(NSBundle*) nibBundleOrNil
{
    self = [super initWithNibName:nibNameOrNil
bundle:nibBundleOrNil];
    if (self) {
        // Custom initialization
    }
    return self;
}

- (void)didReceiveMemoryWarning
{
    // Releases the view if it doesn't have a superview.
    [super didReceiveMemoryWarning];

    // Release any cached data, images, etc that aren't in use.
}

#pragma mark - View lifecycle

- (void)viewDidLoad {
 [super viewDidLoad];
  self.title = @"Neue Aufgabe";

 self.navigationItem.leftBarButtonItem = [[UIBarButtonItem alloc]
  initWithBarButtonSystemItem:UIBarButtonSystemItemCancel
  target:self action:@selector(cancel_Clicked:)];

self.navigationItem.rightBarButtonItem = [[UIBarButtonItem alloc]
 initWithBarButtonSystemItem:UIBarButtonSystemItemSave
 target:self action:@selector(save_Clicked:)];

self.dateFormatter = [[NSDateFormatter alloc] init];
[self.dateFormatter setDateStyle:NSDateFormatterShortStyle];
self.longDescriptionField.delegate=self;
self.todoNameField.delegate=self;
}

- (void)viewDidAppear:(BOOL)animated {
 [super viewDidAppear:animated];
 if (todoItem == nil) {
  self.dateLabel.titleLabel.text = [self.dateFormatter
stringFromDate:[NSDate date]];
  self.todoNameField.text=nil;
  self.longDescriptionField.text=nil;
 } else {
  todoNameField.text = todoItem.shortDesc;
  priorityField.selectedSegmentIndex = [todoItem.priority
intValue]-1;
```

```
  dateLabel.titleLabel.text = [self.dateFormatter
stringFromDate:todoItem.until];
  longDescriptionField.text = todoItem.longDesc;
 }
}
- (void)viewDidUnload
{
 [super viewDidUnload];
 // Release any retained subviews of the main view.
 // e.g. self.myOutlet = nil;
}

-
(BOOL)shouldAutorotateToInterfaceOrientation:(UIInterfaceOrientation)
  interfaceOrientation
{
    // Return YES for supported orientations
    return (interfaceOrientation ==
UIInterfaceOrientationPortrait);
}

//Anzeige der Datumsauswahl
- (IBAction)showDatePicker:(id)sender
{
 [self.view.window addSubview: self.pickerView];
 CGRect screenRect = [[UIScreen mainScreen] applicationFrame];
 CGSize pickerSize = [self.pickerView sizeThatFits:CGSizeZero];
 CGRect startRect = CGRectMake(0.0,
  screenRect.origin.y + screenRect.size.height,
  pickerSize.width, pickerSize.height);
 self.pickerView.frame = startRect;
 CGRect pickerRect = CGRectMake(0.0,
  screenRect.origin.y + screenRect.size.height - pickerSize.height,
  pickerSize.width,
  pickerSize.height);
 [UIView beginAnimations:nil context:NULL];
 [UIView setAnimationDuration:0.3];
 [UIView setAnimationDelegate:self];

 self.pickerView.frame = pickerRect;
 CGRect newFrame = self.view.frame;
 newFrame.size.height -= self.pickerView.frame.size.height;
 self.view.frame = newFrame;
 [UIView commitAnimations];

 //Buttons aendern
 self.navigationItem.rightBarButtonItem = [[UIBarButtonItem alloc]
  initWithBarButtonSystemItem:UIBarButtonSystemItemDone
  target:self action:@selector(save_date:)];
 self.navigationItem.leftBarButtonItem = nil;
}
```

```
//Datum speichern und Datumsauswahl ausblenden
- (void) save_date:(id)sender {
 self.pickerView.hidden = false;
 self.dateLabel.titleLabel.text = [self.dateFormatter
  stringFromDate:self.pickerView.date];

 CGRect screenRect = [[UIScreen mainScreen] applicationFrame];
 CGRect endFrame = self.pickerView.frame;
 endFrame.origin.y = screenRect.origin.y + screenRect.size.height;


 [UIView beginAnimations:nil context:NULL];
 [UIView setAnimationDuration:0.3];
 [UIView setAnimationDelegate:self];
 [UIView setAnimationDidStopSelector:@selector(slideDownDidStop)];
 self.pickerView.frame = endFrame;
 [UIView commitAnimations];
 CGRect newFrame = self.view.frame;
 newFrame.size.height += self.pickerView.frame.size.height;
 self.view.frame = newFrame;
// Urspruengliche Buttons wieder anzeigen
self.navigationItem.rightBarButtonItem =  [[UIBarButtonItem alloc]
 initWithBarButtonSystemItem:UIBarButtonSystemItemSave
 target:self action:@selector(save_Clicked:)];

self.navigationItem.leftBarButtonItem = [[UIBarButtonItem alloc]
  initWithBarButtonSystemItem:UIBarButtonSystemItemCancel
 target:self action:@selector(cancel_Clicked:)];
}

- (void) save_Clicked:(id)sender {
 AppDelegate *appDelegate = (AppDelegate *)[[UIApplication
sharedApplication]
  delegate];
 if (todoItem == nil) {
  //Erzeugung neues ManagedObject
  todoItem = (ToDoItem *)[NSEntityDescription
   insertNewObjectForEntityForName:@"ToDoItem"
   inManagedObjectContext:appDelegate.managedObjectContext];
 //Werte uebertragen
 todoItem.shortDesc = todoNameField.text;
 todoItem.priority = [NSNumber
  numberWithInt:priorityField.selectedSegmentIndex+1];
 todoItem.until = [self.dateFormatter
dateFromString:dateLabel.titleLabel.text];
 todoItem.longDesc = longDescriptionField.text;
 NSError *error;
 if (![appDelegate.managedObjectContext save:&error]) {
  NSLog(@"Fehler beim Speichern der Aufgabe");
 }
```

```
 [self.navigationController
dismissModalViewControllerAnimated:YES];
 todoItem = nil;

 self.longDescriptionField.delegate=self;
 self.todoNameField.delegate=self;
}

- (void) cancel_Clicked:(id)sender {
 todoItem = nil;
 [self.navigationController
dismissModalViewControllerAnimated:YES];
}

#pragma mark -
#pragma mark UITextViewDelegate

/**
 * Ueber die RETURN-Taste wird die Tastatur beim UITextView
ausgeblendet.
 */
-(BOOL)textView:(UITextView *)textView
  shouldChangeTextInRange:(NSRange)range
  replacementText:(NSString *)text
{
  if([text isEqualToString:@"\n"])
{
 [textView resignFirstResponder];
 return NO;
}
 return YES;
}

#pragma mark -
#pragma mark UITextFieldDelegate
- (BOOL)textFieldShouldReturn:(UITextField *)textField
{
 [textField resignFirstResponder];
 return YES;
}

@end

return YES;
}
@end
```

Listing B–61
MasterViewController.h

```
#import <UIKit/UIKit.h>

@class DetailViewController;

#import <CoreData/CoreData.h>
```

```
@class AddToDoItemViewController, ToDoItemCell;

@interface MasterViewController : UITableViewController
<NSFetchedResultsControllerDelegate> {

 AddToDoItemViewController* addController;
 UINavigationController *addNavigationController;
 IBOutlet ToDoItemCell *cell;
 NSMutableArray *todoItemsArray;
 NSDateFormatter *dateFormatter;
 IBOutlet UIToolbar *toolbar;

@private

 NSFetchedResultsController *fetchedResultsController_;
 NSManagedObjectContext *managedObjectContext_;
 Boolean priorityAscending;
 Boolean dateAscending;
 Boolean nameAscending;
}

@property (nonatomic, strong) NSManagedObjectContext
 *managedObjectContext;
@property (nonatomic, strong) NSFetchedResultsController
 *fetchedResultsController;
@property (nonatomic, strong) NSMutableArray *todoItemsArray;
@property (nonatomic, strong) NSDateFormatter *dateFormatter;

- (IBAction)sortByDate:(id)sender;
- (IBAction)sortByPriority:(id)sender;
- (IBAction)sortByShortDesc:(id)sender;
- (IBAction)delete_Clicked:(id)sender;

- (void) sortTableView:(NSString*)descriptor
ascending:(Boolean)ascending;
@end
```

Listing B-62

MasterViewController.m

```
#import "MasterViewController.h"
#import "DetailViewController.h"
#import "AddToDoItemViewController.h"
#import "ToDoItemCell.h"
#import "ToDoItem.h"

@interface MasterViewController ()

- (void)configureCell:(UITableViewCell *)cell
 atIndexPath:(NSIndexPath *)indexPath;

@end

@implementation MasterViewController

@synthesize fetchedResultsController=fetchedResultsController_,
 managedObjectContext=managedObjectContext_, todoItemsArray,
dateFormatter;
```

```
- (id)initWithNibName:(NSString *)nibNameOrNil bundle:(NSBundle
*)nibBundleOrNil

{
  self = [super initWithNibName:nibNameOrNil
bundle:nibBundleOrNil];
  if (self) {
   self.title = NSLocalizedString(@"Master", @"Master");
  }
  return self;
}

- (void)didReceiveMemoryWarning

{

    [super didReceiveMemoryWarning];

    // Release any cached data, images, etc that aren't in use.

}

#pragma mark - View lifecycle

- (void)viewDidLoad
{
  [super viewDidLoad];

  // Set up the edit and add buttons.

  self.navigationItem.leftBarButtonItem = [[UIBarButtonItem alloc]
   initWithBarButtonSystemItem:UIBarButtonSystemItemEdit
   target:self action:@selector(update_Clicked:)];

 UIBarButtonItem *addButton = [[UIBarButtonItem alloc]
  initWithBarButtonSystemItem:UIBarButtonSystemItemAdd
  target:self action:@selector(add_Clicked:)];

   self.navigationItem.rightBarButtonItem = addButton;
   self.dateFormatter = [[NSDateFormatter alloc] init];
   [self.dateFormatter setDateStyle:NSDateFormatterShortStyle];
   priorityAscending = NO;
   dateAscending = YES;
   nameAscending = YES;
   self.title = @"";

}

- (void)viewDidUnload

{

    [super viewDidUnload];

    // Release any retained subviews of the main view.
```

```
    // e.g. self.myOutlet = nil;
}

- (void)viewWillAppear:(BOOL)animated {
 [super viewWillAppear:animated];
 NSError *error;
 NSFetchRequest *request = [[NSFetchRequest alloc] init];
 NSEntityDescription *entity = [NSEntityDescription
  entityForName:@"ToDoItem"
  inManagedObjectContext:managedObjectContext_];

 [request setEntity:entity];
 NSSortDescriptor *sortDescriptor = [[NSSortDescriptor alloc]
  initWithKey:@"priority" ascending:YES];
 NSArray *sortDescriptors = [[NSArray alloc]
initWithObjects:sortDescriptor, nil];
 [request setSortDescriptors:sortDescriptors];

NSMutableArray *mutableFetchResults = [[managedObjectContext_
 executeFetchRequest:request error:&error] mutableCopy];
if (mutableFetchResults == nil) {
 NSLog(@"Fehler beim Laden der Daten");
}

[self setTodoItemsArray:mutableFetchResults];
[toolbar sizeToFit];
CGFloat toolbarHeight = [toolbar frame].size.height;
CGRect rootViewBounds = self.parentViewController.view.bounds;
CGFloat rootViewHeight = CGRectGetHeight(rootViewBounds);
CGFloat rootViewWidth = CGRectGetWidth(rootViewBounds);

CGRect rectArea = CGRectMake(0, rootViewHeight - toolbarHeight,
 rootViewWidth, toolbarHeight);
[toolbar setFrame:rectArea];
[self.navigationController.view addSubview:toolbar];

}

- (void)viewDidAppear:(BOOL)animated {

  [super viewDidAppear:animated];
  [self.tableView reloadData];

}

- (void)viewWillDisappear:(BOOL)animated

{

 [super viewWillDisappear:animated];

}

- (void)viewDidDisappear:(BOOL)animated

{
```

```
 [super viewDidDisappear:animated];

}

- (BOOL)shouldAutorotateToInterfaceOrientation:
 (UIInterfaceOrientation)interfaceOrientation
{

    // Return YES for supported orientations

    return (interfaceOrientation !=
UIInterfaceOrientationPortraitUpsideDown);

}

- (NSInteger)tableView:(UITableView *)tableView
 numberOfRowsInSection:(NSInteger)section {
  return [todoItemsArray count];

}

// Customize the appearance of table view cells.

- (UITableViewCell *)tableView:(UITableView *)tableView
 cellForRowAtIndexPath:(NSIndexPath *)indexPath {
  static NSString *CellIdentifier = @"ToDoItemCell";
  cell = (ToDoItemCell*) [tableView
   dequeueReusableCellWithIdentifier:CellIdentifier];
  if (cell == nil) {
   [[NSBundle mainBundle] loadNibNamed:@"ToDoItemCell"
   owner:self options:nil];
  }

  // Get the object from the array.
  ToDoItem *todoItem = [todoItemsArray
objectAtIndex:indexPath.row];
  int priority=[todoItem.priority intValue];
  cell.titleLabel.text =todoItem.shortDesc;
  cell.priorityLabel.text = [NSString stringWithFormat:@"%d",
priority];
  cell.dateLabel.text = [self.dateFormatter
stringFromDate:todoItem.until];

  // Setzen der Farbe fuer das Feld Prioritaet.
  switch (priority) {
   case 1:
    cell.priorityLabel.backgroundColor= [UIColor redColor];
    break;

  case 2:
   cell.priorityLabel.backgroundColor= [UIColor yellowColor];
   break;
```

```
default:
   cell.priorityLabel.backgroundColor= [UIColor greenColor];
   break;

}

 return cell;

}

- (void)tableView:(UITableView *)tableView
 commitEditingStyle:(UITableViewCellEditingStyle)editingStyle
 forRowAtIndexPath:(NSIndexPath *)indexPath

{

 if (editingStyle == UITableViewCellEditingStyleDelete) {

 // Delete the managed object for the given index path.
 NSManagedObjectContext *context = [self.fetchedResultsController
  managedObjectContext];
 [context deleteObject:[self.fetchedResultsController
  objectAtIndexPath:indexPath]];

  // Save the context.
  NSError *error = nil;
  if (![context save:&error]) {
   NSLog(@"Unresolved error %@, %@", error, [error userInfo]);
   abort();
  }

 }

}

- (BOOL)tableView:(UITableView *)tableView
 canMoveRowAtIndexPath:(NSIndexPath *)indexPath

{

    // The table view should not be re-orderable.

    return NO;

}

- (void)tableView:(UITableView *)tableView
 didSelectRowAtIndexPath:(NSIndexPath *)indexPath

{

 }

#pragma mark - Fetched results controller

- (NSFetchedResultsController *)fetchedResultsController

{
```

```
    if (fetchedResultsController_ != nil) {

        return fetchedResultsController_;

    }

     return fetchedResultsController_;

}

- (void)controllerWillChangeContent:(NSFetchedResultsController
*)controller
{

    [self.tableView beginUpdates];

}

- (void)controller:(NSFetchedResultsController *)controller
 didChangeSection:(id <NSFetchedResultsSectionInfo>)sectionInfo
 atIndex:(NSUInteger)sectionIndex
 forChangeType:(NSFetchedResultsChangeType)type
{
  switch(type) {
   case NSFetchedResultsChangeInsert:
    [self.tableView insertSections:[NSIndexSet
indexSetWithIndex:sectionIndex]
     withRowAnimation:UITableViewRowAnimationFade];
   break;

   case NSFetchedResultsChangeDelete:
    [self.tableView deleteSections:[NSIndexSet
indexSetWithIndex:sectionIndex]
     withRowAnimation:UITableViewRowAnimationFade];
    break;
 }

}

- (void)controller:(NSFetchedResultsController *)controller
 didChangeObject:(id)anObject
 atIndexPath:(NSIndexPath *)indexPath
 forChangeType:(NSFetchedResultsChangeType)type
  newIndexPath:(NSIndexPath *)newIndexPath
{
  UITableView *tableView = self.tableView;
  switch(type) {
   case NSFetchedResultsChangeInsert:
    [tableView insertRowsAtIndexPaths:[NSArray
arrayWithObject:newIndexPath]
     withRowAnimation:UITableViewRowAnimationFade];
   break;

   case NSFetchedResultsChangeDelete:
    [tableView deleteRowsAtIndexPaths:[NSArray
```

```
arrayWithObject:indexPath]
     withRowAnimation:UITableViewRowAnimationFade];
    break;

    case NSFetchedResultsChangeUpdate:
     [self configureCell:[tableView
cellForRowAtIndexPath:indexPath]
      atIndexPath:indexPath];
    break;

     case NSFetchedResultsChangeMove:
      [tableView deleteRowsAtIndexPaths:
      [NSArray arrayWithObject:indexPath]
      withRowAnimation:UITableViewRowAnimationFade];
     [tableView insertRowsAtIndexPaths:[NSArray
arrayWithObject:newIndexPath]
      withRowAnimation:UITableViewRowAnimationFade];
     break;

     }

}

- (void)controllerDidChangeContent:(NSFetchedResultsController
*)controller

{

    [self.tableView endUpdates];

}

- (void)configureCell:(UITableViewCell *)cell
 atIndexPath:(NSIndexPath *)indexPath
 {
   NSManagedObject *managedObject =
    [self.fetchedResultsController objectAtIndexPath:indexPath];
   cell.textLabel.text = [[managedObject valueForKey:@"timeStamp"]
description];
  }

- (void)insertNewObject
{
 NSManagedObjectContext *context = [self.fetchedResultsController
  managedObjectContext];

  NSEntityDescription *entity = [[self.fetchedResultsController
fetchRequest]
   entity];

  NSManagedObject *newManagedObject = [NSEntityDescription
   insertNewObjectForEntityForName:[entity name]
   inManagedObjectContext:context];
```

```
[newManagedObject setValue:[NSDate date] forKey:@"timeStamp"];

NSError *error = nil;
if (![context save:&error]) {
 NSLog(@"Unresolved error %@, %@", error, [error userInfo]);
 abort();
}

}

- (void) add_Clicked:(id)sender {
 if(addController == nil) {
  addController = [[AddToDoItemViewController alloc]
  initWithNibName:@"AddToDoItemViewController" bundle:nil];
 }
 if(addNavigationController == nil) {
  addNavigationController = [[UINavigationController alloc]
  initWithRootViewController:addController];
}

    [self.navigationController presentModalViewController:
     addNavigationController animated:YES];
}

- (void) update_Clicked:(id)sender {
 NSIndexPath* path = [self.tableView indexPathForSelectedRow];
 if (path != nil && path.row >= 0) {
  ToDoItem* todoItem = [todoItemsArray objectAtIndex:path.row];
  if(addController == nil) {
   addController = [[AddToDoItemViewController alloc]
    initWithNibName:@"AddToDoItemViewController" bundle:nil];
  }
  [addController setTodoItem:todoItem];
  if(addNavigationController == nil) {
   addNavigationController = [[UINavigationController alloc]
    initWithRootViewController:addController];
  }
  [self.navigationController presentModalViewController:
   addNavigationController animated:YES];

 }
}

- (void) delete_Clicked:(id)sender {
 NSIndexPath* path = [self.tableView indexPathForSelectedRow];
 if (path != nil && path.row >= 0) {
  ToDoItem* todoItem = [todoItemsArray objectAtIndex:path.row];
  [todoItemsArray removeObject:todoItem];
  [managedObjectContext_ deleteObject:todoItem];
  NSError* error;
  if (![managedObjectContext_ save:&error]) {
  }
  [self.tableView deleteRowsAtIndexPaths:
```

```
    [NSArray arrayWithObject:path]
    withRowAnimation:UITableViewRowAnimationFade];
  [self.tableView deselectRowAtIndexPath:path animated:NO];
 }
 [[UIApplication sharedApplication]
  setApplicationIconBadgeNumber:[todoItemsArray count]];
}

#pragma mark -

#pragma mark Sortierung

- (IBAction)sortByDate:(id)sender {
 [self sortTableView:@"until" ascending:dateAscending];
 dateAscending = !dateAscending;
 priorityAscending = YES;
 nameAscending = YES;
}

- (IBAction)sortByPriority:(id)sender {
 [self sortTableView:@"priority" ascending:priorityAscending];
 priorityAscending = !priorityAscending;
 dateAscending = YES;
 nameAscending = YES;
}

- (IBAction)sortByShortDesc:(id)sender {
 [self sortTableView:@"shortDesc" ascending:nameAscending];
 nameAscending = !nameAscending;
 dateAscending = YES;
 priorityAscending = YES;
}

- (void) sortTableView:(NSString*)descriptor
ascending:(Boolean)ascending {
 NSError *error;
 NSFetchRequest *request = [[NSFetchRequest alloc] init];
 NSEntityDescription *entity = [NSEntityDescription
  entityForName:@"ToDoItem"
  inManagedObjectContext:managedObjectContext_];
 [request setEntity:entity];
 NSSortDescriptor *sortDescriptor = [[NSSortDescriptor alloc]
  initWithKey:descriptor ascending:ascending];
 NSArray *sortDescriptors = [[NSArray alloc]
initWithObjects:sortDescriptor, nil];
 [request setSortDescriptors:sortDescriptors];
 NSMutableArray *mutableFetchResults = [[managedObjectContext_
  executeFetchRequest:request error:&error] mutableCopy];
 if (mutableFetchResults == nil) {
  // Handle the error.
 }
```

```
 [self setTodoItemsArray:mutableFetchResults];
 [self.tableView reloadData];
}
@end
```

Listing B-63
ToDoItem.h

```
#import <CoreData/CoreData.h>

@interface ToDoItem :  NSManagedObject  {
}

@property (nonatomic, retain) NSNumber * done;
@property (nonatomic, retain) NSString * shortDesc;
@property (nonatomic, retain) NSDate * until;
@property (nonatomic, retain) NSNumber * priority;
@property (nonatomic, retain) NSString * longDesc;
@end
```

Listing B-64
ToDoItem.m

```
#import "ToDoItem.h"
@implementation ToDoItem

@dynamic done;
@dynamic shortDesc;
@dynamic until;
@dynamic priority;
@dynamic longDesc;
@end
```

Listing B-65
ToDoItemCell.h

```
#import <UIKit/UIKit.h>
@interface ToDoItemCell : UITableViewCell {
 IBOutlet UILabel *dateLabel;
 IBOutlet UILabel *priorityLabel;
 IBOutlet UILabel *titleLabel;
}

@property (nonatomic, retain) UILabel *dateLabel;
@property (nonatomic, retain) UILabel *priorityLabel;
@property (nonatomic, retain) UILabel *titleLabel;
@end
```

Listing B-66
ToDoItemCell.m

```
#import "ToDoItemCell.h"
@implementation ToDoItemCell

@synthesize dateLabel, priorityLabel, titleLabel;

- (id)initWithStyle:(UITableViewCellStyle)style
reuseIdentifier:(NSString
   *)reuseIdentifier {
 if ((self = [super initWithStyle:style
reuseIdentifier:reuseIdentifier])) {
```

```
 }
 return self;
}

- (void)setSelected:(BOOL)selected animated:(BOOL)animated {
 [super setSelected:selected animated:animated];
}

- (void)dealloc {
    [super dealloc];
}
@end
```

C Glossar

Ad-hoc-Distribution
Die Ad-hoc-Distribution ist eine Möglichkeit, um Ihre entwickelte Anwendung auf anderen Endgeräten zu verteilen. Diese Art der Verteilung erfolgt ohne den App Store. Die Anzahl der möglichen Endgeräte hängt dabei von der Variante des abgeschlossenen iPhone Developer Program ab. Bei der Variante Standard sind dies 100 Endgeräte.

App ID
Jede Anwendung, die auf einem Endgerät installiert wird, besitzt eine eindeutige ID, die sogenannte App ID. Die App ID wird über das iOS Provisioning Portal erstellt. Sie setzt sich aus einem Präfix (Bundle Seed ID) und einem Suffix (Bundle Identifier) zusammen. Das Präfix wird dabei automatisch erzeugt. Das Suffix wird von Ihnen im iOS Provisioning Portal angegeben.

App Store
Der App Store ist ein bestimmter Bereich innerhalb von iTunes. Hierüber können Sie kostenlos oder gegen Entgelt Anwendungen für das iOS vertreiben. Um eine Anwendung in den App Store zu stellen, müssen Sie eine Mitgliedschaft beim iOS Developer Program abgeschlossen haben.

Apple Developer Connection
Um Zugriff auf das iOS Dev Center zu erhalten, benötigen Sie eine Mitgliedschaft bei der Apple Developer Connection (ADC). Diese Mitgliedschaft ist kostenlos. Bei der Entwicklung von Anwendungen für das iOS kommen Sie eigentlich nicht um eine Mitgliedschaft bei der ADC herum. Hierüber haben Sie z.B. auch Zugriff auf viele Tutorials für die Entwicklung für das iOS.

Application Delegate
Der Application Delegate implementiert das UIApplicationDelegate Protocol. Methoden des Application Delegate werden nach der Aktivierung der Anwendung aufgerufen. Die Startklasse `UIApplicationMain` ruft zum Ende der Initialisierung die Methode `applicationDidFinishLaunching` auf.

ARC
ARC ist die Abkürzung für Automatic Reference Counting.

Automatic Reference Counting
Bei Automatic Reference Counting (ARC) handelt es sich um eine Technik, bei der der Compiler den Code für den Referenzzählermechanismus automatisch erzeugt. Der Entwickler muss sich bei entsprechender Markierung der Properties und Variablen nicht mehr darum kümmern.

Bundle
Unter einem Bundle ist ein Verzeichnis im Dateisystem zu verstehen, das ausführbaren Code und dazugehörige Dateien (z.B. Einstellungsdateien) an einem Ort zusammenfasst. Die Verzeichnisstruktur ist dabei standardisiert. Solch ein Verzeichnis trägt die Endung `.app`.

Bundle Identifier
Der Bundle Identifier ist das Suffix der eindeutigen App ID. Dieser Wert muss von Ihnen bei der Erstellung der App ID im iOS Developer Program festgelegt werden.

Bundle Seed ID
Die Bundle Seed ID ist das Präfix der eindeutigen App ID. Dieser Wert wird automatisch bei der Erstellung der App ID im iOS Developer Program generiert.

Certificate Signing Request (CSR)
Um ein eigenes Zertifikat für die Signierung zu erstellen, müssen Sie einen sogenannten Certificate Signing Request (CSR) erzeugen. Dieser enthält neben Ihrer E-Mail-Adresse Informationen über den Verschlüsselungsalgorithmus. Den fertigen CSR müssen Sie beim iOS Developer Program Portal hochladen, um ein Zertifikat zu erhalten.

Cocoa Touch
Der Cocoa Touch Layer ist die oberste Schicht innerhalb des Betriebssystems iOS. Diese Schicht enthält die drei Frameworks UIKit, Foundation und Address Book UI.

Code Signing
Um eine Anwendung auf einem Endgerät zu installieren, müssen Sie diese Anwendung signieren. Für die Signierung benötigen Sie ein eigenes Zertifikat und ein Zertifikat von Apple, das sogenannte WWDR Intermediate Certificate. Die eigentliche Signierung wird in Xcode durchgeführt.

Core Data
Unter Core Data ist ein Framework für die Datenpersistenz zu verstehen. Durch dieses Framework wird Ihnen die direkte Arbeit mit der zugrunde liegenden Persistenzschicht (wie z.B. der Datenbank SQLite) abgenommen.

Entitlement
Ein Entitlement ist eine Property-Liste, die für die Signierung benötigt wird. Diese Liste enthält die Zugriffsrechte der Anwendung.

Event Loop
Bei der Bedienung einer Anwendung treten Ereignisse (Events) auf, die in der Ereignisschleife (Event Loop) abgearbeitet werden.

Instruments
Instruments, ein Werkzeug des iOS SDK, können Sie für die Performance-Analyse der von Ihnen entwickelten Anwendungen einsetzen. Sie können damit auch Ihre Anwendung automatisieren (Capture-Replay).

Interface Builder
Der Interface Builder ist eines der vom iOS SDK mitgelieferten Werkzeuge. Damit haben Sie die Möglichkeit, Ihre Oberfläche für das iOS grafisch zu erzeugen. Als Ergebnis erhalten Sie eine xib-Datei.

iOS
Das Betriebssystem auf dem iPad, iPhone und dem iPod touch trägt den Namen iOS. Vor der Version 4 hieß es noch iPhone OS. Da es nun aber weit mehr als das iPhone bedient, hat sich Apple mit Version 4 zur Umbenennung entschlossen.

Das Betriebssystem kann hauptsächlich in die vier Schichten Core OS, Core Services, Media und Cocoa Touch aufgeteilt werden.

iOS Dev Center
Das iOS Dev Center ist das zentrale Informationsportal für die Entwicklung für das iOS. Bis Version 4 trug dieses Portal noch den Namen iPhone Dev Center.

iOS Developer Program
Um eine Anwendung auf ein Endgerät aufzuspielen, müssen Sie die kostenpflichtige Mitgliedschaft beim iOS Developer Program abschließen. Selbst für einen Test auf einem Endgerät benötigen Sie diese Mitgliedschaft.

iOS Provisioning Portal
Nach dem Abschluss einer Mitgliedschaft zum iOS Developer Program erhalten Sie Zugang zum iOS Provisioning Portal. Dies ist die Schaltzentrale, in der die notwendigen Aktionen durchgeführt werden, um eine Anwendung für die Distribution vorzubereiten. Hierüber können Sie z.B. ein Entwicklungszertifikat erstellen.

iOS SDK
Das iOS SDK ist eine Sammlung von Werkzeugen zur Programmierung von Anwendungen für das iOS. Das Hauptwerkzeug ist dabei die mitgelieferte Entwicklungsumgebung Xcode. Vor der Version 4 trug dieses Paket noch den Namen iPhone SDK.

iOS Simulator
Der iOS Simulator ist ein Werkzeug des iOS SDK. Damit haben Sie die Möglichkeit, Ihre Anwendung auf Ihrem Mac zu testen. Durch die Verwendung des iOS Simulator wird es Ihnen erspart, die Anwendung nach jeder Änderung auf ein Endgerät aufzuspielen. Der Simulator ist eine eigenständige Anwendung und kann ohne Xcode verwendet werden.

iPhone Dev Center
Mit Version 4.1 von iOS wurde dieses Portal in iOS Dev Center umbenannt.

iPhone Developer Program
Bis Version 4.1 trug das iOS Developer Program noch den Namen iPhone Developer Program.

iPhone Provisioning Portal
Bis Version 4.1 trug das iOS Provisioning Portal noch den Namen iPhone Provisioning Portal (zuvor iPhone Developer Program Portal).

iPhone Simulator
Bis Version 4.1 trug der iOS Simulator noch den Namen iPhone Simulator.

LLVM
Die Abkürzung LLVM steht für Low Level Virtual Machine. Hierbei handelt es sich um eine Compiler-Architektur, die mit Xcode 4.2 zum Einsatz kommt. Unter anderem wird hierdurch Automatic Reference Counting ermöglicht.

Location Based Services
Unter Location Based Services sind Anwendungen (Dienste) zu verstehen, die sich die Fähigkeit zur Positionsbestimmung (z.B. über GPS) zunutze machen.

Master-Detail
Unter Master-Detail wird eine Ansicht/Beziehung verstanden, bei der zu einem Masterdatensatz weitere detailliertere Datensätze zur Verfügung stehen. In einer Benutzeroberfläche erfolgt die Darstellung häufig über einen Splitview. Dabei wird der Masterdatensatz links dargestellt und die Details dazu auf der rechten Seite.

Member Center
Das Member Center ist ein Portal zur Verwaltung Ihrer Accountdaten und Verträge rund um das iOS Developer Program. Vor Version 4 war dieser Bereich noch im iOS Provisioning Portal integriert.

nib-Format
NIB ist die Abkürzung für NextSTEP Interface Builder. Das nib-Format ist das Format, in dem die Oberflächendefinitionsdateien für das iOS vorliegen.

Objective-C
Objective-C (abgekürzt ObjC) ist die Programmiersprache, mit der Sie eine Anwendung für das iOS programmieren. Diese Sprache basiert auf C.

Organizer
Der Organizer ist ein Werkzeug des iOS SDK. Hiermit können Sie Ihre Endgeräte verwalten. Darüber hinaus haben Sie die Möglichkeit, Screenshots der Anwendungen auf dem Endgerät zu erstellen. Auch ein Zugriff auf Logdateien ist möglich.

Outlet
Ein Outlet bietet die Möglichkeit zur Kommunikation zwischen Objektinstanzen innerhalb einer Anwendung. Ein Outlet ist eine Referenz auf eine Empfängerinstanz vom Typ `IBOutlet`. Die Verbindung des Outlet erfolgt dabei im Interface Builder.

Product
Das Ergebnis, das durch ein Target entsteht, wird als Produkt (Product) bezeichnet.

Provisioning Profile
Ein Provisioning Profile ist eine Art Behälter, in dem alle notwendigen Informationen über eine zu installierende Anwendung enthalten sind. Darunter fallen u.a. die erzeugten Zertifikate, die App ID und die eindeutigen IDs der Geräte, auf denen die Anwendung installiert werden soll.

Quick Help
Mit dem Fenster Quick Help in Xcode haben Sie die Möglichkeit, direkte Hilfe zu Quellcodestellen zu erhalten. Über Links wird dabei auf die mitgelieferte Dokumentation oder auf Onlinequellen verwiesen.

Research Assistant
Der Research Assistant ist ein in die Entwicklungsumgebung Xcode integriertes Hilfswerkzeug. Dieses Werkzeug wurde inzwischen durch das Fenster Quick Help ersetzt.

Retina-Display
Mit dem iPhone 4 wurde ein neuer hochauflösender Bildschirm eingeführt. Dieser Bildschirm trägt den Namen Retina-Display und hat eine Auflösung von 640×960 Pixel. Inzwischen besitzt der iPod touch (4. Generation, vorgestellt am 1. September 2010) auch solch einen Bildschirm.

Scheme
Unter einem Scheme wird eine Menge von Targets zusammengefasst. Bei Betätigung von Run in Xcode wird immer ein Scheme ausgeführt und nicht ein Target. Das Scheme selbst kann natürlich aus einem einzigen Target bestehen.

Springboard
Geräte mit iOS besitzen einen sogenannten Homescreen. Auf diesem befinden sich die App-Icons. Dieser Homescreen muss gesteuert und verwaltet werden. Die Steuerung übernimmt das Springboard. Das Springboard ist dabei nicht nur ein Manager für die App-Icons, sondern ist für vielfältige Aufgaben verantwortlich, wie zum Beispiel dafür, das Gerät in den Standby zu versetzen, oder auch für die Push-Benachrichtigen. Häufig wird das Wort Homescreen mit Springboard gleichgesetzt. Über eine Konvention findet das Springboard die Apps, die auf dem Homescreen dargestellt werden. Alle Apps im Verzeichnis */Applications* und */var/mobile/Applications* werden auf diesem dargestellt – diese Konvention gilt seit iOS 4.3.3.

SQLite
SQLite ist eine relationale Datenbank, die von Apple in das iOS integriert wurde. Vom iOS wird Ihnen eine API zur Verfügung gestellt, um auf SQLite zugreifen zu können. Mit SQLite können Sie Daten Ihrer Anwendung persistent speichern.

Target
Aus den Dateien eines Projektes soll eine lauffähige Anwendung (App) entstehen. Die Beschreibung, was zu dieser App gehört, wird durch ein Target übernommen. Es muss aber nicht immer eine App entstehen, sondern es kann auch die Beschreibung zur Erzeugung und Ausführung von Unit Tests sein.

Target-Action
Beim Auslösen einer Schaltfläche entsteht ein Event, das zumeist eine Aktion zur Folge hat. Über die Target-Action wird diese Aktion festgelegt.

Toll Free Bridging
Für den einfachen Austausch von Datentypen zwischen Core Foundation (C-Datentypen) und Foundation (Objective-C-Datentypen) existiert das Konzept des Toll Free Bridging. Damit können Sie Datentypen aus dem einen Framework in das andere Framework direkt umwandeln[1].

Window
Das zentrale Fenster einer iOS-App wird als Window bezeichnet. Dabei kann eine App nur ein Window haben, dafür aber mehrere Views.

Workspace
Mehrere Projekte können gruppiert werden. Solch eine Gruppe von Projekten wird als Workspace bezeichnet.

WWDR Intermediate Certificate
Bei der Signierung Ihrer Anwendung benötigen Sie neben Ihrem eigenen Zertifikat ein Zertifikat von Apple. Dieses trägt den Namen WWDR (World Wide Developer Relations) Intermediate Certificate. Dieses Zertifikat können Sie über das iOS Provisioning Portal herunterladen.

Xcode
Xcode ist die Entwicklungsumgebung, die vom iOS SDK mitgeliefert wird. Dieses Werkzeug steht bei der Anwendungsentwicklung für das iOS im Mittelpunkt. Mit Xcode können Sie nicht nur Anwendungen für das iOS entwickeln, sondern z.B. auch Anwendungen für das Mac OS X.

1. Diese Technik wird als Typumwandlung oder auch Casting bezeichnet.

xib-Format
XIB ist die Abkürzung für XML Interface Builder. Das xib-Format ist wie das nib-Format ein XML-Format für die Oberflächendefinitionsdatei. Üblicherweise werden Oberflächendefinitionsdateien als xib-Dateien im Interface Builder abgespeichert. Während des Übersetzungsvorgangs Ihrer Anwendung wird aus einer xib-Datei eine nib-Datei.

D Literatur und Weblinks

D.1 Literatur

Fritz Anderson: Xcode 3 Unleashed. Addison-Wesley Longman, Amsterdam, 2008.

Erich Gamma, Richard Helm, Ralph Johnson, John Vlissides: Design Patterns. Elements of Reusable Object-Oriented Software. Addison-Wesley Longman, Amsterdam, 1994.

Sebastian Meyer, Torben Wichers: Objective-C 2.0. Programmierung für Mac OS X und iPhone. Mitp-Verlag, Bonn, 2009.

Joshua Nozzi: Mastering Xcode 4. Develop and Design. Peachpit Press, Berkeley, 2011.

Max Seelemann: Objective-C kompakt. Ein Kurs für Umsteiger und Fortgeschrittene. dpunkt.verlag, Heidelberg, 2012.

Richard Wentk: Xcode 4 (Developer Reference). John Wiley & Sons, Indianapolis, 2011.

D.2 Weblinks

[**Apfeltalk**] Apfeltalk, deutschsprachiger Blog zu Themen rund um Apple, http://www.apfeltalk.de

[**AppCode**] AppCode, kommerzielle Objective-C-IDE von Jetbrains, http://www.jetbrains.com/objc/

[**Apple Bug Reporter**] Apple Bug Reporter, http://bugreport.apple.com

[**Apple Developer Connection**] Apple Developer Connection (ADC), http://developer.apple.com/

[**AppleInsider**] AppleInsider, Seite mit Nachrichten rund um Apple, http://www.appleinsider.com

[**Apple Mailing Lists**] Apple Mailing Lists, Übersicht über die öffentlichen Mailinglisten von Apple, http://lists.apple.com/mailman/listinfo

[Buchwebseite] Buchwebseite, http://www.dpunkt.de/iphone

[Clang] Clang, Seite des C-Frontends für LLVM, http://clang.llvm.org

[ClangARC] Clang-Dokumentation zu Automatic Reference Counting, http://clang.llvm.org/docs/AutomaticReferenceCounting.html

[Cocoa Touch Tutorial] Cocoa Touch Tutorial, http://www.cimgf.com/2008/10/01/cocoa-touch-tutorial-iphone-application-example/

[Easy] Easy APNS, Open-Source-Server für APN, http://www.easyapns.com

[Eclipse] Eclipse, Entwicklungsumgebung Eclipse, http://www.eclipse.org

[Entrust] Entrust, Zertifizierungsstelle, http://www.entrust.net

[GCC] GNU Compiler Collection (GCC), Hauptseite des Compilers GCC, http://gcc.gnu.org

[iOS Boilerplate] Quellcode-Template für eine iOS-App, http://iosboilerplate.com

[iOS Developer Program] iOS Developer Program, http://developer.apple.com/programs/ios

[iOS Dev Center] iOS Dev Center, http://developer.apple.com/ios

[iPhoneBlog.de] iPhoneBlog.de, Blog zu iPhone-Themen, http://www.iphoneblog.de

[iPhone Dev SDK] iPhone Dev SDK, http://www.iphonedevsdk.com/

[iphone Noob] iphone Noob, Sammlung von Artikeln zur iPhone-SDK-Programmierung, http://iphone.zcentric.com/

[iTunes Connect] iTunes Connect, Einstiegsseite für iTunes Connect, https://itunesconnect.apple.com

[LibXML2] LibXML2, Seite der LLVM-Compiler-Architektur, http://xmlsoft.org/index.html

[LLVM] LLVM, Seite des XML-Parsers LibXML2, http://www.llvm.org

[Mach Kernel] Mach Kernel, Artikel zum Mac-OS-X-Microkernel (Mach Kernel), http://www.roughlydrafted.com/0506.mk2.html

[MacRumors] MacRumors, Forum rund um Themen zu Produkten von Apple, http://forums.macrumors.com/

[MacTechNews.de] MacTechNews.de, Neuigkeiten zu Apple-Themen, http://www.mactechnews.de/news/index.html

[OpenAL] OpenAL, Hauptseite für die Open Audio Library (OpenAL), http://connect.creativelabs.com/openal/default.aspx

[OpenGLES] OpenGL ES, Hauptseite für OpenGL ES, http://www.khronos.org/opengles

[SQLite] SQLite, Hauptseite der Datenbank SQLite, http://www.sqlite.org

[SQLite Manager] SQLite Manager, Firefox-Plug-in für die Datenbank SQLite, https://addons.mozilla.org/en-US/firefox/addon/5817

[TheAppleBlog] TheAppleBlog, Blog zu Apple-Themen, http://gigaom.com/apple/

Index

A

B

K

L

W

X

Z